FOOD
INDUSTRY
MANAGEMENT
외 식 사 업 의 모 든 것

외식경영 컨설팅 실무매뉴얼

시장조사편

한 영 만 저

기문사
www.kimoonsa.co.kr

머리말

Prologue

옛말에 돌다리도 두들겨 보고 건너라 하였다. 확실한 일이라도 다시 한 번 확인하고 조심하라는 속담인데 왜 이 이야기를 꺼냈는지는 이 책을 읽는 사람이라면 바로 알 수 있을 것이라 믿는다.

최근 외식사업 전문가 백종원 씨가 출연하는 골목식당이라는 TV프로그램이 화제다. 죽어가는 골목상권을 살린다는 취지로 기획된 프로그램인데 방송을 보다보면 정말 어떻게 저런 준비로 음식점을 창업할 생각을 했을까 싶을 정도로 답답한 일부 매장들을 본다. 정말 몰라서 용감하다는 말이 절로 떠올랐다.

외식업 창업이 한두 푼 들어가는 일도 아니고 돈이 많아서 하는 일도 아닐터인데, 점포를 얻어 인테리어와 시설을 투자하면 나중에 도로 뜯어갈 수도 없고 그대로 버리고 갈 수 밖에 없는 것이 현실이기에 세심하고 신중해야 한다고 입이 아프게 말해도 부족하지 않다.

처음 창업하는 사람은 좋은 아이템과 좋은 점포를 찾기 위해서, 기존 창업자는 영업이 힘들 때 다시 영업을 활성화하기 위해서 업종을 바꾸든, 전략을 바꿔서 부분 변경을 하든 이 시장조사는 반드시 필요하다. 아무리 잘 알고 있다는 사람도 직접 만나서 몇 가지만 물어봐도 금세 벙어리가 되는 상황을 자주 본다. 오랜 기간 오가며 눈으로만 보고 주관적인 감으로 판단하는 것과 직접 발품을 팔아 조금 더 객관적인 통계와 자료, 정보를 파악하고 판단하는 것은 하늘과 땅 차이이다.

본 책은 외식업 창업을 준비하는 이들을 위해 외식업에 대한 기초적인 접근부터 막연하게 많이 듣기만 하던 그 시장조사는 정말 어떤 것인지에 대하여 30년의 외식사업 경력과 15년의 외식경영컨설팅 실무 경험을 토대로 한 실제 컨설팅 사례를 예로 들어 정리한 창업 준비 지침서이다.

외식업 창업과 관련한 예비창업자, 프랜차이즈 가맹본부 관계자, 창업 컨설턴트, 관련학과 대학생들에게 이 책이 조금이나마 도움이 되어 좀 더 성공적인 창업과 외식업 전반을 이해하는데 그 초석이 되기를 바라본다.

2019년 7월

외식경영컨설팅 ㈜핌코리아

대표 컨설턴트 한 영 만

차례

Contents

VII 아이템 도출

VIII 브랜드 메이킹

외식경영 컨설팅 실무매뉴얼

시장조사편

I

시장조사의 목적

I

시장조사의 목적

1. 시장조사 개요

경제용어에서 시장조사라는 것은 새로운 제품이나 서비스를 개발하기 이전에 사람들이 요구하고 필요로 하는 것을 찾기 위하여 진입하게 될 시장의 크기나 특성, 그리고 잠재력을 조사하는 것을 말한다. 또한, 미국 마케팅 협회에서는 상품 및 서비스 마케팅의 여러 문제에 대한 자료를 조직적으로 수집하고 기록하고 분석하는 일이라 정의하고 있다.

그렇다면 외식업에서 시장조사란 어떤 것일까? 경제용어의 의미와 크게 다르지 않지만 약간의 차이점이 있다. 외식업을 준비하기 전에 필요한 시장조사는 외식업 창업을 시작하기 이전에 내가 판매하고자 하는 메뉴와 공간, 콘셉트, 서비스 등이 어떤 특정 상권 및 입지와 잘 부합하여 해당 상권 내의 소비자가 좋아할 만한 또는 만족할 만한 사업 아이템이 될 수 있는지에 대한 사전 조사라 할 수 있다.

표 1-1 시장조사의 목적

시장조사 목적	목적별 주요 고찰 내역
① 아이템 선정	•타깃 고객층은 누구이며 그들의 니즈는 무엇인가? •타깃 고객층을 끌어들일 만한 요소 창출은 가능한가? •수익 사업을 위한 매출 창출은 가능한가?
② 입지 선정	•인근에 타깃 고객층이 존재하는가? (고객 특성 및 소비력) •이들을 끌어들일 동선 창출이 가능한가? •입지의 건물 구조(허가사항) 및 부동산 시세는 적절한가?
③ 영업 활성화 (업종 전환, 타당성)	•현 아이템이 지역상권, 트렌드와 부합하는가? •타깃 고객층 설정은 적절한가? •상권 특성이 변화하고 있는가?
④ 기타 특수 상황	•신도시 개발 계획 및 인프라 개발 계획 •중소형 기업 및 대기업 시설 입점 계획 •대형마트 및 학교 설립 계획 •주요 행정시설 이전 계획

※ 시장조사의 목적에 따라 조사내역은 동일하여도 자료를 바라보는 관점은 달라진다.

위의 표를 보면 시장조사의 목적에 따른 방향은 크게 4가지로 정리할 수 있는데, 우선 창업할 아이템을 먼저 선정하는 것이 중요하다. 자신이 가장 잘할 수 있고 즐겁게 일할 수 있는 아이템, 안정적으로 유지될 수 있는 아이템이라면 가장 좋겠지만 만약 그렇지 못할 경우 반짝 유행을 타고 있는 아이템을 선뜻 선택하는 것은 바람직하지 못하다.

많은 사람들이 외식업에 뛰어들다 보니 기존에 있던 아이템과 차별된 아이템으로 승부하기 위해 혹은 이미 판이 벌어진 외식시장에 늦게 진입한 것에 대한 불리한 점을 극복하기 위해 수익이 도저히 발생하기 어려운 저가 아이템을 선택하는 경우가 있다. 쉽게 말해 장기적인 안목보다는 코앞의 상황에 급급해 나온 아이템이라는 것이다. 기본적으로 외식업이 갖고 있는 운영 컨디션, 수익 구조 등을 충분히 검토하지 않고 그저 주변의 잘되는 상황과 순간적인 감만 가지고 아이템을 정한다면 1년 사계절을 채 넘기지 못하고 실패를 맛보게 될 것이다.

충분한 분석과 고민으로 아이템이 선정되었다면 다음으로 그 아이템이 가장 잘 판매될 수 있는 곳, 소위 잘 먹힐만한 입지를 찾는 것이 중요하다. 내가 뛰어들 시장에 대하여 면밀히 분석하고 그 시장에 어떤 소비층이 있고 어떤 사람들이 움직이고, 어느 정도를 소비하는지 등 자신이 정한 아이템을 소비할 만한 소비자 타깃이 얼마나 있는지에 대해 분석하는 시장조사가 적극적으로 필요하다. 단순히 유동인구가 많다고 해서 좋은 상권, 좋은 입지라 할 수 없는 것은 소득활동이 거의 없는 고령의 노인 인구가 많이 분포한 종로 탑골공원 인근에 마카롱 전문점을 오픈한다는 상상을 해본다면 이해가 빠를 것이다.

현 아이템이 지역 상권, 트렌드와 부합하는지에 대해서 고민해보고 한 가지 더 짚어봐야 할 사항은 그 상권이 어떻게 변화해가고 있는 상권인지에 대하여 알고 넘어가야 한다는 것이다. 오랫동안 번성하던 상권이라 하더라도 인근에 생긴 신규 상권과 배후단지의 영향으로 상권력이 떨어지며 쇠락하는 경우도 있기 때문이다. 일례로 경기도 고양시 일산 호수공원 옆으로 일산 MBC가 있어 수년간 인근 라페스타, 웨스턴돔 상권의 활성화에 많은 영향을 주었으나, 2015년 MBC 사업부 대부분이 서울 상암동으로 이전하면서 상권력이 점차 쇠락하는 사례를 보면 상권 및 지역의 향후 이전 및 개발계획 또한 사전에 충분한 조사가 필요함을 알 수 있다.

2. 시장조사를 꼭 해야 하는 이유

외식업 창업을 했는데 생각했던 만큼의 결과가 나오지 않는 경우 이 매장을 계속 운영해야 할지 매도해야 할지 고민에 빠지게 된다. 고객의 발길이 뜸해지면서 매출이 떨어지기 시작한 매장은 다시 예전의 매출로 돌아가기가 굉장히 어렵다. 매출이 떨어졌다는 것은 다시 말해 고객이 줄었다는 얘기인데 잘 오던 고객의 수가 왜 줄었는가에 대하여 고민해 봐야 한다. 음식의 맛이 변해 소비자가 발길을 돌렸는지 또는 인근에 유사 메뉴의 경쟁점이 생겨서 일시적으로 고객이 움직인 영향인지, 서비스의 질이 예전만 못하거나 하는 등의 문제가 생겼는지 등 분명 어떤 문제가 있을 것이다.

소소한 문제로 인한 일시적인 현상이라 판단된다면 그 부분에 대하여 서둘러 보완하고 다시 영업이 활성화될 수 있는 대책을 마련해야 할 것이고 아이템의 생명력이 다 되었다고 판단된다면 업종을 전환하는 등의 돌파구를 찾아야 할 것이고 그 마저도 어려운 상황이라면 빠른 시일 안에 과감하게 점포를 매도해야 하는 결정을 해야 할 것이다.

이 모든 현안에 대하여 객관적으로 판단할 수 있는 방법은 시장조사가 좋은 해답이 될 수 있다. 창업을 하기 전 제대로 시장조사를 하지 않고 쉽게 시작한 결과일 가능성이 크기 때문이다. 창업하게 될 상권과 입지에 대하여 그리고 고객층에 대하여 충분히 이해하지 못하고 단순히 창업할 아이템에 대한 선호도 위주로 시작했거나 근본적으로 창업자 본인이 외식업에 적합한 사람인가에 대한 냉정한 평가도 해보지 않았을 것이다. 대부분의 창업자는 내가 망한다는 생각보다는 내가 하면 잘될 것이라는 기대로 시작하는 경우가 많기 때문이다.

소규모 식당을 창업하려면 경영주가 만능이 되어 직접 모든 것을 해나가야 하므로 건강을 유지하는 것이 무엇보다 중요하다. 규모에 맞게 가장 자신 있는 메뉴를 분식점처럼 다양하게 하지 말고 단순하고 전문화하여야 하며, 외국이나 어느 특정지역에서 잘되고 있는 특별한 메뉴보다는 대중적인 메뉴를 차별화하는 것이 성공의 지름길이다.

또한 소규모인 만큼 종업원을 채용할 경우 이익금의 대부분이 인건비로 지출되어 결국 남는 것이 별로 없으므로 경영주가 직접 또는 가족경영으로 운영을 해야 하므로 경영주는 조리에 대한 기초지식을 반드시 습득한 다음에 창업을 해야 한다.

소규모 식당을 창업해서 몇 개월 지나지 않아 문을 닫게 되는 경우를 종종 보게 되는데 이유는 식당 창업과 운영이 쉽지 않다는 것을 파악하지 못했으며 그에 따라 최선을 다하지 않은 경우이다. 그리고 동업을 하여 의견이 맞지 않아 분쟁이 일어나는 경우와 분식점처럼 메뉴는 많은데 먹을 것이 없다는 말이 있듯이 차별화되지 않은 경우, 또 며칠 영업하다가 잘 안 팔린다 하여 메뉴를 자주 바꾸는 경우를 들 수 있겠다. 이외에 개업한지 얼마 되지 않았는데도 손익에 지나치게 얽매여 음식의 양을 줄여 고객의 발길을 끊게 하는 경우도 좋지 않은 예로 들 수 있겠다.

3. 외식업 경영자가 되기 위한 준비

최근 들어 장기적인 경제 불황과 기업들의 구조조정에 따라 정년이 되기 전에 명예퇴직을 권유받는 등으로 평생직장의 개념이 점차 사라지다 보니 불과 2~3년 전부터 불기 시작한 내 사업체를 갖기 위한 직장인들이 증가하고 실제 창업으로 이어지고 있다. 이에 식당 창업 시 유의할 사항을 짚어보자.

1) 창업 초보들의 외식창업 실패 원인

❶ 식당운영을 고객 위주가 아닌 자기의 기호에 맞추어서 운영하는 경우이다.

❷ 번성하는 식당들이 하루아침에 이룬 것이라고 생각하는 경우이다. '음식장사는 마진이 높다, 음식장사는 망하지 않는다'는 생각 에 쉽게 창업하는 경우이다.

❸ 식당 경영 시 직장생활 때처럼 근무시간이 8시간이라고 생각하는 경우가 많은데 식당운영을 하면 다른 누구보다도 일찍 출근해야 하고 가장 늦게 퇴근해야 하며 쉬는 날이나 토요일, 일요일도 없다는 생각을 잊고 과거 직장생활이 몸에 배 인간관계의 어려움 등으로 최선을 다하지 않는 경우를 들 수 있다.

❹ 현재 식당 수가 계속 증가하여 치열한 경쟁 속에 있다는 생각을 하지 않고 먹고 살 정도는 되지 않겠냐는 안일한 생각에서 실패를 맛본다.

상기의 경우와 같이 충분한 준비기간 없이 우선 눈에 보이는 겉모습만 보고 창업을 했다가 고전을 하는데 사전에 식당경영지식과 조리 등 기술을 습득하고 외식업에 대한 뚜렷한 신념과 이념의 정립을 한 다음 최종적으로 냉정하게 자기 자신의 능력을 재분석한 다음 창업한다면 외식창업 성공의 길은 노력한 만큼 성공이 보장되리라 생각한다.

2) 준비하는 창업정신

❶ 식당을 할 수 있는 건강을 갖고 있는지 체크하고 왜 내가 꼭 외식업을 하려는지 신념과 이념을 정립해야 하며 내가 적극적으로 영업장 내의 안내와 판촉을 위해 방문영업도 할 수 있는가도 냉정하게 재분석해야 한다.

❷ 내 가족으로부터 동의를 얻어야 영업이 원활하며 차후 가족의 지원을 받아 경영할 수 있다.

❸ 식당의 조리기술과 운영기법 등 기초지식을 습득해야 하는데 하려는 유사업체에 취업하든지, 전문 교육기관에서 지식을 습득해서 창업해야 한다.

4. 외식업 경영자의 조건

무한 생존경쟁 시대 속에 능력 있는 외식업 경영자가 되기 위해서는 지금까지 갖고 있던 외식업에 대한 고정관념을 버려야 외식업의 생존경쟁에서 살아남을 수 있다. 우리가 갖고 있는 대표적인 고정관념으로 어떤 메뉴, 어느 지역에 특히 잘되는 업종이나 점포가 있는데 자신이 볼 때 그 업종이 항상 잘되고 있으니 자신도 그대로 따라하면 잘될 것이라는 고정관념이 그 대표적인 예인데 외식업은 그렇게 단순하게 볼 수 있는 사업의 형태와는 거리가 멀다.

고객의 선호도와 트렌드가 빠르게 변하고 있는데 지금까지 운영해온 영업형태를 버리지 못하고 시대에 뒤떨어진 영업방침을 유지하는 것은 때로는 소비자의 니즈에 빠르게 대처하고 앞서가고 있을 경쟁사를 생각해본다면 그리 바람직한 영업형태는 아니다. 능력 있는 주방장만 있으면 '만사 OK'라고 생각하는데 그 주방장은 전 요리에 최고가 아니고 어느 특정 요리에만 최고일 뿐이며, 주방배치, 기기상태, 능력 등의 기본조건이 충족되어야

최상의 메뉴가 나온다는 것도 잊어서는 안 될 것이며, 경영자도 주방의 운영과 메뉴에 대해서 충분히 알고 있어야 한다.

재차 강조해도 지나치지 않은 창업 시 성공할 수 있는 외식업 경영자의 조건은 첫째, 제조업, 소매업, 서비스업 등을 아우르는 복합 멀티산업인 외식업을 경영하기 위해서 강력한 체력과 정신력의 무장이 필요하며, 둘째, 위기관리능력과 결단력, 인내력을 겸비해야 한다. 셋째, 계속적인 교육 등을 통한 정보수집능력과 새로운 것을 받아들이려고 하는 겸손한 자세가 필요하다. 넷째, 종업원에 대한 아낌 없는 투자와 종업원의 입장이 되어 이해하려고 하는 마음이 필요하다. 다섯째, 원가관리에 대한 지식과 운영능력 향상을 위해 트렌드를 읽는 눈을 가질 수 있도록 꾸준히 노력해야 한다.

5. 외식업의 이해

1) 외식업은 그리 쉬운 사업이 아니다

지금도 많은 이들이 먹는 장사가 최고라는 생각을 갖고 외식업 창업 시장에 뛰어들고 있다. 인간은 하루에 3끼 이상의 음식을 먹어야 하는 존재이기에 최소한 먹는 장사만큼은 망하지 않을 거라는 안일한 생각이 누구나 쉽게 외식업 창업에 도전하게 하는 위험한 계기를 만들지 않았나 하는 생각이다.

사실 외식업만큼 힘들고 고된 창업 아이템도 없다. 손님들 줄 선 맛집들을 보면 나도 어렵지 않게 할 수 있겠다는 생각이 들어서일 것이다.

하지만 현실은 그렇지 못하다. 창업을 준비하면서 부딪히는 여러 난관과 함께 오픈을 하고 나서도 계속 생겨나는 경쟁 매장들 그리고 식재료 원가의 상승과 더불어 임대료는 계속 올라가고, 거기에 인건비 또한 매년 가파르게 상승하는데다 전반적인 국가 경기가 위축되면서 정말 호락호락하지 않은 현실에 좌절하고 만다. 이 모든 일들이 외식업을 운영하는 자영업자들에게 더욱 큰 부담으로 다가와 매년 4대 업종(도매, 소매, 음식, 숙박업)의 자영업자 중 10% 이상이 폐업을 한다고 한다.

예전에 혹자는 외식업을 종합예술이라 칭한 바 있다. 음식은 사람의 시각, 촉각, 청각, 후각, 미각을 모두 자극하는 고유의 특성과 매력을 갖고 있기 때문이다. 시각적으로 푸짐하면서 예뻐야 하고 코로 느껴지는 향이 식욕을 이끌어야 하며, 음식이 구워지거나 튀겨지는 소리 또한 사람의 식욕을 자극한다. 거기에 바삭하거나 부드러운 촉감을 자극하는 식감, 그리고 입속에 들어갔을 때 혀끝으로 느껴지는 그 맛까지 사람의 모든 오감을 최대한 충족시켜야 매력적인 음식이 되고 사람들은 그런 음식에 열광한다.

온라인 매체와 미디어, SNS 등을 통해 사회 전반에 관한 정보가 단시간에 확산되는 요즘 같은 시대는 그전까지는 보통이었던 어떤 음식이 어제 방송을 타고나서 오늘 대박 아이템이 되는 현상을 보이기도 한다.

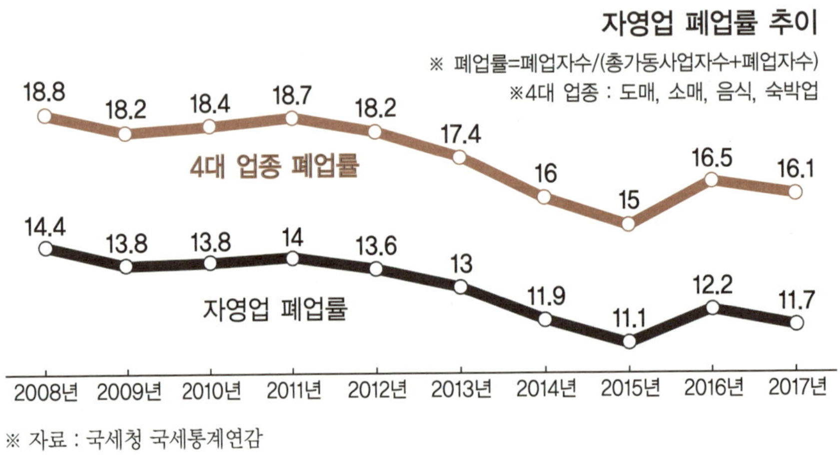

그림 1-1 **자영업 폐업률 추이**

물론 자영업 폐업의 원인을 어떤 한가지로 단정지을 수는 없다. 자영업의 성공에는 처음 입점하게 될 점포의 상권과 입지는 물론이고 판매하는 주력 아이템의 우수한 상품성, 운영하는 오너의 영업 및 관리 능력과 근무하는 직원들의 능력과 마인드, 온라인 홍보 마케팅까지 적절히 잘 어우러졌을 때 좋은 결과를 볼 수 있는데 아마도 앞서 언급한 여러 기본 요소 중 많은 부분에 소홀했거나 지역 개발 또는 대형 집객시설의 이동 등의 외부요인도 있을 수 있다. 따라서 충분한 시장조사와 준비가 없는 창업은 눈앞의 절벽으로 직접 걸어가는 것과 크게 다르지 않을 것이다.

2) 외식업 창업에 성공하려면

그렇다면 외식업 창업에 성공하려면 평소에 어떤 부분을 준비하고 고민해야 할까.

❶ 평소에 장사의 안목을 길러야 한다.

안목은 하루아침에 생기는 것이 아니므로 평소에 미리 안목을 기르는 것이 중요한데, 먼저 창업관련 정보나, 유망업종에 관련된 것을 보고, 스크랩도 하고, 또 길을 가다가, 길가에 걸려 있는 간판을 보면서 어떤 업종, 업태 등이 많은가. 또 어떤 식당들이 잘 되고 있는가 등을 체크해 본다든지 장사하는 분들과 가끔씩 대화도 나누어 본다든지 해서 여기에서 느끼는 점 등을 메모해 두는 습관을 길러 나가야 한다.

❷ 입지에 맞는 업종을 선택해야 한다.

식당 창업은 가능하면 주변상권에서 식당의 비중이 50%를 넘는 곳에서 유사업종, 업태가 30% 정도 일 때가 가장 좋다. 이때 점포 앞 통행객 조사와 점포주변 환경조사를 해야 하며 가능하면 규모와 입지 면에서 경쟁점보다 비교우위에 설 수 있으면 더욱 좋다.

❸ 1등만이 살아남는 것은 아니다.

음식점 장사는 꼭 1등이 아니라 2등만 해도 충분하다는 생각(마음의 여유)을 가져볼 수도 있다.

❹ 창업 초에는 수익보다는 매출에 신경을 써야 한다

창업 초에는 얼마를 남기는가가 중요한 것이 아니고 초장기에는 목표한 매출액 달성에 최선을 다해야 한다. 장사가 좀 덜 된다고 해서 종업원, 좋은 식재료 등 관리비용을 줄이다 보면 고객이 만족할 수가 없어 문제가 된다는 점을 기억해야 한다.

❺ 자기관리와 점포관리를 철저히 해야 한다.

자기 마인드 관리와 점포 이미지 관리에 최선을 다해야 하는데 외식업은 구전광고의 위력이 대단하다는 사실을 꼭 인지하고 있어야 한다.

❻ 조급함을 없애야 한다.

기본 생계비는 최소 6개월을 비축해 두어야 하며, 인건비는 최저로 그리고 초기 투자비도 최대한 줄여서 시작해야 한다.(첫 사업이라는 핑계로 새것만을 고집하는 경우가 많은데 주방집기나 비품은 잘 보이지 않는 곳에 배치되고 스테인리스가 대부분이라 새것과 별 차이가 없다는 것을 인지해야 한다)

준비단계의 체크 항목

- **창업의 5요소** 입지(사업장), 상품(업종), 창업자, 자금(자본), 자신감
- **전제조건** 업종, 업태에 대한 충분한 정보와 데이터를 수집해야 하고 철저한 사업성도 분석, 해당 업종, 업태에 대한 현실적인 수입계획과 내·외부 정보
- **창업과정 7단계** 자신의 적성파악 → 업종, 업태선택 → 정보수집 및 데이터화 → 사업성 분석 → 사업계획 수집 → 사업장 확정 → 개점

❼ 해당 업종, 업태에 대한 사전 현장실습도 해 보고 충분한 사전지식을 습득 후 창업을 해야 한다. 조급하다 보면 미비한 점 때문에 실패하기가 쉬운데 고객은 식당운영자를 항상 프로라고 생각하고 있으므로 진짜 프로가 되어야 한다. 예비창업자들은 큰돈을 벌 것 같은 지나친 기대나 환상을 가지는 것이 대부분인데 냉정하게 현실을 직시해 나가는 자세가 필요하다.

처음 창업하는 경우에는 자금이 있더라도 크게 하는 것보다 작게 시작해서 경험과 노하우를 축적한 다음 키워나가야 할 것이며 과거 내가 누구인데 하는 불필요한 자존심을 버리고 프로의식으로 무장하여 일정 기간 고생하겠다는 각오로 가족의 동의를 얻어 부부가 공동으로 일해서 시너지효과를 발휘해 나가야 할 것이다. 그리고 창업을 추진할 때에는 혼자 결정하지 말고 경험자나 전문가의 자문을 받아서 해야 실패를 줄일 수 있다.

3) 외식산업의 역사와 발전과정

외식업에 대한 경험이 전무한 예비 창업자이거나 한 분야만 오래 종사했던 예비 창

업자라면 국내 외식산업의 발전과정을 연대별로 알아보면 외식산업이 어떤 큰 그림으로 흘러가고 있는지 파악이 가능하다.

1960년대 이전, 전쟁 이후 경제적으로 빈곤한 시기를 겪으며 가정 위주의 식생활이 주를 이루고, 전쟁 중 꿀꿀이죽, 부대찌개 등의 음식이 생겨나면서 설탕, 밀가루, 미원, 껌 등의 먹거리가 유행하던 음식업의 태동기였다. 이 당시 고려당(1945년), 남포면옥(1948년) 등의 브랜드가 생겨나기는 하였으나, 엄밀히 말하자면 브랜드라기보다는 해당 상호를 걸고 시작한 식당의 초기 상태라 볼 수 있다.

1960년대 이후에는 궁핍한 경제 상황과 맞물려 쌀과 보리 대신 국수와 빵 같은 밀가루 분식, 혼식 등을 장려하던 시기였다. 저렴한 밀가루 음식의 확산이 장려되며 밀가루 예찬론이 등장하고 정부의 양곡수급 계획이 발표되는 등 고초의 시기를 겪으며 본격적인 음식업의 여명기로 들어서게 된다.

1970년대 국가의 경제가 비약적으로 발전하면서 식생활 수준이 향상되고, 서구의 식문화가 도입되는 시기를 맞게 된다. 1979년 서울 소공동에 롯데리아 1호점이 등장하고 지금의 대학로 샘터빌딩에 국내 프랜차이즈 1호인 난다랑 커피숍이 오픈하는 등 전문 메뉴를 주로 하는 전문식당이 생겨나며 음식산업의 도입기를 맞이하는데 프랜차이즈 시스템이 도입되는 시작점이다.

1980년대는 86아시안 게임, 88올림픽 개최 등의 국가적인 행사를 통해 경제가 고성장하는 시기를 맞으며, 1970년대 1인당 하루 40g이던 육류섭취가 1985년에는 200g으로 늘어나는 변화를 보이기도 하였고, 대형 갈비집들이 많이 생겨나기 시작하였다. 뿐만 아니라 분식, 치킨, 베이커리, 맥주 등 외식업 전반에 걸쳐 프랜차이즈 산업이 확산되고 햄버거, 치킨, 피자, 커피 등의 해외브랜드 도입이 활발하게 일어나는 외식산업의 본격적인 성장기라 볼 수 있다.

1990년대 들어 IMF 외환위기라는 국가 산업 전반의 큰 경제적 위기를 맞지만 외식산업은 급성장하는 반전의 시기를 맞는 해이기도 했다. 어려운 경제 상황에 맞춘 가격파괴 전문점, 메뉴의 퓨전 등의 특징을 보이기도 하였고 대기업의 외식사업 진출, 해외브랜드 패밀리레스토랑(TGIF, 아웃백스테이크, VIPS 등)의 활발한 국내 진출 등이 두드러진 시기였다.

외식시장이 점점 과잉경쟁이 되면서 외식 프랜차이즈의 경쟁이 심화되는 2000년대는 규모의 양극화가 점점 가속되는 시기로 볼 수 있다. 경쟁이 심화되면서 새로운 돌파가 필요했던 외식시장에는 건강을 생각하는 웰빙 트렌드가 생겨나기 시작했고, 낮은 가격으로 경쟁하는 가격파괴, 무한리필 전문점의 유행 그로 인한 고비용, 저수익 구조가 점점 고착되는 외식산업의 중기 성숙기의 흐름을 보이기도 하였다.

2010년대는 외식산업의 후기 성숙기로 볼 수 있는데, 전체적인 외식산업 시장의 경쟁과 포화상태를 맞으며 불황 및 양극화가 심화되는 시기를 맞는다. 전체적인 외식업계의 구조조정 및 재편이 진행되고, 대기업의 경우 국내시장 외 해외시장에 눈을 돌리며 활발한 해외진출을 통해 글로벌 매장, 마스터 프랜차이즈 등의 형태로 그 영역을 넓혀 나가기 시작했다. 이러한 산업형태가 두드러지는 현상을 보이며 외식산업은 후기 성숙기를 맞게 된다.

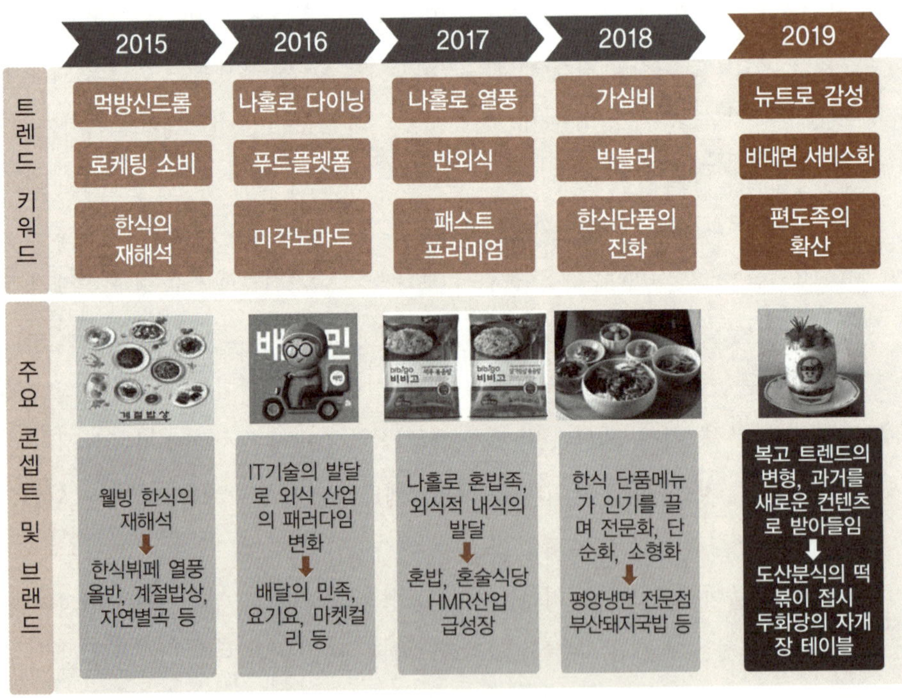

※ 자료 : THE 외식

그림 1-2 2019 외식트렌드

2010년 중반부터 외식산업은 사회적인 현상(결혼율, 출산율 감소)에 따라 빠르게 진화하고 있는데, 대표적인 트렌드 키워드로 나홀로, 혼밥, 혼술, HMR(Home Meal Replacement), 단순화, 소형화 등을 꼽을 수 있다. 수많은 외식아이템에 피로해진 소비자와 외식시장은 기존의 아이템의 틈새시장을 파고드는 전략으로 계속 진화하고 있으며, 규모의 경제를 보여주는 대기업의 외식산업 진출은 자본과 마케팅으로 HMR과 같은 소비자의 트렌드를 선도해 나가고 있다.

4) FIMKOREA 2019 대한민국 외식트렌드 키워드

2019년 최근에는 2018년에 이어 기성세대가 추억의 과거를 회상하는 개념의 복고가 아니라 복고(Retro)를 새롭게(New) 즐기는 '뉴트로(New-tro)감성' 과 개인지향적인 문화, 최저임금에 따른 인력 감소 등에 따른 '비대면 서비스화' , 편의점 도시락을 주로 즐기는 '편도족의 확산' 등을 대표적인 2019년 새해 트렌드 키워드라 할 수 있겠다.

외식경영컨설팅 핌코리아에서는 매년 외식트렌드를 정의할 수 있는 키워드를 엄선하여 발표하고 있는데 새해 2019년의 경우에는 '직관적인 콘셉트로 나를 연출한다'는 의미의 'DIRECT'를 트렌드 키워드로 선정하고 다음과 같이 그 키워드별 세부내용을 정리해보고자 한다.

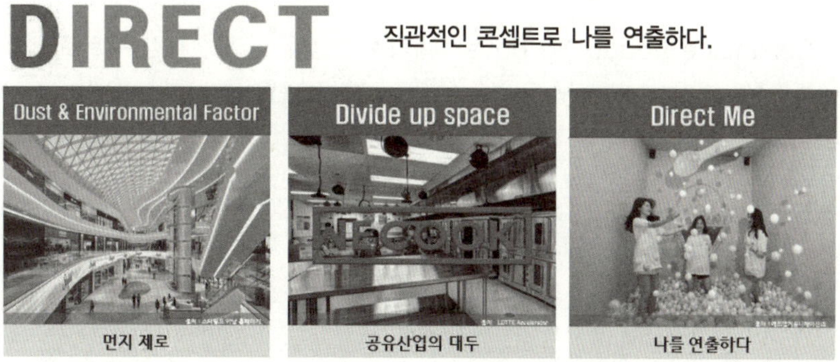

Dust & Environmental Factor 미세먼지와 환경적 요인의 영향
Divide up space 공유 플랫폼, 공유주방 등 다방면에서 공유산업의 대두
Direct Me 나를 연출하다

DIRECT 직관적인 콘셉트로 나를 연출하다.

기업과 반대되는 : 골목상권의 조명

충동적인 소비

In opposition Conglomerate 기업과 반대되는, 골목상권의 조명

Impulsive Consumption 현재에 충실한 자기만족 소비, 충동적인 소비

DIRECT 직관적인 콘셉트로 나를 연출하다.

그리운 옛날을 추억하다.

집밥을 대체하다.

Reminisce about Old days 과거를 차용해 현재화 시킴, 뉴트로

Replace the Home meal 집밥을 대체하다, HMR(간편가정식)

DIRECT 직관적인 콘셉트로 나를 연출하다.

Empathy for hunger

감정이입 : 1인 미디어

Etiquette at a restaurant

식당에서의 예절

Expert Help

전문가의 도움

Empathy for hunger 감정이입 : 1인 미디어
Etiquette at a restaurant 식당에서의 예절, 매너
Expert Help 전문가의 도움

DIRECT 직관적인 콘셉트로 나를 연출하다.

Concepting

마케팅 보다는 컨셉팅

Complex Marketing

세분화된 마케팅 전략

Concern about Next Generation

다음 세대를 염려하다 : 환경보호

Concepting 마케팅 보다는 콘셉팅
Complex Marketing 세분화된 마케팅 전략
Concern about Next Generation 다음 세대를 염려하다 : 환경보호

DIRECT 직관적인 콘셉트로 나를 연출하다.

Technological Development 기술의 진화
The Price of Labor 최저임금의 상승

위의 내용들을 종합해보면 2019년 외식시장은 첫 번째로 장기적 불황에 따른 과거로의 회귀현상, 충동적인 소비현상 등 직관적인 콘셉트를 추구하는 소비자의 특성을 볼 수 있으며, 두 번째로 외식시장을 위협하는 HMR 시장의 확대, 최저임금 상승 등의 요인에 따라 발 빠른 진단과 대응이 필요해보이며, 전 산업군에 확대되고 있는 IT와의 접목 등으로 기술적 진화를 하고 있다. 따라서, 2019년 소비자가 외식 시장에 기대하는 가치는 가심비, 콘셉트화, 편의성 등을 주요 키워드로 볼 수 있으며 DIRECT라는 단어처럼 직관적인 콘셉트로 소비자 개개인 자신을 연출하는 형태의 소비를 추구할 것으로 전망된다.

Ⅱ

시장조사의 기초

II 시장조사의 기초

1. 상권

1) 상권의 정의

상권이라 하면 크게 2가지 관점에서 볼 수 있다. 하나는 소비행동을 하는 고객들이 분포하는 지역, 즉 고객들이 필요로 하는 상품이나 서비스를 거래하는 범위를 말한다. 조금 옛날 관점에서 이야기하자면, 아주 오래전 인간은 서로 필요한 물건을 갖기 위해서 내가 가진 물건을 갖고 싶은 물건과 물물교환하던 때가 있었다. 이러한 물물교환을 원활히 하기 위해서는 좀 더 많은 사람이 모여 있는 곳으로 찾아갈 수밖에 없었고, 상호간의 상(商)거래를 하기 위하여 모이는 장소 즉, 시장이 형성되었고 시장의 범위가 점점 커지면서 상권이라는 무형의 권역이 형성되었는데, 이 권역이 현재에서는 상가 점포가 모여 있는 범위라 할 수 있다. 이를 '상세권' 이라 한다.

다른 하나는 조금은 다른 의미로 쓰이는 경우인데 예를 들면 '강남역 상권' 이라는 표현에서 상권은 앞서 언급한 상세권과는 다른 의미로 볼 수 있다. '강남역 상권' 에서의 상권은 강남역 인근에 위치한 점포들의 집단을 뜻하는 것으로 '상가권' 이라는 용어로 정리할 수 있다.

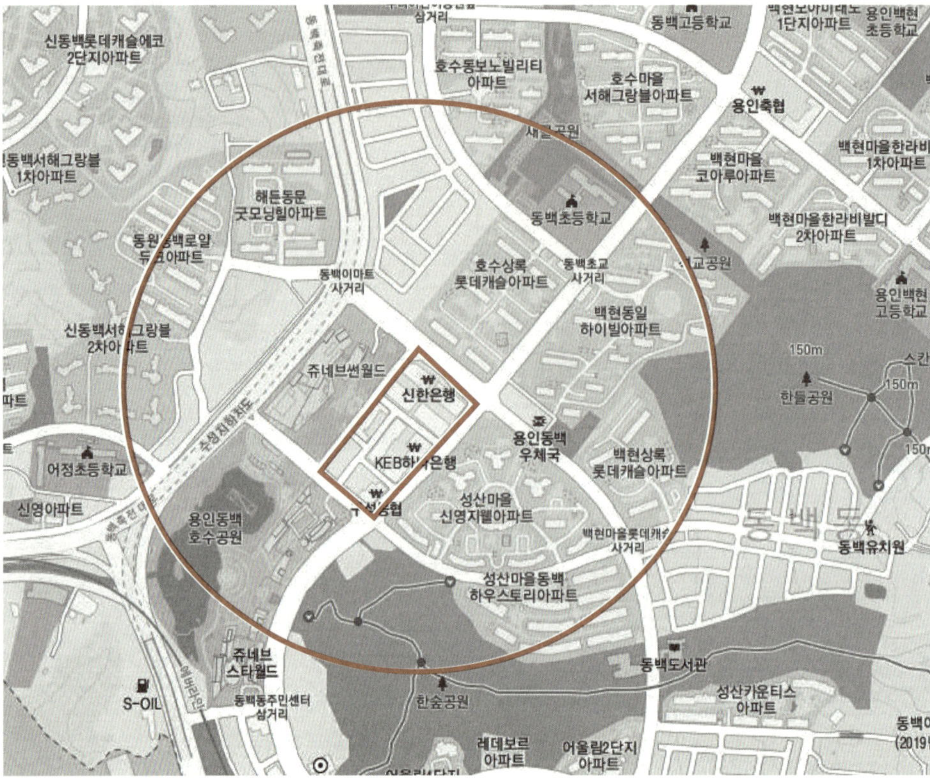

그림 2-1 용인시 기흥구 중동(동백) 중심 상업지구

상세권은 지형과 도로를 고려하지 않은 원 형태의 반경거리로 구획하고 설정할 수 있으며, 상가권은 지형과 도로, 점포의 밀집군에 따라 구획하고 설정할 수 있다.

위 그림은 경기도 용인시 기흥구 중동 중심 상업지구를 기준으로 상가권과 상세권을 설정한 사례인데, 그림에서 사각형은 상업지구를 중심으로 지형과 도로, 상가 점포가 밀집되어 있는 상가권이고, 큰 범위의 원형은 상업지구 중심을 기준으로 반경 400미터를 설정한 상세권이다.

상권은 예비 창업자가 창업을 위한 의사결정을 고려함에 있어 결정적 기준이 되고, 상품이나 서비스를 판매하는 공간적 영역으로 이런 공간은 접근성이나 아이템, 입지 조건 등에 의해 결정된다. 넓은 의미에서는 점포나 상가가 모여 있는 전체 범위에 고객이 머무르는 시간적, 공간적 범위를 말하고, 좁은 의미로 정의하자면 어떠한 사업을 영위하기 위해서 그 사업을 대상으로 하는 고객이 머무르는 시간적, 공간적 범위를 상권이라 한다.

2) 상권의 분류

상권의 유형은 분류하고자 하는 방법과 목적에 따라서 여러 가지 기준으로 나눌 수 있는데 일반적으로는 상권의 범위에 따라 1차, 2차, 3차 상권으로 나눌 수 있다. 1차 상권은 점포 이용고객의 약 60~70%를 포함하는 범위로 고객 1인당 판매액이 가장 높은 지역이며 통상 500미터 이내의 편의품 위주의 상권을 말한다. 2차 상권은 점포 이용고객의 약 30%를 포함하는 범위로 1차 상권의 외곽에 위치하며 500미터 내지 1,000미터 범위의 지역의 상권을 말하며, 3차 상권은 이용고객의 5% 이상을 차지하고 거주지역이 매우 분산되어 있는 1차 및 2차 상권을 제외한 상권을 지칭한다. 하지만 상권의 형태는 반드시 원의 형태로만 생각해서는 안 되며 지역의 지형지세 및 도로사정 기타 상권의 형태와 내용에 따라 유동적으로 생각하여야 한다.

그 밖의 상권의 유형들을 본다면 지역의 특성에 따라 도심지 상권, 역세권 상권, 대학가 상권, 아파트단지 상권, 주택지 상권, 오피스 상권, 유흥지 상권, 기타 특수 상권 등으로 나눌 수 있으며 도시발전 구조에 따라 도심 상권, 부심 상권, 지역지구 상권, 근린 상권 등 행정상 목적으로 분류하기도 하고, 유통 업태별로 백화점 상권, 대형마트 상권, 전문점 상권, 전통시장 상권 등으로 나누기도 한다. 즉 상권의 분류는 어떠한 목적을 중점으로 하는가에 따라서 여러 가지 분류로 나뉠 수 있다.

(1) 고객 밀집도에 의한 분류

상권은 고객의 밀집도 혹은 점포로부터의 거리 및 매출에 의해 1차, 2차, 3차 상권으로 구분할 수 있다. 이는 통상적으로 표준화되어 있지 않지만 반경 500m 이내를 1차, 1km 이내는 2차, 1km 이상을 3차 상권이라고 지칭하지만, 이는 지역별, 행정별 등 에 따라서 조정되어야 정확한 상권을 설정할 수 있다. 상권이란 정확하고 명확하게 정할 수 없으며, 여러 가지 복합적인 요인에 따라 유기적으로 형성되기도 하며, 소멸히기도 한다.

표 2-1 고객 밀집도에 의한 분류

구분	1차 상권	2차 상권	3차 상권
개별점포	점포매출 또는 고객 수의 60% 정도 이상을 점유하는 고객의 거주 범위	1차 상권 외곽지역으로 매출 또는 고객 수의 30% 정도 이상을 점유하는 고객의 거주 범위	2차 상권 외곽지역으로 매출 또는 고객수의 5% 정도 이상을 점유하는 고객의 거주 범위
공동점포	상권 내 소비수요의 30% 이상을 흡수하고 있는 지역	상권 내 소비수요의 10% 이상을 흡수하고 있는 지역	상권 내 소비수요의 5% 이상을 흡수하고 있는 지역
일용품	반경 500m 이내	반경 500m~1km 이내	1km 이상
선매품	지하철, 버스, 차 30분 내	지하철, 버스, 차 30분~1시간 이내	지하철, 버스, 차 1시간 이상

(2) 규모에 의한 분류

상권의 규모를 기준으로 통상적으로 대형, 중형, 소형 상권으로 나뉠 수 있으나, 이를 좀 더 세세하게 나누어 보면 최대 7가지의 상권으로 나눌 수 있다. 이 또한 역시 명확한 기준이 존재하지는 않지만, 통상적으로 유동인구를 중심으로 형성된다. 특수한 목적을 가지고 방문하는 지역의 상권 규모가 넓어질 수도 있으며, 정부의 시책으로 인해서 상권이 형성되거나 소멸되기도 한다. 상권은 지리적 근접성을 근간으로 형성된다. 입지이론에서 기초적인 모델로 사용하는 크리스탈러의 육각형 모형을 보면 1차적인 전제조건은 각각의 수요자가 시장을 방문하는데 소요되는 최단거리의 중심이 해당 지역상권의 중심축이 되고, 각각의 지역상권의 중심축을 연결하면 2차 중심축이, 다시 2차 중심축을 서로 연결하면 광역화된 도심이 형성된다는 논리이다. 마치 벌집을 연상하게 하는데 최단거리라는 개념이 핵심이다. 명동이나 종로, 강남역과 같은 도심은 다운타운 중심 간의 중심축이 되는 부심 그리고 부심 간의 중심축을 연결하여 형성된 도심이 된다. 도심은 상업과 업무기능이 가장 잘 발달된 지역이라 할 수 있다. 중심업무지구(CBD : Central Business District)가 여기에 속하는데, 금융시설, 쇼핑시설, 위락시설, 공공시설이 밀집된 지역이다.

전국적인 차원의 서울은 그 중심에 해당하며 역사적으로도 수도를 어디에 두느냐가 커다란 관심사가 되기도 한다. 인구 10만 이하의 소도시는 시내중심가가 1개의 단핵구조를 가지고 있지만 그 이상의 인구 규모가 되면 중핵 내지는 다핵구조로 공간구조가

재 편성된다. 예전에는 시내 중심가라고 할 수 없었지만 다운타운이 형성되고 부심이 발달하게 되면 자연스럽게 도심의 역할을 하는 중심축이 형성된다. 예를 들면 강남역의 경우에는 80년대까지는 역세권에 불과했지만 테헤란로와 압구정동, 양재 등 부심이 발달하면서 새로운 도심으로 발달하였다. 도심집중화 현상에 따른 교통난이나 주택난 등을 해소하기 위해서 만들어진 부심(Semi-core)은 도심과 다운타운과의 지리적 연결고리와 함께 소비의 중간 단계를 형성하고 있다.

부심이란, 일정한 지역 독립성을 갖고 있으면서 다운타운(동네상권)에서 구매할 수 없는 상품이나 업종이 존재하고 공공시설과 상업시설 등이 도심보다는 작지만 기능을 수행하고 있는 공간을 의미하며, 도심보다는 방문주기가 빈번하고, 백화점 및 극장 등이 밀집해 있어서 일정 시간 머무를 수 있는 장점이 있으며, 업종 간 연계성이 비교적 높아서 업종 간 군락화가 이루어지기도 한다.

(3) 주변 환경에 의한 분류

상권은 보편적으로나 실무적으로 주변 환경에 의해서도 분류한다. 즉 상권이 가진 목적성의 성격에 따라 상권을 분류하기도 한다. 거주지역은 주택가 상권, 사무실가 상권이라 지칭하며, 이들이 혼합된 지역을 혼합형 상권이라고 한다. 이는 입지의 형태와 가장 유사한 분류로 볼 수 있다. 즉 입지와 상권은 서로 얽혀있는 관계이므로 입지와 상권을 같이 고려하는 시각을 갖추어야 한다.

환경에 따라서 각 상권의 매력도를 파악하여 급지의 유형을 구분할 수 있다. 통상적으로 A급지, B급지, C급지로 나뉘는데 각 상권 내에 70%를 기준으로 파악한다. 하지만 상권이란, 유기적이고 복합적으로 많은 환경적 변수에 의해 형성되기 때문에 통상적 기준을 맹신해서는 안 된다는 점을 명심해야 한다.

표 2-2 주변 환경에 의한 분류

<table>
<tr><th>상권유형</th><th>기 준</th><th>우수(A급지)</th><th>보통(B급지)</th><th>불량(C급지)</th></tr>
<tr><td rowspan="3">아파트</td><td rowspan="3">상권 내 아파트가 70% 이상인 지역</td><td>20평 이상이 80% 이상이며 1500세대 이상</td><td>20평 이상이 80% 이상이며 800세대 이상</td><td>20평 이상이 80% 이상이며 800세대 미만</td></tr>
<tr><td>20평 이하가 80% 이상이며 2000세대 이상</td><td>20평 이하가 80% 이상이며 1300세대 이상</td><td>20평 이하가 80% 이상이며 1300세대 미만</td></tr>
<tr><td>일 통행량 8000명 이상</td><td>일 통행량 5000명 이상</td><td>일 통행량 5000명 미만</td></tr>
<tr><td rowspan="2">단독주택 지역</td><td rowspan="2">상권 내 단독주택이 70% 이상인 지역</td><td rowspan="2">우수 등급 없음</td><td>1000세대 이상</td><td>1000세대 미만</td></tr>
<tr><td>일 통행량 5000명 이상</td><td>일 통행량 5000명 미만</td></tr>
<tr><td>오피스가</td><td>상권 내 오피스가 70% 이상인 지역</td><td>일 통행량 15000명 이상</td><td>일 통행량 10000명 이상</td><td>일 통행량 10000명 미만</td></tr>
<tr><td rowspan="2">병원가</td><td rowspan="2">상권 내 정형외과와 영안실을 갖춘 종합 병원시설이 입지한 지역</td><td>실 입원 베드 수 400 베드 이상</td><td>실 입원 베드 수 200 베드 이상</td><td>실 입원 베드 수 200 베드 미만</td></tr>
<tr><td>일 통행량 12000명 이상</td><td>일 통행량 8000명 이상</td><td>일 통행량 8000명 미만</td></tr>
<tr><td rowspan="3">혼합형</td><td rowspan="3">상기 상권 중 둘 이상이 혼합된 상권</td><td colspan="3">혼합형의 경우 통행량만을 기준으로 등급 산출</td></tr>
<tr><td colspan="3">각 유형의 등급별 통행량 기준을 합산하여 혼합된 상권수로 나눈 통행량을 기준</td></tr>
<tr><td colspan="3">예) 병원가와 오피스가가 혼합인 경우
오피스가 A 등급 기준인 통행량 15000명과 병원가 통행량 12000명을 합하여 2로 나눈 13500명을 A등급으로 기준</td></tr>
</table>

3) 상권 분류에 의한 특성 파악

상권은 그 특성에 따라 크게 다음의 세 가지로 분류할 수 있다.

표 2-3 상권 분류에 의한 특성

구 분	분 류	분류에 따른 주요 시사점
유동 흐름에 의한 분류	유동형 상권	• 지역에서 지역으로 이동 중 유입되는 상권
	목적형 상권	• 목적을 가지고 유입이 이루어지는 상권
	기타 특수 상권	• 휴게소 등
고객층에 의한 분류	근린 상권	• 지역 주민이 주 고객층인 상권
	오피스 상권	• 오피스 지역 내 상권
	학원가 상권	• 대학가, 학교, 사설 학원가 등 특수 상권
	복합 상권	• 2개 이상의 고객층 공존 상권
	특수층 상권	• 터미널, 기차역, 공항 등 특수 고객층 유입 상권
상권 형성에 따른 분류	중심형 상권	• 강남, 종로, 명동, 홍대 같은 지역 내 집중 상권
	분산형 상권	• 상가 분산형 상권
	먹자 골목	• 음식점 집중 상권
	멀티 복합 상권	• 문화+쇼핑+외식 등 복합형 상권

유동인구의 흐름에 따라 또는 고객층의 분류에 따라 그리고 형성된 상권의 특성에 따라 상권을 구분하고 분류할 수 있는데 유동인구의 흐름이 많은 곳은 당연히 좋은 상권으로 볼 수 있지만 그 상권이 흘러가는 상권인지 모이는 상권인지에 대하여 반드시 분석해 볼 필요가 있다. 환승을 주로 하는 버스 정류장이나 지하철역의 경우 상권에 머물기 위해 찾아오는 목적이 아니라 다른 목적지로 이동하기 위하여 지체 없이 빠르게 흘러가는 형태의 상권이라면 그 상권 내의 유동인구수는 허수일 수밖에 없다. 고객이 어떠한 목적을 가지고 상권 내로 유입되고 머물다가 이동하는 형태가 되어야 매출이 발생하고 상권이 활성화될 수 있음을 고려하여 분석하는 것이 좋다.

고객층과 유형에 따라 분류해보면 지역 주민이 주 고객층인 근린 상권은 보통 아파트나 주택가의 배후 세대수를 중요하게 고려해야 하는 상권이며, 사무실 빌딩이나 회사가 밀집한 오피스 상권 역시 인근기업의 수나 직장인의 분포, 동선이 주요한 상권이다. 그리고 대학가 인근, 학교나 학원 인근 등 주 고객의 분류가 학생인 학원가 상권 역시 주 고객층에 따라 분류되는 상권이라 할 수 있으며, 2개 이상의 고객층이 공존하는 복합 상권과 터미널, 기차역, 공항 등 특수시설이 존재하여 해당 시설의 목적성을 갖고 찾는 고객층에 따라 분류되는 특수층 상권 등으로 고객층에 따라 상권을 분류할 수 있다.

형성된 상권에 따라서는 강남, 종로, 명동, 홍대 등 지역에 위치한 중심지에 형성된 중심형 상권, 상권의 범위는 넓은데 특정 범위에 밀집된 것이 아니라 넓게 분산되어 펴져있는 상가 분산형 상권, 다양한 업종이 분포하지만 유독 먹거리 위주의 음식점이 집중된 먹자 골목형 상권, 대형마트나 복합쇼핑몰처럼 문화, 쇼핑, 외식 등이 복합된 멀티 복합 상권 등으로도 분류할 수 있다.

외식 상권은 유동인구의 흐름과 고객층 그리고 상권 내 상가의 형성 정도에 따라 세분화할 수 있기 때문에 외식업 창업을 준비한다면 조사하고자 하는 상권의 세분화된 특성을 잘 파악하여 그 방향성에 대하여 충분히 고민해봐야 할 것이다.

4) 상권의 영향 요인

상권은 하나의 조건으로서 형성되는 것이 아니라 여러 가지 조건에 의해서 형성된다. 어떠한 업체가 어떠한 위치에 존재하는가에 따라서 그 지역 상권의 질은 달라지는데 상권의 형성은 기업의 내적 형성요인과 기업 외적 형성요인에 따라 달라진다.

상품 및 서비스 특성, 고객층, 판매촉진 활동, 업소의 면적 및 부대시설과 같은 경영적 요인은 상권을 형성하는 요인이 된다. 상권은 기업의 경영방식에 따라 규모가 달라질 수 있다. 기업의 상품이나 서비스 특성은 고객층에 영향을 미치게 되며, 판매촉진 활동에도 영향을 미치게 된다. 고객 계층은 업소의 면적 및 부대시설에도 영향을 주고, 또한 경쟁업소의 상황이나 고객, 흡인시설 업종 및 업태의 구성, 상업 집적 규모 및 성격 등은 상권형성의 요인이 된다.

기업의 외적인 형성요인으로 도시의 성격과 위치에 따라 상권이 달라질 수 있다. 도시의 성격이 소비 주체인지, 아니면 소득의 주체인지에 따라 상권의 형성이 달라지며, 지역의 문화 및 가치관, 인간의 생활패턴은 상권을 결정짓는 요소가 된다.

도시의 형태와 규모, 성격 등은 상권을 결정짓는 중요 요인이 되며, 이는 도시의 규모에 따라 인구수, 가구 수, 인구 밀도 등에 영향을 준다. 도시는 인간에게 필요한 여러 가지 기능을 가지고 있으며, 사람들이 모이는 인구집적 지역이 된다. 또한 상업시설이 많으며, 인구 밀도가 높고 소비 패턴이나 소득 측면에서 높은 우위를 가지고 있는 것이 도시의 형태이다. 따라서 도시의 형태는 상권을 형성하는 중요한 요인이 되며, 상권을 발전시키는 영향 요인이 될 수 있다.

표 2-4 상권의 영향 요인

내부 요인	환경적 요인	• 상업 집적 규모 및 성격 • 업종 및 업태의 구성 • 고객 흡인시설 • 경쟁업소 현황
	경영적 요인	• 상품 및 서비스 특성 • 고객층 • 판매촉진 활동 • 업소의 면적, 부대시설
외부 요인	정성적 요인	• 도시의 성격, 위치 • 지역 문화 및 가치관 • 라이프사이클
	정량적 요인	• 소득, 인구, 가구 수, 인구밀도 • 소비패턴 • 구매형태 • 교통조건, 지역별, 사업통계

상권의 영향 요인에는 지리적 요인과 인구 통계적 요인, 경쟁시설 요인, 부대시설 요인, 인위적 요인, 자연적 요인이 있다.

❶ **인구 통계적 요인** 인구, 인구 분포, 주택 및 인구 관련 요인

❷ **지리적 요인** 행정구역, 교통, 도시계획, 지형 및 지세

❸ **인위적 요인** 신도시 개발, 택지 개발, 도시규모의 산업시설 출점, 대규모 상업시설의 출점 등 인간에 의해서 형성되는 요인

❹ **자연적 요인** 기존 상권이 자연적으로 변화하는 형태

❺ **경쟁시설 요인** 업종과 업태가 같은 경쟁시설이나 대체상품을 제공할 수 있는 경쟁시설 등으로 상권에 영향을 주는 요인

❻ **부대시설 요인** 주차장이나 셔틀버스의 운행, 문화시설, 공공시설과 같은 것으로 상권에 영향을 주는 요인

2. 입지

1) 입지의 정의

외식업소는 특정지역의 특정지점에서 영업장소로서의 고정적인 입지를 선정하고 이 장소에 고객을 유인함으로써 영업이 성립되는데, 이 때문에 외식산업이 흔히 입지산업으로 불리듯이 특정장소에서의 입지선정이 아주 중요한 전략적인 과제가 되지 않으면 안 된다. 외식업소는 바로 고객이 상품을 구매하러 오는 구매 위치인 것이다.

입지란 대지나 점포가 소재하고 있는 위치적인 조건을 말하는 것이다. 물론 외식창업을 하기 위해서 외식업체의 입지에 따라 콘셉트를 결정할 것인가, 아니면 콘셉트에 따라 입지를 결정할 것인가 하는 문가에 발생하는 것처럼, 외식업체의 입지와 콘셉트는 매우 밀접한 관련이 있다. 하나의 외식업체는 입지, 메뉴, 가격, 좌석, 서비스, 분위기를 포함하는 콘셉트를 대표로 한다. 여기서 만약 입지가 변하게 된다면, 반드시 전체적으로 아니면 부분적으로 콘셉트가 변화하게 되며, 콘셉트를 구성하는 다른 요소들도 변화하게 된다. 예를 들어 아이스크림을 전문적으로 취급하는 패스트푸드 업장이 아이들이 자주 오고 가는 쇼핑몰에 위치하고 있다면, 상대적으로 한산한 위치에 있는 것보다 한 종류의 아이스크림에 식상하기 쉬운 고객들은 더 많은 종류와 독특한 아이스크림을 원하기 때문에 계속적으로 개발해야만 한다.

즉 외식업은 입지의 선택에서 성공이 좌우된다고 할 수 있다. 외식업에 종사하는 사람이라면 누구나 돈을 버는 점포를 만들고 싶어 한다. 점포를 개업해서 "성공해야지, 돈을 벌어야지"하는 의욕을 가지고 개업하지만, 장밋빛 꿈에서 멀어지면 "왜 이렇게 장사가 안 되지..."라고 낙담하는 사례가 아주 많다. 맛있는 메뉴, 친절한 서비스, 깨끗한 점포(점포력)의 밸런스를 잘 조화시켜 QSC(Quality Service Cleanliness) 레벨을 높이려고 노력해도 매출이 늘어나지 않는 경우도 많다. 아무리 훌륭한 점포를 개업시켜도 입지의 특성을 살리지 못하면 개업한 후에 고전할 수밖에 없다. 적당한 상권의 입지는 식당 오너 한 사람의 의지에 의해서 좋아지는 것이 아니다. 그 입지가 좋은 입지로 변하려면 최소한 5~6년이라는 시간이 필요하다. 식당은 입지가 좋아질 때까지 기다릴 수가 없다. 아마 그전에 망하게 될 것이다.

즉 외식업은 개점하게 된 입지에 의하여 성공 여부가 결정된다. 하지만 일반음식점 경영자는 무분별하게 대충 감으로 2호점 3호점을 개점하거나 경험도 없는 사람이 가볍게 점포를 창업하는 일도 아주 많다. 지금부터라도 시대의 흐름에 잘 부응하여 점포를 성공으로 이끌기 위한 노력이 필요하다.

2) 입지론의 유래

(1) 입지론의 등장

인류가 지상에서 정착생활을 하면서부터 소박하나마 입지연구가 행해졌을 것으로 추측된다. 오늘날 발견되는 고대의 유물 또는 유적지 등을 통해 볼 때 고대인들이 생활 장소를 정하는 데 그들 나름대로의 안전 · 편리성을 보장하는 법칙에 의거하여 장소에 집착했음을 알 수 있다. 또한 원시인들의 매장풍습에서 입지에 대한 나름대로의 선택 관념이 존재했음을 느낄 수 있다.

(2) 입지론의 발달

본격적인 입지론의 전개는 B.C 4~5세기 전국시대 말기로 추측하고 있다. 이 시대에는 점성가, 마법사, 현인, 제사장 등에 의해 천체의 운행과 맞추어 길복(吉卜)한 터를 잡는 활동이 특히 왕실을 중심으로 번성하였다. 한 대에 이르러서는 음양론까지 원용됨으로써 거의 완전한 풍수원리가 정리되었으며, 소위 풍수의 경전인 청조경이 편찬되기에 이르렀다. 우리나라의 풍수론가로 전설적인 원조는 흔히 도선을 드는데, 사실상 도선은 남쪽 해안가의 이인으로부터 풍수설을 전수받은 것으로 알려졌다. 이러한 것으로 미루어 볼 때 우리나라의 풍수론이 전파된 시기는 삼국시대 말경으로 보는 것이 타당하다. 동양과는 달리 서양의 입지론 발달은 시대적으로 크게 뒤졌다. 또한 입지론의 내용도 동양과는 달리 정주입지보다는 산업입지론의 양상으로 전개되었다.

(3) 입지론의 동향

❶ 풍수론의 동향

동양에서 오랫동안 발전, 변화되어 온 풍수론은 서양의 산업화 문명이 동양에 밀려 들어오면서 마치 미신과 유사한 취급을 받게 되었다. 그러나 최근 인간환경 공간에 대한 위기가 점증하고 공동체적 삶의 파괴에 대한 인간의 반성이 커짐과 함께 풍수설의 원리에 대한 과학성이 크게 인정되고 있다. 또한 토지 이용론은 어디까지나 장소가 부합하는 논리가 되어야 한다는 점에서 우리나라의 풍수론이 우리 땅에 가장 합리적인 입지론이라는 연구가들의 결과도 최근에 많이 나타나고 있다.

❷ 산업입지론의 동향

산업입지란, 생산활동의 위치를 말하는 것으로 어떤 곳에 위치하는 것이 생산주체에게 최대 이윤을 가져오는가에 관한 이론을 입지론이라 한다. 산업활동의 입지를 토지의 관점에서 본다면 한정된 토지를 어떻게 사용하는 것이 토지의 효율성을 극대화시키는가의 문제, 즉 토지이용에 관한 이론이 된다. 바꾸어 말하면 입지와 토지이용은 동전의 안팎과 같이 서로 밀접한 관계가 있다. 토지이용에 관한 규범적 이론정립을 시도한 사람은 독일의 한 지주였던 폰 튜넨이었다. 그는 1927년에 자기가 소유하고 있는 토지를 어떻게 하면 효율적으로 이용할 수 있는가에 관하여 골똘히 생각하던 끝에 농업토지이용에 관한 일반이론을 정립하게 되었다. 우선 그는 비옥토(肥沃土) 같은 평탄한 농지가 소비시장인 도시 주변에 위치하고 있다고 가정할 때, 도시중심으로부터 일정한 위치에 있는 농지의 지대는 농산품의 판매수익에서 생산비용과 시장까지의 운송비용을 뺀 잔여부분이라고 보았다. 실제로 그가 버터와 라이보리를 비교하여 얻은 함수식을 토대로 버터를 생산하는 농민의 정상이윤은 그의 노임으로 생산원가 속에 포함되어 있으며 토지의 소유와 경작을 분리하여 생각하고 있는 것이다.

그림 2-2에서 볼 때, 원점은 소비시장인 도시이고 도시로부터 어떤 위치에서 버터를 생산하든지 농민은 동일한 이윤을 얻게 된다. 농민의 자유로운 경쟁으로 정상이윤 이상의 이윤은 지대로 토지소유자에게 돌아간다. 원점의 지대가 가장 높고 거리가 멀어짐에 따라 지대가 낮아지는데 지대는 결국 운송비의 절감에 해당한다. 이러한 논리로

각기 다른 수확물이 경작되는 사선을 따라 토지이용패턴이 결정된다. 여기서 얻을 수 있는 결론은 첫째, 토지이용자 간의 경쟁을 통하여 토지이윤이 지가를 결정하고 둘째, 지가가 각 용도의 지불능력에 따라 토지를 각 용도에 배분하며 셋째, 지대사선의 기울기가 급할수록 중심지 의 위치를 차지하게 된다는 것이다. 튀넨(Von Thünen) 이후 서양의 입지론에 가장 큰 업적을 남긴 사람으로는 웨버(A. Webber), 로쉬(A. Lösch), 크리스탈러(W. Cristaller) 등이다.

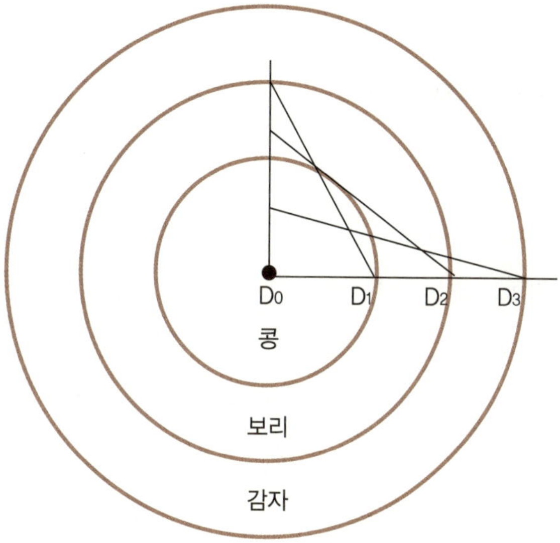

그림 2-2 **지대에 따른 토지이용 패턴**

❸ 풍수입지사상

인문적 경관이나 환경은 끊임없이 변화한다. 현재의 지표면이란 과거에 뿌리를 둔 것이기 때문에 지리학에서는 역사적인 지각현상을 중시하는 경향이 있다. 인간이 지표를 점유하여 생활을 영위해 온 이래 지리학이라고까지는 할 수 없어도 지리학적 사고를 하지 않고 살아온 종족은 없을 것이다. 시간과 공간의 문제는 인류 출현 혹은 인간의 출생과 함께 피할 수 없이 직면하는 과제일 것이기 때문이다.

그들은 거주지역의 풍토에 적응하며 살아가는 과정에서 나름대로의 지리적 사고를 성숙·발전시켜 어떤 형태를 갖춘 논리로 구성하였을 것이다. 따라서 그 논리는 풍토가 어떠한가에 따라서 매우 다양한 지역적 차이를 보이게 된다.

풍수설 역시 그와 같은 지리적 사고의 성숙·발전된 특이한 논리체계 중 하나이다. 중국에서 발생하여 그곳에서 이론의 확립을 본 후 우리나라에 도입된 풍수설은 다른 지역의 지리적 사고와는 다른 본질적 요소들을 내포하고 있으며, 특히 그것이 살아 있는 사람들의 주거선정이나 취락입지의 방법뿐만이 아니라 죽은 자의 영안의 장소를 찾는 일까지 포함하고 있다는 점에서 독창적인 문화현상이라고 할 만하다.

3) 입지 구성의 기본요소

(1) 개요

매출을 좌우하는 요인이나 변수는 많으므로 구체적으로 어떤 요소가 매출에 영향을 끼치고 있는지 파악하는 것이 중요하다고 할 수 있다. 입지를 구성하는데 있어서 점포 매출에 가장 큰 요소는 2가지로 나눌 수 있다. '매출 형성요소'와 '매출 제약 요소'라고 볼 수 있다. 이외에 '영업력' '브랜드력' 또한 매출을 결정하는 주요한 요소로 볼 수 있다.

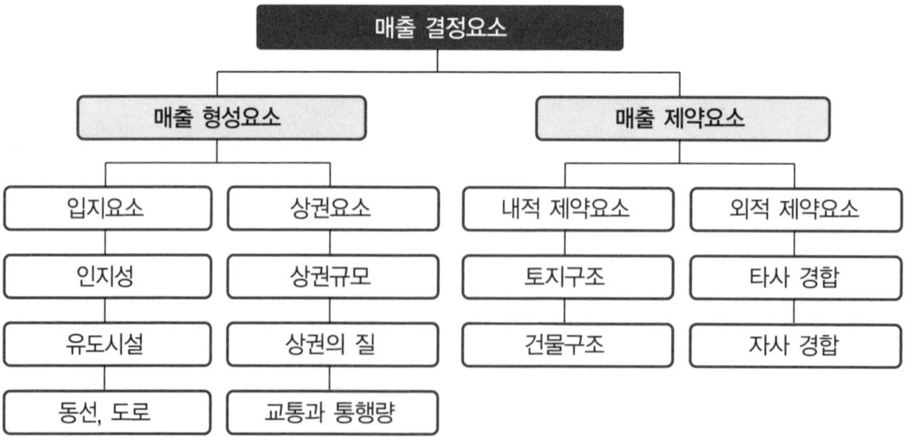

그림 2-3 점포의 매출을 결정하는 요소

(2) 입지의 조건

성공하는 입지를 찾는 것은 그다지 어려운 일은 아니다. 단순하게 생각해서 성공하는 입지란 다수의 고객이 구매하기 위해 방문하는 장소이기 때문이다. 고객은 편리하고 마음에 드는 곳으로 향하는 경향이 있기 때문에 고객의 입장에서 생각하면 입지를 선정할 때 쉽게 결정할 수 있다.

표 2-5 **성공 입지 조건**

유도시설	고객은 백화점, 역 등 사람이 모이는 곳에 모인다.
인지성	고객은 그곳에 어떤 점포가 있는지를 알고 있을 경우 자연스럽게 구매 동기를 갖는다. 따라서 고객의 인지를 얻으면 된다.
동선도로	고객이 물건을 살 경우 당연히 도보의 경우에는 걷기 쉽고, 차를 이용할 때는 운전하기 쉬운 도로를 택하게 된다. 그렇다면 그런 곳에 점포를 출점하면 된다.
상권의 질	점포 앞을 걷고 있는, 혹은 차로 이동하고 있는 사람들이 그곳에 온 목적과 목표에 의해 매출이 변화한다. 그렇다면 그런 목적을 만족 시키는 장소를 택하면 된다.
시장규모	시장이 크면 클수록 매출신장의 가능성이 높다. 따라서 시장규모가 큰 장소에 출점하면 된다.
교통과 통행량	점포 앞의 통행량과 교통량이 많을수록 매출신장의 가능성이 높다. 그러므로 통행량, 교통량이 많은 장소에 출점하면 된다.
건물구조	건물의 구조가 좋고 규모도 클수록 매출신장의 가능성이 높다. 그렇다면 건물 구조가 좋고 규모가 큰 건물에 입점하면 된다.
토지구조	토지구조가 좋고 규모도 클수록 매출신장의 가능성이 높다. 그렇다면 토지구조가 좋은 물건을 선별하면 된다.
동일 체인점 경합	동일 체인점 경합은 없을수록 좋다. 그렇다면 체인점 경합이 없는 장소를 택하면 된다.
타 브랜드 경합	동종업종, 유사업종은 경합이 적으면 적을수록 좋다. 경합이 점포 매출의 90% 이상을 좌우하기 때문이다. 그렇다면 타 브랜드 경합이 없는 장소를 택하면 된다.

(3) 통행량

통행량이란 점포 앞의 '잠재적 구매력'을 나타내는 지표라고 할 수 있다. 도시형의 경우 이 통행량에서 자기 점포의 집적객 예측치를 산출하고자 하는 사업체가 많다. 통행량에 대한 데이터로 알 수 있는 매출 요소는 점포 바로 앞의 시장 규모라고 할 수 있다. 이

것은 앞에서 본 시장 규모와 기본적으로 같은 뜻이다. 어쩌면 미시적인 '통행량데이터' 보다도 시장규모 데이터가 매출을 예측하는데 더 직접적인 요소일 수 있다. 게다가 뒤에서 언급될 동선평가도 통행량의 내용을 나타내는 하나의 데이터라고 할 수 있다.

또한 단순한 '통행량데이터' 만으로는 대상고객을 제대로 파악했다고 할 수 없기 때문에 통행하는 사람들의 남녀 비율, 연령층, 걷는 속도, 직업 등 좀 더 구체적인 고객의 특성을 반드시 파악해야 한다. 이러한 통행량은 '상권의 질' 을 도출할 수 있는 기초적인 데이터를 제공한다.

(4) 상권의 질

❶ 통행인의 유형으로 보는 상권의 질

점포를 중심으로 반경 50m 정도의 범위를 걷고 있는 사람의 특징과 그 거리에 유입되는 사람들의 목적이 명확할수록 목적 이외의 소비와 구매 행동을 일으키기 힘들다. 반대로 거리에 유입되는 사람들의 목적이 명확하지 않다면 다양한 구매 행동의 기회가 높아진다고 할 수 있다. 따라서 점포 주변 통행인의 왕래목적 등을 잘 관찰해야 매출을 예측할 수 있다. 이를 정량적으로 보면, 통행량(평일 대 휴일), 야간인구, 주간인구, 연령별 인구, 음식 판매액, 소매 판매액, 남녀 비율, 연령별 인구 비율 등을 들 수 있다. 정성적으로 보면 복장, 휴대폰, 걷는 속도, 양 손에 든 것, 거리의 느낌, 등을 들 수 있다.

간단한 조사방법으로, 양적데이터에 관해서는 실측에 가장 가까운 효과를 낼 수 있도록 자세한 지도와 각종 통계자료를 이용한다. 질적 데이터에 관해서는 평가 기준을 명확히 해서 점포물건 주변을 걷고 있는 사람을 잘 관찰한다.

표 2-6 **입지 유형별 특징**

쇼핑가 (레저성)	• 유흥과 휴일시간 보내기, 레크리에이션, 윈도우 쇼핑, 드라이브 등의 무목적성이 높은 곳 • 소비구매 행동이 점포 주변에서 행해지고 있는 경우 상권의 질이 안좋다고 볼 수 있다.
관광지 (준목적성)	• 관광목적으로 유입된 사람들은 소비성향이 강하다고 볼 수 있다. • '관광안내 책자' 에 기재된 장소는 좋은 입지라고 할 수 있다.

오피스가 (오피스성)	• 유입목적이 '일' 자체에 있다면 아무리 통행량(교통량)이 많아도 매출에 기여하기는 힘들다. • 주말 및 휴일 매출도 기대할 수 없다. • 저 단가 커피전문점 혹은 음식점으로 성공한 점포는 많다.
사업체	공장지대, 도로공사, 건설공사, 전기, 가스, 수도 관련 사업 등 주로 육체 노동 혹은 작업에 종사하는 사람들도 하나의 시장을 형성한다.
생활중심지 (한정 목적성)	주간에 거리를 걷고 있는 사람의 대부분이 주부이고, 아침부터 저녁까지 통행량의 변화는 보이지 않는다.
학원가	• 중 · 고등학생, 재수생, 대학생 등을 중심으로 한 거리 • 입지에 따라 좋은 장소와 나쁜 장소가 있지만, 기본적으로 젊은이를 상대

❷ 자동차와 도로 특성으로 보는 상권의 질

점포 근처의 도로를 주행하고 있는 자동차의 종류와 특성을 통해서도 상권의 질을 파악할 수 있다. 통행인의 경우와 마찬가지로 그 도로에 유입하는 차량의 목적이 명확할수록 목적 이외의 소비, 구매 행동을 일으키기 어렵다. 따라서 점포 물건 주변의 차량진입 목적을 관찰함으로써 어느 정도 매출을 예상할 수 있다.

조사 항목으로는 정량적으로 교통량(평일, 일요일 비교), 야간 인구, 주간 인구, 연령별 인구, 음식 판매액, 소매 판매액, 자동차 보유 대수, 주택건축 수, 주야간 인구 비율, 승용차 비율 등이 있다. 정성적으로는 교통량 유형, 차량 특징, 여성운전자 비율 등을 들 수 있다.

특히 신경써서 볼 필요가 있는 것이 '차량 이동속도'와 '정체상황'이다. 차량의 이동 속도가 빠른 도로에서는 점포가 있다는 사실을 먼 곳에서부터 인지시킬 필요가 있다. 고속도로 휴게소 안내판의 경우를 생각해보면 된다. 반면 지 · 정체 도로에서는 사실상 매출을 기대하기 어렵다.

간선도로를 살필 때 특히 주의해야 할 점은 같은 간선도로라도 구간에 따라 도로의 성질이 변하는 것이다. 어느 구간에서 어느 구간까지는 '산업도로'이고, 어느 구간부터 어느 구간은 '일반도로'이기도 하다. 그것은 그 간선도로와 만나는 다른 간선도로와의 영향으로 생겨나는 현상이다.

또 한 가지 유의해서 보아야 할 점이 '승용차 비율'이다. 산업도로의 경우 평일에는 매우 많은 교통량을 보이다가, 휴일에는 절반 가까이 줄어드는 특징이 있다. 통근 차량이 많은 준 간선도로는 평일 아침과 저녁에 교통량이 집중되고, 휴일이 되면 교통량이 적은 것이 특징이다. 관광차량이 많은 준 간선도로는 평일에 비해 휴일에 교통량이 증가하는 경향이 있고 점심, 저녁에 집중된다. 일반도로는 평일과 휴일의 차이가 적고 대개 점심과 저녁때 교통량이 다소 늘어난다.

표 2-7 도로 유형별 특징

구분		산업도로	복합도로		일반도로
			통근	관광	
승용차 비율	평일	40% 미만	40~60%		60% 이상
	휴일	75% 이상	80% 이상	85% 이상	80% 이상
교통량		• 평일에 비해 휴일이 적다. • 대형 화물 비율이 높다.	• 평일과 휴일 차이 없음 • 휴일은 가족, 평일은 아침, 저녁은 혼합	• 평일에 비해 주말이 많음 • 휴일은 가족	• 평일과 휴일 차이 없음 • 경자동차 여성 많음
도로종류		• 국도 및 주요 지방도 많음 • 교통량 많음	• 주요 지방도 많음 • 교통량 비교적 많음	• 국도 및 주요 지방도 많다 • 교통량 비교적 많음	• 주요 지방도, 시도 많음 • 교통량 비교적 적음

❸ 인스토어형 상권의 질

점포 근처를 걷고 있는 사람의 특성을 살펴보면 상권의 질을 파악할 수 있다. 그 상권에 내점하는 사람들의 목적이 명확하면 할수록 목적 이외의 소비, 구매 행동을 일으키기 어렵다. 따라서 상권의 내점 객층, 내점 목적을 관찰한다면 매출 수준을 예측해볼 수 있다. 인스토어형은 무엇보다 입지 그 자체의 질이 크게 좌우한다.

도시형, 교외형에 관계 없이 상권이 갖는 집객력, 고객층이 점포의 매출을 좌우한다. 특히 신규 출점의 경우, 점포 앞을 실제로 보는 것이 불가능하기 때문에 매장면적이 같은 점포를 관찰해서 결론을 내려야만 한다. 상권분석과 관련 있는 요소를 좀 더 자세하게 조사한다면 '점포 앞 유동인구수' '상품구성', '각 층의 구성', '고객층', '복장' 등을 참고하면 좋다.

※파워센터 : 백화점, 할인점, 전문점 등을 모은 대규모 매장

그림 2-4 인스토어형 상권분류

2-8 인스토어형 상권의 유형별 특성

구분	고객특성	가격지향	고객층
백화점	그곳에만 있는 물건을 찾아오는 고객층, 목적성이 적은 유입객층이 많음	고가격 지향은 약함	평일은 보통 주부층과 여성 중심, 휴일은 가족 중심 비교적 고소득층을 흡인할 수 있는 상권이고, 좋은 물건이 있다면, 산다는 구매 성향이 강한 반면 목적성은 약한 경향이 있고, 도시형 상권 중에서는 가장 좋은 성질을 갖는다.
마트	일상적인 구매활동 중심의 고객층이지만 목적성 회유층도 많음	일반적으로 일용품과 쇼핑품이 반반인 것이 특징	평일은 주부층 중심, 휴일은 가족 중심 일반적인 소득층을 흡인 가능한 상권이고 원스톱쇼핑이 가능하기 때문에 구매 활동 시간이 비교적 길다. 구매 성향은 강하고, 목적성은 약간 있는 경향이고, 도시형 상권 가운데서 좋은 성질을 갖는다.
슈퍼마켓	일상적인 구매활동으로 목적성이 강함	저가격 지향이 강하고, 일용품 중심	평일, 휴일 똑같이 주부층 중심으로 고객이 정해져 있다. 일반적인 소득층을 흡인 가능한 상권
쇼핑센터	일상적인 구매활동이지만 무목적인 회유층도 존재	일반적으로 일용품과 쇼핑품이 반반	일반소득층을 흡인 가능한 상권이고 원스톱쇼핑이 가능하고, 구매활동 시간은 비교적 길다. 구매성은 강하며 목적성은 약간 있는 경향이고, 교외형 상권 중에서 좋은 성질을 갖는다.
파워센터(전자상가)	일상적인 구매 활동으로 목적성이 강한 고객층이 많다. 무목적성인 층도 일부 있음	저가격 지향이 강함	토요일, 일요일 중심의 구매 특징을 갖는다. 가족층 중심 일반적인 소득층을 흡인시킬 수 있는 상권이고, 생산품 중심의 목적성이 강하지만 전문점, 할인점 등이 밀집해 있기 때문에 주재 시간이 비교적 길다.

(5) 인지성, 시계성, 가시성

고객에게 그 점포가 어떤 곳에 있는가, 어떤 건물인가, 어떤 점포인가가 인지되면 영업이 활성화된다. 고객에게 건물이나 점포가 인지되는 정도에 따라 매상고에 영향을 받는다. 영향을 주는 요소에는 자연적인 것과 점포의 역사 및 판촉에 의한 인위적인 것이 있다.

$$\text{인지성} = \frac{(\text{시계성} \times \text{영업연수})}{\text{자연적인 것}} + \frac{\text{판매 촉진}}{\text{인위적인 것}}$$

따라서 인지성은 개점 초기에는 시계성과 같은 내용으로 생각해도 좋을 것이다.

시계성의 4가지 포인트

- **기점의 문제** 어디에서 보이는가?
- **대상의 문제** 무엇이 보이는가?
- **거리의 문제** 어느 정도 떨어진 거리에서 보이는가?
- **주체의 문제** 대상건물의 모양이나 상태는 어떠한가?

표 2-9 **시계성에서 확인되는 포인트**

포인트	도시형 시계성 요소	교외형 시계성 요소	인스토어형 시계성 요소
기점의 문제	• 개찰구(역) • 대규모 소매점 출입구 • 대형 교차점(교차점 입구) • 기타 고객유도시설	• 역출입구 • 대규모 소매점 출입구 • 대형 교차점 • 인터체인지 • 기타 고객유도시설	• 점포 출입구(정면 주차장 입구) • 에스컬레이터 • 엘리베이터 앞 • 계단 입구
대상의 문제	• 건물 전체 • 간판(정면간판, 현수막, 이동간판 등) • 건물의 일부 이동 • 간판의 일부	• 건물 전체 • 간판(정면간판, 현수막, 이동간판 등) • 건물의 일부 이동 • 간판의 일부	• 건물 전체 • 간판(정면간판, 현수막, 이동간판 등) • 건물의 일부 이동 • 간판의 일부

포인트	도시형 시계성 요소	교외형 시계성 요소	인스토어형 시계성 요소
거리의 문제	• 도보 : 20~50m 전방 • 자동차 : 100~200m 전방	• 도보 : 20~50m 전방 • 자동차 : 100~200m 전방	• 20m 이상 전방
주체의 문제	• 자연스럽게 눈에 띈다. • 눈을 응시해야 보인다. • 찾아야 보인다.	• 자연스럽게 눈에 띈다. • 눈을 응시해야 보인다. • 찾아야 보인다.	• 자연스럽게 눈에 띈다. • 눈을 응시해야 보인다. • 찾아야 보인다.

❶ 점포의 시계성, 가시성

입지의 가시성은 넓고 길수록 좋다. 오목형 입지보다는 볼록형 입지가 좋다. 특히 주변의 간판이나 전면의 가로수 장애, 주변 건물의 장애 등을 잘 체크해야 한다. 가시성이 낮다는 것은 그만큼 홍보가 더디고 고객들의 인지 속도가 줄여지게 된다. 또한 점포를 찾아올 때도 그만큼 힘들다. 고객은 단순한 것을 좋아한다. 쉽게 찾을 수 있고 주차하기 편리한 곳을 선호한다. 가시성이 낮을수록 오목형 입지라 하고, 시야에 잘 들어오지 않기 때문에 눈에 띄지 않아서 입지상 단점을 갖고 있다. 가시성이 높을수록 블록형 입지라 하며 눈에 잘 띄기 때문에 입지상 장점을 갖고 있다.

그림 2-5 가시성에 따른 입지

❷ 점포의 접근성

점포의 출입이 용이해야 한다. 승용차의 출입구나 도보자의 출입구 특히 계단 등의 장애가 없어야 한다. 차량 출입 시에 좌 · 우회전이나 직진, U턴 등이 원활해야 한다.

전용 보행도로나 교통도로가 있는 곳이 좋으며, 특히 생활도로는 외식수요가 높은 지역이다. 패스트푸드나 대중음식점일수록 도보자의 접근성이 편리해야 하고 목적형 점포, 즉 고급음식점일수록 주차의 편리성이 좋아야 한다.

❸ 점포의 홍보성

간판의 위치나 크기, 점포의 위치, 유동인구의 규모, 점포의 전면 길이, 건물 전체의 규모, 건물의 집객능력 등이 홍보에 미치는 영향은 크다. 특히 간판의 위치나 크기는 가능한 한 크게 만들 수 있는 것이 유리하고 높이는 지상으로부터 4~6m가 가장 좋다. 옥상의 간판 설치가 가능한지도 체크해야 한다.

(6) 동선, 도로

고객은 걸어가기가 쉬운 곳, 자동차 출입이 자유로운 도로를 선호한다. 고객유입시설과 시설에 연결되어 사람의 흐름을 유도하는 것을 동선이라고 한다. 여기에서 유의해야 할 것은 단순히 사람의 흐름이 많은 것을 동선이라고 하지 않는다는 점이다(88도로나 고속도로는 차량과 사람의 이동이 많으나 단순한 교통량의 이동일 뿐이다). 이동하는 사람들이 쇼핑을 하거나 식사를 하는 등 소비를 목적으로 이동하는 흐름이 동선인 것이다. 금전을 소유하고 있는 사람들이 그 금전을 소비하기 위하여 이동하는 것이 중요하다. 시간적 제한, 행동적 제한, 금전적 제한이 있는 사람들의 흐름은 좋은 동선이라고 볼 수 없다. 따라서 동선을 파악할 때 이러한 제약을 찾아 분석하는 것은 매상고 추정에 중요한 포인트가 된다. 동선에는 주동선, 부동선, 복수동선이 있다.

❶ 주동선

고객흡인시설인 역, 대규모 소매점, 대형 교차점 등을 연결하는 선을 주동선이라고 말한다.

❷ 부동선(이동동선)

주동선 이외에 동선에 관계있는 사람의 흐름이 있는 거리가 있다. 이것이 부동선이다. 이 부동선 내지 시계성을 잘 포착해서 출점하고 있는 것이 2등지 출점전략이다. 소규모 체인점, 개인점포 등의 출점 사례가 여기에 속한다.

❸ 복수동선

동선이 복합적으로 혼재하고 있는 경우를 말한다. 역 → 대규모 교차점 → 대규모 소매점 → 역에 이르는 경우에 복수의 고객유입시설이 혼재해 있는 경우, 이 동선 도로의 흐름에는 몇 가지 인간의 심리와 관계되는 법칙이 있다.

A. 최단거리 실현의 법칙
B. 보증실현의 법칙
C. 안전중시의 법칙
D. 군집중시의 법칙

(7) 시장규모

일반적으로 점포 주변의 시장규모가 크면 클수록 인구단위당 외식 구매액이 커지게 되므로 식당영업에 유리하다. 따라서 점포 주변의 상권 규모를 파악하는 것은 매우 중요하며, 조사 대상은 아래와 같다.

- 업종업태의 조사
- 고정상권(주거인구 및 고정 출근자 상주인구)
- 유동상권(비거주 및 비상주인구), 주간상권 및 야간상권 파악
- 대형 집객시설의 고정, 유동상권의 파악

상권의 규모를 파악하기 위해서는 우선 상권 내의 업종별 점포 수, 업종비율, 업종별 · 층별 분포를 파악해야 한다. 업종별 분류에는 판매업종과 서비스업종으로 구분할 수 있는데, 판매업종에는 식품류, 신변잡화류, 의류, 가정용품류, 문화용품류, 레포츠

용품류, 가전 가구류로 구분하고, 서비스 업종으로는 외식서비스, 유흥서비스, 레저오락서비스, 문화서비스, 교육서비스, 의료서비스, 근린서비스로 나눌 수 있다.

표 2-10 시장규모 측정

시장조사 목적	평가 1	평가 2	평가 3	평가 4	평가 5
연간 소매판매액 (지역)	500억 원 이하	500억 원 ~1,000억 원	1,000억 원 ~2,000억 원	2,000억 원 ~3,000억 원	3,000억 원 이상
연간 음식 판매액	50억 원 이하	50억 원 ~100억 원	100억 원 ~200억 원	200억 원 ~300억 원	300억 원 이상
승하차 인원수	1,000명 이하	5,000 ~10,000명	10,000 ~30,000명	30,000 ~70,000명	70,000명 이상
주간인구	1,000명 이하	1,000 ~5,000명	5,000 ~10,000명	10,000 ~20,000명	20,000명 이상

※ 위의 평가, 1, 2, 3, 4, 5는 종합 출점 평가 시 점수 그대로 환산할 수 있는 자료이며 위 표는 Q사에서 출점 조사 시 실제로 사용되었던 자료임을 밝혀둔다.

❶ 시장규모 측정 요령

가. 판매업종과 서비스업종의 구조를 파악한다.

판매업종이 많을수록 유동성이 높으며 패스트푸드점포가 유망하다. 또한 판매업종이 다수이면 판매업종을 출점하는 것이 유리하다. 전문상가가 되기 때문에 유리하다. 서비스업종이 많으면 서비스업을 택하는 것도 좋다. 명동의 경우 판매업종(80%), 서비스(20%)이고, 일반적인 상가는 판매(20%), 서비스(80%)이다.

표 2-11 업종구성 조사표

구분업종별		층 분류					합계	구성비
		B1	1F	2F	3F	4F 이상		
판매업종	식품류 신변잡화류 의류 가정용품류 문화용품류 레포츠용품류 가전가구류							
서비스업종	외식서비스 유흥서비스 레저오락서비스 문화서비스 교육서비스 의료서비스 근린서비스							
합 계								

※업종별 세부 분류가 필요하다. 즉 외식은 고깃집, 한정식, 패밀리레스토랑, 패스트푸드 등을 세부적으로 분류하여 분석하는 것이 좋다.

나. 건물의 층별 점포구성을 분석한다.

건물의 1층 구성비가 높으면 상권이 나쁘고 구성비가 고르면 상권이 좋다.

다. 업종의 층별 구성을 분석한다.

지하, 1층, 2층, 3층, 4층의 업종구성을 파악한다. 2층이 구성률이 40%이면 좋다.

라. 인접하고 있는 브랜드를 분석한다.

우리나라 소비자는 브랜드 선호도가 높으므로 유명 브랜드가 많이 입점되어 있으면 좋은 입지이다.

표 2-12 외식산업 업종 업태 조사표

<table>
<tr><th colspan="2" rowspan="2">구분업종별</th><th colspan="5">층 분류</th><th rowspan="2">합계</th><th rowspan="2">구성비</th></tr>
<tr><th>B1</th><th>1F</th><th>2F</th><th>3F</th><th>4F 이상</th></tr>
<tr><td>한식업종</td><td>소고기전문점
한정식
설렁탕
돼지고기전문점
탕 전문점
김밥
기타</td><td></td><td></td><td></td><td></td><td></td><td></td><td></td></tr>
<tr><td>기타업종</td><td>카페 & 양식
일식 & 횟집
중식
베이커리
피자
기타</td><td></td><td></td><td></td><td></td><td></td><td></td><td></td></tr>
<tr><td colspan="2">합 계</td><td></td><td></td><td></td><td></td><td></td><td></td><td></td></tr>
</table>

표 2-13 외식산업 업태 조사표

<table>
<tr><th rowspan="2">구분업종별</th><th colspan="5">층 분류</th><th rowspan="2">합계</th><th rowspan="2">구성비</th></tr>
<tr><th>B1</th><th>1F</th><th>2F</th><th>3F</th><th>4F 이상</th></tr>
<tr><td>Fast Food</td><td></td><td></td><td></td><td></td><td></td><td></td><td></td></tr>
<tr><td>Family Restaurant</td><td></td><td></td><td></td><td></td><td></td><td></td><td></td></tr>
<tr><td>Casual Restaurant</td><td></td><td></td><td></td><td></td><td></td><td></td><td></td></tr>
<tr><td>Theme Restaurant</td><td></td><td></td><td></td><td></td><td></td><td></td><td></td></tr>
<tr><td>FD Restaurant</td><td></td><td></td><td></td><td></td><td></td><td></td><td></td></tr>
</table>

마. 주위의 빌딩이나 오피스의 공실률을 파악한다.

빌딩이나 오피스가에 점포를 얻을 경우 주위 빌딩과 오피스의 수만을 가지고 단순히 계산하여 입지를 결정해서는 안 된다. 즉 허상을 실상으로 착각해서는 안 된다는 말이다.

바. 관련 업종이 몇 %인가를 파악한다.

점포 주위에 관련 업종이 20~50% 정도 입주해 있으면 그곳은 이미 상권이 형성되어 있어 장사가 잘되고 있다고 보아도 무방하다. 일반적으로 관련업종이 없는 곳이 매출액 향상에 도움이 될 것으로 생각하기 쉬우나, 그러한 경우는 상권이 형성되어 있지 않기 때문에 바로 주위에 살고 있는 사람들만이 주요 고객이 되어 성장에는 한계가 있다.

하지만 관련 업종이 많이 입주해 있으면 전문점, 상가가 자연히 형성되고 널리 알려지게 되어 멀리서도 그 상권을 따라 찾아오는 고객들이 드러나게 된다.

아구찜은 신사동, 이동갈비는 일동과 이동, 막국수는 춘천, 부대찌개는 의정부, 떡볶이는 신당동, 족발은 장충동, 퓨전음식은 청담동, 감자탕은 영등포, 고추장 삼겹구이는 홍천, 농산물 시장은 가락동 농수산물 공판장, 전자상가는 용산전자상가, 골동품이라면 인사동 골목을 주저 없이 떠올리게 된다. 이처럼 전문화된 상가는 어딜 가나 존재하고 있고, 그에 따라 고객들도 그곳으로 발길을 돌리게 된다.

사. 입점불가 입지, 팔고 이사해야 할 입지

a. 주변의 거리가 전혀 붐비지 않는다.
b. 주위의 간판이 낡고 변색된 점포가 눈에 띄기 시작했다.
c. 다른 업태의 번성점이 눈에 띄지 않는다.
d. 같은 업태가 한 번 출점을 하였으나 철수하였다.
e. 빈 점포가 눈에 많이 들어온다.
f. 게임센터와 유흥업소 등이 최근 늘었다.
g. 통행인의 보행속도가 빠르다.
h. 통행인의 흐름이 한 방향으로만 이어지고 있다.
i. 주위의 도로가 지저분하고 휴지 조각이 많이 떨어져 있다.
j. 자전거나 기물 등이 그대로 방치되어 있는 곳이 많다.

이러한 경우 경영자는 현재 자신의 점포 입지가 회복 불능의 쇠퇴기에 진입한 것을 정확히 판단하고 새로운 시장을 찾아 신속하게 이동할 수 있어야 한다.

회복 불능의 상태에 도달한 징후로서는 위에서 언급한 10가지 항목을 대표적으로 들 수 있다. 이러한 징후가 점포 주위에서 눈에 띄기 시작했다면 객관적인 입장에서 체크

할 필요가 있다. 그 결과 가령 5개 이상의 항목이 해당된다면 이미 입지는 완전히 쇠퇴기에 진입하고 있다고 볼 수 있다.

(8) 통행(유동)인구

유동인구(성별, 연령별, 시간대별, 요일별, 직업별, 통행 목적별, 통행거리 등)와 통행인구가 많다고 하여 곧바로 매출로 이어지는 것은 아니다. 가령 오더 메이드(Order Made)에 의한 고급 수제 햄버거 점포를 개점하였다고 하면 유동인구가 많은 저소득층의 거주지보다는 비록 유동인구는 적어도 소득 수준이 높은 고소득층의 거주지에 위치한 점포의 매출액이 높은 것이다. 이는 고소득층이 저소득층보다 실질적인 구매력이 높기 때문이다. 유동인구의 조사는 관찰조사로 하는 경우가 일반적이다. 관찰조사법은 점포의 상태, 교통량, 통행의 양과 특성을 조사원이 자신의 눈으로 확인하거나 숫자를 체크하는 방법이다. 단시간에 사실을 확인할 수 있기 때문에 많이 이용하는 방법이다.

❶ 통행인구 조사법

가. 평일과 주말의 특정시간대를 정한다. 평일은 최소한 2일(월요일과 목요일이 좋다), 주말은 금요일과 토요일, 일요일은 경우에 따라 변수가 커서 상황에 따라 적용한다.

나. 조사시간

- 점심시간 : 11:00~14:00
- 간식시간 : 14:00~18:00
- 저녁시간 : 18:00~21:00

다. 계층분류는 업종업태별로 다르다. 일반적으로 어린이, 청소년(중 · 고교생), 주부, 직장인, 중장년층을 남녀로 세분하여 시간대별로 이동량을 조사해야 타깃에 맞는 전략을 구사할 수 있다.

❷ 통행인구의 조사는 길면 길수록 좋다

고객의 예상 흡인율을 계산하기 위하여 해당 점포 앞에서 통행인구의 수를 조사하는 경우, 특정 시기나 시간대만을 하게 되면 흡인율의 허상을 예측치에 포함시키는 오류를 범할 수 있다. 따라서 가능하다면 많은 시간을 가지고 여러 번 하도록 하는 것이 좋다. 일반적으로 흡인율은 3% 정도라고 한다. 즉 100명이 지나다니면 그 중 3명 정도가 점포를 찾을 가능성이 있다는 것이다. 하지만 조사시기에 직장인차림의 사람들이 오후에 지나치게 많이 다니거나 점심시간에 학생들이 많이 지나다니는 경우가 있는데, 이것은 실제의 통행인구로 보아 산정해서는 안 된다. 왜냐하면 일반적으로 그 시간대라면 직장인은 회사에, 학생은 학교에 있어야 하기 때문이다. 결국 이 경우는 특별한 직장의 행사나 학교 운동회와 같은 이벤트가 있는 날로 보는 것이 적당하다. 업종에 따라서 통행량의 기준에는 다소 차이가 있겠지만, 적어도 1일 5,000명 이상의 통행인이 있는 입지라야 수익성이 있다고 볼 수 있다.

표 2-14 연령대별 유동인구 집계표

구분 / 시간	10대		20대		30대		40대		50대 이상	
	남	여	남	여	남	여	남	여	남	여
11:00~12:00										
12:00~13:00										
13:00~14:00										
14:00~15:00										
15:00~16:00										
16:00~17:00										
17:00~18:00										
18:00~19:00										
19:00~20:00										
20:00~										
합 계										

표 2-15 고객유형별 유동인구 집계표

구분 / 시간	어린이	주부	청소년		청년/대학생		직장인		장년층	
			남	여	남	여	30대	40대	남	여
11:00~12:00										
12:00~13:00										
13:00~14:00										
14:00~15:00										
15:00~16:00										
16:00~17:00										
17:00~18:00										
18:00~19:00										
19:00~20:00										
20:00~										
합 계										

❸ 통행인의 보행속도가 영업에 미치는 영향

점포 앞을 지나가는 유동인구가 아무리 많아도 점포로 유입되지 않는다면 아무런 의미가 없다. 즉 해당 점포 앞을 많은 통행인구가 그냥 흘러가는 입지여서는 곤란하다. 사람의 연령이나 보폭 등에 따라 다소 차이는 있겠지만, 일반적으로 사람이 1초에 가는 거리는 1.1~1.6m 정도라고 한다. 그리고 목적별로 보면 통학이나 통근의 경우는 1.54m/초, 쇼핑의 경우는 1.29m/초라고 하는 데이터가 있는데, 이 데이터를 이용하여 계산하게 되면 쇼핑의 경우에는 1분간에 77.4m, 6분 28초로 500m라고 하는 보행속도가 된다. 그 이상의 스피드로 해당 점포 앞을 지나는 고객이라면 내점을 기대하기란 어렵다고 보면 된다.

❹ 보행속도에 영향을 미치는 요인

가. 환경조건　　나. 육체적 조건　　다. 복장조건

라. 심리적 조건　　마. 집단적 조건

표 2-16 **연령대별 보행속도**

연 령 대	보행속도
청년 남자, 고교생	1.58m/초
중 학 생	1.49m/초
성인남자	1.49m/초
젊은 여자	1.42m/초
초등학생	1.32m/초
성인여자	1.30m/초
노 인	1.14m/초

4) 입지의 분류

(1) 입지 유형

❶ 적응형 입지

적응형 입지란 길거리를 유동하는 통행객에 의하여 영업이 좌우되는 입지를 말한다. 적응형 입지는 도보자의 접근성을 우선 고려하여야 한다. 도보자가 접근하기 쉬운 출입구, 시설물, 계단, 가시성 등이 좋아야 한다. 대부분의 도보객은 버스나 택시, 지하철을 이용하므로 이들 교통시설물과 근접하면 좋다. 출입구도 자동문이나 회전문은 좋지 않다. 도심의 최적입지는 차 없는 거리이다. 도심의 점포는 주차장이 없어도 된다. 오히려 주차장으로 인하여 투자효율성이 떨어진다. 굳이 주차장을 둔다면 건물 뒤편에 위치하는 것이 좋다. 도보객이 우선적으로 접근하기 쉬워야 하기 때문이다.

❷ 목적형 입지

특정 테마에 따라 고객이 유입되므로 차량이 접근하기 쉬워야 한다. 주 도로에서 접근하기 쉽고, 주차장이 크고 편리성이 있어야 하고, 주차관리원도 두어야 한다. 또한 주차장의 위치는 건물 앞쪽에 있어야 차량이용자의 편리성이 높다. 도심 근교에 카페나 레스토랑들이 배나 비행기, 거북선 등의 모형을 만들어 목적성을 높여 강하게 하는 것이 일례이다.

❸ 생활형 입지

아파트 상가나 주민들에 의해서 영업이 좌우되는 근린상가형 입지이다. 지역 주민이 주로 이용하는 식당이므로 도보나 차량을 모두 흡수할 수 있어야 한다. 주차시설도 갖추고 도보객의 접근도 유리한 지역에 출점해야 한다.

(2) 입지의 종류

"외식산업은 첫째도 입지, 둘째도 입지, 셋째도 입지"라고 일컬어질 정도로 매우 중요하다. 물론 일부 체인기업의 경우에는 이 입지 전략의 과대평가로 부동산사업이 아니냐는 비난을 받기도 한다. 사람이 살아가며 또 즐기기 위해 외출하는 각각의 장소에서, 사람이 있는 한 식사가 수반되기 때문에 음식점은 사람이 있는 곳이라면 어디라도 영업할 수 있다. 일반적으로 역세권이나 대형쇼핑센터 또는 도보객이 현저히 많은 거리에는 패스트푸드형 외식업체가 좋으며, 관공서 등 오피스타운 밀집가는 전문점 형태의 대중음식점이 좋다. 아파트 밀집가 등은 패밀리 레스토랑이 좋고 강가나 드라이브코스가 좋은 곳은 고급음식점, 카페 등이 좋다.

표 2-17 입지의 기본적인 유형(종류)

	도심형(번화가)	시가지형	도시근교형	야외드라이브인형
성격분류	① 역전형 ② 번화가형 ③ 시장형 ④ 비지니스형 ⑤ 기타	① 주택지형 ② 이웃 상점형 ③ 간선도로형 ④ 생활도로형 ⑤ 기타	① 신흥주택형 ② 신흥단지형 ③ 공업단지형 ④ 간선도로형 ⑤ 생활도로형 ⑥ 교외형	① 휴식지형 ② 관광지형 ③ 기타
특징	• 그 동네에서 가장 사람이 많이 모인다. • 인구규모 격차가 심하다. • 낮밤의 인구 흐름이 심하다. • 전철, 버스, 도보 이동이 주체이다.	• 80~90년대 초 주택형성 • 고연령이나 독신이 많고 연령별 격차가 크다. • 편의동기 • 도보, 자전거, 오토바이의 이동이 많다.	• 80~90년대 아파트 형성 지구 • 30대 뉴패밀리가 많다. • 핵세대화가 높고 외식비율이 높다. • 자동차로 이동	자동차생활의 일반화로 휴양지 등이 형성
상권규모	• 광역, 지역형 상권을 형성 • 10만 명 이상 • 1~10km	• 지역, 이웃형 상권을 형성 • 5만 명 전후 • 1~3km	• 지역, 아웃형 상권을 형성하고 성격, 변화가 有 • 5~10만 명 • 1~10km	• 거리, 도로형 • 광역상권, 격차가 큰 성격, 변화 有 • 1000명~5만 명 • 5~20km

❶ 도심형

도심 내의 번화한 입지 즉 명동이나 강남역 주변, 영등포, 가로수길 등이 대표적인 다운타운형 입지이다. 이것은 도심형, 번화가형이라고 한다. 서울이나 부산, 대구를 비롯해서 대도시는 물론 인구 6-7만명의 지방도시에도 이 형태의 입지는 있다. 그 지방의 중심도시를 기점으로 쇼핑을 비롯하여 상권의 흐름이 이 상권을 중심으로 모여 분산되어 간다. 당연히 서비스업이 활성화되어 있고 비즈니스 관계의 오피스도 있으며, 병원이나 학교, 서비스 관련의 회사도 많은 등 일반적인 패턴이 이루어져 낮과 밤의 인구이동이 아주 높다. 패스트푸드나 패밀리레스토랑, 단품메뉴 전문점 등 거의 모든 업종 · 업태가 유리하다. 다만, 상권 내의 사무인구의 형태에 따라 주의해야 한다(주5일제 및 주차문제 등의 영향). 특히 명동에 고급레스토랑 개업은 주의하지 않으면 문제가 될 수 있다.

❷ 시가지형

아파트, 일반주택지 및 오피스가의 혼재형이다. 예를 들면 서울의 중요 핵상권(다운타운)인 명동이나 강남역, 신촌, 영등포 등의 지역을 제외한 지역, 인구 20~30만 명의 지방도시에서 흔히 발생할 수 있는데, 교외로 나가는 간선도로를 따라 그 뒤편에는 주택이나 아파트가 늘어서 있는 패턴이다. 이것을 시가지형이라고 한다. 10~20년 전에는 구 주택가였는데, 거리의 발전확대에 따라 도로가 늘어나고 그 양측으로 오피스가 생기는 거리를 말한다. 이런 입지는 새로운 거리에서 나타나듯이 낮에는 비즈니스맨의 이용이 꽤 많지만, 일반 주민들은 비교적 고령자들이 많아 손님의 내점빈도가 그다지 높지 않다. 따라서 적당한 업종은 전문점형이나 탕집, 퓨전한식 등 비교적 대중 레벨의 음식점이 유리하다.

❸ 도시 근교형

서울 주변의 분당, 일산, 평촌 등의 신도시나 부산의 해운대, 기장 등의 신도시 아파트 타운에는 그 규모나 밀도에서 고객을 아주 많이 모을 수 있는 지역이다. 지방의 경우에는 공업단지나 도매단지, 개중에는 대형 교외쇼핑센터가 입지하는 경우도 있는데,

이 특수한 경우를 제외하고는 이런 입지에서는 일요일에 고객이 집중되는 경우가 많다. 대부분의 가정에서는 자동차를 소유하고 있기 때문에 차량이동객이 몰리고, 비교적 넓은 지역을 대상으로 장사할 수 있다. 따라서 업태로서는 패밀리 레스토랑의 입지가 이상적이며, 대형 아파트 단지에서는 패스트푸드점도 유리하다. 대표적인 입지로는 서울 근교의 중동 아파트단지, 일산 아파트단지, 평촌 아파트단지, 산본 아파트단지, 안산 아파트단지, 하남 아파트단지, 구리 아파트단지 등이다.

❹ 야외(드라이브인)형

간선도로를 따라 생기는 드라이브인의 입지이다. 도로형이라고도 할 수 있다. 최근에는 관광지, 리조트입지도 생겨 드라이브형이라고 한다. 드라이브인은 고속도로의 발달에 따라 고속도로 휴게소에 입지하는 휴게용 음식점이나 I.C 출입구에 입지하는 레스토랑 등 그 스타일이 변화되고 있으며, 레저시대와 여가시대를 맞이한 오늘날에는 최근에 개발되는 리조트지에 새로운 타입의 레스토랑이 출현하고 있다. 또한 고속도로 휴게소 등에도 기존의 개념에서 벗어난 새로운 스타일의 푸드코트도 생기고 있다. 이 형태의 입지는 다운타운입지와 같아서 주변 주거인구가 적고, 지나가는 자동차 수나 그 지역까지 관광하려 나오는 관광객, 레저객 수에 따라 좋고 나쁜 입지가 정해진다고 할 수 있다. 그러나 계절성이 높고 식사 시간대별로 변수가 커 위험도 많은 지역이다.

5) 입지의 형태별 분류

(1) 도심 번화가형 입지

❶ 국내 입지 지역

명동이나 압구정동, 대학로, 신촌 등 유행성 점포가 밀집된 지역으로 쇼핑이나 만남을 목적으로 가지고 고객들이 모여드는 입지이다.

❷ 주 고객층

주 고객이 20대의 젊은 세대이며, 1회성 고객(주로 쇼핑객, 극장고객 등)이 대부분이고 고정고객은 역사 있는 각종 점포나 은행 또는 증권회사에 근무하는 직원 등이 핵심 고객이다.

❸ 입지특성

- 일반적으로 식당업 입지로서는 최적지라고 생각된다. 사람이 많이 모이고(고객유입시설이 많음) 여러 상업시설에 근무하는 고정인원이 많다. 따라서 상업지로써는 선택받은 곳이나 이곳에 개점한다고 해서 모든 점포가 반드시 성공한다는 보장은 없다.
- 유행에 민감하고 집객력이 시설형태에 따라 철새처럼 이동하는 경향이 높다.
- 임대료가 비싸고 권리금이 높기 때문에 객석회전율을 높이지 않으면 사업성이 없다.
- 늦은 시간까지 영업이 가능하고 주말에는 평일 매출액의 2배 정도까지 매출이 늘어난다.
- 이러한 입지유형의 고객들은 가격에 대해 상대적으로 덜 민감한 편이다.
- 이 지역은 대기업의 선전용 점포가 많다. 이익 발생 여부와 관계 없이 광고 선전을 목적으로 출점하는 경우가 있으므로 소자본으로 출점하는 개인점포는 이들 점포에 비해 경쟁력이 약하기 마련이다.

❹ 영업방안

- 개성있고 독창적인 이미지 연출이 필요하나 이 지역은 최첨단 제품, 화려한 인테리어, 현란한 간판으로 자신을 과시하는 점포가 대부분이기 때문에 어지간한 차별화나 개성화 전략으로는 자기 특성을 쉽게 나타낼 수가 없다.
- 이 지역의 점포는 건물임대보증금이나 월세가 높기 때문에 가능한 한 메뉴 수를 축소하여 전문화시킴으로써 주방기능을 패키지화하는 것이 좋다.
- 레저성 지향
- 메뉴 차별화를 통한 고객유인
- 음료메뉴의 강화
- 실내장식에 대한 개선을 통한 지속적인 분위기의 변화
- 영업시간도 심야까지 가능한 점포구성과 인력배치가 필요하다.

표 2-18 도심 번화가의 입지조사

도심 번화가의 입지조사 요점

(1) 동선의 흐름, 간판의 시계성
(2) 차 없는 거리
(3) 거리의 무드, 문화 정도
(4) 건물 출입구의 형태
(5) 간판 부착 공간의 확보 여부
(6) 이웃한 건물과의 조화
(7) 넓은 창유리
(8) 중고가 여성 패션 및 액세서리 점포가 인근에 다수 있을 것
(9) 대형 건물(20층 이상 규모)이 50m 이내에 다수 있을 것
(10) 2층이라도 넓은 스페이스가 좋다.

(2) 지하철 역세권

❶ 국내 입지 지역

지하철역을 중심으로 형성된 곳으로 서울의 영등포역 주변, 신촌역 주변, 강남 주변, 명동역 주변, 분당 서현역 주변, 2호선 신천역 주변 등이 1급 입지라 할 수 있다.

❷ 주 고객층

환승을 목적으로 하는 젊은 층 혹은 샐러리맨들이 주 고객이며, 일부 입지의 경우 만남의 장소로서의 기능을 수행하기 때문에 특정 연령층이 모이는 입지이기도 하다.

❸ 입지특성

- 특정 목적을 수행하기 위하여 움직이는 사람들이 주 고객이기 때문에 빠른 서비스가 필수적이고 가격대는 중저가이다.
- 앞으로 엄청난 발전이 예견되는 입지가 역세권이라 할 수 있다. 즉, 차량의 과포화

상태가 더욱 심해질 것으로 예견되는 도시는 아직까지 미개발된 지역을 타깃으로 하여 입지를 개발하면 좋을 것이다.

❹ 영업방안

• 패스트푸드형, 간편식 전문 외식업체가 유망한 지역이라 할 수 있다.

• 젊은층이나 샐러리맨을 대상으로 한 외식업체의 개발이 필요하다. 즉, 젊은 층이 선호하는 실내디자인과 메뉴선정 그리고 중저가의 가격대가 필요하다.

표 2-19 **지하철 역세권 입지조사**

지하철 역세권의 입지조사 요점

(1) 역 구내 입지

① 최대의 교통유발요인 역의 규모와 사람의 흐름

② 역 출입구 수

③ 역 출입구의 사용방법

④ 역의 사람의 집중도

⑤ 역 홈에서 보이는지의 여부

(2) 역 주변의 입지

① 역에서 본 시계성 우수 여부

② 역에서 흐르는 동선의 확실성

③ 교통유발요인 작용이 큰가 작은가

④ 경쟁점의 위치와 그 입지의 확인(역과의 근접성이 어떻게 되어 있는지의 확인)

⑤ 쉽게 지하도와 연결될 수 있는지의 여부

(3) 터미널/공항형 입지

❶ 국내입지 지역

시외버스, 고속버스, 공항 등의 터미널 입지로, 반포센트럴시티 부근, 인천공항 내 등을 들 수 있다.

❷ 주 고객층

대부분의 사람들이 목적을 가지고 이동하는 사람들이 주 고객이다.

❸ 입지특성

- 고속버스터미널 주변의 외식업소들은 고객을 뜨내기손님으로 인식하는 경향이 있어 다른 입지의 유형보다 음식이나 서비스의 질이 떨어지는 경향이 많다. 따라서 이들 업소의 고객에 대한 인식전환이 필요하다.
- 빠른 서비스가 필수이고 가격대는 중저가인 것이 특징이다.
- 센트럴시티의 경우 하루 30만 명의 인구가 이동한다.

❹ 영업방안

- 패스트푸드형 음식점이나 간이음식점, 식료품 점포가 유명한 지역으로 패밀리 레스토랑이나 디너하우스 등 중·고급 업종의 선택은 바람직하지 않다.
- 모형음식의 진열, 간판 등을 통한 가시성의 강화가 필요하다.
- 신속한 음식의 서비스 제공이 필요하다.
- 카운터 서비스의 영업시설을 확대한다.

(4) 오피스형 입지

❶ 국내 입지 지역

사무실 밀집지역으로 서울의 테헤란로 일대, 여의도가 대표적인 오피스형 입지이다.

❷ 주 고객층

주변 사무실에 근무하는 직장인과 그 거래처 손님들을 주 고객층으로 하며 대부분 젊은 층으로 이루어져 있다. 점차 젊은 직장인과 여성의 비율이 늘어나고 있다.

❸ 입지특성

- 평일 점심시간대와 퇴근시간대에 가장 바쁘고 주말과 그 이후의 시간대에는 매출이 떨어진다. 특히 도심 공동화현상이 심한 지역으로 야간고객이 문제가 된다. 점심시간에는 자리가 없을 정도가 북새통을 이루나 저녁에는 텅텅 비어 파리를 날린다.
- 주 5일제의 정착으로 목, 금요일 오후 저녁 시간대와 월요일에서 금요일 낮 시간대가 핵심 영업시간이 된다.
- 밝고 깨끗한 분위기를 선호하고 때에 따라서 단체고객의 예약이 이루어지고 밀실을 선호하는 고객층도 다소 있다.
- 대부분 대기업들의 경우 자체 건물 내에 단체급식을 실시하여 주변 업소의 매출이 감소하는 현상이 나타나기도 한다.

❹ 영업방안

- 깨끗하고 편안한 장소로서의 이미지 연출
- 친절하고 밀착된 서비스 제공을 통한 단골 고객의 확보
- 한가한 시간대의 영업활성화를 위해 차류 등의 판매를 고려
- 아침시간대에 간단한 식사류의 영업
- 바쁜 시간대의 좌석회전율 향상을 위한 조리와 서비스제공 시간의 단축 방안 모색(보통 중식시간 매출액이 하루 매상의 70%는 달성되어야 매출목표 달성이 가능하다)
- 직장인은 너무나 바쁘다며 이용시간도 극히 제한적이다. 중식 이용시간은 11:50~12:50 정도가 고작이다. 이 바쁜 시간에 이들 직장인들이 이용하는 목적은 여유있는 식사나 즐거운 식사라기보다는 건강을 유지하기 위한 최소한의 요구에 의한

식사라는 점을 인식하고 주문과 동시에 빠르게 서빙될 수 있는 메뉴를 설정하는 것이 성공의 포인트가 된다.

- 오피스가의 점포입지 선정 시 유의해야 할 또 하나의 관건은 영업일 수 문제다. 따라서 월간 영업일 수는 평균 20일 정도다. 이렇게 되면 월액지급 인건비와 월세의 과중한 부담 때문에 채산성을 확보하기가 어렵게 된다. 낮 시간대는 고객이 넘쳐나서 입점하는 고객을 전부 접객할 수 없는 경우도 있다. 즉, 많은 인원을 고용해야 서비스가 가능하다. 그러나 저녁시간대는 고객의 회전율이 2회전, 3회전할 수 없으므로 많은 인원을 필요로 하지 않는다. 이러한 경우에는 정사원 일부와 파트타임 아르바이트로 근무표를 합리적으로 설정하는 것이 중요하다.
- 또 입점하는 고객에게 아무리 빠른 속도로 서빙한다 해도 회전수에는 한계가 있으므로 Take-Out용 제품연구도 필요하다고 본다.
- 기업의 단체회식 수요의 확보가 필요하다.

표 2-20 오피스가 입지조사

오피스가의 입지조사 요점

(1) 1층이 유리하다.
(2) 점포 앞 전면이 긴 것이 유리하다. 전면이 좁아도 후면 깊숙이 있는 점포도 좋다(이런 점포는 시계성이 나쁘기 때문에 임대료 등이 저렴하다. 오피스가의 고객은 거의 고정고객이기 때문에 인지성이 강하면 된다).
(3) 1층과 2층으로 된 점포도 유리하다. 중식시간에는 전층 사용, 오후시간대에는 1층만 사용하면 관리비를 줄일 수 있다.
(4) 1층 정면 옆에 Take-Out 판매용 카운터를 설치할 수 있는지를 체크한다.
(5) 독립형 점포보다는 큰 건물에 있는 인스토어형이 유리하다(건물의 여타 부분이 대기석으로 이용되는 셈이기 때문이다).
(6) 반경 100m 이내에 10층 이상 건물이 몇 개인지를 조사한다.
(7) 대형건물의 출입구에서 가까운 쪽에 있는 입지인지를 체크한다.
(8) 관공서, 은행이 많은 쪽보다 일반 회사, 건축회사, 무역회사 등 일반사무실이 많은 쪽을 체크한다.
(9) 대형병원이 인근에 있는지를 체크한다.
(10) 인근에 공용주차장시설 유무를 체크한다.

(5) 주거형(주택가) 입지

❶ 국내 입지 지역

주거를 목적으로 형성된 지역을 말한다. 서울의 개포아파트단지, 목동아파트단지, 동백아파트단지 등의 지역을 말한다.

❷ 주 고객층

주변에 살고있는 거주자로 점심시간대에는 비교적 한산한 편이며, 주부 고객층이 주류를 이루고 있다. 저녁 시간대에는 퇴근길의 직장인들이나 맞벌이 부부들이 주 고객이며, 주말에는 주로 가족고객들로 이루어진다.

❸ 입지특성

- 일반적으로 주택가는 식당업 입지로는 크게 어필하지 못해 왔다. 그러나 노인인구의 증가, 메뉴 맛의 평준화 현상, 도심지 점포 확보의 지나친 경쟁 및 많은 투자, 교통의 혼잡으로 인한 이동의 불편 등 여러 가지 요인으로 주택가에 우수한 품질의 식당이 개점하여 좋은 실적을 올리고 있는 현상이 증가하고 있다.
- 다만, 주택가냐 아파트냐 단독주택지냐, 주택가 인근에 상업지구가 혼재하느냐에 따라 입지조건에 차이가 있겠지만, 주택가에도 업종 · 업태의 선정에 따라 좋은 입지가 될 수 있는 환경은 도래할 것으로 본다.
- 그러나 지금까지 주택가 식당의 영업실적이 부진한 것은 지나치게 소규모이거나 적절한 메뉴부재, 운영미숙 등으로 인해 지역주민에게 외면받았기 때문이지 점포 입지조건이 부적합하기 때문만은 아닐 것이다.
- 이 부류의 고객층은 실제적인 가치를 매우 중요시하며 가격인상에 매우 민감하다. 대부분의 업소가 규모가 작은 편이며 주말의 매출이 상대적으로 높은 편이다.
- 21세기 외식산업의 전개방향에서도 설명했지만, 노인 인구의 증가는 그들의 행동반경이 좁기 때문에 주택가에 가까운 식당을 이용하는 횟수가 증가하게 될 것이며, 독신 노인층과 독신 남녀계층의 증가는 주택가 식당업에 긍정적인 면으로 작용하는 요소가 될 수 있을 것이다.

❹ 영업방안

- 주택지 식당의 주 고객은 뭐니 뭐니 해도 여성 즉 가정주부이다. 이들은 음식에 대하여 일류 주방장과 비슷한 요리실력을 갖추고 있으며 감정적, 정서적인 분위기에 민감한 고객층이다. 가족외식의 결정권이 차츰 주부 중심으로 옮겨지고 있으며 정상적인 경기 회복 시에는 역시 가족외식이 지속될 것으로 보인다.
- 주부의 외식방법은 반드시 가족과의 동반 외식만은 아니다. 경우에 따라서는 이웃의 주부들과 함께 월례모임 형식의 외식도 있고, 학교 친구를 자기 집으로 초청하였지만 집에서 조리하는 번거로움을 피해서 인근의 분위기 있는 식당을 찾는 경우도 있다.
- 그들의 "입의 위력"은 너무나 크기 때문에 주택가 입지를 선정하여 식당 영업을 할 때에는 특히 여성경영주나 경영주 가족 중 여직원의 행동이나 겸손한 마음 씀씀이가 점포성공의 키포인트가 된다.
- 간혹 보이는 현상이지만 노인부부가 이웃의 노인부부와 함께 대화를 나누며 점심시간에서 저녁시간까지 함께 하는 것을 주택가 식당에서 가끔 볼 수 있다. 이는 보험혜택과 퇴직금으로 노후생활을 안정적으로 할 수 있는 가처분소득이 높은 노인들로 이들 계층의 증가는 경제수준, 문화수준이 높아질수록 증가할 것으로 예상되므로 이들 계층을 주 고객의 제2요소로, 제1고객대상인 주부층을 믹스해서 점포를 콘셉트하고 이 콘셉트에 알맞은 점포를 선택해야 한다.

(6) 소규모 주택단지의 입지

대도시 근교에 신규 개발된 주택지, 예를 들면 아파트 10,000세대 정도, 중소도시의 경우 인구 50,000명 정도, 교외인 경우 점포 앞 1일 자동차 통행량이 10,000대 정도의 소규모 시장에 대하여 알아보기로 하자.

이러한 시장에도 여러 형태의 상업시설, 소매업, 음식점이 있다. 시장형태는 주택가 입지와 유사하지만, 소규모 시장은 인구의 유입이나 유출이 극히 한정적으로 이루어진다. 즉, 생활권 내의 출퇴근자를 제외하고는 대부분 특별히 유동인구가 유입될 만한 요인이 없으며 등하교, 출퇴근 또는 경조관계 등 특별한 일이 없으면 평소의 생활이 그 영역 안에서 이루어지는 소상권을 이루고 있다. 이러한 소상권 내에는 특별히 상가, 오피스가, 학원가 등의 구별이 없으며 단지 내에 집단 상가가 형성되어 있거나 재래시장이 있어 생필품을 판매하고 있다. 따라서 이러한 소규모 시장에서 외식점포의 입지를 선정할 때에는 다음과 같은 점에 포인트를 두어야 한다. 즉, 소상권 내 최고입지를 선택하라는 의미는 소상권은 이미 개발이 완료되어 더 이상 지역 확대나 상권이 확장될 여지가 없으므로 한 번 선택한 상권이 우수하다면 특별한 변동이 없는 한 계속적으로 우월적 지위를 향유할 수 있기 때문에 자금 조달상 조금 어려운 경우라도 최고입지를 선택해야 한다. 그 다음 지형 제한의 조건은 인근에 어린이 놀이시설이 있어 분위기가 시끄럽다거나 하천 등이 있어 생활폐수가 흘러가는 등 환경여건이 나쁜 곳을 선택해서는 안된다는 점을 예로 들 수 있다.

표 2-21 주택가 입지조사

주택지 입지조사의 포인트

(1) 상권의 질을 파악한다(해당 건물을 중심으로 한 데이터 수집)

① 지역 총인구수(동 단위 정도로 하면 된다)
② 연령별 인구분포
③ 취업자 총수
④ 재학생 수
⑤ 세대 총수
⑥ 인구별 세대수
⑦ 주택 소유관계
⑧ 소매 연간 판매액(대규모 상업시설 기준)
⑨ 일반음식점 판매금액
⑩ 자가용 보유율 등
⑪ 주택구조(아파트, 단독, 연립주택, 소규모 주택 등)

(2) 건물선정의 포인트

① 점포에 오는 교통수단 체크
② 교통 유도시설 확인

③ 교통 유도시설에서 본 시계성 평가
④ 동선의 평가
⑤ 상권의 넓이 확인
⑥ 도로에 의한 상권의 차단 확인
⑦ 가능한 넓은 점포의 확보
⑧ 2층 점포도 가능(업종에 따라 제한이 있으나 패스트푸드나 패밀리레스토랑을 제외하고는 어떤 업종도 가능하다고 본다)
⑨ 실버족 등이 쉽게 출입할 수 있는 입구의 단차가 적을 것
⑩ 가임 주부들이 유모차를 쉽게 이동할 수 있도록 문턱의 높이가 낮을 것
⑪ 대형 건물 내의 2층인 경우 엘리베이터가 있는 쪽이 유리함

표 2-22 소규모 주택지 입지조사

소규모 시장에서의 외식점포 입지선정 시 주요 포인트

(1) 그 상권 내에서 최고의 1등지를 취할 것. 다른 입지와는 달리 소상권에서는 약간 투자규모가 증가해도 지역의 최고 1등지를 무조건 선택해야 한다.
(2) 고객유발요인인 대형슈퍼, 극장가 또는 쇼핑센터의 가장 가까운 입지를 선택한다.
(3) 해당 입지 쪽으로 어느 방면으로나 강한 동선이 있어야 한다.
(4) 시계성이 가장 좋은 곳을 우선 체크한다.
(5) 점포규모를 지역에서 최대인 것을 선택한다.(개업 초기에는 매출이 정상 궤도에 오를 때까지 전체를 다 사용하지 않아도 가능한 한 규모가 큰 점포를 사용한다. 왜냐하면 소규모 시장의 점포, 중화요리 배달전문점, 피자 전문점, 칼국수, 만두전문점 등 규모 자체가 너무 작기 때문에 지역의 상인모임, 가족연회, 생일잔치, 회갑연은 최소규모로는 시행할 수 없기 때문이다. 약간 규모가 크면 단체고객 확보에 절대적으로 유리하며 지역여건에 따라서는 독점적인 지위도 가능하다)
(6) 건물, 지형에 제한적인 조건이 없어야 한다.

(7) 학원가(대학, 학교, 학원) 입지

❶ 국내 입지 지역

학원가 입지는 초등학교, 중 · 고등학교, 대학교 캠퍼스, 대입학원가 등으로 나눌 수 있으나, 실제로는 수업시간 등으로 보아 대학캠퍼스 인근을 중심으로 논의하는 것이 적절할 것으로 본다. 한 마디로 학원가 입지는 이렇다 하고 말하기가 어려운 입지이다. 예를 들면 신촌일대의 대학가(연세대, 이대, 홍익대 인근가지 포함)는 대학가인 동시에 상가 또는 유행의 거리이기 때문에 순수 대학가라고는 말할 수 없다. 또한 경희대나 고려대 부근 등 도심지에서 약간 떨어진 곳에 위치한 대학캠퍼스 인근은 상업시설이 많지 않아 신촌일대와는 전혀 다른 입지특성을 보이고 있다.

❷ 주 고객층

10대 후반 또는 20대 초반의 대학생들과 중 · 고교생들이 주 고객층이다.

❸ 입지특성

- 지방의 도시 외곽지대에 위치한 대학캠퍼스는 통근버스로 통학하거나 자가용 통학생, 아니면 학교인근 원룸 형태(하숙이나 자취를 하는 학생 중심)의 생활이 주류를 이루고 있다. 따라서 대학캠퍼스 인근은 거의 상가가 형성되지 않아 식당업 입지로서는 부적절하며 오히려 당구장, 전자오락실 등이 성업하는 곳이 많다. 여기서는 일단 1년 중 방학이 5분의 2에 가까운 대학의 학사일정으로 보아 방학 중 학생들이 거의 등교하지 않는 지방대학의 캠퍼스는 입지 설명에서 제외키로 한다. 즉 지방대학 캠퍼스는 식당업 입지로서는 권장할 수 없다는 의미로 해석해도 된다.
- 대도시에 위치한 대학캠퍼스 인근에서 영업 중인 식당업은 그렇게 활성화되어 있지 않다는 것을 결론적으로 말하고 싶다. 방학 중에 학생들이 상당수 도서관이용이나 보충수업, 혹은 취업공부를 하기 위하여 등교한다고 해도 절대 다수의 학생이 귀향하거나 집에서 다른 일을 하면서 방학을 보내기 때문에 학원가 식당은 기본적으로 고정고객 수가 줄어들어 1년의 5분의 2는 개점 휴업상태가 되기 쉽다.
- 또한 최근의 현상이기는 하지만 개학 중이라도 대학 내에는 구내식당이 있어 옛날

과 같은 조잡한 메뉴로 운영하지 않고 전문 단체급식회사가 위탁경영을 하고 있는 곳이 많아지면서 이들 회사의 우수한 경영(메뉴의 품질 및 메뉴의 다양성, 운영방법의 현대화, 식사환경에 대한 배려 등)으로 구내식당 이용자 수가 증가하고 있기 때문에 주변의 식당가에 어려움을 더해 주고 있다.

- 수업시간이 끝난 뒤에는 대부분의 학생들이 분위기 있는 카페, 바나 호프전문점 등에서 커피 등 음료와 맥주 등을 마시며 시간을 즐기는 경향이 있으며, 옛날의 학생들처럼 설렁탕, 곰탕, 갈비탕 등을 판매하는 식당은 별로 찾지 않는다.

❹ 영업방안

- 질보다는 양적인 측면을 배려해야 한다.
- 셀프서비스를 통한 가격인하가 필요하다.
- 청소년층이 선호하는 메뉴를 구성한다.
- 학원가 입지에서 식당업을 하려고 할 때에는 이러한 입지에 자기건물을 소유한 사람이나 친인척의 건물을 염가로 임대할 수 있다면 1층보다는 2층의 약간 큰 점포를 선택하는 것이 좋다.
- 건물의 출입구 계단이 넓고 너무 가파르지 않은 건물구조가 좋다. 또한 해당건물이 주변의 건물에 비해 외형이 초라하거나 퇴색한 듯한 모양새, 또 층고가 낮아 왜소한 느낌을 주는 점포는 피해야 한다.
- 자기 건물이고 가족 전체가 점포운영에 참가할 수 있다면 중규모 · 중저가 메뉴의 점포, 캐주얼 레스토랑, 간이음식물이 제공되는 커피숍, 카레전문점, 우동 및 만두전문점, 스파게티전문점 등 전문점형태의 영업이 좋다.
- 다만, 점포 꾸미기는 기존의 전문점처럼 조잡하거나 냉난방시설이 부실한 점포는 곤란하다.

(8) 도로변 입지

우리나라 도시 대부분은 도로점유율이 낮은 편으로 보인다. 따라서 나날이 증가하는 자동차 증가율에 비해 도로점유율이 상대적으로 더 낮아지고 있으므로 상습적인 교통체증지역이 증가하고 있다. 따라서 도로변 입지를 선정할 때에는 이러한 교통체증 지역은 피해야 한다. 물론 일시적인 공사 관계로 교통체증이 심한 경우는 있겠으나 도로정비가 완료된 지역인데도 하루 종일 교통체증이 이루어지는 지역은 우선 나쁜 입지로 보아야 한다. 한번 이런 지역에 차를 달려본 경험이 있는 사람은 두 번 다시 그 지역에 가고 싶은 마음이 없어진다. 반대로 지나치게 주행속도가 빨라서 점포의 위치를 잘 파악하지 못하는 경우, 또 길 건너편에서 길을 건너기가 어려운 여건(교통신호등이 있어도 길을 건너는 데 심리적으로 불안감을 주는 지역이 의외로 많다)의 입지는 피해야 한다. 또 자동차 주행을 할 때 일반 통행지역은 쌍방 통행지역보다 불리한 경우가 많다. 역시 자동차 속도가 빠르고 일방통행으로 자동차가 도로에 가득 차서 교통체증을 유발하기 쉽다. 차량속도가 빠르고 체증이 심한 경우 어느 쪽도 유리한 입지는 아니라고 보인다. 또 지나치게 넓은 도로의 도로변이나 도로 전면에 녹지대가 있어도 불리하다. 왜냐하면 이 녹지대는 교통량이 증가하면 바로 도로로 전환해 차량의 이동을 더 증가시킬 수 있기 때문이다.

지나치게 넓은 도로는 건너편에서 건너오는 사람의 통행뿐만 아니라 많은 차량이 점포 앞을 지나가고 있다면 다른 한편으로 진행하는 차량이 유턴해서 자기 점포로 진입하기가 무척 어려운 여건이 되기도 한다. 또 일반 주차장에 입점한 차량이 도로로 진입하는데 교통사고가 발생할 위험도 크기 때문에 점포주차장 출입이 어렵다. 이러한 교통상 문제점 이외에 도로변 입지는 경제적으로도 약간의 문제가 있다. 도로변 입지는 다른 상업용 시설이나 사무실 등으로 활용하면 편리성도 있으나, 반면 인근에 지하철역이 있는 경우가 많아 건물 임대보증금이나 월세가 비싸며 건물 이외의 주차장 용도의 대지도 보증금이 높기 때문에 외식업종으로 채산성을 확보하기 어렵다. 지하철 강남역 인근의 도로변에 한두 개의 F.F. 점포 외에는 유명한 외식 점포는 찾아볼 수 없으며 남부순환도로변 양쪽에도 좋은 식당은 보이지 않는다. 교통상의 문제 외에 차량이동에 따르는 소음 및 먼지 등으로 편안한 식사를 하기 어렵기 때문이다.

표 2-23 도로변 입지조사

도로변 입지의 선정 포인트

(1) 지나치게 넓은 도로는 피한다.

(2) 일방통행보다 쌍방통행로를 우선한다.

(3) 지나치게 자동차 주행속도가 빠르거나 교통체증이 심한 곳은 피한다

(4) 주차장 확보가 필수적이다.

(5) 시계성 평가가 우수해야 한다.

① 100~200m 이상의 전방에서 쉽게 보일 수 있는 점포인가?

② 자동차의 주행속도는 주변의 운행속도에 맞추어서 적절한 운전을 할 수 있는가?

③ 가로수가 너무 크고 잎이 우거져서 여름철에 점포를 잘 볼 수 없는 환경은 아닌가?

④ 도로변과 인도에 단차가 있어 자동차 출입을 어렵게 하는 점은 없는지(별도로 철판 등으로 보완하여 자동차를 출입할 수 있도록 되어 있지는 않은지?)

⑤ 건물에 간판을 부착했을 때 잘 보일 수 있는지?

(6) 동선평가

① 점포 전면에서 자동차가 출입할 수 있게 되어 있는지?

② 점포 옆 골목으로 진입하여 주차장으로 차량 진입이 가능하도록 되어 있는지?

③ 지하철 출구와 출구 사이의 사각지대인지?

(9) 교외 · 간선도로 주변 입지

❶ 주 고객층

승용차의 보유고객과 신도시의 개발에 따라 새로 입주한 고객들이 주 고객층이며, 타 입지유형과는 달리 시간적, 경제적으로 여유가 있는 고객들로 이루어져 있다. 레저성이 강하고 외식 자체를 즐기려는 경향이 많으며 가격에도 민감하지 않다.

❷ 입지특성

비교적 대규모의 업소들로 주차장 시설이 완벽할 뿐만 아니라 레저성향의 고객을 끌

기 위한 독창적인 분위기를 연출한 전문음식점들이 많다. 주중보다는 주말에 매출이 높고 가족고객들도 많다.

❸ 영업방안

- 외부장식을 중시하여 가시성 확보
- 적극적인 마케팅 활동 필요
- 넉넉한 주차장 시설
- 메뉴, 서비스, 분위기 등 주체성(테마) 강화

(10) 유원지, 위락지, 관광지 입지

❶ 국내 입지 지역

서울근교의 일흥, 장흥지역, 지방의 관광단지에는 집단 식당군이 있고, 사찰 입구에도 예외 없이 많은 식당들이 즐비하게 산재하고 있다. 그리고 해수욕장을 중심으로 한시적으로 운영되는 식당도 있다. 그러나 같은 해수욕장이라도 경포 해수욕장, 해운대 해수욕장, 대천 해수욕장 등과 같이 상설식당과 숙박업소가 있어 연중 구분 없이 놀이 고객을 접객하는 곳도 있다. 용인 에버랜드, 민속촌, 서울대공원, 양평 등 주말이나 공휴일에 집객력이 높은 지역이 대표적이다.

❷ 주 고객층

관광지를 방문하는 관광객과 주변 상가와 거주자들이 주 고객층이다.

❸ 입지특성

- 교외 · 간선도로의 입지유형과는 달리 레저 성향이 강하나 관광 자체를 즐기며, 관광지의 토속음식점을 찾기도 하나 외식은 부수적인 경향이 많다. 가격은 덜 민감한 편이다.
- 성수기와 비수기의 차이가 심하고 일반관광객과 단체관광객을 대상으로 한 외식업소와 토속음식을 판매하는 외식업소들이 많다.

- 대부분 이들 유원지 지역은 1년 단위 계약으로 임대 운영하는 식당이 많으므로 시설 면이나 청결상태가 훌륭한 식당은 드물고, 메뉴의 질이나 종류도 천편일률적이어서 이곳을 이용하는 관광객들로부터 큰 호응을 받지 못하고 있는 실정이다.
- 근무자의 기술수준도 취약하고 2~3명의 여성 종사자 중심으로, 또는 지역연고가 있는 경영주의 가족 중심으로 운영되는 것이 일반적이다. 따라서 우리가 말하는 일반적인 외식업의 점포입지로는 크게 취급할 여지가 없다고 생각된다.
- 일반적으로 주중보다는 주말의 매출이 높다.

❹ 영업방안

- 성수기와 비수기에 따른 영업방안 모색
- 지역 특산물을 통한 메뉴개발
- 통합적인 관광정보구축을 통한 업소의 마케팅
- 관광지 외식업소에 대한 이미지 제고 필요

(11) 기타입지 유형

❶ 유흥가형 입지

유흥가가 밀집된 지역으로 심야 영업 점포나 술 해독을 위한 음식점이 유망하다. 서울의 신사동, 역삼동, 신림동, 영등포역, 종로 일대의 입지가 대표적이다

❷ 백화점, 구 · 신 시장형 입지

- 백화점 내 또는 주변의 입지를 말한다. 중저가형 레스토랑이 유망하다. 가족고객이나 주부들의 고객이 대부분이다. 백화점 주변의 입지는 중급의 레스토랑이 적합하다. 패밀리레스토랑이나 커피점 등도 유망하다. 그러나 시장형의 입지는 스낵류의 음식점이나 Take Out 포장판매 점포가 적합하다. 우리나라의 상권은 백화점이 주도 한다. 그래서 백화점 주변의 식당은 크게 성공하나 구 · 신 시장은 스낵류나 소규모 판매점만이 명맥을 유지하고 있다.
- 점포에 출입하는 사람과 인도로 걸어 다니는 사람들이 서로 부딪치거나 점포문이

밖으로 열리는 경우 통행인의 통행방해 등의 원인으로 점포 앞에 간략한 안내 간판 등의 설치도 어렵게 된다. 또는 통행하는 사람들이 점포 내부를 훤히 들여다 볼 수 있게 되어 있으면 점내의 식사분위기가 안정적일 수 없다.

3. 점포 개발

1) 점포 개발의 의의

상권이 정해졌으면 그 안에서 가장 좋은 입지에 있는 점포를 찾아야 한다. 좋은 입지 조건을 가진 점포는 기본적으로 보증금과 임대료가 높고 권리금 또한 높게 책정되어 있는 경우가 많다. 아무래도 많은 사람들의 눈에 띌 수 있는 곳에 위치하고 있기 때문에 골목 안쪽에 위치한 입지의 점포보다는 훨씬 수월하게 영업할 수 있는 장점이 있어서일 것이다. 하지만 권리금이 높은 점포라 하여 무조건 성공과 직결되는 것은 아니다. 사전에 얼마만큼 충분한 시장조사를 잘 하였느냐에 따라 조금 부족한 입지의 점포라 하더라도 충분히 좋은 성과를 거둘 수도 있기 때문이다.

점포개발이라 함은 가지고 있는 투자비용과 하고자 하는 아이템에 가장 적합한 점포를 찾아내는 일을 일컫는다. 좋은 점포를 찾기 위해서 가장 쉽고 빠른 방법은 상권 내 부동산 사무실에 문의하는 일인데 한 곳만 들러 물어볼 것이 아니라 최소 3군데 이상 들러 매물에 대한 적정 시세를 파악하기도 하고 최선의 선택을 할 수 있도록 다양한 매물을 확보하는 것이 좋다. 점포의 보증금과 임대료는 대부분 정해져 있는 반면 권리금은 특별한 기준이 없이 소위 내놓는 사람 마음이기 때문에 일부 염치없는 사람들에게 속지 않도록 반드시 여러 부동산을 통해 직접 확인하도록 한다.

2) 권리금

(1) 권리금의 정의

권리금의 사전적 의미는 일반적으로 용익권(用益權) · 임차권 등의 권리를 양도하는 대가로 주고받는 금전을 말한다. 이를테면 택지나 건물의 임대차에서 임대료나 보증금 외에도 별도로 주고받는 금전이 이에 해당된다. 권리금은 상가건물 임대차에 부수하여 수수되고 있는 것으로 사회의 일반적 상식이다. 보편적으로 행해지는 상거래 관례이기도 하다.

예비창업자가 점포를 구할 때 가장 어려운 일의 하나가 적정한 권리금을 계산하는 것이다. 왜냐하면 권리금은 영업상태, 점포양수양도 시점의 경기상황 등 많은 변수가 발생할 수 있기 때문이다. 최악의 경우와 만나면 권리금은 회수할 수 없는 비용으로 처리가 된다. 이와는 반대가 되는 경우도 있다. 최악이 아닌, 최상의 경우가 그것이다. 최상의 경우에는 시세에 2배~3배 이상으로 높은 권리금 수익도 가능하기 때문이다. 권리금을 간단하게 요약하자면 기존의 점포 운영자가 새로운 점포 운영자에게 점포를 넘겨주면서 받는 금액이라고 할 수 있다. 즉, 기존의 점포운영자는 권리금을 받는 대가로 새로운 사업자가 점포를 넘겨받을 수 있도록 건물주와의 임대차계약을 도와주기도 하고, 기존의 시설물을 포함해 고객들까지 그대로 인수코자 하는 사업자에게 권리를 주장해서 그 명목으로 일정한 대가를 받는 것을 말함이다.

권리금 수수는 임대인과 상가건물 임차인이 직접적으로 권리금을 수수하는 경우가 드물다. 주로 전대차나 임차권 양도 시에 양수인이나 상가건물 임차인과 전 차인 간에 또는 전전 차인과 후전 차인 사이에 임차보증금 이외에도 별도로 상가건물 임차인에게 권리금을 지급하는 것이 보편적인 상거래 절차이다.

권리금은 상인들 사이에 묵시적으로 인정되는 금액이기에 따로 정해진 가격이 없다. 그렇기 때문에 법률적으로 보장이 되진 않는다. 즉, 실체가 없는 금액인 셈이다. 그럼에도 현장에서 점포를 구하다가 보면 특히 상권이 좋거나 입지가 뛰어난 점포일수록 모두 권리금이 붙는 것을 경험하게 된다. 그래서일까, 다른 말로는 '자릿세'라고도 한다.

(2) 권리금 발생 형성요인

권리금의 발생 · 형성요인으로는 영업하는 장소, 유형, 고객, 인지도, 경기 동향 등에 의해 발생이 되고 또 이익률, 허가권, 대가 등으로 형성이 되는 수익성 가치요인에 좌우해서 결정이 되기도 한다.

표 2-24 권리금 발생 형성요인

발생 요인	설 명
무형적 요인	오랜 명성, 상당한 고객확보, 널리 알려진 점포, 지역 할당제에 따른 유명브랜드의 지사권, 같은 업종의 상가가 밀집된 경우, 교통편의, 중심상권, 제한된 공간에서의 특정 점포
유형적 요인	점포 내부 시설물, 에어컨, 진열장, 통신시설, 수도, 가스, 주방 등 편의시설, 영업에 필요한 상업기구 등 유형물이 있을 때
기지급한 권리금	전 임차인에게 지급한 권리금이 있을 경우 다음 임차인에게 받으려 함
투기적 요인	신개발지, 신축상가, 장래성이 있는 지역에 점포가 적을 때
법률 또는 행정적 규제	유흥지, 관광단지 등에 업종 제한으로 인한 권리금, 정비 공장 등 허가 제한이나 허가 요건이 강화된 경우 허가 자체의 행정적 요인이 권리금 발생 요인이 됨

(3) 권리금의 종류

❶ 시설권리금

시설권리금이란 기존의 영업주가 창업할 당시 내 · 외부 인테리어, 집기시설, 비품 및 주방기기, 기타 등등과 같이 주로 시설물에다 투자한 금액에 대해 그 가치를 금액으로 환산해 보전해주는 성격을 갖는 권리금을 말한다.

시설권리금은 영업을 위해 건물의 구조변경, 영업장 내부에 고착시킨 인테리어, 집기 및 비품 등 유형물에 대한 일종의 대가라고 할 수 있다. 그렇기 때문에 임대인이 일정 부분 또는 전부를 설치하여 임차인에게 수수를 하는 경우도 있긴 있으나, 일반적으로는 임차인이 설치한 것에 대해서 새로운 임차인으로부터 수수를 취하는 방식이 주로 지배적이다.

임대인과 임대차계약을 할 때에는 원상회복의무가 부여된다. 법률상 원상회복을 해야 하는 의무가 따른다. 하지만 실제 상거래 관행은 임대인 묵인하에 시설권리금이 수수되고 있음이 대세이다.

시설권리금은 동종업종 간에 매매일 때, 가장 높은 금액으로 거래가 된다. 그런데 협상을 통해서 적정한 기간 동안을 감가상각한 후에 가격 결정이 이루어지기도 한다.

❷ 영업권리금

영업권리금이란 기존의 영업(사업)주가 사업장을 운영하면서 단골고객의 확보, 수완 좋은 영업력 등을 발휘하여 꾸준하게 매출을 올리고 있다는 사실을 인수자가 인정하는 것에 따른다. 이럴 경우, 인수자(본인)가 해당 점포를 그대로 인수하더라도 일정한 수준에서 매출을 보장받을 수 있다. 이게 영업권리금을 주는 장점이기도 하다. 다시 말해 향후 일어날 수 있는 매출에 대한 보전적인 성격이 강한 비용인 셈이다.

영업권리금이란 영업을 영위하며 발생하는 영업이익에 대한 유 · 무형의 지역적, 재산적 가치에 대한 주장을 인수자의 입장에서 인정하고 지불하는 금액을 말한다.

영업이익은 권리금 결정의 가장 중요한 요소이다. 이 때문에 동일한 장소에서 장기간 영업을 하면서 단골로 확보한 고객의 숫자나 고객의 평판, 상호(간판) 인지도와 명성, 영업상의 기밀 노하우, 신용, 가치 등이 영업이익을 산정하는 기준점으로 제시되고 있다.

❸ 바닥권리금

바닥권리금이란 영업장소가 위치한 지리적, 장소적, 위치적 유리함에 근거해서 계산이 이루어지는 비용을 말함이다. 다른 말로는 '지역권리금' 이라고도 한다. 가장 일반적인 권리금의 형태이기도 하다.

통상 바닥권리금은 영업(사업) 장소가 위치상 타 점포와 비교하여 교통조건이나 편리성 등에서 우수하고 유리하다는 측면을 인정하는 것으로써 상대적으로 고객의 접근이 용이하다거나 집객력의 구실이 되는 랜드마크(어떤 지역을 대표하거나 구별하게 하는 건물의 표지)가 있을 경우에 가치가 발휘되고 있다. 그밖에도 유통물류 수송비 등이 절약이 되는 상권 내에 속한다거나 주택의 경우에는 여타지역보다 문화 · 소비생활이나 교통의 발달과 편의성으로 인해 출퇴근이 용이한 상권 내 장소의 가치 또한 최근 환경에 대한 관심이 고조되어 영업장 장소 주변의 환경이 쾌적한 데에 대한 가치의 대가로서 수수가 되고 있는 실정이다. 여하튼 이러한 성질의 권리금을 일러 모두 '바닥권리금'이라고 통칭한다.

바닥권리금은 점포가 좋은 상권 내 좋은 입지에 위치하고 있어서 지불하는 금액이다. 또한 장소적 혜택으로 인한 매출이 기본적으로 보장받을 수 있다는 측면에서 인정이 되는 것으로 해석할 수 있다. 이는 대형(유명)상권 내 입지, 신도시의 중심 상업지역에 속하는 상가빌딩이 다수 지어진 곳, 가시성과 접근성, 편의성 등이 모두 뛰어난 좋은 위치의 신축상가 건물에서 일정한 바닥권리금이 형성되고 있다고 보면 된다.

❹ 기타 권리금

가. 허가권리금

- 허가권 등에 지불하는 금액으로 예컨대 영업허가권 · 대리점 계약자의 지위 승계 등이 속한다. 다시 말해 일정한 권리의 양도, 이용을 하는 대가에 포함되어 지불되는 유형의 권리금을 말함이다. 이를 허가권리금이라고 한다.
- 허가권리금은 법률, 행정규제, 대리점사용권 등을 말하는 것으로 이러한 권리를 얻지 못하는 것에 따른 새로운 영업자가 진입을 함부로 하지 못한다. 그렇기 때문에 기존의 임차인이 새로운 임차인에게 권리금 명목으로 수수를 하게 되는 것이다.

나. 임차권 보장권리금

- 임차권 보장권리금은 권리금을 수수한 후 일정한 기간 동안 그 임대차를 존속시키기로 하는 임차권 보장의 약정하에 임차인이 임대인에게 지급하는 권리금을 말한다. 이는 임차권의 양도, 전대차의 대가로 지급되는 것으로 볼 수 있다.
- 상당한 존속기간을 보장하고 이를 전제로 하는 양도계약이 발생하는 특별한 사정에 한하여 발생하는 권리금이라고 할 수 있다.

다. 복합적 권리금

바닥권리금, 영업권리금, 시설권리금 등과 허가권리금, 임차권 보장권리금 등이 일부 혹은 전부가 혼합되어 권리금을 형성하는 경우에 속한다. 즉, 상거래로 앞에 언급한 권리금 등이 구분되어 진행되거나, 각각의 권리금 총합이 일치하여 거래되는 것이 아니고 구분이 모호하게 복합적으로 발생하는 경우가 일반적이므로 잘 따져야 한다.

(4) 권리금 산정방법

권리금은 재화와 용역의 가격결정 원리와 같다. 수요와 공급에 의해서 결정이 되기 때문이다. 일반적으로 권리금을 판단하는 기준은 1년간 영업하여 얻을 수 있는 순익으로 계산하여 책정하는 경우가 많다. 그러나 이는 상가임대차보호법이 적용이 되기 전에 대부분의 임대차계약이 1년을 단위로 계약했기 때문에 그런 거다. 최소한 계약기간 동안 권리금을 회수해야 한다는 주장과 다를 바 없다.

주택가상권이나 입지력이 약한 점포의 경우라면 1년을 단위로 계산하는 방식이 얼마든지 적용이 될 수 있다. 그러나 현실에 있어서 좋은 상권, 좋은 입지에는 1년을 단위로 계산하는 방식이 채택이 되지 않고 있다. 따라서 1년간 영업순익으로 점포를 구하고자 한다면 좋은 점포를 구하기가 어려운 실정이다. 요컨대 1년간 영업순익으로 계산하는 권리금이란 어디까지나 참고할 사항이지 절대적인 것은 아니라는 이야기이다.

적정 권리금을 산정하는 것은 복합적으로 판단해야 한다. 또 정확한 해답이 있는 것도 아니다. 통상 권리금은 바닥권리금, 영업권리금, 시설권리금, 기타 권리금의 총합으로 생각하면 된다. 또 권리금에 영향을 미치는 중요한 요소로는 임대료, 영업적 이익, 임대면적, 계약기간, 전임차인에게 지급한 권리금, 임대인, 시설물 및 비품, 허가 여부, 투기적 요인 등을 모두 포함하여 산출하는 방법이 적용되고 있다.

권리금 = 바닥권리금 + 영업권리금 + 시설권리금 + 기타권리금

표 2-25 권리금의 산정방법

권리금 종류	권리금의 산정방법
시설권리금	시설투자비에 내용연수(통상 5년, 60개월)를 적용해서 가감한다. 업종별 특성에 따라 유행에 민감한 업종일수록 연수는 짧아진다. **예)** 특정업종의 경우 시설에 대한 금액이 감가상각을 통해 3년 정도면 소멸한다고 가정하고, 기존의 영업주가 시설비로 5,000만 원을 투자하고 2년간 장사를 한 후 양도하는 경우라면 보통 잔여시설에 대한 적정 권리금은 1,500~2,000만 원 수준에서 계산하면 된다.

권리금 종류	권리금의 산정방법
영업권리금	영업권리금은 현재의 매출과 순이익을 기초로 하고 있으며, 보통 1년간의 순이익이 얼마인가를 기준으로 산정한다. **예)** 월 300만 원 안팎의 순이익을 올리고 있는 점포라면 연간 순이익은 3,600만 원이다. 그러므로 이 점포의 영업 권리금은 3,600만 원 수준에서 계산하면 된다.
바닥권리금	바닥권리금은 미래의 예상매출과 순이익을 기초로 산정한다. 주변의 시세를 참고해 결정하지만 사실상 근거를 찾기란 쉽지 않다.

표 2-26 입지에 따른 권리금 산정방법

구 분		상 황	권리금 산정방법
입지조건이 좋은 경우	1	장사가 잘되는 점포	1년 동안의 순수익+시설비
	2	장사가 안 되어 손익분기점에 있는 점포	약간의 순수익+시설비 (주변 점포들의 순수익 감안 산정)
	3	장사가 안 되어 손익분기점 이하인 점포	약간의 시설비
입지조건이 나쁜 경우	4	장사가 잘되는 점포	주변 점포들의 순수익 감안 산정
	5	장사가 안 되어 손익분기점에 있는 점포	약간의 시설비
	6	장사가 안 되어 손익분기점 이하인 점포	–

표 2-27 층별에 따른 권리금 적용법

층	상권	권리금 적용비율	예(단위 : 만 원)		
			상급지	중급지	하급지
1층	기준 층	100%	6,000 이상	3,000	1,000 이하
지하 1층	역세권, 대학가	50~60%	3,000 (1층의 50%)	1,200 (1층의 40%)	400 (1층의 40%)
	주택지, 아파트단지	40~50%			
2층	역세권, 대학가	60~70%	3,600 (1층의 60%)	1,500 (1층의 50%)	500 (1층의 50%)
	주택지, 아파트단지	50~60%			
3층	지하 1층보다 조금 낮다.				

3) 점포임대차 계약

(1) 권리양도 계약

권리양도 계약은 기존의 영업주와 하는 계약으로 권리금, 기존의 시설물에 대하여 양도, 양수하는 계약이다. 계약 시 주의할 사항은 다음과 같다.

❶ 시설물, 집기, 비품 등 양도/양수할 물품을 가능하면 세부적으로 조사하여 계약서에 명시한다.

예) 수저세트 일체, 그릇세트 일체, 의자 · 탁자 일체, 주방기기 일체, TV, 냉장고 등 세부적으로 명기

❷ 업종에 따라 인 · 허가, 신고 등 증서가 필요한 업종일 경우 반드시 인 · 허가증을 반납하여야 한다. 예를 들어 외식업을 인수하여 운영하는 경우 요식업 협회에서 실시하는 위생교육을 받고 그 위생교육필증을 가지고 구청에 가서 영업신고증 등을 받아야 한다. 구청 등에서 이 영업신고증이나 영업허가증을 받을 때 기존의 영업주가 받았던 영업신고 또는 허가증을 반드시 반납을 하고 새로 발급을 받아야 하기 때문에 만약 기존 영업주에게 이 증서를 제대로 받지 않았을 경우 본인이 그 점포에서 영업허가 또는 신고증을 발급받지 못해 영업을 할 수 없는 경우가 생길 수 있다. 그렇기 때문에 반드시 기존의 영업주에게 영업에 관한 인 · 허가, 신고증 증서를 반드시 받아두어야 한다.

(2) 계약과 계약금, 중도금 잔금

❶ 계약은 체결한 내용대로 법적인 효력이 발생하므로 매우 간단한 사항이라도 위반한 쪽이 책임을 져야 한다. 그러므로 계약하기 전에 여러 가지 사항을 살펴보고 계약 내용에 대하여 손해가 없도록 작성하여야 한다. 도장 찍는 순간에 효력이 발생하는 계약은 보통 부동산중개인 입회하에 부동산 중개인이 작성한다.

계약금은 총 계약금액의 10% 정도이다. 그러나 특별히 계약금의 성격을 규정하지 않으면 계약금은 해약금이 되어 임차인은 계약금을 포기하고 임대인은 계약금의 배약을 돌려주고 해약할 수도 있다.

❷ 중도금은 계약이행의 착수금으로 중도금 지급 후에는 일방적인 해약은 불가능하

다. 중도금과 잔금날짜는 양자 합의하에 결정하며 중도금은 가능한 소액을 그리고 중개수수료는 잔금날 주는 것이 현명하다.

❸ 잔금을 치르는 날 준비해야 할 것은 잔금, 중개수수료, 주민등록증, 도장 등이며 기존 임차인에게 지불하는 권리금은 잔금날 당일까지 미납된 각종 공과금(전기, 수도, 가스 등)의 예상금액만큼 제외하고 지불하며 후에 영수증이 발급되었을 때 정확하게 계산한다.

(3) 상가임대차보호법

❶ 임대차 존속기간의 보장

최대 10년간의 계약갱신 요구권을 보장한다.

❷ 대항력■ 발생

임차인이 건물을 인도받고 사업자등록을 신청하면 이후 건물소유주가 바뀌어도 새로운 소유주에 대해 임차권을 주장할 수 있다.

❸ 우선변제권 보장

대항력을 취득하고 확정일자를 받은 경우 전세권 등기와 같은 효력을 인정해 경매 및 공매 시 후순위 채권자 및 기타 권리자보다 우선 변제한다.

❹ 임대료 인상 상한선 결정

연 5% 이내의 범위에서 인상 가능하다.

■ 대항력 : 이미 유효하게 성립한 권리관계를 제3자가 부인하는 경우에 그 부인을 물리칠 수 있는 법률상의 권능 (부동산용어사전, 방경식, 부연사)

※ 임차인이 주의해야 할 사항

(1) 다음 8가지 사항에 해당하는 경우 임대인(건물주)은 계약갱신의 요구를 거절할 수 있다.

- 임차인이 3기에 달하도록 차임을 연체한 사실이 있는 경우
- 임차인이 거짓 그 밖의 부정한 방법으로 임차한 경우
- 쌍방의 합의하에 임대인이 임차인에게 상당한 보상을 제공한 경우
- 임차인이 임차한 건물의 전부 또는 일부가 멸실되어 임대차의 목적을 달성하지 못할 경우
- 임차인이 임차한 건물의 전부 또는 일부를 고의 또는 중대한 과실과 파손의 경우
- 임대인이 목적건물의 전부 또는 대부분을 철거하거나 재건축하기 위해 목적건물의 점유회복이 필요한 경우
- 그 밖에 임차인이 임차인으로서의 의무를 현저히 위반하거나 임대차를 존속하기 어려운 중대한 사유가 있는 경우

(2) 10년간 무조건 존속기간을 보장받는 것이 아니다.

계약기간은 1년 단위, 2년 단위, 5년 단위 등 상관없다. 쌍방 간에 합의에 의해서 하면 된다. 그러나 자동으로 10년간을 보장받는 것이 아니라 계약기간 만료 전 6월~1월 이내에 계약갱신을 임대인에게 요구(내용증명 등)해야 한다.

(3) 확정일자 신청안내

상가건물이 경매 또는 공매되는 경우 임차인이 상가건물임대차보호법의 보호를 받기 위해서는 반드시 사업자등록과 확정일자를 받아 두어야 한다.

- 확정일자는 받아 놓으면 임차한 건물이 경매나 공매로 넘어갈 경우 확정일자를 기준으로 후순위권리자에게 우선하여 보증금을 변제받을 수 있다.
- 확정일자 신청대상(상가건물임대차보호법 적용대상) 환산보증금(보증금+월차임 환산액)이 지역별로 다음 금액 이하인 경우에만 보호를 받을 수 있다.

표 2-28 **지역별 환산보증금액 한도**

지 역	환산 보증금액 한도
서울특별시	6억 1천만 원
과밀억제권역(부산, 인천, 의정부, 성남 등)	5억 원
광역시(부산, 인천 제외), 세종, 경기 안산, 용인, 김포, 광주, 파주, 화성	3억 9천만 원
그 밖의 지역	2억 7천만 원

※ 수도권 과밀억제권역 – 수도권 정비계획법

서울특별시, 인천광역시, 의정부시, 구리시, 남양주시(호평동, 평내동, 금곡동, 일패동, 이패동, 삼패동, 가운동, 수석동, 지금동 및 도농동만 해당), 하남시, 고양시, 수원시, 성남시, 안양시, 부천시, 광명시, 과천시, 의왕시, 군포시, 시흥시(반월 특수 지역 제외)

■ 임차보증금과 월세를 내는 경우 환산 보증금은 보증금과 월세환산액(월세를 연 12%의 금리를 적용하여 보증금으로 환산 : 월세×100)을 합한 금액으로 한다.

예) 보증금 3,000만 원 / 월세 80만 원으로 상가를 임차한 경우

환산보증금 = 3,000만 원+80만 원×100=11,000만 원

■ 보증금 중 일정액의 보호 – 임차인이 건물에 대한 경매신청 등기 전에 제3조 제1항의 대항요건(건물의 인도와 사업자등록)을 갖춘 경우 임차인의 보증금 중 대통령령이 정하는 일정액을 순위에 불구하고 우선하여 변제받을 권리가 있다.

■ 상가임대차보호 대상의 상가의 경우 환산보증금 기준액 한도를 상향하는 내용의 상가건물 임대차보호법 시행령 개정안을 2019년 1월 5일 법무부에서 입법 예고함에 따라 서울 지역 기준 6억 1천만 원에서 9억 원까지 보호할 예정이라고 한다.

■ 우선 변제받을 수 있는 보증금의 범위

표 2-29 **지역별 우선 변제받을 수 있는 보증금의 범위**

지 역	소액보증금(환산보증금)	최우선 변제금
서울지역	1억 원 이하	3,700만 원까지
수도권 중 과밀억제권역(세종시, 화성시, 용인시 포함)	8,000만 원 이하	3,300만 원까지
광역시(군 제외), 안산시, 김포시, 광주시 포함	6,000만 원 이하	2,000만 원까지
그 밖의 지역	5,000만 원 이하	1,700만 원까지

- 확정일자를 신청하려면, 신규사업자의 경우 사업자등록과 동시에 신청하는 것이 좋다.
- 추가서류 : 임대차계약서 원본, 상업장 도면(건물 공부상 구분등기 표시된 부분의 일부만 임차한 경우)
- 신청 장소 : 사업장 관할 세무서

4) 점포 임대차 계약 시 주의사항

(1) 권리유무 확인

점포를 계약하기 이전에 반드시 점포의 권리의무 관계를 확인하는 절차가 필요하다. 부동산중개업소를 통해서 점포를 소개받은 경우에는 계약 전에 등기부를 발급받아 확인할 수 있도록 요청해야 하며, 직접 점포를 확보한 경우에는 민원24시 및 등기소에 접속하여 등기부를 열람하면 된다. 등기부는 소유권의 변동내역과 근저당, 가압류 등 재산권과 관련한 변동내역을 포함하고 있다. 등기부는 토지와 건물로 구성되어 있다.

❶ 등기부등본

가. 표제부

표제부에는 부동산의 소재지와 내용을 표시하고 있다. 토지등기는 지번, 지목, 지적을 건물등기는 지번, 구조, 용도, 면적 등이 기재되어 있다. 단, 아파트 등 집합건물의 경우에는 전체 건물의 대한 표제부와 구분된 개개의 건물에 대한 표제부가 별도로 존재한다. 면적은 ㎡로 표시되어 있고 토지의 분할이나 지목의 변경, 또는 건물구조의 변경이나 증축 등에 의한 면적변경도 표제부에 기록되어 있다.

나. 갑구

갑구에는 소유권에 대한 사항이 기재되어 있다. 소유권의 대한 압류, 가등기, 경매개시 결정 등기, 그리고 소유권의 말소 또는 회복에 관한 재판이 진행 중임을 예고하는 예고등기, 소유자의 처분을 금지하는 가처분 등기 등이 모두 갑구에 기재되어 있다.

그리고 이러한 권리관계의 변경, 소멸에 관한 사항도 역시 갑구에 기재되어 있다. 소유권보존등기는 그 부동산에 대하여 제일 먼저 하는 등기로서 소유권을 이전하는 등기이며 소유권이 지분으로 이전된 경우에는 2인 이상이 그 부동산을 공동으로 소유한다는 의미이다. 당해 등기에 대한 말소등기가 있는 경우에는 붉은 선으로 멸소되었음을 나타낸다.

다. 을구

을구에는 소유권 이외의 권리인 저당권, 전세권, 지역권, 지상권 등이 기재되어 있다. 그리고 이러한 권리관계의 변경, 이전이나 말소도 을구에 기재되어 있다. 참고로 근저당설정 시 채권 최고액은 실제 대출금의 120%이기 때문에 1억 2천만 원의 최고액이 명시된 경우에는 실제 대출금은 1억 원인 셈이다.

라. 등기부등본 확인 시 주의사항

등기부등본만 확인한다고 해서 모든 절차가 끝나는 것이 아니다. 등기부등본의 내용을 확인하면 그 소유자와 목적물의 권리 관계가 일목요연하게 들어온다. 하지만 자신과 그 부동산을 계약하려는 사람이 실제 소유주인가를 확인해 볼 필요가 있다.

등기부등본의 명의인은 확인하였으나 자신이 계약금을 지불해야 할 사람이 등기명의인이 아니라면 큰 실수를 저지르는 것이다. 악의를 가진 사람이라면 원래의 등기명의인의 인감 등을 위조해서 자신에게 이전 등기를 하여 자신이 현 소유자인 것처럼 나타나게 할 수도 있기 때문이다.

등기부등본의 확인은 한 번만 떼어볼 것이 아니라 계약금 지불 후, 중도금 지불 후, 잔금 지불 후에도 한 번씩 떼어 보는 것이 가장 이상적이다. 저당권, 압류 등이 그 후에도 설정될 수 있기 때문이다.

등기사항전부증명서(말소사항 포함) - 집합건물

[집합건물] 경기도 용인시 기흥구 중동 829 골드프라자 제1층 제비107호 고유번호 1345-2008-002784

【 표 제 부 】 (1동의 건물의 표시)

표시번호	접 수	소재지번,건물명칭 및 번호	건 물 내 역	등기원인 및 기타사항
1	2008년2월20일	경기도 용인시 기흥구 중동 829 골드프라자	철근콘크리트구조 (철근)콘크리트지붕 10층 판매시설,업무시설,교육연구시설 1층 5023.24㎡ 2층 5102.64㎡ 3층 5102.64㎡ 4층 5214.52㎡ 5층 5102.64㎡ 6층 4276.13㎡ 7층 3915.13㎡ 8층 3915.13㎡ 9층 3915.13㎡ 10층 2530.02㎡ 지1층 7714.42㎡ 지2층 7714.42㎡ 지3층 7780.78㎡	도면편철장 제2책 제196호
2		경기도 용인시 기흥구 중동 829 골드프라자 [도로명주소] 경기도 용인시 기흥구 동백중앙로 283	철근콘크리트구조 (철근)콘크리트지붕 10층 판매시설,업무시설,교육연구시설 1층 5023.24㎡ 2층 5102.64㎡ 3층 5102.64㎡ 4층 5214.52㎡ 5층 5102.64㎡ 6층 4276.13㎡ 7층 3915.13㎡	도로명주소 2011년11월14일 등기

열람일시 : 2018년06월07일 10시13분57초

1/5

그림 2-6 등기부등본 샘플

❷ 건축물대장

건축물대장이란 해당 부동산의 위치, 면적, 구조, 용도, 층 수 등 건축물의 표시에 관한 사항과 건축물 소유자의 성명 주소, 소유권 지분 등 소유자 현황에 관한 사항을 등록하여 관리하는 대장을 말한다. 즉 사람으로 치면 키, 몸무게, 혈액형 등을 알아볼 수 있는 사항이며, 부동산에 대한 사실관계를 중심으로 설명해 주는 장부이다.

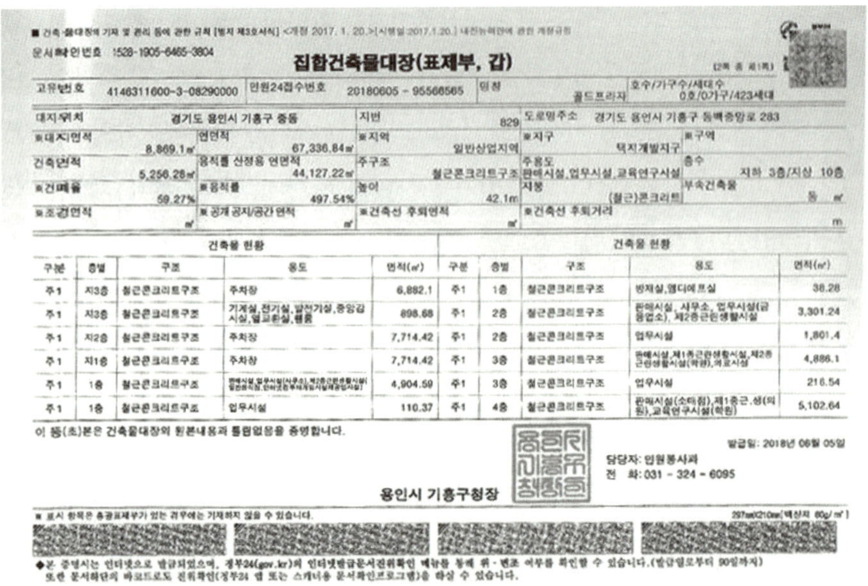

■ 건축물대장의 기재 및 관리 등에 관한 규칙 [별지 제3호서식] <개정 2017. 1. 20.>

문서확인번호 1528-1905-6465-3804

집합건축물대장(표제부, 갑)

고유번호	4146311600-3-08290000	민원24접수번호	20180605 - 95566565	명칭 골드프라자	호수/가구수/세대수 0호/0가구/423세대
대지위치	경기도 용인시 기흥구 중동	지번	829	도로명주소	경기도 용인시 기흥구 동백중앙로 283
※대지면적 8,869.1㎡	연면적 67,336.84㎡	※지역 일반상업지역	※지구 택지개발지구	※구역	
건축면적 5,256.28㎡	용적률 산정용 연면적 44,127.22㎡	주구조 철근콘크리트구조	주용도 판매시설,업무시설,교육연구시설	층수 지하 3층/지상 10층	
※건폐율 59.27%	※용적률 497.54%	높이 42.1m	지붕 (철근)콘크리트	부속건축물 동 ㎡	
※조경면적 ㎡	※공개 공지/공간 면적 ㎡	※건축선 후퇴면적 ㎡	※건축선 후퇴거리 m		

건축물 현황					건축물 현황				
구분	층별	구조	용도	면적(㎡)	구분	층별	구조	용도	면적(㎡)
주1	지3층	철근콘크리트구조	주차장	6,882.1	주1	1층	철근콘크리트구조	방재실,엘디에프실	38.28
주1	지3층	철근콘크리트구조	기계실,전기실,발전기실,중앙감시실,열교환실,행용	898.68	주1	2층	철근콘크리트구조	판매시설, 사무소, 업무시설(금융업소), 제2종근린생활시설	3,301.24
주1	지2층	철근콘크리트구조	주차장	7,714.42	주1	2층	철근콘크리트구조	업무시설	1,801.4
주1	지1층	철근콘크리트구조	주차장	7,714.42	주1	3층	철근콘크리트구조	판매시설,제1종근린생활시설,제2종근린생활시설(학원),의료시설	4,886.1
주1	1층	철근콘크리트구조	[illegible]	4,904.59	주1	3층	철근콘크리트구조	업무시설	216.54
주1	1층	철근콘크리트구조	업무시설	110.37	주1	4층	철근콘크리트구조	판매시설(소매점),제1종근.생(의원),교육연구시설(학원)	5,102.64

이 등(초)본은 건축물대장의 원본내용과 틀림없음을 증명합니다.

발급일: 2018년 06월 05일

담당자: 민원봉사과

전 화: 031 - 324 - 6095

용인시 기흥구청장

※ 표시 항목은 총괄표제부가 있는 경우에는 기재하지 않을 수 있습니다.

◆본 증명서는 인터넷으로 발급되었으며, 정부24(gov.kr)의 인터넷발급문서진위확인 메뉴를 통해 위·변조 여부를 확인할 수 있습니다.(발급일로부터 90일까지) 또한 문서하단의 바코드로도 진위확인(정부24 앱 또는 스캐너용 문서확인프로그램)을 하실 수 있습니다.

그림 2-7 건축물대장 샘플

가. 대지위치, 지번, 명칭 및 번호 말 그대로 건축물의 위치를 특정하기 위해 나타내는 부분이다. 건물번호는 한 대지 안에 여러 개의 건축물이 있을 경우 건축물마다를 특정하기 위해 번호를 붙이는 것이나 대부분 건물이 하나여서 단지 안에 건물이 아닌 경우를 제외하고 거의 없다.

나. 대지면적, 연면적 말 그대로 건물이 위치한 부분의 총 대지 면적이고 연면적이란 건물이 올라간 부분의 총면적을 말하는 것이다. 건물 1층부터 10층까지 층마다 100평이라고 한다면 연면적은 1000평이 된다고 보는 것이다.

다. 건축면적, 건폐율 건축면적이란 1층의 면적만을 말하는 것이다. 일반적으로 국토의 계획 및 이용에 관한 법률에 지역별 건폐율을 명시하고 있고 이는 각 시도 조례에 의해 구체화되고 있어 시도 조례를 참고하면 해당지역의 건폐율을 알 수 있다. 그리고 건축물대장에 명시되어 있는 건폐율은 건축 신고 시 신고된 건폐율이 명시되는 것이다.

라. 용적률 용적률이란 건물을 지을 수 있는 총 연면적의 비를 나타내는 것이므로 용적률이 높을수록 건물을 더 높게 지을 수 있다. 이 또한 건폐율과 마찬가지로 시도 조례에 따라 달라지기 때문에 반드시 확인하여야 한다. 여기에 명시된 용적률은 실제 건축 시 사용된 용적률이 명시되어 있다. 다들 건축 시 목까지 가득 채워 신고하기 때문에 이 정도의 용적률을 명시받는다고 보면 된다.

마. 지역, 지구, 구역 국이법(국토의 계획 및 이용에 대한 법률)에서 정해진 용도지역, 용도지구, 용도구역상 어떤 부분에 속하는지를 명시하는 것이다. (차후 용도지역, 용도지구, 용도구역에 대해 따로 설명하겠다) 이 부분이 개발업자나 부동산업자에게는 지가를 결정하는 가장 중요한 요인이 된다. 왜냐면 용도지역에 따라 올릴 수 있는 층수나 건물의 용도가 달라지고 또한 용도지구에 따라 건축허가를 낼 수 있느냐 없느냐가 달라지고 (같은 용도의 건물이라 하더라도) 용도구역에 따라 건물의 용도 또한 제한을 받기 때문에 이 세 가지를 복합적으로 계산해야 허가를 받고 지을 수 있는 건물이 나온다.

바. 주 구조, 주용도, 층수 건축허가 시 작성하고 실질적으로 사용하는 용도대로 작성하게 된다. 이것까지 알 필요는 없다.

사. 높이, 지붕, 부속건축물 제목 그대로 건물의 총 높이와 지붕의 종류 및 기재된 건물 이외에 다른 건물이 있는지 표시한다.

아. 건축물의 현황 현재 사용 중인 건물이 각각 층별로 층마다 단위별로 어떠한 용도로 신청되어 사용되고 그 면적은 어떻게 되고 구조는 어떻게 되어 있는지 나타내준다. '주1', '주2'로 구분되는 것은 말 그대로 건물이 두 개이고 두 개의 건물이 각각 어떤 용도와 면적으로 신청되었는지 순차적으로 보여주는 것이다.

자. 소유자 현황 앞에서 보았던 토지대장과 마찬가지로 건축물대장에서도 소유자의 표시가 나타난다. 일반적으로 토지와 건축물의 소유주가 같으나 우리 민법상 토지와 건물을 구분해 놓았고 대장과 등기도 구분되어 있어 토지와 건축물의 소유자가 다른 경우도 상당히 많다. 만일 이렇게 건축물의 소유주와 토지의 소유자가 다른 경우 지상권의 문제와 토지이용에 대한 문제가 결부되는 경우가 많아 우리 민법에서도 이 부분의 분쟁에 대해 법정지상권이나 관습법적 법정지상권이란 제도를 마련하여 건축물이 토지소유자의 일방적인 주장으로 인해 철거되어 막대한 사회적 손해를 방지하게 하고 있다.

❸ 토지대장

토지의 소유 · 지번 · 지목 · 면적, 소유자의 성명 · 주소 · 주민등록번호 기타 내무부령이 정하는 사항을 등록하여 토지에 대한 기초사항들이 수록된 지적공부를 말한다. 토지대장에 기재된 면적과 지목, 토지등급은 취득세나 등록세 등 각종 지방세를 산정할 때 기초가 되는 사항이다. 현행 건축법에서는 주택이나 각종 건축물을 건축하려면 반드시 해당 토지의 지목이 '대지' 이어야 하며 기타 행정절차에서 토지의 종류를 구분하는 기준으로 토지대장의 지목을 원용하고 있다.

토지대장에 수록된 면적이나 지목 등의 내용과 해당 토지 등기부등본에 기재된 내용이 다를 경우에는 토지대장에 수록된 내용이 맞는 것으로 추정하지만 소유자나 기타 권리관계에 대한 사항들은 등기부등본에 기재된 내용을 기준으로 한다.

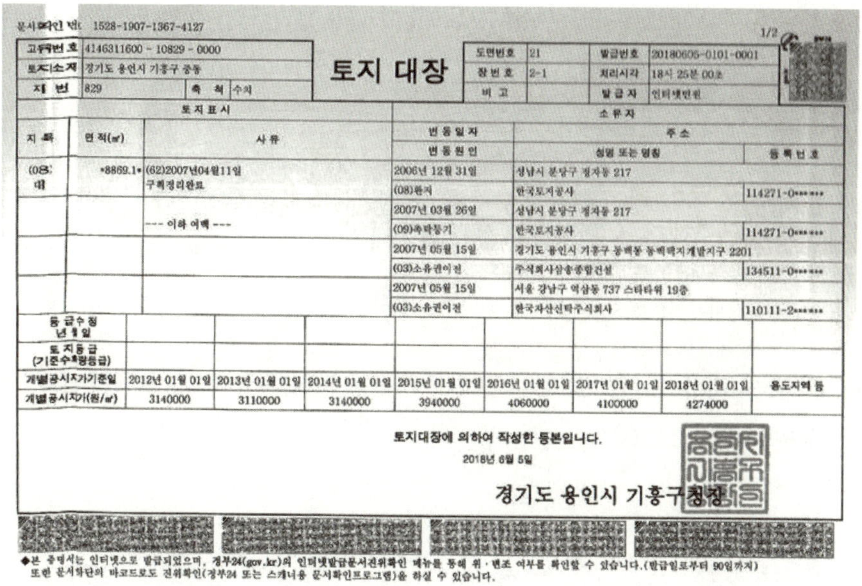
문서확인번호 1528-1907-1367-4127

1/2

토지 대장

고유번호	4146311600 - 10829 - 0000	도면번호	21	발급번호	20180605-0101-0001
토지소재	경기도 용인시 기흥구 중동	장번호	2-1	처리시각	18시 25분 00초
지번	829 (축척 수치)	비고		발급자	인터넷민원

토지표시			소유자		
지목	면적(㎡)	사유	변동일자 / 변동원인	주소 / 성명 또는 명칭	등록번호
(08) 대	*8869.1*	(62)2007년04월11일 구획정리완료	2006년 12월 31일	성남시 분당구 정자동 217	
			(08)환지	한국토지공사	114271-0******
		--- 이하 여백 ---	2007년 03월 26일	성남시 분당구 정자동 217	
			(09)촉탁등기	한국토지공사	114271-0******
			2007년 05월 15일	경기도 용인시 기흥구 동백동 동백택지개발지구 2201	
			(03)소유권이전	주식회사삼송종합건설	134511-0******
			2007년 05월 15일	서울 강남구 역삼동 737 스타타워 19층	
			(03)소유권이전	한국자산신탁주식회사	110111-2******

등급수정 년월일								
토지등급 (기준수확량등급)								
개별공시지가기준일	2012년 01월 01일	2013년 01월 01일	2014년 01월 01일	2015년 01월 01일	2016년 01월 01일	2017년 01월 01일	2018년 01월 01일	용도지역 등
개별공시지가(원/㎡)	3140000	3110000	3140000	3940000	4060000	4100000	4274000	

토지대장에 의하여 작성한 등본입니다.

2018년 6월 5일

경기도 용인시 기흥구청장

◆본 증명서는 인터넷으로 발급되었으며, 정부24(gov.kr)의 인터넷발급문서진위확인 메뉴를 통해 위·변조 여부를 확인할 수 있습니다.(발급일로부터 90일까지) 또한 문서하단의 바코드로도 진위확인(정부24 또는 스캐너용 문서확인프로그램)을 하실 수 있습니다.

그림 2-8 토지대장 샘플

가. 고유번호 토지의 일련번호다(사람의 주민등록번호와 같은 것이다).

나. 토지소재, 지번 해당 토지의 주소를 명기해 놓은 부분이다.

다. 축척 이 토지의 지적측량이 어떤 방식으로 했는지 보여주는 것이다. 수치지적으로 했다는 것이다.

라. 지목 토지의 이용에 따라 28개의 지목으로 나뉘고 숫자상 가장 큰 숫자로 적혀있는 것이 현재의 지, 목이다. 지목이 '대' 이면 건물이 있거나 건물을 지을 수 있는 것이고 위에서처럼 '주유소' 라고 되어 있다면 주유소 용지로 사용 중이라는 것을 의미한다. 하지만 지목이 언제나 정확한 것은 아니다. 만일 지목은 '전' 이나 '답' 으로 되어 있으나 수용 등으로 인해 토지의 매각 시 그 위에 집이 있다면 '전' 또는 '답' 으로 보지 않고 대지로 보아 보상이 이루어진다.

마. 변동일자, 변동원인 소유권의 변경 및 소유자의 변동사항에 대해 그 일자별로 기록해 놓게 된다. 만일 대장상의 소유자와 등기부등본상의 소유자가 다르다면 당연

히 등기부상의 소유자가 우선이다. 그렇기 때문에 반드시 확인해 보라고 하는 것이다. 그러나 소유자명의가 아닌 면적이나 주소와 같은 기타사항이 등기부와 다르다면 당연히 대장 우선이다.

바. 토지등급 말 그대로 예전에 토지의 비약도 및 가치를 추정하던 지표였다. 하지만 이제는 더 이상 사용하고 있지 않아 1996년부터 국세와 지방세의 개별공시지가를 부과하면서부터 토지등급은 더 이상 설정하지 않는다.

사. 개별공시지가 2002년 지적법령의 개정으로 대장에 등록사항으로 추가되었으며 수용 등에 지표로 사용된다.

등기부등본, 토지대장, 건축물대장의 차이

등기부등본이 권리관계(소유자와 설정 등의 관계)를 알아보는 수단이라면, 토지대장과 건축물대장은 사람으로 치자면 주민등록증과 같은 것이다. 해당 토지의 크기는 얼마나 되고 그 이용수단은 무엇이며 현재 소유자는 누구이고 가격은 얼마인가 등이 상세하게 나온다. 건축물대장은 더 복잡하게 구성된다. 그래서 대부분의 부동산 거래를 하는 분들은 등기부만 보고 대장은 잘 보지 않는 편이다.

하지만 등기부와 대장은 엄연히 그 업무처리기관이 다르기 때문에 이 둘이 일치하지 않았을 때의 문제가 종종 발생한다. 대장은 행정부 소관이다. 즉, 관공서에서 처리한다는 것이다. 하지만 등기부는 법무부 소관이다. 그래서 사법부에서 관리한다. 이렇게 관련부처가 다르니 당연히 두 부처 간의 업무협조가 잘 안 된다면 둘이 달라지는 문제가 된다.

그래서 요즘은 둘이 다르면 등기 자체를 받아주지 않게 되어 있어 요즘은 그런 일이 흔치는 않다. 하지만 임대차를 들어갈 때 내가 들어가는 부분이 위법건축물로 정해져 있다면 상황은 달라진다. 말 그대로 와서 뜯어버려도 할 말이 없다는 것이다. 그냥 쫓겨나고 그때부터 임대인과 중개업자를 물고 늘어지며 긴 싸움의 시작이 되는 것이다. 그래서 반드시 이것들도 잘 살펴보라고 하는 것이다.

❹ 토지이용계획확인원

토지가 어떠한 용도지역, 용도지구 또는 구역 등에 해당하는지와 그 용도지역 등에 대하여 도시계획 또는 개발계획 수립 여부 등 토지에 대한 1차적인 정보를 확인할 수 있는 서류이다. 당해 토지가 어떤 법규의 적용을 받고 있는지, 그로 인한 규제사항과 개발가능 유무를 판단할 수 있고 미래가치를 평가할 수도 있다. 토지이용계획확인원은 토지를 거래할 때에 특히 중요하지만 아파트나 상가 등에 투자할 때도 살펴볼 필요가 있다. 가령 당해 건축물이 소재한 용도지역이 주거지역에서 상업지역으로 변경되었거나 2종 일반주거에서 3종 일반주거 지역으로 종 상향된 경우 현 건축물의 상태보다 잠재가치가 더 크다고 볼 수 있다. 토지이용계획확인원은 누구나 신청할 수 있고 인터넷을 통해 발급받을 수 있다.

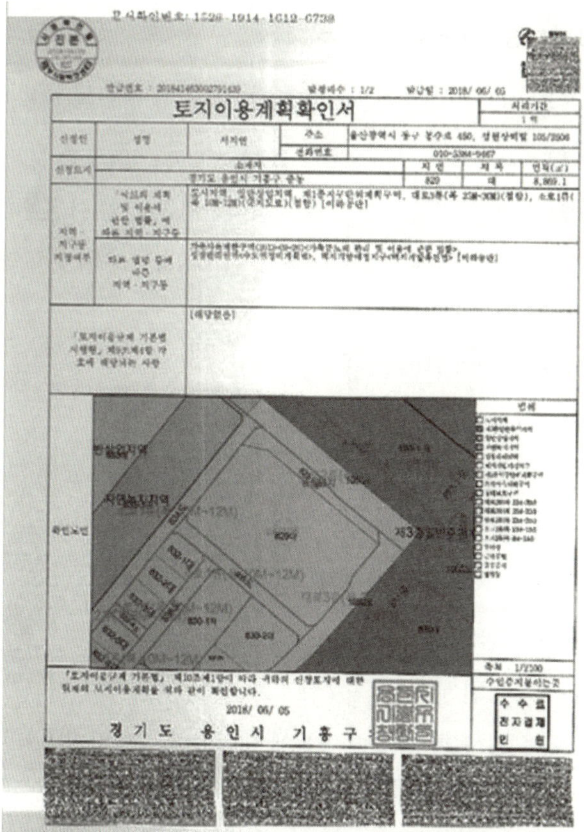
토지이용계획확인서

2018/ 06/ 05

경 기 도 용 인 시 기 흥 구

그림 2-9 토지이용계획확인서 샘플

가. 신청 토지 토지가 있는 번지수, 지목, 면적에 관한 사항 기재

나. 지역, 지구 등 지정 여부 국토의 계획 및 이용에 관한 법률 또는 다른 법령에 의해서 지정된 용도지역, 용도지구, 용도구역을 알 수 있다. 토지의 활용가치가 정해지는 부분으로, 토지이용계획확인서에서 가장 중요한 부분이며 토지를 매수하고자 하는 경우에는 시군구청 지적과나 건축과를 방문하여 담당 공무원에게 해당부분의 내용을 보여주고 원하는 목적대로 토지를 활용할 수 있는지 반드시 확인해 보아야 한다. 토지이용규제 기본법에 해당되는 사항에 대한 내용을 확인할 수 있다.

다. 확인도면 지적도를 확인하지 않고도 대략적으로 해당 토지의 모양과 위치, 경계 등을 알 수 있다.

5) 계약서 작성 시 유의사항

① 반드시 건물주 명의로 계약을 할 것. 건물 관리자 명의로 대리계약을 하면 법적 효력이 없다.

② 부동산 소개소의 대표자를 입회인으로 참석시켜 입회인 서명을 받을 것

③ 월세금 기산일 : 월세금 지급 시작일자가 언제부터인지 확실히 해둘 것

④ 임대기간의 명시

⑤ 계약연장 또는 해약에 관한 사항

⑥ 임차보증금, 월세금의 인상, 인하 폭에 관한 사항의 명시

⑦ 계약 종료 후 구축물 처리, 증설시설의 처리사항 명시

⑧ 중도해약 시의 처리방법

⑨ 임대료 지급기일, 지급방법의 명시

⑩ 계약만료 후 보증금 반환조건

⑪ 건물수리비의 부담한계

⑫ 건물주의 부주의로 인한 영업중지 등에 대한 손해배상의 범위 및 처리방법

⑬ 점포를 타인에게 양도할 때의 허용범위

위의 항목은 임차인의 입장에서 본 권리주장 내용이며 건물주와의 협의에 의해 결정할 사항임을 전제로 한 설명이다.

표 2-29 임대계약 시 체크해야 할 사항

항 목	체크해야 할 이유
보증금, 월세 외의 건물관리비의 책정 방법의 사전 철저 체크	① 건물이 공동부분에 사용되는 전기, 수도, 가스비용이 어떤 기준으로 책정되는지 알아야 한다. 건물주가 일부 사용하고 다른 부문을 입주자가 사용하는 경우 공동관리비를 입주자에게 부담시키는 경우도 있다. ② 앞에서도 언급했지만 입주자를 현혹시킬 목적으로 건물보증금 및 월세는 낮게 책정하는 대신 공용관리비를 많이 청구하는 건물도 있다. ③ 신축건물이나 기성건물이거나 불문하고 건물 입주가 완료되지 않을 때, 예를 들면 50%만 입주해도 현재 입주자가 100%의 공용관리비를 부담할 수도 있다. ④ 공용관리비를 분담시킨다는 명목으로 청소원 등 기초적인 인원 외에 사무실 직원의 인건비까지 입주자에게 부담시킬 수도 있다. ⑤ 공용관리비 분담방법을 사전에 체크한다. 평당 10,000원 또는 20,000원으로 책정되어 있으면 이를 자기의 임대평수로 곱해 본다. 공용관리비가 평당 20,000원, 실 평수 40평, 임대평수 80평의 점포라면 공용관리비는 80평×20,000원=1,600,000원이다. 따라서 월 평균관리비는 월세 1,500,000원+공용관리비 1,600,000원으로 합계 3,100,000원이 되어 경영압박의 요인이 될 수 있다.
임대보증금 및 월세 상승폭의 설정	① 이제까지는 계속해서 보증금과 월세를 평균 10%씩 2년 1회 인상시켜 왔다. 그러나 앞으로는 오히려 10%씩 다운시킬 경우도 발생할 수 있으므로 이를 명시해야 한다. ② 월세 및 임대보증금은 2년 1회 물가상승률 및 이웃 점포의 등락률에 의해 5% 범위 내에서 상하로 조정할 수 있다는 항목을 삽입해야 한다.
건물관리자 명의의 계약문제	① 건물관리자는 임대차계약에서는 권리 · 의무의 당사자가 될 수 없으므로 쟁송사건이 생겼을 때에는 대리자와 체결한 계약은 원인무효가 된다. ② 인쇄된 계약서에 계약자 명의가 있고 거기에 대리인의 인장을 날인해도 법적효력이 없다. ③ 인쇄된 계약서에 건물주의 명의가 인쇄되어 있고 건물주의 인감증명과 인감에 의해 날인된 계약은 대리인이 대신 날인 행위를 해도 법률적 효력을 갖는다. 단 그것이 사기나 배임 등의 부당한 행위일 때에는 법적 문제가 생길 수 있다. ④ 따라서 건물주가 해외여행 중이거나 부재 중에는 가계약 형식으로 점포를 확보하고 반드시 건물주의 입회 아래 당사자 간 계약을 해야 한다. ⑤ 인감증명서는 반드시 부동산 임대용 또는 전세계약용 등으로 사용목적이 명시된 것으로 해야 하고 발행일로부터 가능한 1개월을 넘지 않은 것을 사용토록 한다(법적 효력이 인감증명 발행 후 3개월 이내로 되어 있는 것과는 무관하게 요구해야 한다). ⑥ 건물주의 인감날인과 함께 건물관리자가 입회인으로 함께 계약서에 날인하면 더욱 좋을 것이다.

항 목	체크해야 할 이유
월세 기산일 문제	① 식당업은 인테리어 공사 등 계약 후에도 상당기간이 지나야 본래의 용도에 사용할 수 있다. 공사기간이 2개월 소요되면 2개월 이후에야 영업이 가능하다. 따라서 계약 후 입주한 날(잔금지급을 완료한 날)로부터 월세금을 지급하면 영업을 하지 않고도 1~2개월, 장기간은 3~4개월간 월세를 부담하게 된다. ② 이러한 특성을 건물주와 협의하여 단 1개월 혹은 2개월 또는 영업개시일까지 만이라도 월세금 지급을 하지 않는 방법을 찾아야 한다. ③ 신축건물일 경우, 준공예정일이 당초 계획보다 3개월 혹은 6개월 늦어지는 경우, 이미 인테리어 공사까지 완료하고 영업준비는 끝났는데도 경영주의 사정으로 인해 건물 준공이 늦어지는 경우 입주자가 입는 손실은 크다. 이때 인테리어공사 완료 또는 영업준비를 완료한 날짜를 건물주에게 확인시키고 이 날짜를 기준으로 영업지연 일자까지의 기간에 해당하는 월세를 영업개시 후에 지급하지 않는 조건 등 불가피한 사유를 제외한(천재 · 지변 등) 경우 손실보상 내용을 삽입할 필요가 있다. ④ 사실상 영업을 위한 인원 모집도 끝났고 인건비도 수개월 지급하는 사태도 발생할 수 있으므로 이 경우의 손실보상 내용도 삽입할 필요가 있다. ⑤ 그러나 위의 내용도 입주자의 희망사항으로 끝날 수 있으며 어디까지나 건물공사 진행상황을 보아가며 인테리어 공사나 인원을 모집하는 융통성이 경영주에게 필요하다고 본다.
임대기간의 설정	① 상가건물 임대차보호법은 2018. 10월 개정되어 임차인의 갱신요구권은 최초 임대차 기간을 포함한 전체 임대차 기간이 10년을 초과하지 아니하는 범위에서 행사할 수 있도록 되었다(동법 제10조 제2항 참조). ② 개정법 부칙 제2조에서 위 제10조 제2항의 개정규정은 개정법 시행 후 최초로 체결되거나 갱신되는 임대차부터 적용하도록 규정하고 있다. ③ 차임 또는 임대차보증금과 관련하여 계약 당사자는 5% 범위 내에서 차임 등의 증감을 청구할 수 있다.(동법 제11조 참조). ④ 임대인의 증액청구권은 임대차계약 또는 증액이 있는 날로부터 1년 이내는 할 수 없다. ⑤ 따라서 임대인은 1년마다 차임 등 증액청구를 할 수 있다.
계약 종료 후의 처리문제 (원상회복 등)	① 계약 종료 후 입주자가 구축한 각종 구축물을 건물주가 사용할 때와 사용하지 않을 때의 처리문제를 자세히 구분해야 분쟁이 발생하지 않는다. ② 구축물을 건물주가 사용하지 않을 때에는 퇴거자가 그것을 철거시켜 주어야 할 의무가 있으므로 이때의 비용문제, 철거기간 등의 설정도 필요하다. ③ 입주자가 자기의 필요에 의해 전기, 수도, 가스 등의 추가시설을 했을 때 이를 건물주가 계속 사용하는 경우에는 투자한 부문의 일부를 보상받는 경우도 있으나, 건물주가 이를 사용하지 않으면 철거하기도 어렵고(비용) 철거해도 사용할 용도가 없으므로 포기하는 경우도 있다. 이 경우는 어디까지나 건물주의 판단에 맡길 수밖에 없다는 점을 이해해야 한다. ④ 계약이 종료되면 구축물 등의 철거가 완료되어야 보증금 등을 변제받을 수 있는데, 구축물 등의 철거로 인해 건물 내부나 외부 표면이 일부 손상되는 경우가 발생한다(특히 내부타일 등). 이때 영업기간이 5년 정도 경과하면 인테리어 시공 당시와 똑같은 원자재가 품절되기 쉽기 때문에 똑같은 원자재를 구입할 수 없다. 따라서 이때를 대비해서 유사한 자재를 사용케 하거나 철거 시에 건물주와 입주자가 협의해서 가장 적절한 자재를 선정해서 원상회복 작업을 한다는 내용을 삽입해 두어야 한다.

항 목	체크해야 할 이유
계약 종료 후의 처리문제 (원상회복 등)	⑤ 건물입주자는 인테리어 공사를 개시하기 전에 현재 상태를 사진으로 확보해 두어야 한다. 뒤에 원상회복의 문제로 인해 분쟁 발생소지를 없애기 위해 사진과 현재의 상태를 서면화하여 건물주와 입주자가 각각 보관하는 방법이 바람직하다.
중도해약 조건의 필요성	① 영업이 계속 부진하여 도저히 영업을 계속할 수 없을 때, 경영자의 사망, 이민 등으로 영업을 중단하지 않을 수 없을 때를 대비하여 중도해약 조건을 설정할 필요가 있다. ② 건물주는 계약기간 중에는 월세금을 지급받을 권리가 있으므로 계약 갱신에 주의를 기울이지 않을 수도 있으므로 도저히 영업을 계속할 수 없을 때에는 계약해지 3개월 전에 서면으로 이 뜻을 통보토록 하면 건물주가 적극적으로 이에 협력토록 해야 하며 새로운 입주자를 선정하는 것은 건물 소유주의 권리나 건물주가 계약기간 중에는 이 업무를 적극적으로 추진할 필요가 없기 때문에 입주자가 적절한 대상자를 물색하여 건물주에게 천거하면 건물주는 특별한 사유가 없는 한 이를 받아들이도록 하는 조건 첨부도 필요한 애용이다. ③ 건물주의 입장에서도 입주자의 영업실적이 부진하여 월세 등을 납부할 형편이 못되는데도 계속 새로운 입주자를 물색하여 노력을 경주하지 않는다면 보증금에서 월세액을 공제한다 해도 손해를 입게 되므로 양자가 협의하여 중도해약 시의 문제를 해결해야 하며 감정적인 처리는 상호 불이익을 초래할 수 있다.
계약만료 후의 임대보증금 반제기한의 설정	① 계약이 만료되어 구축물 처리, 원상회복 의무까지 완료하면 건물주는 일정기간 내에 점포 임대보증금을 퇴거자에게 지불해야 하는데 이 기한을 명확히 명시해 두어야 한다. ② 건물주가 자금이 없거나 새 입주자가 물색되지 않으면 점포 영업정지 후 장기간 보증금을 실질적으로 지급받지 못한다. 이 기간 중의 금리 등을 계산하는 내용설정도 필요하다. ③ 지금은 전세금이나 보증금 반환이 법적으로 조기에 이루어지도록 조치되고 은행 융자제도 등이 있으나, 실제로는 이것이 잘 이루어지지 않고 있다. 만약 근저당권 설정이 되어 있지 않으면 쟁송절차를 밟아야 하며 근저당 설정이 되어 있으면 이에 의해 대금회수 법적 절차(경매신청)를 밟을 수 있다. 다만 계약서에 보증금 반환기일을 명확히 설정해두어야 법적 처리기간이 단축될 수 있다(조기에 법적 절차수속을 취할 수 있다).
사용 중의 건물 수리비 한계	① 대형건물에 공동으로 입주해 있으면 입주자 전체가 건물 훼손부분에 대하여 공동부담으로 처리할 수도 있겠지만, 단독으로 점포를 사용할 때 건물의 일부가 파손되면 그것이 사용자의 부주의가 아니고 오래 되어 낡아져서 발생할 수도 있으므로 책임한계를 면밀히 구분할 필요가 있다. ② 화장실의 변기 파손이나 건물 출입구 정문이 파손되었을 때에는 건물주가 부담하는 것이 원칙이다. 이는 건물의 사용용도에 필수적으로 갖추어야 하는 설치물이기 때문이다. ③ 그러나 단순한 변기 고장 수리비는 사용자가 부담한다. ④ 파손된 부분이 건물 전체관리상 필요한 부분이면 건물주가 수리비를 부담하고 영업을 하면서 일어나는 단순한 고장수리 등은 사용자가 부담하여야 한다. ⑤ 어떤 계약에는 건물수리비 50,000원 이상은 건물주가 부담하고 그 이하는 입주자가 부담한다고 명시하는 예도 있다.

항 목	체크해야 할 이유
점포를 타인에게 양도하는 행위	① 점포운영 중 타인에게 점포를 양도하는 경우도 발생한다. 이때의 양도 제한 조건을 사전에 결정해 두는 것이 편리하다. ② 건물주가 식당업 업주를 꺼리는 경우 다시는 식당을 입주시키지 않으려 할 때에는 선입주자는 권리금 등을 확보할 수 없는 불리한 경우도 발생하므로 자기 다음의 입주자 선정 혹은 점포양도에 대해서는 지나치게 까다로운 조항 삽입은 피해야 한다.

Ⅲ

상권 및 입지조사 분석

Ⅲ

상권 및 입지조사 분석

1. 상권분석 조사

1) 상권과 입지조사의 목적

상권과 입지를 조사하는 중요한 목적은 좀 더 안전하고 성공적인 창업을 하기 위함일 것이다. 내가 창업하고자 하는 매장이 과연 예상 상권에서 성공할 수 있을지 미리 판단할 수 있어야 창업을 진행할지 여부에 대하여 결정할 수 있기 때문이다. 이른바 사업타당성 검토를 통해 수익성이 있을 만한 상권과 점포를 찾아내는 것이 그 목적이다.

창업에 투자될 투자금 대비 높은 수익을 거둘 수 있는 좋은 상권의 점포를 찾아내고 그에 더하여 그 점포가 속한 상권이 지속적으로 발전할 수 있는 가능성이 있다고 판단된다면 지체 없이 해당 점포를 계약하는 것이 옳다. 창업을 하고자 하는 예비 창업자가 상권과 입지를 조사하는 목적을 요약해 보면 아래와 같다.

상권과 입지조사 분석의 목적

- 창업 전 업종과 업태의 선정
- 소비자 분석을 통한 목표 타깃의 설정
- 투자비용(예산)과 수익성 예측
- 수익성 예측에 따른 최적의 점포 결정
- 마케팅 전략을 위한 기초 정보 수집

창업을 준비하는 예비창업자는 상권과 입지조사 분석을 통해 어떤 아이템을 어떻게 준비해야 망하지 않는 창업을 할 수 있을지, 보유하고 있는 투자 예산으로 창업이 가능할지, 어느 정도의 수익을 기대하면 될지 등을 확인할 수 있다.

아이템이 결정되지 않은 상태에서 투자 예산에 맞는 점포와 입지가 선정되었다면 그 입지에 맞는 최적의 아이템을 찾을 수 있도록 준비해야 하며, 반대로 하고자 하는 아이템을 결정하였다면 그 아이템의 사업이 최적의 결과를 낼 수 있는 상권과 입지를 찾을 수 있도록 준비한다. 두 가지 모든 과정의 출발이 어떻든 상권과 입지의 조사 · 분석은 필수이다.

상권과 입지의 조사 · 분석을 통해 수집한 내용은 추후 어떤 방법과 대상으로 마케팅을 진행해야 할지의 전략과 관련한 중요한 자료가 된다. 또한, 상권과 지역에 따라 사업에 필요한 인력의 수급이 용이하거나 어려울 수 있으므로 이를 감안하고 시작하여야 뜻하지 않은 상황에 당황하지 않고 대비할 수 있을 것이다. 대학가 주변에 위치한 점포는 아르바이트생을 구하기 편리한 반면에 소득 수준이 높은 상권에서는 인력조달이 어려울 수 있다. 외식사업을 위한 인력수급은 향후 사업을 지속적으로 유지하는데 큰 영향을 미치므로 상권조사에서 반드시 검토해야 한다.

지금까지 상권과 입지를 조사하고 분석하는 다양한 목적에 대하여 살펴보았는데 누가 어떤 상황에서 어떤 목적을 달성하기 위한 것이든 궁극적으로 예비창업자의 이익이 얼마나 장기간 지속되어 목표이익률을 달성할 수 있을지를 판단하는 것이 가장 중요한 목적임을 잊지 않아야 한다. 상권과 입지 조사 · 분석이 단순히 유동인구를 파악한다거나 지형지세의 좋고 나쁨을 판단하는 것이라고 오해해서는 곤란하다. 창업을 위하여 작성하는 상권과 입지보고서에는 사업타당성과 상권과 입지의 단점을 극복하기 위한 전력이 반드시 포함되어야 한다.

2) 상권 분석의 범위

창업을 하는 사람들의 공통된 목적은 수익성 창출에 있다. 수익을 창출하기 위해서는 좋은 점포를 얻어야 하며, 좋은 점포를 얻기 위해서는 사전에 철저한 상권분석을 해야 한다는 점을 이미 언급한바 있다. 하지만 현실적으로 어느 정도까지 분석의 범위를 설정하는 것이 바람직한가에 대한 문제에 봉착하게 된다. 만약 이러한 고려를 하지 않는다면 많은 시간과 경비를 소모하게 되고, 정작 중요한 의사결정을 내려야 할 시기를 놓쳐 분석만 하고 점포를 구하지 못하는 실수를 하기도 한다. 따라서 사전에 상권분석의 범위를 설계하는 것은 매우 중요한 과정에 속한다. 대체적으로 공간적인 범위, 내용적인 범위, 절차적 범위로 구분하는 것이 타당하다.

(1) 공간적 범위

공간적 범위란 상권의 범위를 말하며 앞서 제시한 바와 같이 대상점포가 있는 경우에는 점포를 중심으로 최소 2차 상권까지를 설정하는 것이 바람직하다. 점포가 없는 경우에는 중심점에 해당하는 건물 혹은 점포를 중심으로 반경을 설정하는 것이 좋다. 정사각형이나 최근 상권분석의 공간적 개념으로 등장한 폴리건(다각화)■ 을 사용하기도 한다. 하지만 원형을 반경으로 해서 상권을 분석하는 것이 일반적이며, 1차 상권과 2차 상권을 구분하는 것이 좋지만 시간적 여유가 없다면 1차 상권만을 대상으로 제한할 수도 있다.

(2) 내용적 범위

상권분석에 포함할 내용 선택에는 업종(상품)에 대한 분석, 시장규모 분석, 매출예

■ 폴리건(polygon) : 3차원 컴퓨터그래픽에서 입체형상을 표현할 때 사용하는 가장 작은 단위인 다각형을 의미

측, 수익성 분석, 라이프스타일 분석 등이 대표적이다. 이러한 내용적 범위는 상권분석의 목적에 따라 달라지는데, 소비패턴에 대한 파악을 목적으로 한다면 업종이나 시장규모분석 정도에 그치지만 정확한 매출예측을 통해서 수익성을 파악하고자 한다면 앞서 제시한 전 분야를 총 망라해야 한다. 대상점포가 존재하는 경우에는 점포에 대한 조사도 필수항목이다. 점포의 외형적 특성뿐만 아니라 입지조건, 동선, 미학적 측면까지도 고려해야 한다. 또한, 임대료와 권리금과 같은 금전적 가치도 평가대상에 포함되어야 한다.

표 3-1 **상권분석의 주요 내용**

입지 탐색			
일반적 위치 선정	① 지역 선정	② 지구 선정	③ 지점 선정
상권분석	① 인구 통계 조사	② 구매 현황 조사	③ 상권 영향도 분석
특정 점포 설정	① 교통/도로조사 ④ 주변 상가 조사	② 경쟁 점포 조사 ⑤ 접근 용이성 조사	③ 통행량 조사(유동인구 조사) ⑥ 가시성 조사
상권분석 및 평가			

표 3-2 **점포분석의 주요 내용**

점포 면적				
메뉴 구성				
익스테리어	① 간판	② 입구 및 도어	③ 진열창	④ 주차장
인테리어	① 조명 ④ 내부 디스플레이	② 바닥 및 벽 ⑤ 분위기 창출 보조용품	③ 집기와 비품	
인력 운영				
내부 레이아웃				

(3) 절차적 범위

상권분석의 방법론적 범위를 설정하는 것인데, 통계조사에 의존할 것인지, 직접 현장을 방문해서 리서치를 할 것인지, 2가지 방법을 혼용할 것인지에 대한 선택을 해야 한다. 인구분포나 성별분포, 주거특성, 소득수준 등과 같은 라이프스타일은 대체로 통계를 이용하는 것이 일반적이다. 반면 업종분포나 유동인구 측정, 경쟁점포 조사 등은 현장을 직접 방문하여 조사를 하는 것이 원칙이다.

3) 상권분석의 목적

상권분석은 창업자가 사전에 사업성이 있는가를 검토하여 입점을 결정하는데 결정적인 역할을 담당한다. 하지만 이보다 더욱 중요한 것은 창업 후 경영과정에 상권분석의 중요성이 나타난다. 상권의 특성을 알아야 효과적인 경영이 가능하고 판촉 전략이 먹힌다는 것이다.

평수 여하나 업종구분에 관계없이 가능한 사전에 상권분석을 해 보는 것이 좋다. 상권분석은 창업을 결정하는 요인이기도 하지만 상권분석을 통해 나타난 지식과 노하우가 향후의 사업에 도움이 되기 때문이다. 상권 분석이 창업과 경영에 중요한 역할을 담당한다는 뜻이다.

- **상권분석은 고객을 파악하는데 결정적인 역할을 한다.**
- **상권분석은 사업의 범위를 결정하는데 도움이 된다.**
- **상권분석은 사업주의 경영능력을 향상시킬 수 있다.**

상권분석은 창업자가 직접 실시하는 것이 가장 바람직하며 전문가에게 도움을 받는 경우에도 가급적 현장에 참여해서 분석과정을 면밀히 검토해 보는 것이 좋다.

상권분석은 업종과 그리고 창업자의 사업환경 등에 따라 달라진다. 분석방법이나 대상 역시 이러한 배경을 토대로 한다. 업종의 특성상 모든 분석과정이 필요한 것은 아니지만 불필요한 것도 아니다. 창업이 아니더라도 가급적 상권분석을 하는 연습을 하는 것이 좋다. 성공은 아니더라도 최소한 실패의 위험을 줄일 수 있기 때문이다.

(1) 업종선택의 기준

업종을 정하지 않은 경우 상권분석을 실시하면 업종을 선택하는데 결정적인 힌트를 제공하게 된다. 상권 내 유동인구 혹은 상주인구의 구매성향을 분석함으로써 특정 재화 혹은 서비스에 대한 선호도를 도출할 수 있기 때문에 업종 선정이 수월해진다. 또한,

가격대나 브랜드인지도, 구매빈도, 주 고객 연령층, 경쟁점의 존재 여부를 조사하게 되면 세밀한 수준에서의 업종 선정이 가능하다.

(2) 임대료 평가척도

상권분석을 통해 나타난 특정 업종에 대한 시장수요를 산출해 내고 월평균 매출액을 추정하게 되는데, 투자비용을 고려하면 수익성 분석이 가능하다. 일반적으로 월 임대료는 월평균 매출액의 10% 정도가 적당하며 일 매출의 3배 정도가 타당하다. 물론 마진율이 50%대에 이르면 5일 정도로 늘어날 수도 있다. 월매출액에서 추정지출을 제외한 순익을 1년간 환산한 금액이 권리금 수준으로 타당하기 때문에 정확한 상권분석은 투자적격 여부를 판단하는데 결정적인 역할을 한다.

(3) 마케팅 전략의 토대

고객구매 성향분석을 통해 주 고객층을 선별하고 이에 따른 마케팅 전략 구축이 가능하다. 상권분석은 점포개설뿐만 아니라 향후 영업마케팅에 필수자료로 활용해야 한다. 예를 들면 상권분석 결과, 여성 유동인구가 많고 주 활동시간대가 5~6시이며 20대가 대부분인 상권의 경우 미용실을 창업하고자 한다면 이들의 감각적 취향을 어필하기 위해 젠(Zen)스타일의 인테리어와 마일리지서비스 및 남성헤어디자이너 고용, 파마보다 컬러링 전문화 등의 마케팅 전략을 수립할 수 있다. 바로 이점이 상권분석이 왜 필요한지를 설명해 준다.

(4) 매출 추정의 근거

수요분석을 통해 나타난 1인당 혹은 1가구당 소비지출을 산출하여 매출을 추정할 수 있는데, 단순히 매출 수준에 따라 출점 여부를 판단하는데 그치지 않고 사전에 매출수준을 파악함으로써 투자규모의 변동 마케팅 전략의 수정 등의 대비책을 강구할 수 있다는 점에서 중요하다.

표 3-3 매출 추정의 근거

구분		내용
업종선택의 기준	➡	상권 내 유동인구 혹은 상주인구의 구매성향을 분석하여 특정 재화 혹은 서비스 선정가능 (연령층, 남녀 성비, 구매시간, 빈도, 단가 등을 파악)
임대료 평가척도	➡	상권분석을 통해 나타난 특정 업종에 대한 시장수요 산출 월평균 매출액 추정가능
마케팅 전략 토대	➡	고객구매 성향분석을 통해 주고객층을 선별하고 이에 따른 마케팅 전략 구축이 가능 (TIME에 따른 마케팅, 매출저하 시기 할인 이벤트 등)
매출 추정 근거	➡	수요분석을 통해 나타난 1인당 혹은 1가구당 소비지출을 산출하여 매출을 추정할 수 있음 동일 상권 내 경쟁업체 존재 시 시장점유율을 토대로 산정 가능

2. 입지분석 조사

1) 입지분석의 의의

입지조사란 내 점포가 위치한 곳의 주변에 대한 현황을 조사하는 것으로 장사하기에 좋은지, 나쁜지를 판단하는 것이다. 소매업의 3요소는 ① 입지, ② 시설(점포의 규모, 인테리어, 각종 시설 등) ③ 경영노력(점포의 운영, 서비스 등)이다. 이 중에서 입지가 차지하는 비중은 업종에 따라 약간의 차이가 있기는 하지만 약 70% 정도를 차지한다는 것이 소매업에 종사하는 사람의 중론이다. 결국, 소매점포의 성패는 점포가 어느 입지에 위치하고 있느냐에 따라 결정된다고 할 수 있으며, '소매업 = 입지산업'이라고도 할 수 있다.

입지를 선정하기 전에 출점전략을 세우는 것이, 입지를 먼저 선정하고 이에 따른 업종을 선정하여 출점전략을 세우는 것보다 성공률이 훨씬 높다.

2) 입지분석의 범위

(1) 지리적 여건

지형과 지세를 관찰하는 것을 말한다. 현장조사를 통하여 대지의 상태와 도로와의 인접성, 지대의 높고, 낮음을 조사한다. 대체로 지대가 낮은 곳이 좋으며, 예로부터 지대가 낮은 곳에 상업시설과 도시번화가가 형성되고, 지대가 높은 곳에는 주택가가 형성된 것도 이러한 연유 중에 하나이다. 도로, 지하철, 버스노선 등 교통의 편의를 조사한다. 대중교통을 이용하기 편리하고, 자가용 이용에 불편함이 없는가가 키포인트가 될 것이다.

(2) 인구통계학적 구조

인구, 가구, 연령구조 등을 조사한다. 인구통계학적인 조사항목은 각 시 · 군 · 구청의 통계연보를 통해 알아볼 수 있다. 통계자료는 인터넷상에서 서비스되며, 이중 인구, 가구, 거주인구의 연령구조는 가장 기본이 되는 사항이다. 또한 이외에 설문조사 등을 통하여 세대의 월평균 소득, 학력 등을 알 수 있다.

주택과 관련된 사항을 조사한다. 상권 내의 주택보급률은 어떻게 되는지, 전체 주택 중 아파트의 비율, 주택의 거주 형태 등을 조사한다. 일반적으로 아파트가 단독주택보다 소비율이 높은 특징이 있으며, 소비의 전이가 빠르기 때문에 단독주택지보다는 아파트 밀집지가 입지상 유리하다.

(3) 사회 경제적 특성

지역 내 사업체 현황을 조사한다. 통계연보를 살펴보면 사업체 구분별, 종사자 규모별, 업종별 지역 내 사업체 현황을 조사할 수 있어 지역의 산업현황과 소득수준을 가늠해 볼 수 있다.

점포 주변의 주요시설을 조사하는 것으로 관공서, 학교, 병원, 업무시설 등 인구 유인시설이 있는지를 조사한다. 이 중 관공서와 학교는 구매목적과는 다르기 때문에 인구유입이 많다고 해도 매출과 연관이 다른 경우가 많으며, 단지 대학가는 학교 인근 점포라 할지라도 학교 주변에서 소비하는 경향이 크고, 구매력이 있는 집단이라 예외적이라 할 수 있다.

점포 주변의 특성분석을 한다. 상권별로 특징이 나타나기 마련이다. 주택가 주변에는 생활편의용품 위주의 점포가 구성이 될 것이고, 업무시설 주변에는 외식관련 점포와 주점, 사무용품점 위주의 점포가 구성될 것이다. 이러한 특성을 분석하여 지역상권에 적합한 업종인지를 판단한다.

(4) 상권 내 업종조사

상권 내 점포에 대하여 업종조사를 한다. 업종조사는 전수 조사를 원칙으로 하고, 상권 내 어떠한 업종이 주로 분포되어 있고, 위치별로 어떠한 특성을 지니고 있는지 살펴볼 수 있다.

경쟁관계에 있는 점포와 보완관계에 있는 점포를 조사 분석한다. 경쟁관계에 있는 점포와 보완관계에 있는 점포의 영업현황을 조사하여 내 점포의 상관관계를 분석한다.

(5) 입지여건 변화 전망

입지여건 변화 전망을 조사한다. 해당 지자체의 도시계획을 전담하는 부서를 찾아가 상권 내의 도시계획 변경 여부 등을 문의한다. 상권 내의 생산유발시설이 이전한다든가, 인구 유입시설의 건설 여부 등을 통해 성장가능성이 있는지 여부를 종합적으로 판단한다.

표 3-4 상권 내 업종조사의 예

<table>
<tr><th colspan="2">구분</th><th>상세업종</th><th>현황</th><th>%</th></tr>
<tr><td colspan="2" rowspan="2">대형판매시설(10개소)</td><td>대형할인 매장(하나로, LG) 2개, 공판장 2개</td><td>1.0</td><td rowspan="2">2.7</td></tr>
<tr><td>가전 판매(하이마트, 삼성프라자) 3개, 자동차대리점 3개</td><td>1.6</td></tr>
<tr><td rowspan="3">음식료
주점업
(106개소)</td><td>식당(55)</td><td>한식 41, 중식 3, 일식 4, 패스트푸드 7</td><td>14.7</td><td rowspan="3">28.5</td></tr>
<tr><td>주점(39)</td><td>포차 10, 호프&바 15, 유흥주점 14</td><td>10.4</td></tr>
<tr><td>음료(12)</td><td>커피전문점 8, 생과일주스전문점 4</td><td>3.2</td></tr>
</table>

<table>
<tr><th colspan="2">구분</th><th>상세업종</th><th>현황</th><th>%</th></tr>
<tr><td rowspan="2">오락, 문화, 운동(45개소)</td><td>오락(33)</td><td>노래방 13, DVD방 5, 만화방 2, PC방 8, VR게임장 5</td><td>8.8</td><td rowspan="2">12.0</td></tr>
<tr><td>운동(12)</td><td>헬스 3, 에어로빅 1, 당구장 8</td><td>3.2</td></tr>
<tr><td rowspan="3">판매 (117개소)</td><td>의료(47)</td><td>여성 13, 캐주얼 8, 보세 4, 남성 3, 속옷 4, 교복 8, 신발 6, 침구류 3</td><td>12.6</td><td rowspan="3">31.4</td></tr>
<tr><td>전문, 문화, 취미(44)</td><td>금은방 8, 안경 2, 화장품 2, 성인용품 1, 스포츠용품 2, 서점 7, 꽃 3, 팬시 1. 건강식 1, 이동통신 9, 가구 4, 사진 4</td><td>11.7</td></tr>
<tr><td>일반(26)</td><td>소매 9, 정육 6, 떡 3, 제과점 4, 편의점 4</td><td>6.9</td></tr>
<tr><td rowspan="2">미용. 의료 (57개소)</td><td>미용(16)</td><td>미용실 6, 피부관리 3, 네일아트 7</td><td>4.3</td><td rowspan="2">15.2</td></tr>
<tr><td>의료(41)</td><td>병원 1, 내과 3, 외과 2, 산부인과 3, 성형 5,피부 2, 안과1, 소아 1, 일반의원 1, 한의원 4, 치과 6, 약국 11, 의료기기 1</td><td>10.9</td></tr>
<tr><td colspan="2">기타(38)</td><td>정비소 4, 인테리어 등 28, 기타 6</td><td>10.1</td><td>10.1</td></tr>
</table>

3) 입지분석의 목적

입지조사의 목적은 여러 가지 각도에서 검토되어야 한다. 외식업의 경험유무와 관계없이 자기가 희망하는 업종 혹은 업태가 가장 활성화될 수 있는 장소의 선택이기 때문에 막연한 조사가 아닌 분명한 목적을 갖고 입지조사를 해야 할 것이다.

입지조사의 목적을 5가지로 요약할 수 있는데 다음과 같다.

❶ 점포의 명확한 판매목표를 산출하기 위한 기초자료 수집
❷ 점포가 확보할 수 있는 상권의 범위 파악
❸ 점포 내 상권범위에 경쟁사 파악 및 개점 시 점포에 대한 대응책 마련
❹ 현재의 시장 혹은 장래의 발전가능성 확인
❺ 현 상권의 선호도가 높은 아이템 및 가격대의 파악을 통한 점포의 메뉴구성

입지조사의 기본목적은 이러한 내용을 종합하여 개점할 점포의 영업이 잘될 것인지, 일 매출은 얼마나 달성할 수 있을 것인지를 예측하기 위한 기초자료의 확보에 있다.

3. 상권과 입지의 선택원칙

1) 상권분석과 입지조건 분석의 상관성

창업을 시작하게 될 입지(점포)를 선정하기 위해서는 상권을 먼저 결정하고 나서 입지분석을 진행해야 한다. 상권과 입지를 분석하는 것을 통틀어 상권분석이라 하기도 하는데 상권은 큰 범위의 개념이고 입지(점포)는 그 상권 안에 있는 작은 범위의 개념이기 때문이다. 하지만 대부분의 예비창업자들은 유동인구가 많은 어떤 상권에 대해서는 깊게 조사하지 않고 입지(점포)에 대해서만 심각하게 고민하고 결정하는 경우가 많다. 점포에 대한 부동산 비용과 함께 길목에서 좋은 자리인지 잘 보이는지에 대해서만 고민을 하는데 큰 범위의 상권 자체가 점점 쇠락하는 시기에 있다면 그 상권 내 개별 점포들이 같이 쇠락하는 것은 시간문제다. 따라서 상권에 대한 앞으로의 개발계획이나 호재, 악재 등에 대하여 조사 및 분석을 진행한 다음 그 상권 내 입지(점포)를 선택하는 것이 타당하다고 판단되었을 때 입지(점포)의 분석을 진행하여도 늦지 않다. 상권의 추후 변화에 대해서는 상권 내 부동산이나 해당 지역 시청 또는 구청 등에 직접 확인해 볼 수도 있다. 따라서 입지를 선정하는데 대한 과정을 정리해보면 다음과 같다.

표 3-5 상권 및 입지분석 프로세스

1. 입지선정 시나리오 작성
• 거주지 부근 2~3km 이내 상권 표시 • 상권력(상권규모) 파악(역세권, 주택지 등 상권등급 파악

2. 아이템 및 자금에 맞는 후보상권, 입지선정
• 점포 정보 습득 • 상권입지단계별 입지전략 숙지 • 업종별 핵심키워드와 입지전략 숙지

3. 상권분석과 입지조건 분석
• 상권분석 : 점포 숫자 / 응집도 / 대형편의시설 유무 • 입지조건 분석 : 주동선 접근성과 가시성 기준 A, B, C급지 분석

4. 상권 입지조건 분석도 작성

- 반경 500m 이내 상권지도 작성
- 상권 입지조건 분석도 작성 : A, B, C급지 범위표시

5. 예상매출액 추정 / 사업타당성 분석

- 사례비교법 매출액 추정 / 투자대비 수익률 분석
- 사업타당성 분석

6. A급 점포개발

A급 점포 판별 : 입지수준과 권리금 종합 비교

7. 계약체결

- 점포권리양도계약 : 점포주와 매수자
- 점포임대차계약 : 건물주와 매수자

2) 입지선정의 원칙

(1) 넬슨의 입지선정 8원칙

입지를 선정하게 될 경우 일정한 원칙이 적용되는데 그 중 대표적인 원칙 중 하나가 넬슨의 입지선정 8원칙이다.

표 3-6 넬슨(R. L. Nelson)의 입지선정을 위한 8원칙

구 분	내 용	평 가		
		상	중	하
상권의 잠재력	상권 잠재력의 타당성, 상권의 크기와 수익창출력의 정도			
접근 가능성	상권 내 잠재적 수요를 어느 정도 흡수할 수 있는지, 상권과 입지의 접근 편리성(도보, 자동차, 집객시설 등)			
성장 가능성	인구증가, 소득수준 향상 등으로 점포의 시장규모나 유통단지의 매출액이 성장할 가능성을 분석			
중간 저지성	경쟁점포나 상점군의 중간에 위치하여 상권에 진입하는 고객을 중간에서 분리 흡수할 수 있는 입지인지 분석			
누적적 흡인력	동일 또는 유사상품을 취급하는 점포가 밀집되어 있는 경우 고객의 흡인력이 더 커지는 것을 의미, 점포의 존속에 필요한 경쟁력 확보 필요			

구 분	내 용	평 가		
		상	중	하
양립성	상호보완 관계에 있는 점포가 서로 인접해 있어 고객의 흡인력을 높일 수 있는 가능성			
경쟁 회피	경쟁점포의 입지, 성격, 규모, 형태 등을 감안하여 기존 점포와의 경쟁에서 우위를 확보할 수 있는 가능성 및 향후 신규 경쟁점이 입점해 창업할 사업장에 미칠 영향력의 정도			
입지의 경제성	입지의 가격 및 비용 등으로 인한 수익성의 정도			

넬슨의 입지선정을 위한 8원칙은 소매업을 기준으로 하여 만들어졌는데 일반적인 상권과 입지를 선택하기 위하여 참고할 수 있는 기준이므로 절대적인 기준이 아님을 고려해야 한다.

첫째, 상권의 잠재력은 두 개 이상의 상권이 인접할 경우 점포 수가 많고 상권의 영향력이 높음을 의미하므로 점포의 밀집도가 높고, 권역이 넓으며, 집객시설 등이 많이 분포하여 고객의 흡인력이 높은 곳으로 결정하여야 한다.

둘째, 접근 가능성은 입지를 정할 때 내 아이템에 대한 수요층이 최대한 쉽게 접근할 수 있는 위치를 선정해야 하는데 쉽게 말해 도보, 교통수단 등으로 최대한 쉽고 빠르게 접근할 수 있는 목에 들어가야 한다는 뜻이다. 다만, 접근성이 좋은 입지는 경쟁이 심하고 그에 따라 높은 점포 비용이 동반되므로 적정한 투자 예산규모에 맞는 입지를 현명하게 선택해야 할 것이다.

셋째, 성장 가능성이다. 어떤 상권이 앞으로 얼마만큼의 성장 가능성을 갖고 점포의 매출액이 같이 성장 가능할지에 대한 분석과 판단이 필요하다. 상권을 좀 더 넓은 각도에서 보고 내 · 외부 요인에 의한 변동요인이 발생할지 여부를 사전에 예측하고 상권을 선택할 필요가 있다.

넷째, 중간 저지성은 경쟁점포나 상점군의 중간에 입지하더라도 상권을 이동하거나 진입하는 고객을 중간에 차단 및 흡인할 수 있는 가능성이 있는지에 대한 내용이다. 다양한 점포와 업종이 분포하고 있는 상권으로 진출할 경우 충분한 영향력을 갖고 중간에서 고객을 흡인 및 차단할 수 있는지 분석하고 선택하여야 한다.

다섯째, 누적적 흡인력은 업종과 업태가 비슷하거나 유사한 점포가 집중적으로 몰려 있어 고객의 흡인력을 극대화할 수 있는 가능성에 대하여 분석하고 검토하는 것이다. 오피스, 학교, 문화 쇼핑시설 등과 인접해 고객을 흡인하기에 유리한 조건에 있는지에 대한 검토가 요구된다.

여섯째, 양립성은 업종이 다른 상호보완 관계에 있는 점포가 고객의 흡인력을 높일 수 있는 가능성에 대한 검토가 필요하다. 주류를 취급하는 점포의 경우 인근에 노래방이 함께 있어 상호보완 관계가 된다거나 커피전문점을 준비하는 경우에는 문화 쇼핑시설이 인접하여 커피를 소비하는 소비층을 통한 연계 매출을 일으키는 효과를 누릴 수 있는 곳을 선택하는 것이 좋은 시너지를 일으킬 수 있겠다.

일곱째, 경쟁 회피성으로 입점하고자 하는 상권 내에 있는 경쟁점포의 입지, 성격, 규모, 형태 등을 감안하여 보았을 때 내 점포가 경쟁 우위를 확보할 수 있는지에 대한 가능성을 검토해야 한다. 또한 향후 신규 경쟁점이 입점하더라도 내 점포에 끼칠 영향력에 대한 정도도 파악하는 것도 포함된다.

마지막으로 경제성을 따져봐야 하는데 선택하게 될 입지에 대한 비용 등을 고려하여 수익성에 대한 분석이 필요하다. A급에 가까운 좋은 입지일수록 점포 임대에 따른 보증금, 임대료가 높게 나타나는데 아무리 높은 매출이 일어나더라도 나가는 비용 또한 높게 나타난다면 투자비용이 상대적으로 낮게 투입되는 B급 입지에서 영업하는 것보다 외형적인 면은 크게 나타날지 모르나 수익성 면에서는 B급 입지보다 못한 결과가 나타날 수도 있으니 사업타당성에 대한 부분을 면밀히 검토하여야 할 것이다.

(2) 이리에의 상권과 입지평가표

일본의 창업컨설턴트 '이리에'가 제시한 입지평가 기준으로 소매업종 기준으로 작성된 넬슨의 입지평가표와는 다르게 외식사업을 위하여 개발되었다는 점에서 의미가 있다.

표 3-7 음식점 창업과 경영, 이리에(2010)

구 분	판 정 기 준		
	A급	B급	C급
1차 상권(반경 500m) 인구수	15,000명 이상	10,000명 이상	5,000명 이상
2차 상권(반경 1km) 인구수	50,000명 이상	30,000명 이상	20,000명 이상
상권 인구증가율	5% 이상	3% 이상	1% 이상
상권 1세대당 인구수	2.5인 이상	2.0인 이상	2.0인 미만
상권 사업체 수	증가	미세한 증가	변화없음
점포에서 역까지의 시간(도보)	1분 이내	5분 이내	8분 이내
점포에서 역까지의 거리	30m 이내	50m 이내	100m 이내
지하철역의 승하차 인원수(1일)	10만 명 이상	7만 명 이상	5만 명 이상
전면도로의 차량통행량(12시간)	3만 대 이상	2만 대 이상	1만 대 이상
전면도로의 유동인구수(12시간)	1만 명 이상	7,000명 이상	4,000명 이상
점포의 가시성	매우 양호	양호	보통
주차 가능대수	20대 이상	10대 이상	5대 이상
점포의 전면	7m 이상	4m 이상	2m 이상
점포의 위치	1층	1층+2층	2층 이상, 지하
간판 설치 위치	전면+측면	전면	측면

입지에 대하여 1차와 2차 상권, 인구증가율, 세대 당 인구수 등 정량적인 항목 등으로 기준을 삼아 조금 더 수치화할 수 있는 객관적인 내용으로 정리할 수 있다는 것이 본 평가표의 장점이다.

3) 상권과 입지의 접근방법

창업을 준비할 때 대부분의 예비창업자들이 고민하는 2가지가 있다. 창업할 아이템을 먼저 정하고 상권과 입지를 찾을 것인가 아니면 예산에 맞는 상권 내 입지를 정하고 나서 거기에 맞는 아이템을 시작할 것인가에 대한 부분이다. 대부분의 예비창업자들은 내가 하고 싶은 아이템이나 내가 잘할 수 있을 것 같은 아이템을 먼저 정하고 나서 다음으로 자신의 예산에 맞는 입지의 점포를 찾는다. 이와 같은 형태의 접근법을 입지론적 접근법, 입지를 정하고 아이템을 찾는 형태의 접근법을 적지론적 접근법이라 한다. 창업을 처음 시작하는 초보 예비창업자에게는 입지론적 접근법이 더욱 쉽게 전개할 수 있기도 하고 상대적으로 조금 더 높은 성공 가능성이 있으며 더욱 오래 지속 가능한 부분이 있어 권장할 수 있는 방법이다.

(1) 입지론적 접근법

창업할 업종과 업태, 판매할 상품 등을 먼저 정하고 이에 적합한 상권과 입지를 찾는 방법으로써 하고자 하는 아이템이 어떤 타깃에 적합하고 어떤 상권과 입지에서 최상의 결과를 낼 수 있을지에 대한 충분한 사전 이해가 필요하다.

쉬운 예로, 카페 창업을 준비하고 있다면 커피의 소비 비중이 높은 오피스 밀집 지역, 20~30대 여성 연령층이 많이 분포한 역삼, 선릉, 광화문 등의 상권으로 접근해보고 주요 빌딩 상가나 대로변 등은 높은 점포비용 등으로 접근이 쉽지 않을 수 있으니 약간 안쪽으로 접근하여 홍보를 통한 고객 유입을 기대해볼 수 있을 것이다.

위와 같이 아이템에 적합한 상권에 대한 기본적인 이해와 지식을 갖추고 예산에 맞게 접근한다면 창업의 첫 걸음을 제대로 시작했다고 보아도 좋겠다.

(2) 적지론적 접근법

입지론적 접근법이 아이템을 먼저 정하고 나서 그게 적합한 상권과 입지를 찾는 방법이라면 적지론적 접근법은 그 반대의 경우이다. 그리고 이 접근법은 입지론적 접근법에 비해 몇 가지 장애물에 부딪힐 수 있다.

입지론적 접근법은 아이템도 최고의 결과를 낼 수 있도록 사전에 준비하고 상권과 입지 또한 그에 맞는 최적의 조건을 찾는 이상적인 방법이 될 수 있지만, 적지론적 접근법은 먼저 결정된 상권 내 입지(점포)가 어떤 아이템이더라도 최고의 결과를 낼 수 있는 최적의 입지라는 보장이 없다는 결점을 갖고 있다.

하지만 이 접근법에 대한 이해가 필요한 것은 상가개발, 건물 또는 상가 소유주의 입장에서 창업아이템의 선택에 유용하게 활용될 수 있기 때문이다.

4. 상권분석 시스템

일반 예비창업자는 보통 자신의 거주지 인근지역이나 직장 또는 자주 방문하는 지역의 상권을 이용하면서 평소에 느끼는 분위기에 대하여 객관적인 데이터나 통계자료 없이 개인의 주관적인 추측에 따라 상권의 활성도에 대하여 쉽게 판단하는 경우가 많다. 하지만 이런 상권분석은 실제 데이터와의 오차 가능성이 매우 클 수 있으며 그 결과에 대한 검증과 대처도 모두 불가능하기 때문에 되돌릴 수 없는 결과를 초래할 수 있다. 그래서 이런 예비창업자나 소상공인의 피해를 최소화하기 위하여 일정 기간 벌어진 빅데이터를 바탕으로 유동인구의 수, 업종별 평균매출 현황, 이용고객의 연령대와 성별, 소득 및 소비 수준 등 객관적인 정보를 제공하는 서비스와 시스템이 있으니 사전에 이용해보면 조금 더 정확한 정보를 확보할 수 있다.

1) 중소기업청 상권정보시스템

중소기업청에서 제공하는 상권정보시스템은 인터넷 웹브라우저에 'http://sg.sbiz.or.kr' 주소를 입력하면 접속할 수 있다. 접속 후 이용을 위해서는 회원가입 절차를 거치고 로그인을 진행한다.

상권정보시스템은 크게 상권분석, 컨설팅, 시장분석, 상권현황, 알림정보 등으로 구성되어 있는데 이용자가 어렵지 않게 사용할 수 있고 정보를 얻을 수 있도록 쉽게 정리가 잘 되어있다.

상권분석 카테고리 내에는 상권분석, 경쟁분석, 입지분석, 수익분석 등으로 구분되는데 상권분석은 지정한 상권에 대한 개요, 업종분석, 매출분석, 인구분석, 지역분석 등의 세부내용이 포함되어 있다. 이 카테고리를 통해서 특정 상권에 대한 추이 또는 번성도, 업종별 추이, 업력, 업종별 매출추이, 시기별/고객별 매출 특성, 유동인구 및 주거, 직장인구의 특성 및 현황, 직업 및 직종, 주거 형태 등의 자료뿐만 아니라 각 인구의 소득과 소비현황까지 모두 파악이 가능하다.

그림 3-1 상권정보시스템 초기화면

상권정보시스템에서 정리되는 데이터는 직장인구의 수 및 성별, 연령대별 비율 통계 등은 나이스지니데이터에서, 상권을 이동하는 유동인구에 대한 데이터는 SKT 통신사에서, 지역별 업종별 추정 매출 및 시간대별 매출 현황 등은 각 카드사 등에서 자료를 받아 취합하여 제공하며 월 또는 분기별로 그 자료가 업데이트 되어 항상 최신의 자료를 열람할 수 있기 때문에 높은 신뢰성을 보유하고 있으며 실제 예비창업자 및 소상공인들에게 많은 도움이 된다.

상권평가

데이터명	데이터 출처	데이터 내용	업데이트 주기
직장인구	나이스지니데이타	지역별 직장인구 수 및 성별, 연령대별 비율 통계	분기
유동인구	SKT	전국 지역별 유동량 조사 정보	-
매출 DB	카드사	지역별 업종별 추정 매출 및 요일별/시간대별 매출 현황 성별/연령대별 이용고객 현황	월
주요/집객 시설	각급기관	공공, 금융, 의료, 교육, 유통, 문화, 숙박, 교통 시설 위치 및 명칭 정보	분기

업종분석

데이터명	데이터 출처	데이터 내용	업데이트 주기
상가DB	지방자치단체, 자체조사 데이터	전국 상가/업소의 주소, 업종데이터	월
매출DB	카드사	지역별 업종별 추정 매출 및 요일별/시간대별 매출 현황, 성별/연령 대별 이용고객 현황	월

인구분석

데이터명	데이터 출처	데이터 내용	업데이트 주기
주거인구	행정자치부 인구 통계 및 주거인구를 활용한 추 정치	행정구역별 가구수 및 인구수 건물단위별 가구수 및 인구수(추정치)	분기
직장인구	나이스지니데이타	지역별 직장인구 수 및 성별, 연령대별 비율 통계	분기
유동인구	SKT	전국 지역별 유동량 조사 정보	-
주요/집객시설	각급기관	공공, 금융, 의료, 교육, 유통, 문화, 숙박, 교통 시설 위치 및 명칭 정보	분기

그림 3-2 상권정보시스템 상권분석 보고서

그림 3-3 상권정보시스템 상권분석 정보입력 초기화면

상권정보시스템에서 상권분석 카테고리 탭을 클릭하여 접속하면 상권분석 정보입력 페이지를 볼 수 있다. [1단계] 지역선택에서는 알아보고자 하는 상권의 주소 또는 상권명, 상호 등을 입력하여 지정한 뒤 [2단계] 영역선택에서 우측의 지도에서 원형, 반경, 다각, 상권 등의 방법을 통해 상권의 범위를 결정하고 최종적으로 [3단계] 업종선택을 통해 희망하고 있는 업종과 유사한 범위를 선택하여 준다. 업종은 동일 분류 내에서 3개까지 선택이 가능하다. 업종선택까지 모든 선택이 끝나면 분석하기 버튼을 눌러 알아보고자 하는 상권의 업종에 대한 결과를 기다리면 된다.

상권영역 선택에 관한 방법이나 자세한 요령, 분석을 통해 나온 보고서에 대한 상세한 분석은 'Ⅳ장 소비자분석' 에서 좀 더 자세히 다루어 보기로 한다.

컨설팅 카테고리 내에는 경영컨설팅, 업종추천, 창업기상도 등의 메뉴가 구성되어 있는데 오랜 기간 축적된 소상공인시장진흥공단의 DB와 빅데이터, 통계를 바탕으로 한 프로그램을 기반으로 다양한 정보를 제공한다. 그 중 경영컨설팅 메뉴는 현재 매장을 운영 중인 소상공인들을 위한 메뉴로 실제 매장의 지역, 위치, 업종, 매출 및 비용

그리고 메뉴, 가격정보 등을 입력하면 현재 매장의 컨디션이 매장이 속한 지역과 상권 내에서 어떤 위치를 차지하고 있고 매출과 지출 비용에 따라 어느 정도의 수익이 발생한다는 결과치를 보여준다. 보통 매장을 운영하는 소상공인의 경우 매장의 운영과 경영에 집중하느라 객관적인 판단을 하지 못하고 갇혀 있는 경우가 많은데 이 결과에 따라 부족했던 부분을 발견하고 좀 더 정확하고 객관적인 방향 설정을 하는데 많은 도움을 받을 수 있다.

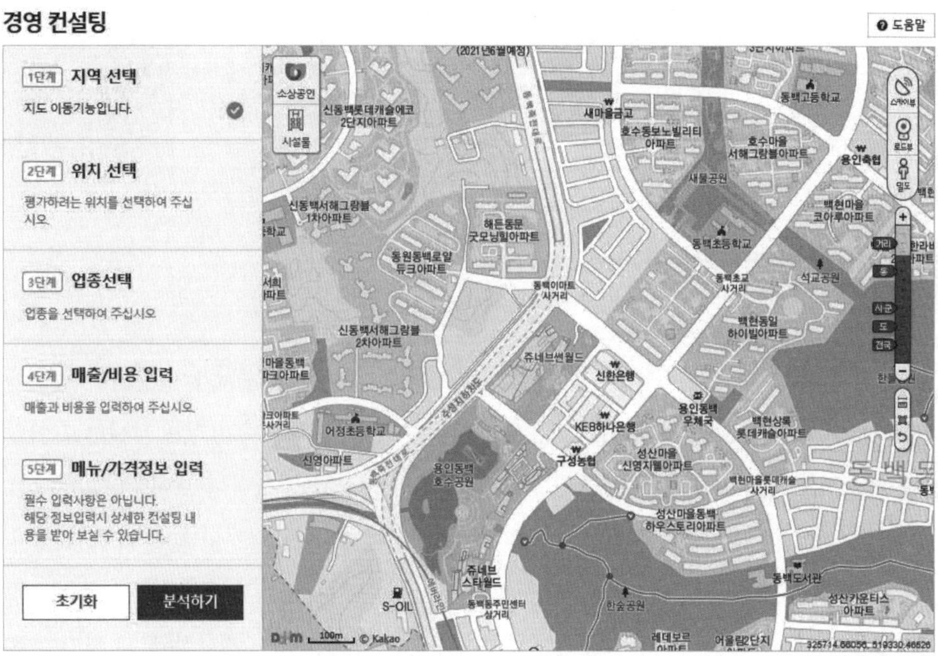

그림 3-4 상권정보시스템 경영 컨설팅 분석

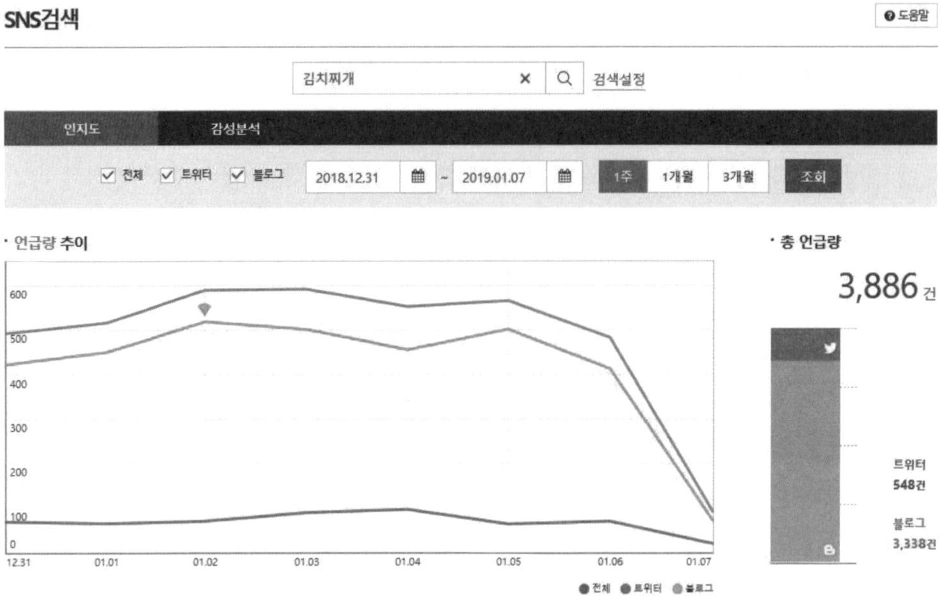

그림 3-5 상권정보시스템 시장분석

시장분석 카테고리 내에는 SNS분석, 점포이력분석 등의 메뉴가 구성되어 있는데 SNS분석 메뉴는 요즘 소비자들이 어떤 아이템과 이슈에 대하여 어떻게 검색하고 어떻게 인식하고 있는지에 대한 가장 최근의 빅데이터 정보를 추출하여 보여준다. 이 메뉴에서 도출된 여러 키워드를 참고하여 홍보 마케팅에 활용하는 것도 많은 도움을 얻을 수 있으니 참고해보자.

점포이력분석은 선택 지역 내 점포의 개업, 폐업에 관한 이력 정보를 통해 여러 업종이 상권 내에서 어느 정도의 수명을 유지할 수 있는지에 대한 간략한 내용을 파악할 수 있다.

마지막으로 상권현황 카테고리에서는 업소현황부터 업력, 밀집도, 매출, 지역, 활용, 임대, 창 · 폐업률 현황에 관한 정보들을 확인할 수 있는데 창업 준비 시 상권의 활성도나 업종에 대한 규모 등에 대하여 파악이 가능하다.

2) 나이스비즈맵 상권분석 서비스

소상공인시장진흥공단에서 제공하는 상권정보시스템은 대부분의 정보가 무료로 제공되는 상권분석 서비스인데 NICE지니데이터(주)에서 제공하는 상권분석 서비스 나이스비즈맵도 충분히 이용해 볼만 하다. 심층분석이 필요한 보고서는 유료서비스를 이용해야 하지만 기본적인 상권분석 보고서는 당일 1회에 한하여 무료로 제공하고 있으니 상권분석정보시스템과 병행하여 활용한다면 추가적인 좋은 정보를 얻을 수 있다.

그림 3-6 나이스비즈맵 상권분석 서비스 초기화면

상권분석보고서 외에 프랜차이즈와 관련한 출점 후보지 분석, 유통망 관리 등에 대한 정보를 얻을 수 있는 서비스, 마지막으로 지역과 상권이 결정되었다면 그 상권 안에서 해볼 만한 업종이나 프랜차이즈 리스트 등에 대한 추천, 그리고 기업 및 공공기관의 전략수립에 필요한 빅데이터 등의 서비스를 제공하고 있다.

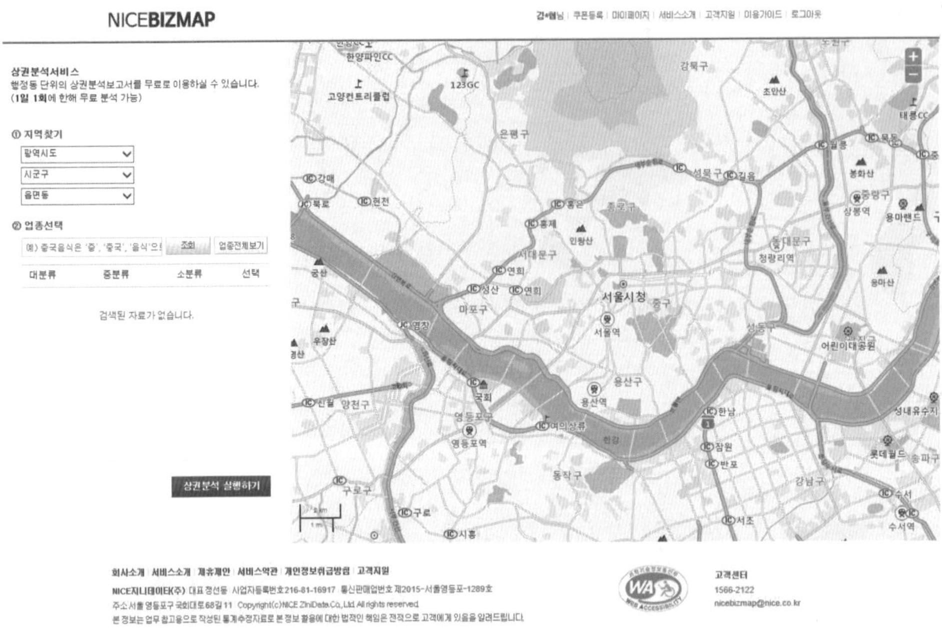

그림 3-7 나이스비즈맵 상권분석 서비스 화면

예비창업자가 필요한 상권분석 서비스의 경우 초기 화면에서 희망하는 지역의 주소를 지정하고 대분류, 중분류, 소분류에 따른 업종을 선택하고 상권분석 실행하기 버튼을 누르면 상권의 기본적인 현황과 유형, 시설현황 등에 대한 정보뿐만 아니라 업종의 경기동향, 매출분석, 고객분석, 지역분석 등의 정보를 확인할 수 있으니 참조하기 바란다.

3) 기타 상권분석 서비스

(1) 서울특별시 우리 마을 가게 상권분석 서비스

그림 3-8 **서울특별시 우리 마을 가게 상권분석 서비스**

서울시에서 서울시 내 골목상권 관련 정보를 상권과 관련한 상가업소, 소비패턴, 유동인구, SNS트렌드, 집객시설, 구매력 등의 빅데이터를 활용하여 창업위험지표, 업종 관련 지표, 매출 트렌드, 경쟁현황, 고객/인구 현황, 배후지 특성 등의 상권 관련 정보를 제공해주는 서비스이다.

전국이 아닌 서울시에 한정되어 제공하는 서비스이지만 무료로 제공되고 있으며 대로변이 아닌 골목상권 위주의 상권 정보를 얻고자 한다면 도움이 될 만한 서비스라 할 수 있다.

(2) 실시간 유동인구 분석 서비스 제로웹

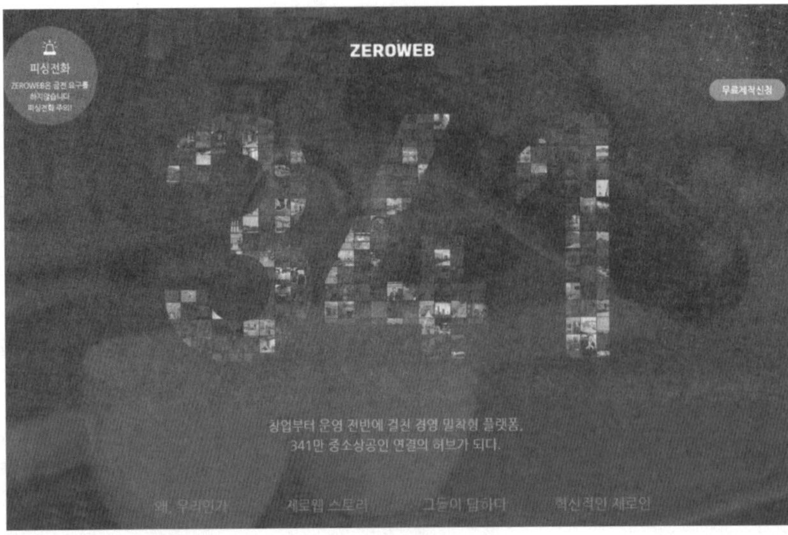

그림 3-9 실시간 유동인구 분석 서비스 제로웹

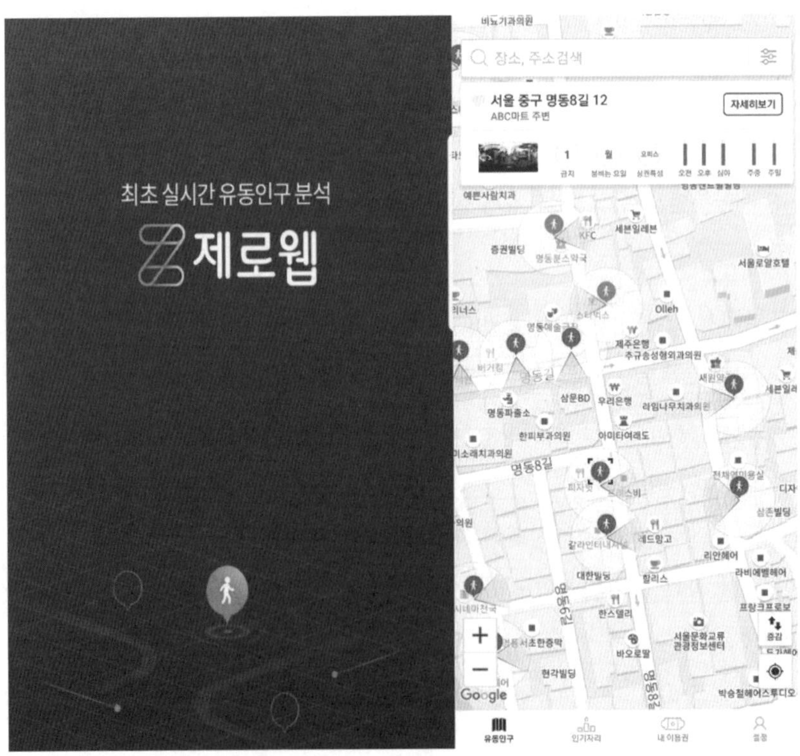

그림 3-10 실시간 유동인구 분석 서비스 제로웹 스마트폰 앱

모바일 기반의 실시간 유동인구 분석 서비스 제로웹은 구글지도를 기반으로 상권 내 유동인구의 밀집도가 얼마나 되는지에 대한 정보를 최대한 실시간으로 알려준다. 유료 서비스이긴 하지만 소상공인정보시스템 같은 무료제공 서비스가 몇 개월에 한번 씩 정보가 업데이트되는 것에 비해 최신의 동향을 파악할 수 있는 점이 장점이다.

5. 시장조사

창업을 준비하는 예비창업자라면 상권과 입지를 결정하기 전 창업하고자 하는 아이템에 관하여 준비하고 고민하였겠지만 보통 메뉴의 레시피와 콘셉트 위주에 집중하는 경우가 많은데 주재료에 대하여 좀 더 연구하고 아이템에 대한 소비자 반응을 사전에 분석하고 창업한다면 좀 더 안정적인 창업이 가능할 것이다.

커피전문점을 예로 들면 주재료인 커피 원두의 품질이 우수해야 좋은 맛의 커피를 만들 수 있고 각 원두가 갖고 있는 고유의 향과 특징을 이해하여야 좀 더 전문적인 서비스를 고객에게 제공할 수 있을 것이다. 또한 삼겹살 전문점의 경우 신선한 품질의 돼지고기를 잘 숙성 관리하는 것도 중요하지만 그에 더하여 어느 지역에서 어느 사료를 먹고 자란 암돼지 또는 수퇘지인지 구분할 수 있는 정도의 전문성을 갖춘 오너라면 고객에게 좀 더 맛있는 삼겹살을 판매하는 매장이 될 수 있을 것이다. 이처럼 주재료에 대한 충분한 이해와 전문성을 갖추는 것이 맛뿐 아니라 고객들의 신뢰 또한 더욱 높일 수 있어 유리하다.

이번 장에서는 상권과 입지 분석에 앞서 기초아이템에 대한 실질적이고 실용적인 조사와 각종 통계자료, 최근 이슈, 소비자 인식(SNS)을 이해하여 조금 더 완전한 창업을 준비해보자.

1) 시장조사 보고서 작성

어떤 아이템을 창업하기로 결정했다면 그 기초아이템에 관한 전반에 대하여 조사해 볼 필요가 있다. 숲을 보지 못하고 나무만 보고 판단하다 보면 놓치는 결과가 있듯이 좀 더 시장을 넓게 보는 측면에서 이 아이템이 과거부터 흘러온 동향과 앞으로의 시장 가능성까지 내다볼 수 있는 좋은 기초자료가 될 것이다. 좀 더 빠른 이해를 위해 본 회사에 컨설팅을 의뢰했던 경기도 용인시 "OO숯불직화꼬치구이 전문점"의 실제 시장조사 분석 사례를 바탕으로 내용을 정리해보도록 하자.

경기도 용인시 기흥구 동백동 내 "OO숯불직화꼬치구이 전문점"은 아파트를 포함하여 약 26,000세대를 배후로 하고 있는 베드타운(Bed Town) 상권 안에 있는 중심상가에 위치한 매장이다. 베드타운 상권은 도심에 직장을 갖고 있는 시민들의 주거지 역할을 위해 대도시의 주변에 주거기능 위주로 형성된 지역을 말한다. 다시 말해 상권 내 배후세대 주거인구 대부분이 분당, 강남 등의 도심 내 직장으로 빠져나가기 때문에 오전부터 늦은 오후까지는 지역 내 직장인구와 소득이 없는 주거인구 위주로 소비가 이루어지는 상권이다.

처음 오픈 당시에는 상호대로 숯불에 직화로 구운 꼬치구이를 판매하는 매장이었지만 점점 매장 콘셉트와 연관이 없는 컵밥, 타코야끼, 오뎅탕 등의 메뉴가 하나씩 추가되다가 결국에는 꼬치구이와 주류를 판매하는 이자카야 형태의 주점으로 변모하게 되었다. 따라서 최근 본 매장은 오전부터 점심까지는 영업을 하지 않고 학생들이 하교하는 오후 3~4시경부터 영업을 시작하여 퇴근 후 거주인구가 소비를 위해 상권 내로 활발히 유입되어 움직이는 야간시간대까지 영업을 하고 있었는데 이는 창업 전 상권에 대한 충분한 이해가 없이 많은 수의 유동인구의 수만 보고 섣불리 창업을 실행한 결과라 할 수 있다.

그림 3-11 용인시 기흥구 동백 중심지구 〈OO숯불직화꼬치구이 전문점〉

오픈 이후 운영 미숙과 경쟁력 저하로 인한 매출하락이 지속되자 더 이상 적자 운영을 감당하지 못하고 어쩔 수 없이 현재 매장의 운영상황 진단 및 리뉴얼 방안 모색 등의 내용으로 경영개선 컨설팅을 의뢰하였다. 본 매장은 계속적인 적자운영으로 재투자비용에 대한 부담이 크기 때문에 우선 시설에 대한 변경을 최소화할 수 있도록 현재 상태를 다시 진단하고 개선해 나갈 수 있도록 기존 메뉴인 '꼬치구이'를 기초아이템으로 지정하고 시장조사를 진행해 보고자 한다.

2) 기초아이템 조사

기초아이템에 대한 전체 개요를 정리해보고 매장의 상호와 대표메뉴를 통해 소비자에게 쉽게 인식 가능한 핵심재료를 기초아이템으로 선정하여 조사를 실시한다.

표 3-8 기초아이템 조사

조사내용	내 용	출처 및 참고사항
아이템의 정의 및 분류	기초아이템의 전체 개요	백과사전, 논문, 학술지, 전문서적 등
	아이템의 유래, 효능, 특성	
	아이템의 등급체계, 부위 및 용도 상식, 소비량, 요리의 다양성 등	
	아이템의 시장변화, 브랜드 업체 현황, 전문점 현황, 산업 동향, 수출입 동향, 아이템 경쟁력 조사	월간식당, 식품외식경제, 한국농수산식품유통공사, 통계청, 생산품조합 등
	아이템의 소비자 이용 행태 및 관련 이슈 조사	
	아이템의 소비자 인식 조사	SNS, 빅데이터 활용, 구글 & 네이버트렌드 참조 블로그 소비자 반응 조사

네이버, 구글 등 포털사이트를 통해 기초아이템에 대한 전반적인 개요와 아이템의 유래, 효능, 특성 등에 대한 기초 정보를 수집하여 정리해 보면 많은 도움이 될 수 있다.

(1) 학술자료 검색

아이템과 관련한 논문과 학술자료는 유래 또는 역사, 변천사 등을 이해하는 데 많은 도움이 되며 통계조사를 통한 소비자의 인식과 성향과 관련한 자료는 객관적이고 종합적인 정보에 참조할 수 있다.

한국교육학술정보원에서 제공하는 학술연구정보서비스(www.riss.kr) 또는 검색포털 사이트 네이버에서 제공하는 학술정보 검색 페이지(academic.naver.com)에 접속해 관련 자료를 찾아볼 수 있는데 기간이 10년 이상 지난 자료는 최근의 상황과 많이 다를 수 있기 때문에 전체적인 흐름 정도만 파악하는 용도로 활용한다.

그림 3-12 한국교육학술정보원 학술연구정보서비스(RISS) 홈페이지

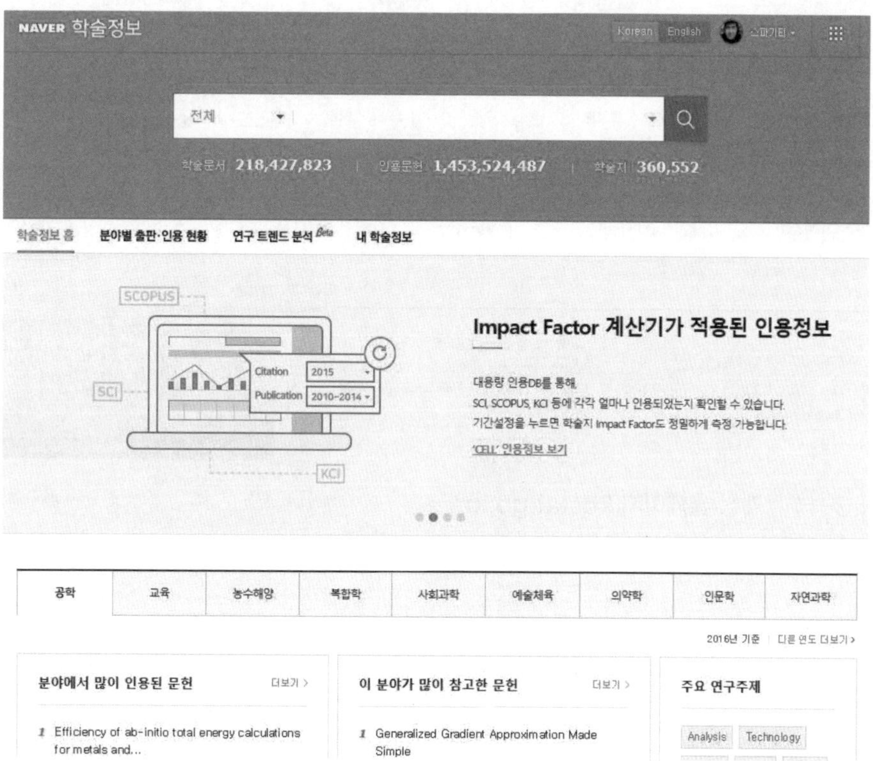

그림 3-13 네이버 학술정보 검색 페이지

(2) 전문서적 및 통계자료

주 재료에 대한 폭 넓은 이해를 위하여 전문서적과 통계자료를 활용할 필요가 있다. 예를 들면, 커피전문점의 경우 커피 원두 생산국가, 품종, 제품별 특성 등에 따라 커피의 맛이 천차만별로 달라질 수 있다. 또한 커피에 대한 소비자들의 선호도, 연도별 국내 수입량, 최대 생산국 등에 관한 내용도 앞으로 이 아이템에 관한 장기적인 관점의 사업타당성이나 유통경로에 따른 전반적인 운영 시스템 등에 많은 영향을 미치기 때문에 반드시 사전에 필요한 정보를 수집해볼 필요가 있다.

그림 3-14 통계청 홈페이지(kostat.go.kr)

그림 3-15 식품외식경제 홈페이지(www.foodbank.co.kr)〉

(3) 소비자 인식 조사

소비자를 타깃으로 하는 산업 전반의 화두는 빅데이터(Big Data)이다. 과거에는 고객의 성향이나 의견을 확인하기 위해 설문지를 활용한 직접적인 고객 설문조사, 리서치 전문기업을 통한 유선 설문조사 등의 방법을 시행했었지만 비용과 시간이 많이 투여될 뿐만 아니라 조사 가능한 표본의 수를 늘리는데 한계가 있기 때문에 오차 범위 또한 높은 편이었다. 하지만 요즘에는 IT를 접목한 스마트기기를 통해 고객의 이동경로, 소비성향, 선호도 등의 다양한 정보를 빠르고 광범위하게 집계가 가능해졌다.

상품 판매의 가장 효과적인 방법은 소비자가 원하는 상품을 만드는 것이다. 소비자가 원하는 상품을 소비자가 자주 찾는 곳에서 소비자가 쉽게 수용할 수 있는 가격대로 판매할 수 있다면 분명 그 상품은 대박이 날 것이다.

SNS(Social Network Service) 매체, 트렌드 검색, 포털 사이트 등을 통해 다양한 소비자의 반응을 엿볼 수 있는 경로가 많이 있다.

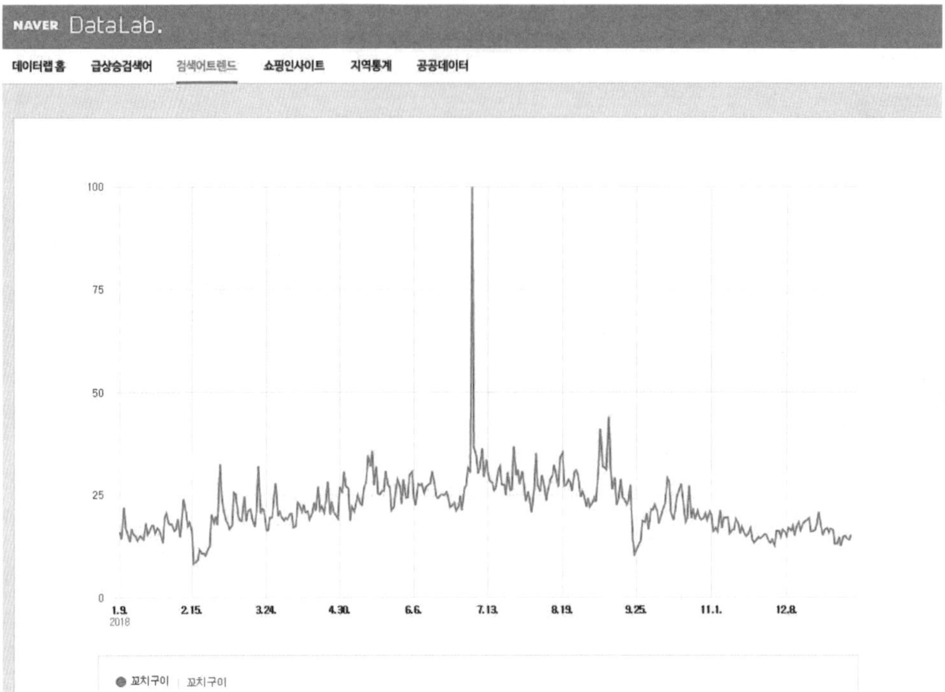

그림 3-16 네이버 데이터랩 검색어 트렌드(https://datalab.naver.com)

네이버 데이터랩 사이트에 접속하여 관련 검색어를 입력해보면 (예: 꼬치구이) 최근 1년간의 검색어 추이를 볼 수 있다. 2018년 7월 15일자로 꼬치구이 키워드의 검색이 일시적으로 폭증한 것을 확인할 수 있는데, 이는 tvN 방송프로그램 "수요미식회 - 꼬치구이" 편이 방송되었던 날이었고 그에 따라 자연스레 많은 시청자들의 검색이 있었기 때문이다. 그 외에는 키워드 검색 추이를 보면 일평균 20~30건 정도의 검색량을 보이고 있기 때문에 "꼬치구이"라는 아이템은 대중적으로 항상 큰 인기를 얻는 아이템은 아니라는 것을 확인할 수 있다.

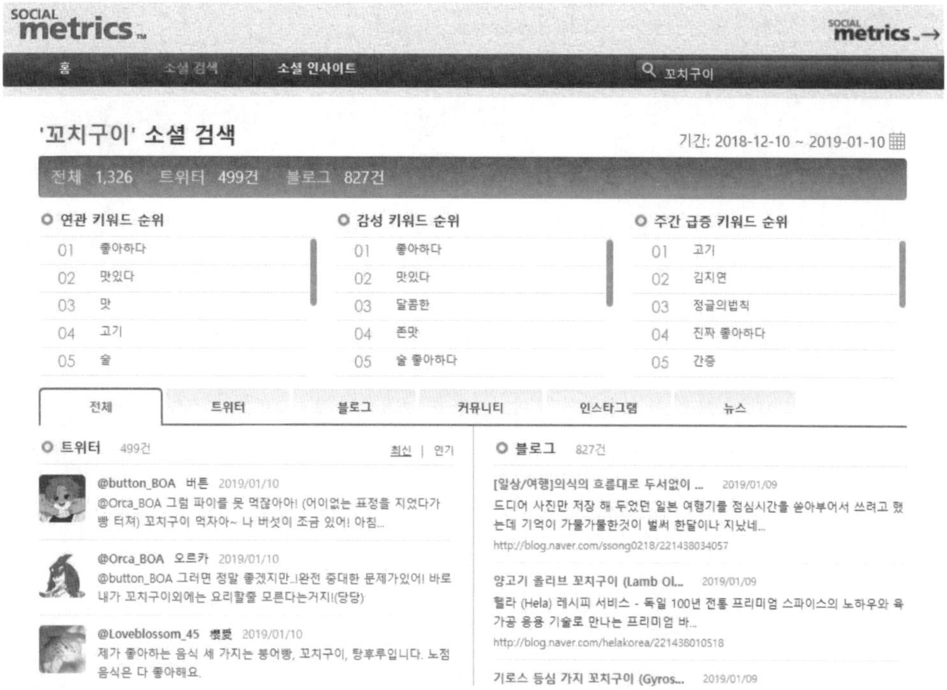

그림 3-17 소셜검색 사이트 소셜메트릭스(socialmetrics.co.kr)

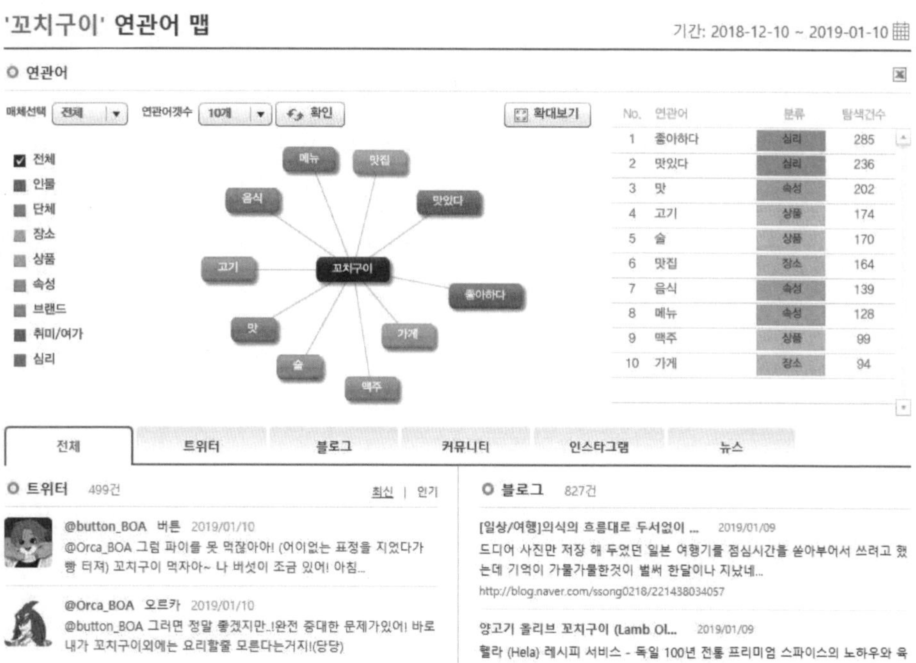

그림 3-18 소셜검색 사이트 소셜메트릭스(socialmetrics.co.kr) 연관어 맵

SNS 등의 소셜미디어 사이트에서 최근 많이 언급되는 키워드와 연관어에 대한 현황을 확인할 수 있는 소셜메트릭스(Social metrics)에서는 "꼬치구이"와 관련한 연관어로 음식, 고기, 가게, 맥주 등이 주로 같이 언급되고 있으며, 대체적으로 좋아한다, 맛있다 등이 같이 탐색되는 상황으로 보아 소비자들에게 긍정적인 인식이 높은 아이템인 것을 확인할 수 있다. 일부 서비스는 유료로 이용할 수 있다.

(4) SWOT 분석

SWOT 분석은 기업의 내부환경과 외부환경을 분석하여 강점(Strength), 약점(Weakness), 기회(Opportunity), 위협(Threat) 요인을 규정하고 이를 토대로 경영전략을 수립하는 기법으로, 미국의 경영컨설턴트인 알버트 험프리(Albert Humphrey)에 의해 고안된 분석법이다(출처 : 네이버 시사경제용어사전).

기초아이템에 대한 SWOT 분석을 해보면 내 아이템이 어떤 장점이 있고 앞으로 어떻게 대처해야 하는지에 대한 준비와 이해의 폭을 넓힐 수 있다.

보통 창업을 앞둔 대부분의 예비창업자들은 성공에 대한 준비는 열심히 하지만 실패에 대한 대비는 소홀한 경우가 많다. 좀 더 정확하게 말하면 실패에 대한 준비라기보다는 오픈 이후 매출 안정권에 들어가는 시기가 예상보다 늦어져 수익이 발생하지 않을 경우에 대한 대비를 한다는 표현이 맞을 것 같다. 처음에 예산을 잡을 때부터 이런 경우를 대비한 예비비를 책정하여 준비한다거나 오픈 전, 오픈 시점, 오픈 이후로 기간을 나누어 철저한 마케팅 계획을 하는 등의 준비가 필요하다.

Ⅲ-5. 꼬치구이 SWOT 분석

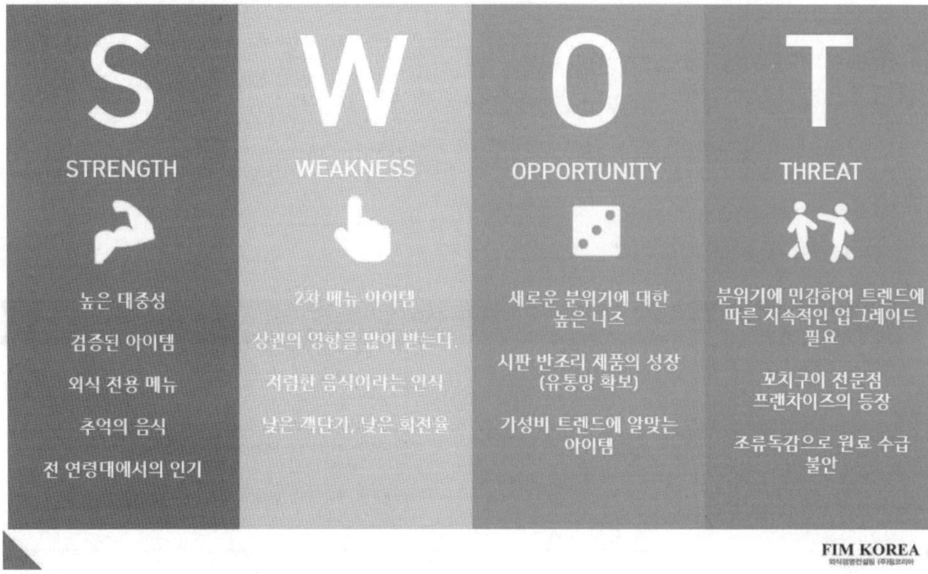

그림 3-19 꼬치구이 아이템에 관한 SWOT 분석, 핌코리아 시장조사 보고서. 2018.

실제 사례로 외식경영컨설팅 ㈜핌코리아에서 진행한 시장조사 보고서에 따르면 "꼬치구이" 아이템은 높은 대중성을 갖추고 있고 검증된 아이템이라는 부분이 강점(Strength)인데 반해 포만감이 다소 떨어지는 메뉴이기 때문에 2차 아이템이라는 점과 회전율이 낮다는 약점(Weakness)을 확인할 수 있다. 또한, 최근 가성비를 높게 여기는 트렌드에 적합한 아이템이고 반조리 제품의 퀄리티가 높아져 재료의 유통이 원활하고 운영이 간편하다는 부분은 기회(Opportunity)로 볼 수 있지만 아이템 특성으로 보아 매장 분위기나 트렌드에 민감하기 때문에 지속적인 업그레이드가 필요하고, 꼬치에 많이 쓰이는 닭고기의 경우 매년 A.I 등의 외부요인으로 인해 재료 수급이 일시적으로 원활하지 못할 수 있다는 점은 대비하고 있어야 할 위협(Threat)요소로 정리할 수 있다. 앞서 진행한 기초아이템, 통계자료, 전문학술지, 소비자 인식 등의 정보를 활용하여 아이템에 대한 SWOT 분석을 반드시 실행하여 좀 더 철저하게 창업을 준비해야 한다.

3) 지역의 기초자료 조사

시장조사를 진행하게 되면 상권과 입지의 조사가 병행이 되는데 그에 앞서 지역에 대한 이해가 필요한 경우가 있다. 좁은 범위의 상권만 보아서는 상권의 발전 과정, 앞으로의 발전 계획 등에 대한 내용을 확인할 수가 없기 때문에 사전 정보 없이 점포를 덜컥 계약했다가 개발 계획에 따라 상권이 이동하게 될 경우 큰 낭패를 볼 수 있기 때문이다.

표 3-9 지역 기초자료 조사

항 목	내 용	자료 출처	비 고
일반 현황	• 지역의 유래, 특성 • 지리적, 위치적 특성	• 각 지자체 홈페이지 • 검색 포털 사이트	• 도심/외곽/관광지
행정구역별 면적	• 큰 행정구역 내 지역의 규모	• 각 지자체 홈페이지	
인구수 및 증감추이	• 지자체별 인구증감 추이 • 지역 및 상권의 변화 참조	• 각 지자체 홈페이지 • 통계청	
사업체 및 종사자 현황	• 지역별 산업 특성 파악 • 직장인구 특성 파악	• 각 지자체 홈페이지 • 통계청	
주택 현황	• 지역 내 주택 시세, 현황 • 거주인구 소득현황 참조	• 각 지자체 홈페이지 • 포털사이트 부동산 섹션	
지역 개발계획	• 지역 활성화 여부 검토 • 상권 쇠락 여부 판단	• 각 지자체 담당부처	

(1) 지역의 일반 현황

지역이 갖고 있는 고유의 특성(도심형/관광지형/복합형)을 파악하는 것은 매우 중요하다. 서울의 신당동은 떡볶이, 신림동은 순대, 경기도의 수원은 왕갈비가 유명하듯이 소비자들에게 보편적으로 인식된 지역의 특색을 잘 활용하는 것도 도움이 될 수 있다.

예를 들어 강원도 횡성에서 한우전문점 창업을 준비한다면 강원 지역의 특산품 중 하나인 횡성축협한우를 활용하고, 지역 내에서 생산되는 감자를 재료로 하는 반찬을 제공한다거나 여러 지역채널을 통해 홍보를 진행한다면 지역 경제의 활성화와 재료의 유통의 효율성뿐만 아니라 관광객을 타깃으로 하는 구체적인 사업방향도 모색이 가능하다.

(2) 행정구역별 면적

행정구역의 면적과 규모는 지방의 경우 면적 단위는 크지만 도심의 역할을 하는 지자체 단위가 있다. 경북 예천군의 경우 예천군 예천읍이 도심 역할을 하고 인근 보문면, 호명면, 유천면 등은 생산지 역할을 하는 지역으로 나뉘어 있다. 총 661.16㎢의 넓은 면적이지만 예천읍에 모든 관공서 및 주요 집객시설, 교통시설 등이 밀집되어 도심의 역할을 하는 예천군 내 핵심 상권이다. 따라서 경북 예천 지역에서 창업을 하고자 한다면 예천읍이 도심이므로 예천읍에 입지를 정해야 한다.

(3) 인구수 및 증감추이

지역의 인구수와 인구의 증감 추이를 보면 지역이 발전하는지 쇠락하는지의 변화와 대체적인 상권력의 파악이 가능하다. 경북 안동의 경우 약 16만의 인구가 거주하고 있었으나 1980년대만 해도 인구 20만이 넘어가던 경북 북부지방의 중심지였다. 대부분의 지방 대도시들이 다 그렇지만 1980년대 초반까지 도시의 정점을 맞고 1990년대를 거치고 2000년대, 2010년대를 거치면서 지속적인 인구 감소현상을 보이고 있다. 안동의 중심상권은 안동역을 중심으로 한 구시장과 로데오, 문화의 거리 일대가 중심지 역할을 하고 있으나 2010년 경북도청이 이전하면서 개발 중인 경북도청 신도시가 안정화되면 안동지역의 주민 이주율이 높은 것으로 나타나고 있다. 그에 따라 기존 안동의 도심인구는 점점 줄어들며 중심상권도 점차 쇠락하였다. 지방의 경우를 예로 들었지만 일반적으로 놓치기 쉬운 지역 전체의 현황을 분석하여 예상치 못한 결과를 맞지 않도록 철저한 준비가 필요할 것이다.

(4) 사업체 및 종사자 현황

지역의 사업체와 종사자 현황의 파악은 상권 내 소비자 파악에 절대적인 영향을 미치는 것은 아니지만, 소비인구의 구성이 거주인구, 직장인구, 외부 유입인구 등으로 분류되는 관점에서 보면 상권에서 점심과 저녁 매출을 일으키는 데 중요한 비중을 차지하는 것이 직장인구이다.

서울의 구로디지털단지 상권은 IT 및 벤처기업 위주로 형성된 전형적인 직장인 위주

상권으로 이 지역의 경우 주 5일 근무가 보편화된 직장인구의 유형에 따라 평일 위주로 영업하고 주말은 영업을 쉬는 업장의 비율이 높다. 또한 사업체 업종의 특성상 20대에서 30대 위주의 젊은 연령대 직장인의 분포비율이 높기 때문에 주로 분포된 식당의 메뉴구성 또한 그에 맞춰 형성되어 있는 특징을 볼 수 있다. 이런 유형의 상권에 홍어전문점, 고래고기전문점 등의 업종을 창업한다면 그 결과는 불 보듯 뻔하듯이 지역의 특성을 이해하고 업종을 선택하는 것이 무엇보다 중요하다.

(5) 주택 현황

지역의 주택 현황은 주택 형태에 따라 아파트, 일반주택, 기타 등으로 구분할 수 있는데 아파트의 경우 면적과 단위 당 시세 등으로 기준을 구분해 볼 수 있다. 주택 형태의 기준은 수도권 또는 도심이냐에 따라 지방 소도시냐에 따라 그 비중이 다른 것을 볼 수 있다. 수도권 또는 도심의 경우 일반 주택보다는 아파트의 비중이 더 높고 지방 또는 소도시, 구도심의 경우 아파트의 비중보다 일반 주택의 비중이 높게 나타나는 것을 볼 수 있으며 아파트의 경우 단지 수가 적은 것도 특징이다.

Ⅳ-5. 경기도 용인시 주택 현황

1 주택 점유형태별 가구 및 거처 종류

자가 55% / 전세 21% / 월세 20%

단위: 가구

주택유형별	총계	자가	전세	보증부 월세	무보증부 월세	사글세	무상
소계	324,256	178,032	66,548	59,834	5,867	1,105	12,870
단독주택	56,868	19,065	13,270	17,512	2,723	66	3,631
아파트	225,827	140,834	44,533	32,826	1,186	220	6,228
연립주택	8,872	5,792	1,832	821	74	18	335
다세대주택	21,795	9,811	5,484	4,508	542	94	1,356
비거주용건물내주택	2,111	1,096	335	368	62	-	250
주택 이외의 거처	8,783	1,434	1,094	3,799	1,280	106	1,070

아파트(55%)가 가장 많았으며, 단독 주택(18.1%) > 다세대 주택(8.6%) 순

※출처 : 용인시 시청 2018년

FIM KOREA 외식경영컨설팅 (주)핌코리아 67

그림 3-20 경기도 용인시 주택현황, 핌코리아 시장조사 보고서. 2018.

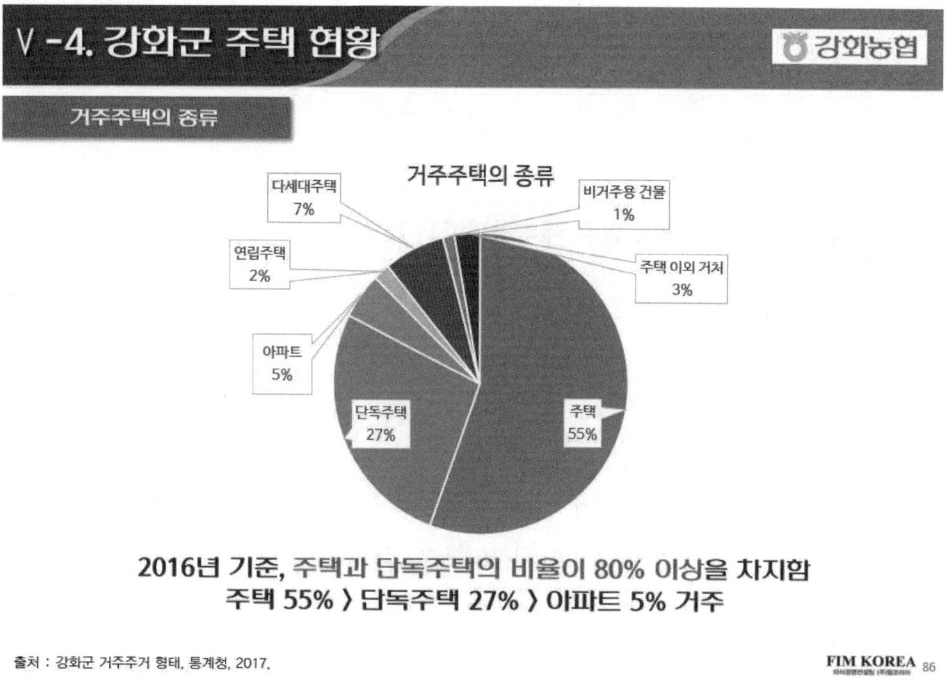

그림 3-21 인천시 강화군 주택현황, 핌코리아 시장조사 보고서. 2018.

수도권 도심의 형태로 분류되는 경기도 용인시의 주택현황을 보면 전체 가구 중 아파트의 비중이 55%인데 반해 단독 주택은 18.1%, 다세대 주택은 8.6%인 것을 볼 수 있다.

다른 예로, 지방 소도시로 분류할 수 있는 인천시 강화군의 경우에는 전체 가구 중 아파트의 비중은 5% 정도이고 일반 주택이 55%, 단독주택이 27%의 비율을 보이고 있어 그 지역의 거주 특성을 파악할 수 있다.

이어 주택의 현황과 더불어 아파트의 면적 분포율, 단위당 시세 등 현황을 더 조사해 보면 지역 거주인구의 소득 및 소비에 대한 대략적인 수준도 확인할 수 있어 상권에 따른 아이템의 선정에 좋은 참고자료가 될 수 있다.

4) 핵심상권 분석

지역의 기초자료에 대한 조사와 분석을 마쳤다면 그 범위를 좁혀 상권에 대한 조사 및 분석을 해볼 차례다. 본서에서는 창업을 결정하게 된 상권에 대하여 '핵심상권'으로 정하고 실제 직접 창업하게 될 상권에 대한 집중 분석을 진행하여 완벽한 창업을 준비할 수 있도록 한다. 이 과정에서 다음의 2가지 상황에 따라 그 내용이 약간 달라질 수 있지만 각 스텝에 맞게 차근차근 시장조사를 진행해 보자.

A. 입지(점포)가 결정되지 않은 예비창업자의 경우

우선 상권에 대한 조사와 분석을 마치고 나서 입점후보 상권을 결정지었지만 입점할 입지(점포)가 선정되지 않은 상태의 신규 예비창업자라면 추가적으로 최소 1~2개 이상의 입점후보 상권을 더 검토해보는 것이 좋다. 지나치게 많은 후보 상권을 두는 것은 경우의 수가 많아짐과 동시에 많은 시간과 비용이 뒤따르고 최종 결정을 내리기에 굉장히 어려울 수 있다. 따라서 약 2개에서 3개 정도의 후보 상권을 선정하여 상권 조사 및 분석을 하는 것이 효율적이다. 그리고 최종적으로 상권이 결정되고 나면 투자 예산에 맞는 입지(점포)를 확정하고 핵심상권 분석에 들어간다.

B. 입지(점포)를 결정하였거나 이미 점포를 가지고 영업 중인 경우

상권에 대한 조사 및 분석을 마치고 투자 예산과 기타 조건에 맞는 입지(점포)를 결정한 예비창업자이거나 현재 점포가 있는 상태에서 영업을 하고 있는 창업자의 경우에는 확정된 입지(점포)를 기준으로 범위를 설정하고 핵심상권을 심층적으로 분석해봐야 한다.

내 입지 주변에 어떤 연령대의 거주인구, 직장인구들이 있고 어느 시간대에 주로 유동하며, 어떤 업종이 주로 분포하고 있으며, 집객시설, 업종별 매출 현황 등의 구체적인 정보에 대한 조사 분석을 실시하고 상권에 대한 이해를 넓히도록 한다.

핵심상권은 입지 또는 입점후보지를 기준으로 아이템에 따라 500m 또는 1km 원형 반경을 설정하여 분석한다. 보통 도보로 방문할 수 있는 정도의 외식 아이템의 경우에는 반경 500m의 거리를 설정하고 상권이 넓게 분산되어 있거나 지방 소도심의 경우에는 차량이동거리를 감안하여 반경 1km 내외 거리를 설정한다. 그리고 배달 아이템의 경우에는 1.5km 이상의 범위까지도 핵심상권으로 지정할 수 있다.

(1) 상권정보시스템을 활용한 핵심상권 선택 및 지정

핵심상권에 대한 통계 및 데이터는 소상공인시장진흥공단에서 무료로 제공하는 소상공인 상권정보시스템(http://sg.sbiz.or.kr)을 이용하여 확인할 수 있다. 경기도 용인시 동백의 "OO숯불직화꼬치구이 전문점"을 기준으로 핵심상권을 분석해 보자.

그림 3-22 소상공인 상권정보시스템 상권분석 화면

회원가입과 로그인을 진행하면 위 그림처럼 3가지의 단계가 나오고 오른쪽에는 지도화면이 나온다. 1단계로 지역을 먼저 선택하는데 지번과 도로명으로 위치를 지정할 수 있다. 입지(점포)가 확정된 경우 위의 방법으로 주소를 넣거나 상가건물의 이름을 입력하여 입지 주변을 선택할 수 있다. 타깃 매장이나 위치가 설정되었다면 2단계로 분석의 범위를 지정한다. 원형, 반경, 다각, 상권 등으로 설정할 수 있으며 기초아이템의 특성상 반경을 선택하고 범위는 입지를 중심으로 약 500m 크기로 설정하는 것이 타당하지만, 용인시 동백중심상가의 경우 대형 복합상가건물 위주로 분포되어 있으며 인근에서 차량으로 이동이 편리하고 건물마다 충분한 주차시설이 확보되어 있는 점을 감안하여 최대 1,500m 범위로 설정하였다. 추가적으로 입지 또는 입점후보지에 따라 최대 3개의 영역을 선택할 수 있다. 마지막 3단계로 업종을 선택한다.

그림 3-23 소상공인 상권정보시스템 상권분석 업종선택 화면

업종은 앞의 그림과 같이 음식부터 생활서비스, 소매 등 다양한 업태 아래 다양한 업종으로 분류할 수 있다. "꼬치구이"는 음식 업태에서 유흥주점 업종으로 분류되어 있으니 체크하면 된다. 간혹 정확한 업종의 분류가 없어서 선택하기 어려운 경우는 한 단계 상위 분류의 업종을 찾아 선택하여 주면 유사한 결과를 얻을 수 있다.

표 3-10 소상공인 상권정보시스템 음식 업태 내 업종 리스트

<table>
<tr><td rowspan="6">한식</td><td>갈비/삼겹살</td><td>곱창/양구이전문</td><td>기사식당</td><td>기타 고기요리</td></tr>
<tr><td>냉면집</td><td>돌솥/비빔밥전문점</td><td>두부요리전문</td><td>버섯전문점</td></tr>
<tr><td>보리밥전문</td><td>부대찌개/섞어찌개</td><td>설렁탕집</td><td>순두부전문</td></tr>
<tr><td>쌈밥전문</td><td>재첩국전문</td><td>족발/보쌈전문</td><td>추어탕전문</td></tr>
<tr><td>파전전문</td><td>한식/백반/한정식</td><td>한정식전문</td><td>해장국/감자탕</td></tr>
<tr><td>황태전문</td><td></td><td></td><td></td></tr>
<tr><td>중식</td><td>중국음식/중국집</td><td>탕수육전문점</td><td></td><td></td></tr>
<tr><td rowspan="5">일식/수산물</td><td>갈치/생선구이</td><td>게장전문</td><td>고등어전문</td><td>곰장어전문</td></tr>
<tr><td>굴요리전문</td><td>낙지/오징어</td><td>매운탕전문</td><td>민물장어전문</td></tr>
<tr><td>바닷가재/게요리전문</td><td>복전문</td><td>붕어찜전문</td><td>수산물전문음식점-종합</td></tr>
<tr><td>아구전문</td><td>음식점-일식</td><td>음식점-초밥전문</td><td>조개구이전문</td></tr>
<tr><td>참치전문점</td><td>해물찜/탕전문</td><td>홍어전문</td><td>횟집</td></tr>
<tr><td rowspan="2">분식</td><td>국수/만두/칼국수</td><td>떡볶이전문</td><td>라면김밥분식</td><td>스낵</td></tr>
<tr><td>우동전문점</td><td></td><td></td><td></td></tr>
<tr><td rowspan="3">닭/오리요리</td><td>닭갈비전문</td><td>닭내장/닭발요리</td><td>닭도리탕전문</td><td>불닭전문</td></tr>
<tr><td>삼계탕전문</td><td>오리고기전문</td><td>옻닭전문</td><td>찜닭전문점</td></tr>
<tr><td>토종닭전문</td><td>후라이드/양념치킨</td><td></td><td></td></tr>
<tr><td rowspan="2">양식</td><td>기타전문서양음식점</td><td>돈가스전문점</td><td>바베큐전문</td><td>스테이크전문점</td></tr>
<tr><td>스파게티전문점</td><td>정통양식/경양식</td><td>카레전문점</td><td>패밀리레스토랑</td></tr>
<tr><td rowspan="3">패스트푸드</td><td>도너츠전문</td><td>도시락전문</td><td>샌드위치전문점</td><td>생과자점</td></tr>
<tr><td>아이스크림판매</td><td>유산균아이스크림전문</td><td>토스트전문</td><td>패스트푸드</td></tr>
<tr><td>피자전문</td><td>핫도그</td><td></td><td></td></tr>
<tr><td rowspan="2">제과제빵/떡/케이크</td><td>떡/한과점</td><td>떡전문</td><td>제과점</td><td>찐빵전문</td></tr>
<tr><td>케이크전문점</td><td></td><td></td><td></td></tr>
</table>

유흥주점	관광/유흥주점	기타일반유흥주점	꼬치구이전문점	락카페
	로바다야끼	룸살롱/단란주점	민속주점	빠/카페/스탠드빠
	소주방/포장마차	호프/맥주		
별식/퓨전요리	돌구이요리전문	동남아음식전문점	사철탕전문	샤브샤브전문
	순대전문점	죽전문점	징기스칸요리전문	철판구이요리전문
	퓨전음식전문			
커피점/카페	보드게임카페	사주카페	생과일주스전문점	애견카페
	전통찻집/인삼찻집	커피전문점/카페/다방		
음식배달서비스	국/찌개배달	야식집	음식출장조달	
기타음식업	고속도로휴게소	구내식당/자급식음식점	국도휴게소	
뷔페	고기뷔페	종합뷔페	채식/한식뷔페	한식뷔페
	해물뷔페			

위의 표는 음식 업태로 분류되는 여러 업종 리스트인데, 일부 메뉴의 경우 유행이 지나 오래전에 사라진 것들도 많이 있고 최근에 유행하고 있는 메뉴들이 아직 반영이 안 되어 있는 것을 보면 관련 부처의 조속한 현장실사 및 업데이트가 필요해 보인다.

(2) 상권 주요 정보

분석이 완료된 상권분석 보고서를 통해 지정한 상권영역과 업종에 관한 많은 정보를 확인할 수 있다.

상권분석 보고서

상권평가 | 업종분석 | 매출분석 | 인구분석 | 소득·소비 | 지역분석 | 업종/시설목록

1. 평가종합 | 2. 지역별 평가지수 추이 | 3. 상세평가지수 | 출력 | 기준데이터

분석 설정 정보

분석지역	기준영역	비교영역	분석업종	분석시점
경기도 용인시	용인동백중심상가	-	음식 > 유흥주점 > 꼬치구이전문점	2019년 01월 11일

상권 주요정보

(단위 : 개, 명)

구분	지역	면적	업소수					선택업종 총매출/건수		인구			지역		
			전체	음식	서비스	도/소매	선택업종	총액(만원)	건수	주거	직장	유동	주요시설	학교	교통
선택영역	용인동백중심상가	7,068,582㎡	2,052	763	395	889	**5**	**7,805**	1,641	74,779	15,622	**65,022**	163	23	64

그림 3-24 소상공인 상권정보시스템 상권분석 보고서

경기도 용인시 동백지구 중심상가를 입지로 반경 1,500m를 설정한 핵심상권은 전체 2,052개의 업소가 영업 중이고 그 중 음식업소의 수가 763개(37.1%)를 차지하고 있는 만큼 이 상권 역시 외식업의 비중이 무척 높은 것을 알 수 있다. 꼬치구이로 설정한 선택업종의 월 평균 매출과 대비 건수 정보, 유동인구를 비롯한 직장인구, 주거인구의 수, 학교와 교통시설을 비롯한 주요 집객시설 등에 관한 정보로 상권으로 유입되는 유동인구의 특성을 확인할 수 있다.

(3) 업종분석

업종분석 카테고리에서는 선택업종을 비롯한 상위 분류 업종의 기간별 업소수 추이, 지역별 추이, 창/폐업 추이, 업종 생애주기 등의 정보 파악이 가능한데 업소수의 추이를 보면 업종에 대한 시장의 선호도 즉, 이 상권 내에 있는 소비자들이 "꼬치구이"라는 아이템을 선호하는지에 대한 수치를 확인할 수 있다. 또한 업종에 따라 집중으로 인한 밀집효과가 있을 수 있기 때문에, 동일 업종이 많다고 해서 반드시 창업 여건이 나쁜 지역이라 보기는 어렵다. 예를 들면 감자탕골목, 순대골목, 전문상가 등은 밀집되어 있는

것이 긍정적인 효과를 나타내는 반면, 편의점, 소매점 등이 밀집되어 있는 것은 오히려 부정적인 효과를 나타낼 수 있다. 이런 여러 통계치를 토대로 창업의 의사결정이나 점포 운영기간 등을 예측해 보고 결정에 참고하면 도움이 될 것이다.

1. 업종별 추이

· 제1선택영역

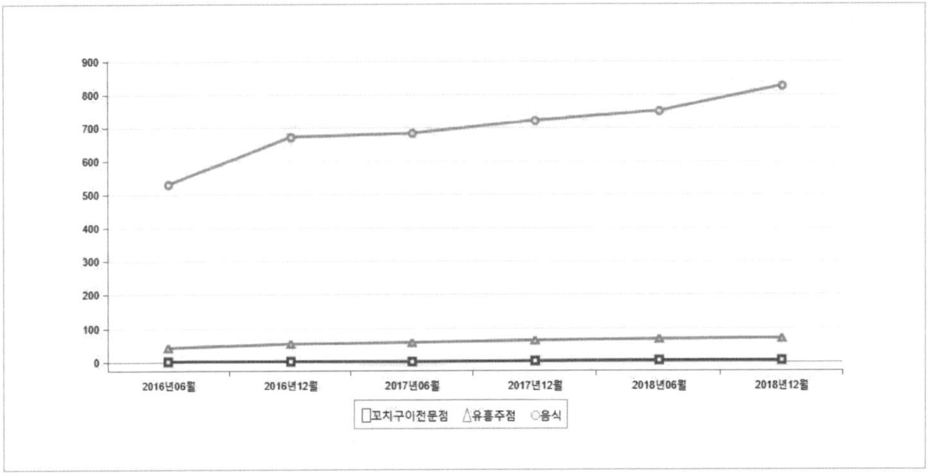

구분	업종	2016년06월	2016년12월		2017년06월		2017년12월		2018년06월		2018년12월	
		업소수	업소수	증감률	업소수	증감률	업소수	증감률	업소수	증감률	업소수	증감률
선택업종	꼬치구이전문점	2	2	0.00%	1	-50.00%▼	3	200.00%▲	5	66.67%▲	5	0.00%
중분류	유흥주점	43	55	27.91%▲	58	5.45%▲	65	12.07%▲	69	6.15%▲	71	2.90%▲
대분류	음식	532	673	26.50%▲	684	1.63%▲	722	5.56%▲	751	4.02%▲	826	9.99%▲

그림 3-25 **소상공인 상권정보시스템 상권분석 업종별 추이**

본 업종분석에서는 상권 내 꼬치구이전문점 업종의 업소 수는 약 2년 반 되는 기간 동안 비율로 따지면 2.5배, 수로 따지면 2개에서 5개로 늘어난 것을 확인할 수 있다. 그리고 상위분류인 유흥주점업종도 계속 늘어나는 추세이며 음식업종 역시 늘어나는 추세로 보아 외식업을 창업하는 경쟁자도 점점 늘어나는 상권이라 판단할 수 있다.

(4) 매출분석

창업을 하는 가장 큰 이유는 매출이다. 아이템이 좋고 나쁘고의 판단은 결국 매출과 직결되는 것이 현실이다. 본 상권분석에서 매출분석 카테고리 내의 세부 메뉴들을 보면 업종별로 어떤 매출추이를 보이고 있고, 상권별 매출에 대한 비교, 시기별로 발생하는 매출의 특성과 고객별 매출특성 데이터까지 정말 중요한 내용들을 확인할 수 있다.

업종별 매출추이 데이터를 보면 최근 6개월간의 매출액 현황 추이를 통해 업종의 계절적 변동성과 성장성 등을 판단할 수 있으며, 업소수 변화추이와 비교하여 경쟁관계의 변화 등을 가늠해 볼 수 있다.

매출액 현황은 카드사 가맹점의 매출현황을 기반으로 추정된 정보인데, 점포 면적이나 점포 위치의 입지조건, 서비스 품질 등에 따라 달라질 수 있고 현금 매출에 대한 데이터는 빠져있기 때문에 절대적으로 신뢰하기보다는 시장의 규모, 소비 현황 등의 수준에서 이해하면 도움이 된다.

(단위 : 만원,건)

업종 꼬치구이전문점		2018년04월	2018년05월		2018년06월		2018년07월		2018년08월		2018년09월	
지역		액/건	액/건	증감률	액/건	증감률	액/건	증감률	액/건	증감률	액/건	증감률
제1선택영역	매출액	6,934	7,912	14.10%▲	6,911	-12.65%▼	7,171	3.76%▲	6,851	-4.46%▼	7,805	13.92%▲
	건수	1,355	1,718	26.79%▲	1,685	-1.92%▼	1,512	-10.27%▼	1,386	-8.33%▼	1,641	18.40%▲
제1선택-유사상권	매출액	5,346	6,225	16.44%▲	5,175	-16.87%▼	4,763	-7.96%▼	5,493	15.33%▲	5,913	7.65%▲
	건수	1,369	1,655	20.89%▲	1,471	-11.12%▼	1,214	-17.47%▼	1,341	10.46%▲	1,487	10.89%▲
용인시(유흥주점)	매출액	4,808	4,999	3.97%▲	5,020	0.42%▲	4,911	-2.17%▼	5,096	3.77%▲	4,806	-5.69%▼
	건수	693	742	7.07%▲	773	4.18%▲	728	-5.82%▼	732	0.55%▲	729	-0.41%▼
경기도(유흥주점)	매출액	4,959	5,176	4.38%▲	5,032	-2.78%▼	5,102	1.39%▲	5,184	1.61%▲	4,982	-3.90%▼
	건수	643	693	7.78%▲	693	0.00%	700	1.01%▲	705	0.71%▲	685	-2.84%▼
전국(유흥주점)	매출액	4,590	4,745	3.38%▲	4,655	-1.90%▼	4,699	0.95%▲	4,786	1.85%▲	4,703	-1.73%▼
	건수	577	618	7.11%▲	616	-0.32%▼	620	0.65%▲	635	2.42%▲	627	-1.26%▼

그림 3-26 소상공인 상권정보시스템 상권분석 업종별 추이

최근 6개월간 본 상권 내의 꼬치구이 전문점의 매출 추이는 큰 기복 없이 유지되고 있는 것을 볼 수 있는데, 유사상권에서도 비슷한 추이를 보이는 것으로 보아 이 아이템은 시기적인 변수에도 큰 기복 없이 안정적으로 유지할 수 있다고 판단이 가능하다. 또한, 평균 매출액으로 보면 상권 내 꼬치구이 전문점 업종으로 창업했을 때의 매출 규모를 판단할 수 있어서 예상 손익계산서를 작성하는데에도 참고할 수 있다.

(5) 인구분석

인구분석 카테고리에는 상권 내 유동인구, 직장인구, 주거인구수의 기간별 변화추이, 성별 연령별로 구분한 인구수의 분포와 시간대별 인구의 흐름 등에 관한 데이터와 상권 내 직업과 직종의 분포현황, 주거형태 등의 데이터가 확인할 수 있다.

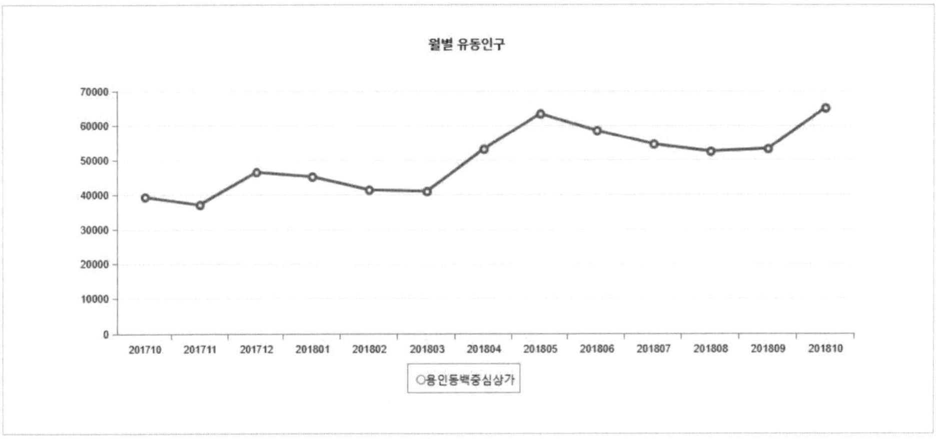

(단위 : 명)

지역	2017.10	2017.11	2017.12	2018.01	2018.02	2018.03	2018.04	2018.05	2018.06	2018.07	2018.08	2018.09	2018.10
용인동백중심상가	39,454	37,177	46,576	45,258	41,444	41,017	53,183	63,408	58,534	54,599	52,474	53,238	65,022
증감율	-	-5.77% ▼	25.28% ▲	-2.83% ▼	-8.43% ▼	-1.03% ▼	29.66% ▲	19.23% ▲	-7.69% ▼	-6.72% ▼	-3.89% ▼	1.46% ▲	22.13% ▲

그림 3-27 소상공인 상권정보시스템 상권분석 월별 유동인구 추이

위의 표를 통해 최근 1년간의 유동인구수의 추이를 보면 소폭씩 하락했던 기간은 있었지만 전체적으로 늘어나는 것을 볼 수 있는데 유동인구의 수가 늘어난 것은 상권이 활성화되고 있는 점으로 미루어 보아 긍정적으로 판단할 수 있다. 거기에 더하여 인구의 유동이 줄어드는 기간을 확인해보면 12월부터 2월, 6월부터 9월로 나타나는데 이런 변화의 요인이 계절적인 요인인지, 상권 내 인구의 특성인지에 대하여 추가적으로 조사해보고 그 기간에 대비한 대책을 사전에 수립해 놓으면 안정적인 운영에 또한 도움이 될 것이다.

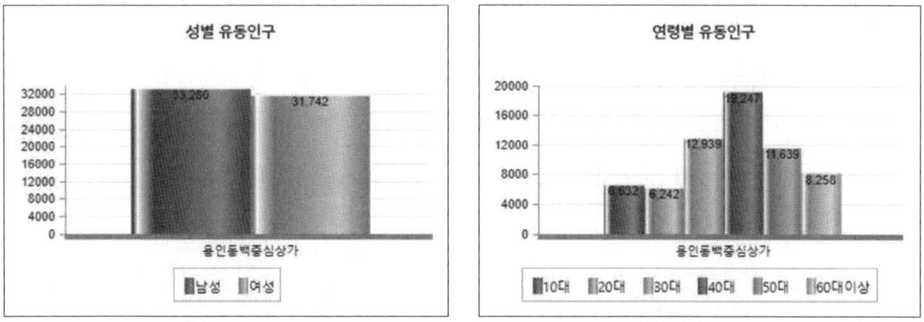

그림 3-28 소상공인 상권정보시스템 상권분석 성별, 연령별 유동인구 현황

위의 그래프를 보면 상권 내 남성과 여성의 유동인구 성비가 유사한데 그 중 40대 연령대의 유동인구의 비율이 월등히 높고 이어 30대, 50대 연령대가 높은 것으로 보아 해당 연령대가 선호할 수 있는 아이템의 접근이 유리할 것으로 분석되며 꼬치구이 아이템의 경우 선호 연령대가 유사하므로 창업에 긍정적인 기대를 해보아도 좋겠다.

· 시간대별 유동인구

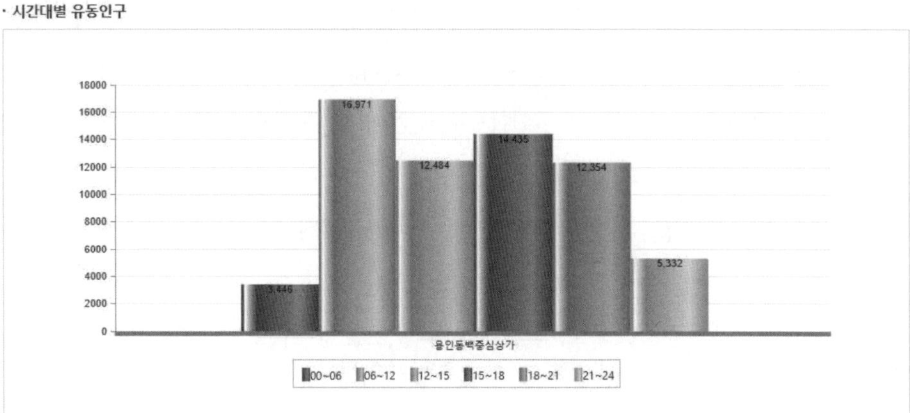

그림 3-29 소상공인 상권정보시스템 상권분석 시간대별 유동인구 현황

시간대별 유동인구의 현황을 보면 주로 오전 시간대(06~12시) 사이가 가장 높은데 이는 출근시간과의 연관성이 다소 높으므로 감안하여 검토하고, 점심 시간대(12~15시)에도 적정 수준을 유지하다 15시~18시에 다소 높아지는 변화를 볼 수 있다. 그리고 21

시 이후로 급격히 유동인구가 줄어드는 것을 보면 심야 시간대가 활성화되었다고 보기에는 어려운 상권이라 판단할 수 있다.

단, 유동인구가 무조건 매출로 이어지는 것이 아니기도 하고 본 데이터는 SKT 통신사의 단일 DB로 파악된 내용이기 때문에 전체적인 추이를 참고하는데에 활용하면 된다.

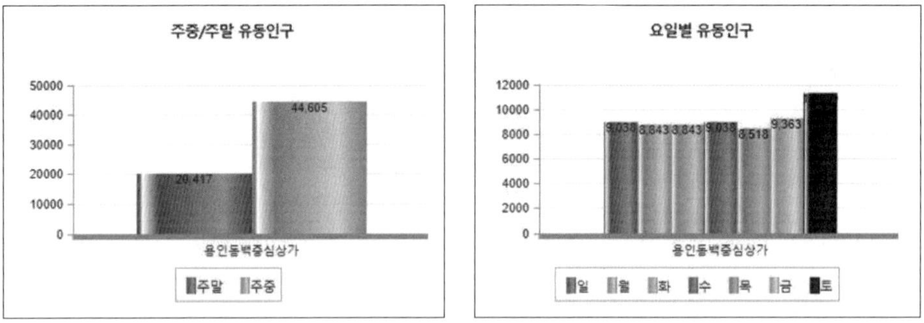

그림 3-30 소상공인 상권정보시스템 상권분석 주중/주말, 요일별 유동인구 현황

주말보다 주중에 유동하는 인구가 2배 이상 높게 차이가 나는 것은 평일(월~금, 5일)과 주말(토~일, 2일)의 편차가 크지 않아 나타나는 현상으로 입지 주변 1,500m 반경 범위 안의 유동인구가 평일과 주말 큰 구분 없이 본 핵심상권 내에서 움직인다는 것을 알 수 있다. 이런 형태의 상권을 '항아리 상권'이라 하는데, 상권 형태에 따라 좁은 범위의 오프라인 위주로 마케팅을 할지, 불특정 다수를 위한 온라인 마케팅을 할지에 대한 대책도 판단해 볼 수 있는 데이터라 할 수 있다.

이어 직장인구, 거주인구의 특성도 같은 방법으로 분석해보면 더욱 깊이 있는 상권분석이 될 것이다.

추가적으로 나이스비즈맵(www.nicebizmap.co.kr)에서 제공하는 NICE상권분석서비스를 이용한 인구분석 데이터를 참고해보면 다음과 같다(단, 분석 설정조건은 상권정보시스템과 같은 동일 조건이 아니라 경기도 용인시 기흥구 중동(동백동) 전체를 꼬치구이전문점 업종을 기준으로 분석한 자료이다).

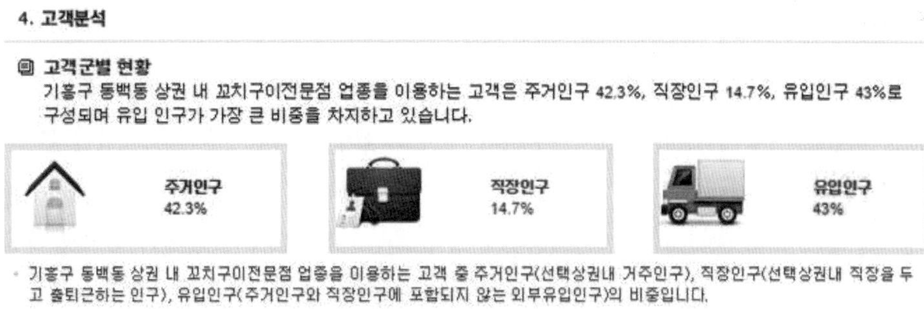

그림 3-31 나이스비즈맵 NICE상권분석서비스, 고객분석

NICE상권분석서비스의 고객군별 현황을 보면 주거인구가 전체의 약 42.3%, 직장인구가 14.7%를 차지하는데 외부에서 유입되는 유입인구의 비중이 43%로 상당히 높은 것으로 나타났다. 이는 해당지역(경기도 용인시 기흥구 중동)에서 소비하는 인구는 지역 내에서도 소비가 이루어지지만 인근 더 먼 거리에서도 차량으로 유입되는 상권이며 기흥구 중동과 동백동에서 가장 활성화된 상권임을 보여주는 내용이다.

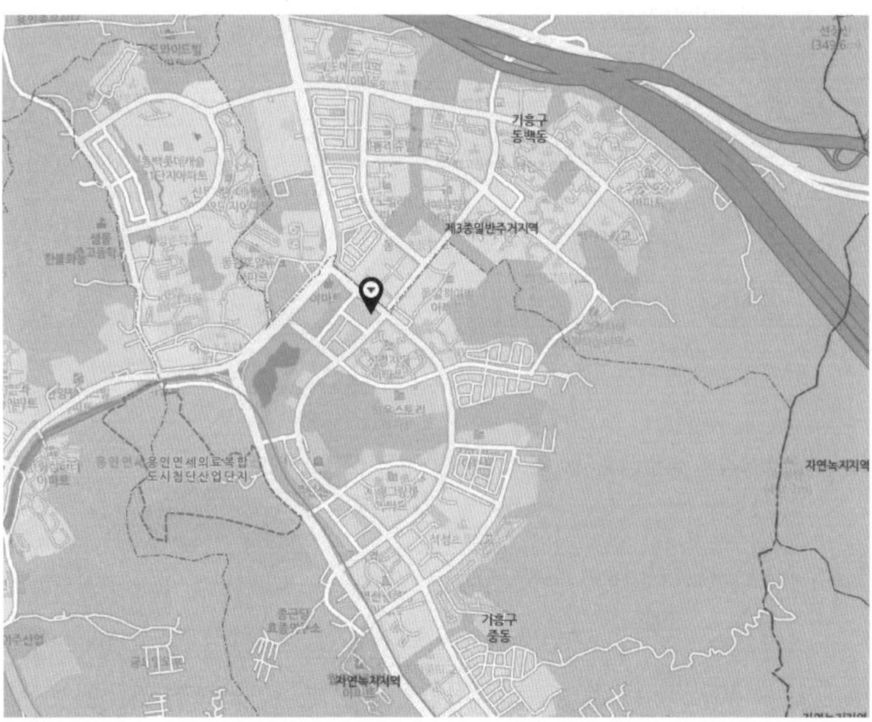

그림 3-32 NAVER 지도, 경기도 용인시 기흥구 중동/동백동

(6) 소득 · 소비

소득과 소비에 대한 자료는 창업아이템을 결정하는데 중요한 비중을 차지한다. 소비 수준이 낮은 지방 소도시 또는 서민형 상권에서 고가의 수입와인 전문점을 창업한다고 상상해본다면 어떤 결과를 가져올지 금방 이해가 갈 것이다. 또한 상권 내 형성된 시장 가격에 따라 주력 메뉴의 판매가를 어떻게 설정하느냐에 따라서도 성패가 판가름 나기 때문에 상권의 소득과 소비 수준의 파악은 매우 중요하다.

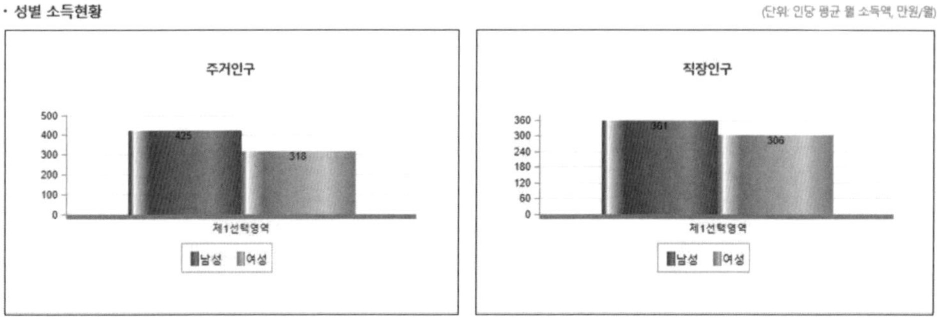

그림 3-33 소상공인 상권정보시스템 상권분석 성별 소득현황

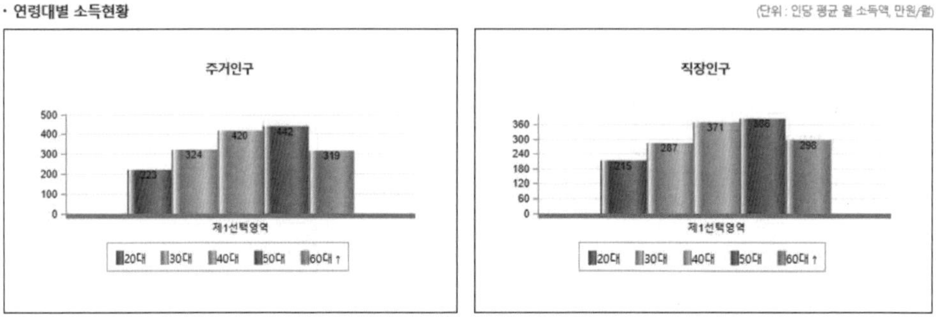

그림 3-34 소상공인 상권정보시스템 상권분석 연령대별 소득현황

핵심상권의 주거인구와 직장인구의 성별, 연령대별 소득현황을 보면 여성보다는 남성의 소득이 높은 편이며, 주거인구의 평균 소득이 직장인구의 평균소득보다 높게 나는 현상을 볼 수 있다. 핵심상권(용인)에 직장을 둔 직장인구의 급여 수준보다 외부 근무지

로 이동하는 주거인구의 소득이 높은 점, 분당, 강남 등으로 진출입하는 간선도로의 인프라가 잘되어 있는 점 등을 고려해보면 어느 정도 인구의 특성을 짐작할 수 있다.

· 성별 소비현황

(단위: 인당 평균 월 소비액, 만원/월)

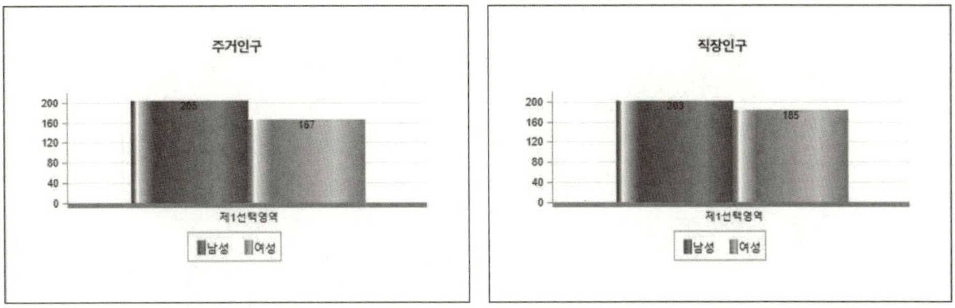

그림 3-35 소상공인 상권정보시스템 상권분석 성별 소비현황

· 연령대별 소비현황

(단위 : 인당 평균 월 소비액, 만원/월)

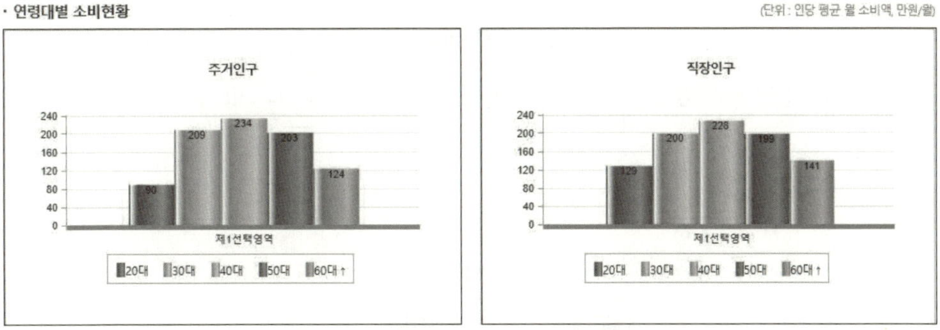

그림 3-36 소상공인 상권정보시스템 상권분석 연령대별 소비현황

성별 소비현황은 주거인구와 직장인구 큰 차이를 보이지 않으나, 핵심상권 내 소비의 주체는 소득현황과는 다르게 40대가 주를 이루고 뒤를 이어 30대 순으로 나타났다.

(7) 지역분석

본 카테고리에는 지역 내 주요시설과 학교, 교통시설, 임대시세에 관한 내용이 포함되어 있다. 주요 시설이라 함은 공공기관, 금융기관, 의료/복지, 대형유통, 문화시설 등을 말하는데 이를 집객시설이라 하며 집객시설은 '사람을 모이게 하는 장소나 건축물'

의 의미를 갖고 있다. 집객시설이 많이 분포해야 사람들의 유입이 활발해지기 때문에 집객시설과 유동인구의 수는 비례하는 경우가 많다.

· 주요시설 추이

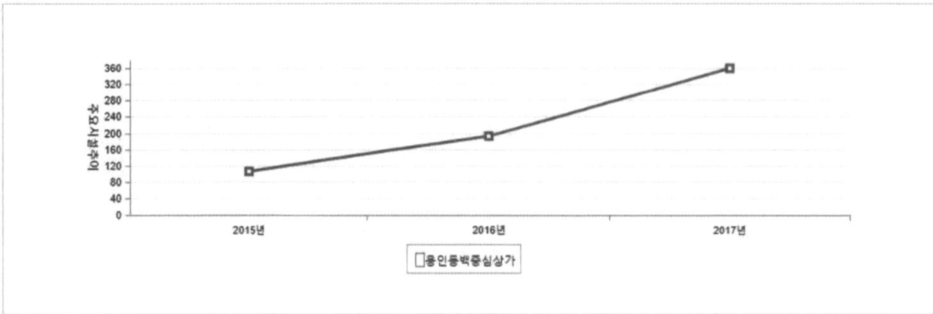

그림 3-37 소상공인 상권정보시스템 상권분석 주요시설 추이

2015년부터 집객시설의 수가 계속 늘어나는 것으로 보면 인구의 유입량이 증가한다는 것으로 판단할 수 있으며 상권 역시 활성화되고 있는 증거라 할 수 있다.

· 주요시설 현황

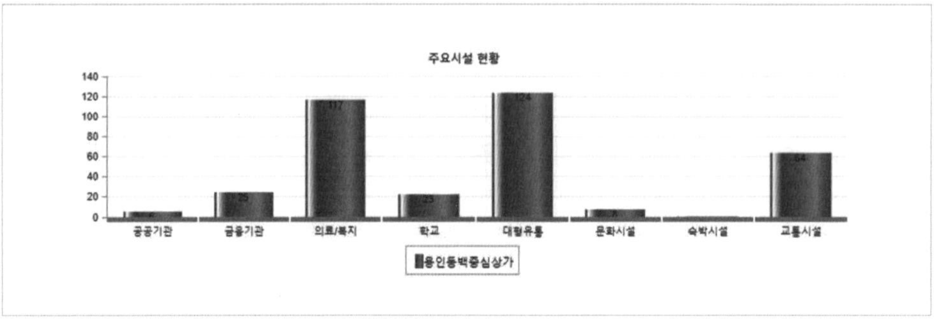

그림 3-38 소상공인 상권정보시스템 상권분석 주요시설 추이

주요/집객 시설정보는 유사한 성격의 유동인구를 지속적으로 발생시키므로 유동인구의 규모와 성격을 파악하는데 유익한 자료로 활용할 수 있다. 또한 주요/집객시설의

위치와 교통정보를 통해 유동인구의 동선 파악이 가능하므로 업종구성과 고객흡인을 위한 전략수립에 참고할 필요가 있다.

주요 시설 중 의료/복지 시설과 대형유통 시설의 비중이 대단히 높은 것은 단위 면적에 비하여 인구의 수가 많으며 이는 층이 낮은 일반 주택보다는 아파트 단지가 많은 신도시의 특성을 보여주는 데이터라 할 수 있다.

(8) 핵심상권 분석 종합

본 핵심상권 분석을 통해서 이 상권은 음식업소의 비중이 37.1%를 차지하고 있으며 업소수는 계속 증가하고 있다. 또한 유동인구의 수 역시 계절적 기복요인은 있지만 전년 대비 계속 증가하고 있어 상권의 활성도가 높아지고 있다는 것을 확인할 수 있었다.

유동인구의 연령대는 40대가 가장 많으며 이어 30대의 비중이 높게 나타났는데 그 중 주거인구의 비중이 직장인구의 비중보다 높게 나타난 점은 본 상권이 일명 항아리상권이라 불리는 형태로 볼 수 있어 상권 주변 주거인구 위주의 홍보 마케팅 방안을 검토해야 한다는 결론도 도출할 수 있었다.

상권 내 주요 집객시설로는 의료/복지, 대형유통, 교통시설(주차장 등)의 비중이 높아 최근 형성된 신도시 상권의 성격도 갖추고 있는 것으로 보아 업력이 생활 편의시설이 잘 형성되어 있고 차량으로의 접근이 용이한 상권으로 볼 수 있다.

상권 내 영업 중인 꼬치구이 전문점의 월평균 매출과 매출건수를 통해 약 4만 원 중반대의 평균 매출단가의 소비가 이루어지고 있어 유흥주점 업종 내의 꼬치구이 아이템 자체로는 경쟁력은 우수한 편이지만 경쟁업소의 수가 많지 않아 여러모로 경쟁력을 갖춘 매장으로 매출이 집중될 가능성도 확인 가능하다.

상권 내 직업과 직종분포 현황을 보면 사무직의 비중이 높고 도소매업의 직종 분포가 가장 높게 나타난 점을 참고하여 상권 내 주요 건물 내 회사, 사무실 직장인에 관한 상세한 정보를 수집하여 조금 더 디테일한 분석이 가능하도록 파악해봐야 하겠다.

누군가에겐 처음일 수 있는 상권분석, 방법을 몰라서 그렇지 직접 해보면 그리 어려운 일은 아니었을 것이다. 게다가 일부 유료분석 서비스도 있지만 대부분의 정보를 무료로 얻을 수 있다는 점은 IT강국으로의 면모를 느낄 수 있다.

본 상권분석을 통해서 우리는 상권의 대략적인 특성에 대하여 이해할 수 있었고 내가 하고자 하는 아이템이 적합한지에 대해 어느 정도 알 수 있었다. 물론 똑같은 데이터를 놓고 어떤 경험과 지식을 갖고 보느냐에 따라 그 해석은 다소 달라질 수 있겠지만 단순히 현장의 유동인구의 수만 보고 감으로 상권을 판단하고 해석하는 것이 얼마나 무모한 일인지는 상권분석을 해본 사람만이 알 수 있을 것이다.

Ⅳ

소비자 분석

IV

소비자 분석

상권 및 입지조사 분석이 완료되면 보다 심도 있는 분석이 진행된다. 일명 "3C분석"이라 하는데 경영학을 전공한 사람은 질리도록 들었을 분석법일 테고, 비전공자는 꽤 생소한 단어일 것이다.

3C란 Customer(고객) Competitor(경쟁사) Company(자사)를 일컫는 단어다. 쉽게 말하면 우리 식당에 누가 올 것인지(고객), 옆의 식당은 왜 잘되는지(경쟁사), 우리 매장 혹은 경영주가 가진 강점, 약점은 무엇인지(자사)를 분석해서 시장의 상황을 면밀히 분석하고 우리가 나아가야 할 방향 즉, '영업 전략'을 모색하는 과정이다.

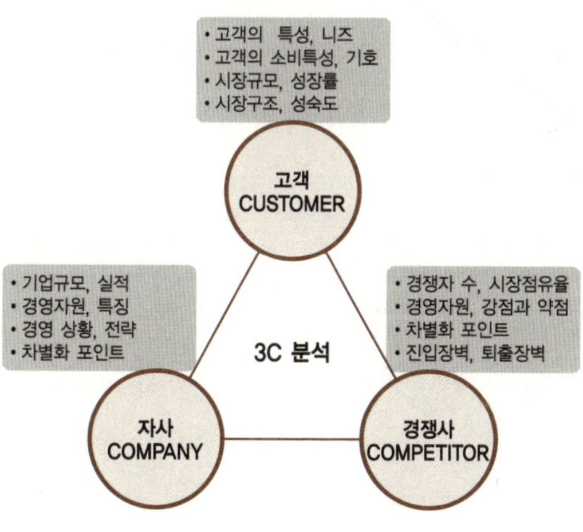

그림 4-1 3C 분석

사실 3C분석에서 가장 중요한 분석이 바로 소비자 분석이라 할 수 있다. 아무리 옆 가게가 잘되는 요인을 알아내고 자신이 운영하는 매장의 문제점 혹은 경영주(자신)의 문제점이 무엇인지를 알아내도, 내 식당을 채워줄 손님이 없으면 분석이 무슨 소용이 있을까. 그렇기 때문에 손님, 즉 소비자에 대한 분석은 시간을 꽤 투자해 철저히 준비해야 한다.

소비자는 상권에 따라 차이가 있으나 일반적으로는 크게 거주인구, 직장인구, 기타 인구, 유동인구로 분류한다. 또한 각각의 인구들을 연령별, 성별, 시간대별, 거리별(식당과의 접근성), 소비특성 요인에 따라 세세하게 데이터를 도출하고 이 데이터를 교차 분석하면 우리 매장의 메인 타깃(Main Target)을 도출할 수 있다. 다시 말하면 소비자 분석을 통해 우리 식당을 채울 주요고객은 누구인지를 알 수 있다는 것이다.

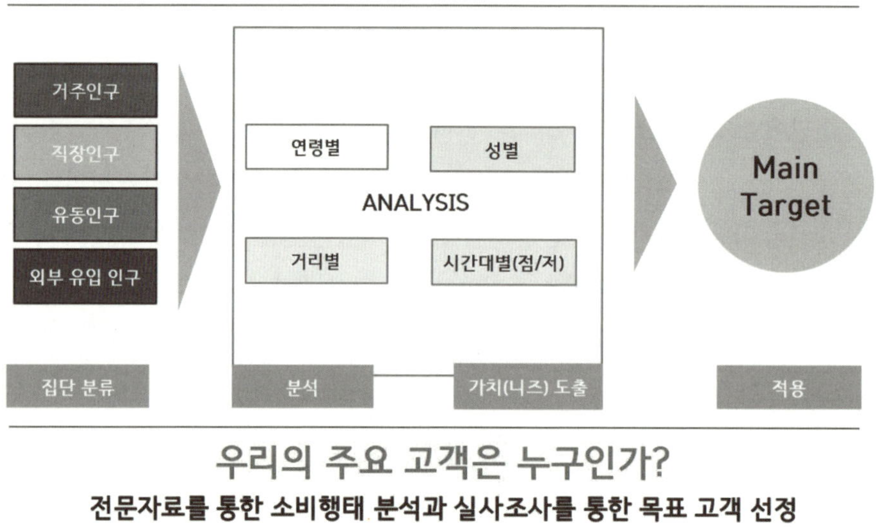

그림 4-2 소비자 분석 프로세스

3C 분석도 마찬가지로 용인시 "OO숯불직화꼬치구이 전문점"(이하 A매장)의 리뉴얼 사례를 바탕으로 분석방법을 설명하겠다. 우선 아래 지도를 보자. A매장은 노란 핀으로 표시한 곳에 위치했고, 우리는 거시적으로 상권을 중동과 동백동으로 설정할 수 있었다.

그림 4-3 동백동, 중동 지도

본격적인 3C분석에 앞서 전체 상권에 대한 이해가 필요하다. 이는 각종 부동산 자료, 매체 검색 등을 통해 파악할 수 있다.

[임장&현장] 인구 8만명 돌파한 용인 동백, 대단지 특화설계 아파트 통할까

동백동, 용인시 내에서 인구 가장 많아
동백지구 입주 14년차, 새 아파트 수요 늘어
분양가 4억원 문턱 관심...소형 특화 설계 차별화

'신동백 두산위브더제니스'가 들어설 부지, 뒷편으로 '신동백 롯데캐슬에코' 단지가 보인다. (사진 김하나

[용인 =김하나 기자]경기도 용인시 기흥구 동백동은 '동백섬'이라고도 불린다. 택지지구와 자연환경, 교육환경 등 주거환경은 좋지만 다른 지역으로 빠져나가기 어렵다는 단점 때문이다.

광교나 판교, 동탄, 영통 등 경기 남부권으로는 자가용을 통한 접근성이 수월하다. 그러나 서울로 출퇴근은 어렵기 짝이 없다. 용인경전철은 동백지구 외곽으로 돌아나가는데다 기흥역에서 환승을 통해 분당선으로 갈아타야 한다. 광역버스는 2층 버스까지 증차했지만, 붐비기는 매한가지다. 신분당선을 타려면 10km 가량 떨어져 있는 상현역이나 동천역을 이용해야 한다. 때문에 최근 지방선거를 비롯해 총선에서도 지역 단골 이슈는 줄곧 '교통' 이었다.

그림 4-4 부동산 관련 기사

각종 자료를 수집해본 결과, 동백동과 중동은 1999년 한국토지공사에서 동백택지지구 개발을 시작해 2007년 가을에 개발이 완료된 신도시로, 주변 신도시와는 다르게 '주거도시'로 계획적으로 개발했기 때문에 용인시 일대에서 가장 살기 좋은 곳, 교육환경이 좋은 지역으로 알려져 있었다. 또한 자가용으로는 교통이 좋은 편이라 서울 강남권으로 출퇴근하는 직장인들의 거주단지 즉, 베드타운의 성격을 띠는 지역임을 알 수 있었다.

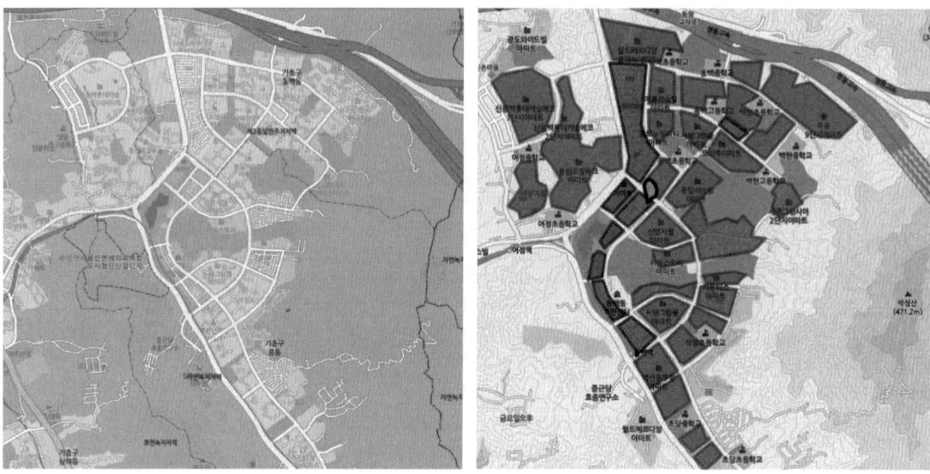

그림 4-5 **동백동, 중동 지적편집도 및 상권 표시 지도**

또한 지도를 통해서도 상권의 특성을 대략적으로 파악할 수 있다. 거시적으로는 주변에 약 7개의 골프클럽이 위치하고 국내 관광객 입장객 수 1위를 차지하는 테마파크 에버랜드도 위치하고 있었다. 수원-성남-서울을 잇는 분당선을 끼고 있는 죽전, 수지 신도시와는 달리 다소 외진 곳에 위치해 대중교통을 이용하기에는 어려움이 있어 대중교통의 접근성이 낮은 지역이라고 판단할 수 있었다.

미시적으로는 에버라인의 어정역, 동백역, 초당역 3개의 지하철역을 끼고 있다는 점과 동백동 중앙에 복합쇼핑몰이 위치하고 내부에 대형마트가 입점되어 있어 동백동, 중동 내에서 모든 생활이 해결되기에 거주민이 다른 지역으로 이탈할 가능성이 낮다는 것을 확인할 수 있었다. 조금 더 세밀하게 살펴보기 위해 우측의 지도를 보자. 네이버지도에서 제공하는 '지적편집도'([네이버 지도 접속] 우측 상단 [지적편집도] 체크)를 통해 주거단지와 상업단지를 구분할 수 있다. (사용 방법 : 그림 4-9 참고) 빨간 부분이 거주단지, 파란 부분이 상업단지다. 이를 통해 거주민들이 중앙에 위치한 상업단지로 유입할 것임을 예상할 수 있었다.

1. 거주인구

소비자 분석에서 거주인구란 말 그대로 식당이 들어설 입지 주변에 거주하고 있는 사람들을 뜻한다. 이들을 분석하는 이유는 상식적인 차원에서 사람 개개인의 씀씀이는 삶의 방식에 의해 결정되며, 삶의 방식은 소득수준이나 주거성향에 의해 만들어지기 때문이다. 상권분석을 할 때 사람들의 라이프스타일을 일일이 규명하는 것은 매우 어려운 일이다. 오히려 그들의 주거성향을 파악하는 것이 문제의 본질에 접근하는 지름길이다.

주거성향은 크게 2가지 측면에서 중요성을 갖는다. 우선 주거형태와 관련하여 아파트와 일반주택, 빌라/연립에 따른 구분이 중요한 변수가 된다. 예전과는 달리 아파트가 지역연대감이나 소비성향에서 일반주거지보다 높다. 특히 소비의 전이속도가 매우 빨라서 일단 소문만 나면 일찌감치 자리를 잡는 것은 시간문제다. 이웃과 문화의 동질화가 두드러져 높은 수준에서 소비패턴이 비슷해지는 경향이 강하다.

예를 들면 동일 단지에 중대형 민영아파트와 임대아파트가 있다고 한다면 민영아파트 주민의 하향평준화가 아닌 임대아파트 주민의 상향평준화가 이루어진다. 외형적으로나마 자가용을 바꾼다든지, 소비패턴을 바꾸는 일을 흔히 볼 수 있다. 이처럼 아파트는 일반 주거지와는 다른 라이프스타일을 보인다.

빌라나 연립주택의 경우에도 독특한 라이프스타일을 보여준다. 서울을 비롯한 수도권은 주택보급률이 전국 평균에도 못 미치는 70~80%에 불과하기 때문에 이사철이 되면 심각한 주택난을 겪게 된다. 이 중 상당수가 20대 후반에서 30대 초반이다. 주거의 쾌적성을 추구하기보다는 생활의 편리성을 추구하기 때문에 아파트식 구조를 선호하지만 정작 구입할 여유가 없기 때문에 빌라나 연립을 선택하게 된다. 이들은 자신의 소비

수준보다 소득수준이 상회하는 경우가 빈번하다. 생활밀착형 소비도 왕성하게 일어나지만 여유적인 소비도 만만치 않다. 활동시간대가 휴식시간대보다 많기 때문에 저녁시간대는 물론 야간에도 소비가 꾸준히 지속된다. 배달음식점과 비디오대여점이 출점하기에 안성맞춤이다.

주거성향과 관련하여 또 하나의 중요한 변수는 주택소유(Ownership)를 들 수 있다. 자가와 임차문제가 아니라 자가주택을 소유하는 연령과 관련한 문제이다. 사람이 태어난 후 유년기에는 자가주택에 살게 된다. 그러다가 20세를 전후해서 독립을 하게 되면서 셋방을 살게 되고 결혼과 함께 주택 소유의 기회가 찾아온다. 그러다가 40대 중반 이후 자녀교육 문제와 출가, 배우자의 사망 등의 이유로 주택 소유의 의미가 퇴색됨에 따라 소유 자체를 포기하는 경우가 찾아 온다.

이른바 주택생애주기이론(housing lifestyle theory)에 따르면 소유 연령층에 따라 주거패턴의 공간 이동이 극명하게 나타난다고 하는데, 실제로 결혼과 동시에 신도시의 아파트를 구입하여 이사를 가게 되거나 자녀 교육문제로 대도시로 귀향하는 경향이 강하게 나타난다. 그러다가 노년이 되면 다시 주변으로 밀려나게 마련이다. 일산이나 산본, 평촌, 상동과 같은 신도시에는 유년층이나 청소년층 자녀를 둔 30~40대 초반의 부모가 대부분이다.

반면 압구정동의 경우에는 20대 자녀를 둔 50대 부모의 비중이 매우 높다. 상권분석에 있어서 주택소유가 중요한 것은 단순히 언제 주택을 구입하느냐 보다는 이들의 연령층이 소비에 미치는 영향이다. 젊은 부모들은 생활 관련한 소비에 주력하기 때문에 여유가 없지만 중년층은 상황이 다르다. 따라서 이들의 존재 여부가 업종의 성패를 좌우하는 결정적인 변수로 작용함은 틀림없는 사실이다.

본격적으로 거주인구를 분석하기 전에 거주인구를 분석하기 위한 정확한 분석범위 설정이 필요하다. 앞서 보았듯이 다음 지도의 진한 부분이 아파트가 집중되어 있는 거주단지, 파란 부분이 상업지구이다. 상업지구 내 대형마트, 영화관, 병원, 학원, 금융기관 등이 위치하고 있었기 때문에 동백동 및 중동 거주자의 생활권은 연한 색의 상업지구 부분에 한정되어있음을 유추할 수 있었다.

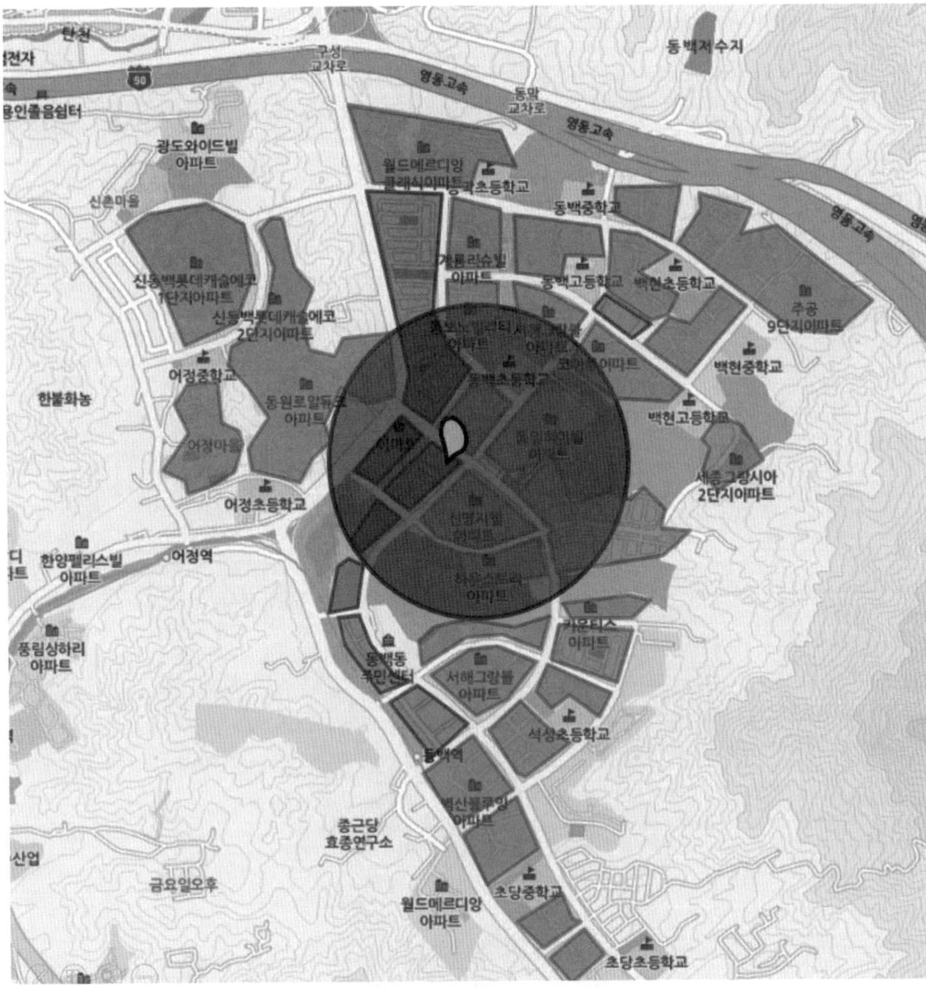

그림 4-6 **동백동, 중동 거주인구 유입 가능 범위 설정**

그렇다면 동그라미 부분에 표시한 거주인구 모두가 우리상권으로 유입될 수 있을까? 물론 그렇지 않다. 이런 상황에서 반드시 실사 (실사 : 실제로 상권을 다녀보며 시장 조사하는 일)가 필요하다. 실제로 내가 거주민이라는 생각으로 거주단지를 걸어보자. 아파트 단지에서 걸어 나올때 과연 우리 입지까지 무리 없이 이동할 수 있는지, 오는 길에 자사가 위치한 상권과 비슷한 상권이 있어 그곳으로 유입되지는 않는지, 심지어는 횡단보도 길이나 도로 폭까지도 소비자에게는 심리적으로 접근성이 떨어지는 요인이 될 수 있으므로 실사를 다녀보며 좀 더 세세하게 거주인구를 구분해야 한다.

앞의 그림과 같이 일반적으로 도보로 이동 가능한 상권은 반경 500m 내 소비자 중 약 70%가 유입된다고 본다. 즉 이론상으로는 A매장 주변의 전체 아파트 단지 약 32개 중 4개 단지에 거주하는 사람만이 우리의 소비자가 된다고 볼 수 있다. 하지만 실사를 하고 난 이후의 유입가능 거주인구는 다음과 같다.

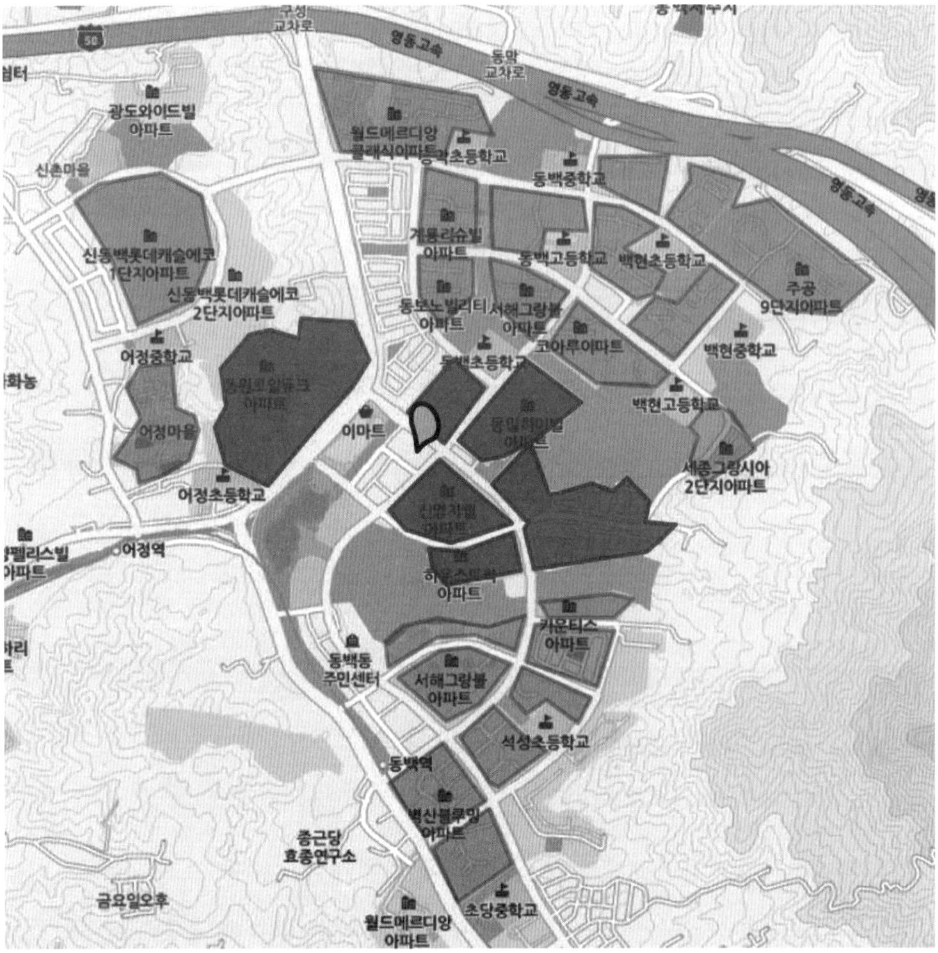

그림 4-7 실사를 통한 거주인구 선정

반경 500m 내 거주민이 주로 유입되는 것과 동시에 상권의 외곽 지역에 위치한 월드메르디앙 클래식 아파트, 주공 9단지 아파트까지도 유입될 수 있다고 판단했다. 그 이유는 상업지구에 있다. 실사결과, 상업지구는 크게 5곳으로 나눌 수 있었고, 각각 상업지구의 특징을 도출했다.

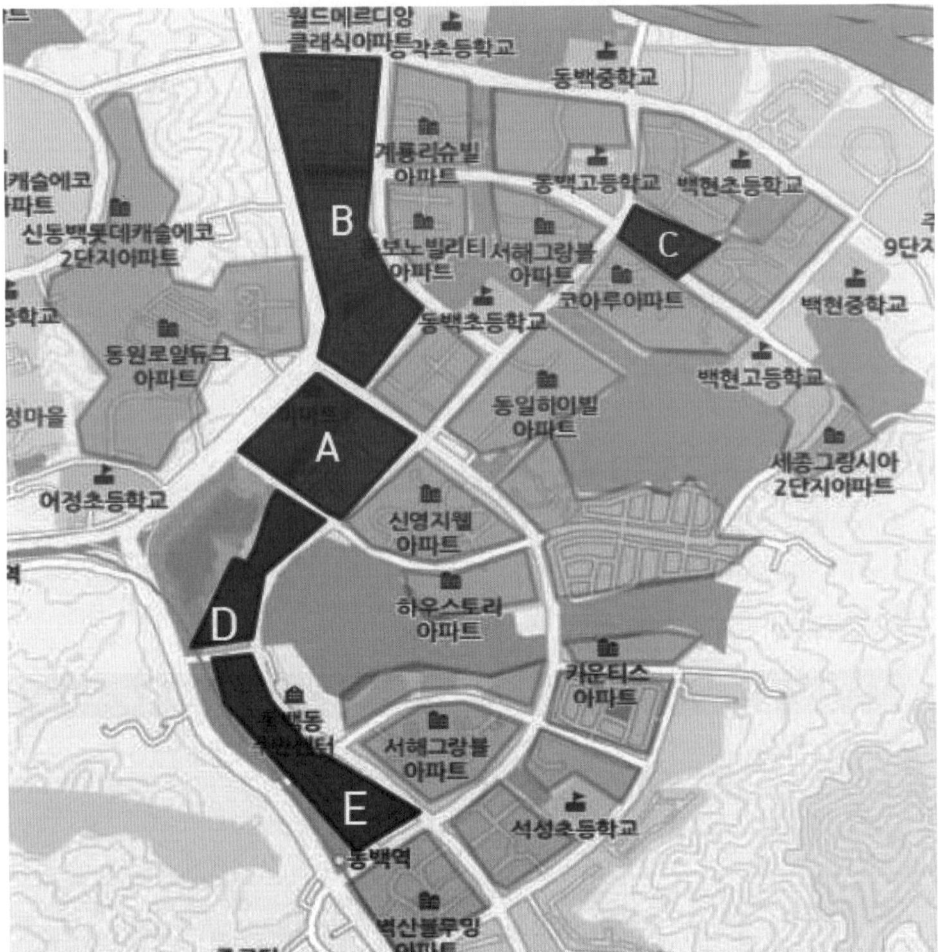

그림 4-8 실사 조사를 통한 상업지구의 분류

표 4-1 상업지구별 특성

A지구	자사 매장이 위치한 상권으로 대형마트, 병원, 영화관 등 집객시설이 분포하고 있는 곳이다.
B지구	3층 규모의 주택들이 밀집해 있고 1층에는 안경점, 휴대폰 대리점, 일반 식당들이 간헐적으로 분포하고 있는 곳이다.
C지구	4면이 아파트 단지이며 초 · 중 · 고등학교가 분포하고 있어 중형마트, 학원, 병원, 금융기관이 분포하고 있다.
D지구	철물점, 간판 업체 등이 영업 중이며 일반 생활권과는 거리가 멀다.
E지구	일반 상업지구, 모텔, 주점, 고기집 등 소비성격의 상가가 분포.

C상권의 경우 A상권과 비슷한 성격을 띠는 곳이지만 상권 규모가 작고 문화시설, 음식점의 숫자도 적어 C상권 주변 거주 인구 또한 자사가 위치한 A상권으로 유입될 것임을 확신했다. 다시 말하자면, 자사 반경 500m 내의 거주단지인구 뿐만 아니라, 동백동 전체 거주인구가 유입될 수 있다는 것이다.

분석할 거주단지를 설정했다면 본격적인 거주인구 분석에 착수한다. 거주인구를 분석하는 요소는 아래와 같다.

표 4-2 거주인구 조사항목

조 사 항 목	세 부 항 목	출처 및 조사 방법
(1) 주택 현황	① 주택 종류 ② 전체 세대 수 및 세대당 인구수	• 소상공인 상권정보시스템 • 네이버 지도 • 네이버 부동산
(2) 거주민 현황	① 성별, 연령별 분포도 ② 학교 밀집도	• 소상공인 상권정보시스템 • 통계연보
(3) 아파트 현황	① 세대 수 ② 평형별 분포 ③ 아파트 시세 ④ 브랜드	• 소상공인 상권정보시스템 • 네이버 부동산
(4) 소득 및 소비	① 소득 ② 소비 ③ 자동차 보유	• 소상공인 상권정보시스템 • 나이스비즈맵 • 실사
(5) 인식 조사	① 사회조사	• 지자체 사회조사보고서
(6) 개발 계획	① 신도시 및 재건축 개발계획	• 지자체 도시계획보고서 • 건축현장의 건축 개요 • 뉴스기사

1) 주택 현황

(1) 주택 종류

거주인구 분석의 시작은 '주택종류' 다. 거주민들이 아파트에 거주하는지, 빌라에 거주하는지, 원룸촌에 거주하는지를 분석한다. 먼저 네이버 지도에 접속해보자.

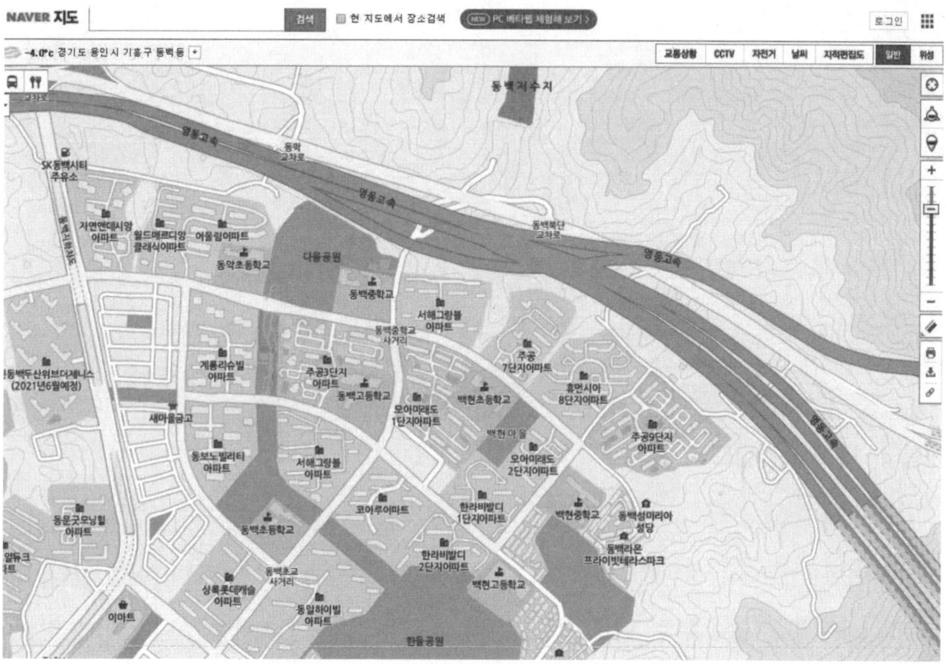

그림 4-9 지적편집도 설정방법

화면 우측 상단에 [지적편집도]를 클릭하면 화면이 다음과 같이 변경된다.

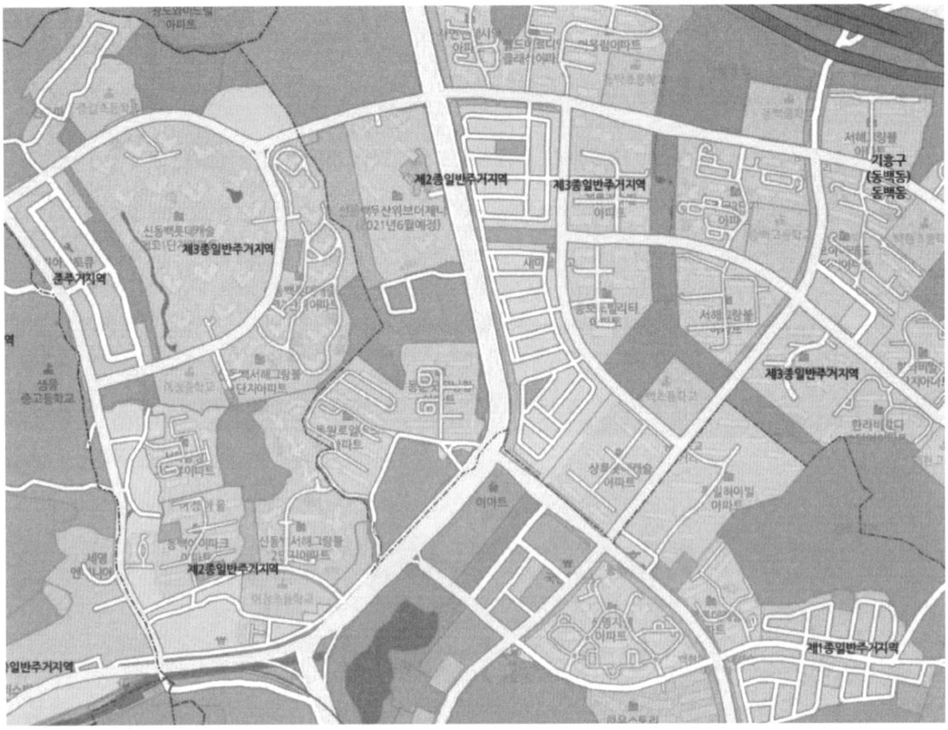

그림 4-10 지적편집도 적용 지도

구역별로 색상이 다르고 지역 명명도 구분되어 있다. 이를 '용도구역'이라 한다. 국토의 계획 및 이용에 관한 법률 제2조(정의) 제17호 "용도구역이란 토지의 이용 및 건축물의 용도 · 건폐율 · 용적률 · 높이 등에 대한 용도지역 및 용도지구의 제한을 강화 또는 완화하여 따로 정함으로써 시가지의 무질서한 확산방지, 계획적이고 단계적인 토지이용의 도모, 토지이용의 종합적 조정 · 관리 등을 위하여 도시 관리계획으로 결정하는 지역을 말한다."고 규정하고 있다. 쉽게 설명하면, 국가에서 지정한 구역을 도시로 활용할 것인지, 농지로 이용할 것인지, 자연환경을 보호하기 위해 개발을 금지할 것인지를 나타낸 것이라고 이해하면 된다. 용도구역의 분류는 다음과 같다.

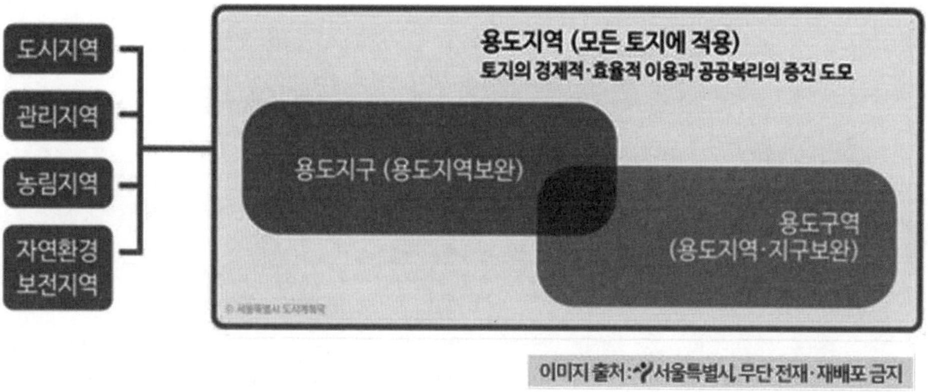

그림 4-11 **용도지역의 분류**

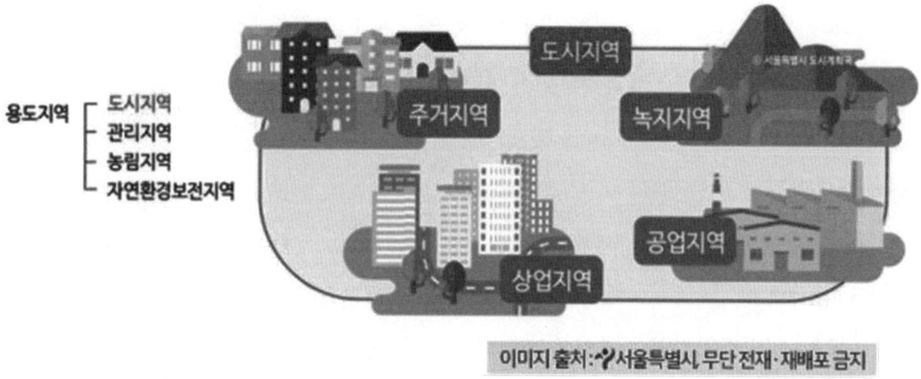

그림 4-12 **도시지역의 분류**

이 중에서 거주민을 분석하기 위한 요소는 용도지역 중 도시지역, 그 중에서도 주거지역에 속한다. 주거지역은 또 다시 세 가지로 분류된다.

1) **전용주거지역** 양호한 주거환경을 보호하기 위해서 필요한 지역
2) **일반주거지역** 편리한 주거환경을 조성하기 위하여 필요한 지역
3) **준주거지역** 주거기능을 위주로 이를 지원하는 일부 상업기능 및 업무기능을 보완하기 위하여 필요한 지역을 말한다.

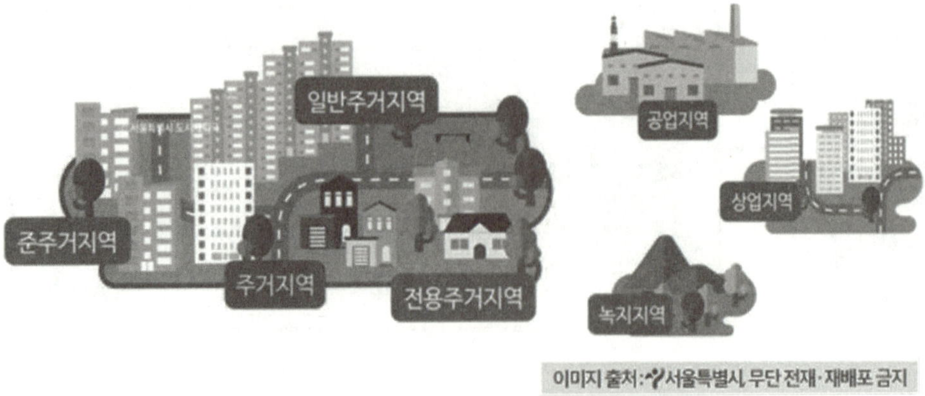

그림 4-13 주거지역의 분류

또 전용주거지역은 제 1, 2종 일반주거지역은 제 1, 2, 3종으로 구분된다. 네이버 지도상에 표시되는 일반주거지역에 한해서만 예시를 통해 주택을 구분해보자.

■ **일반주거지역**

1) **제1종 일반주거지역** 저층주택을 중심으로 편리한 주거환경을 조성하기 위하여 필요한 지역
2) **제2종 일반주거지역** 중층주택을 중심으로 편리한 주거환경을 조성하기 위하여 필요한 지역
3) **제3종 일반주거지역** 중 · 고층주택을 중심으로 편리한 주거환경을 조성하기 위하여 필요한 지역

표 4-3 일반주거지역의 정의 및 예시

구 분	정 의	예시 사진
제1종 일반주거지역	저층주택	
	1~2층 단독주택 등	

<table>
<tr><th>구 분</th><th>정 의</th><th>예시 사진</th></tr>
<tr><td rowspan="2">제2종 일반주거지역</td><td>중층주택</td><td rowspan="2"></td></tr>
<tr><td>3~6층, 승강기 없음
연립주택, 맨션 등</td></tr>
<tr><td rowspan="2">제3종 일반주거지역</td><td>중, 고층주택</td><td rowspan="2"></td></tr>
<tr><td>7~19층 이상, 승강기 필수
아파트 등</td></tr>
</table>

동백동의 경우 대부분이 제3종 일반주거지역으로 명명되어 있었고 실제로도 20층 이상의 아파트 단지로 구성되어 있었다. 만약 제 2종 일반주거지역으로 설정되어 있다면 3~6층 규모의 다가구/다세대 주택 (원룸, 연립주택)로 구성될 것이다.

위의 방법대로 설정한 상권 내 주택종류를 파악하는 방법과 소상공인 상권 정보시스템을 활용하는 방법이 있다.

분석 방법

- 소상공인 상권정보시스템 접속
- 상권분석 선택
- 영역선택 : 다각
- 업종선택 : 임의 설정 가능
- 분석하기 클릭 후 분석 결과 페이지로 전환
- [인구분석] – [5. 주거형태] 클릭

현재 상권 내에는 아파트가 86.4%로 대부분을 차지하고 있다. 즉 아파트 거주민들이 우리의 소비자로 파악된다.

5. 주거형태

구분		가구수	주거형태	
			아파트	이외
제1선택영역	수	24,588	21,252	3,336
	비율	100%	86.4%	13.6%

그림 4-15 **상권분석 시스템 주거형태 분석 결과화면**

(2) 전체 세대 수 및 세대당 인구수

상권 내 주택 속성에 대해 분석이 되었다면 다음은 상권 내 몇 명의 거주인구가 사는지, 또 세대당 몇 명이 거주하고 있는지를 분석해보자.

분석 방법

- 소상공인 상권정보시스템 접속
- 상권분석 선택
- 영역선택 : 다각
- 업종선택 : 임의 설정 가능
- 분석하기 클릭 후 분석 결과 페이지로 전환
- [인구분석]- [2.주거인구] 클릭

해당 상권에서는 약 32개의 단지가 위치하며 19,254개의 가구에 약 69,255명이 거주하고 있다. 즉 한 가구 당 3.04명 3인 가족의 형태가 이곳에 대부분 거주함을 유추할 수 있다.

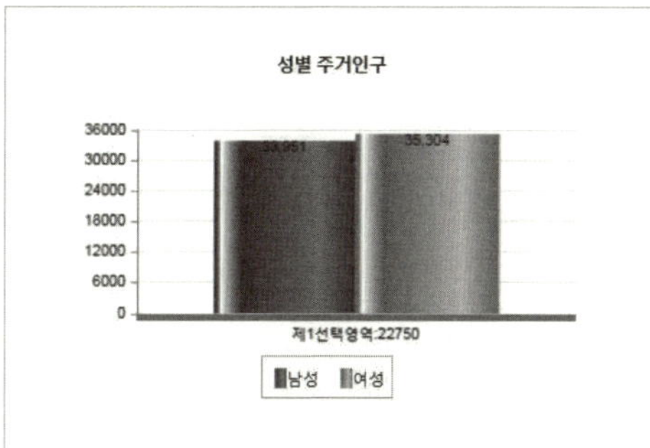

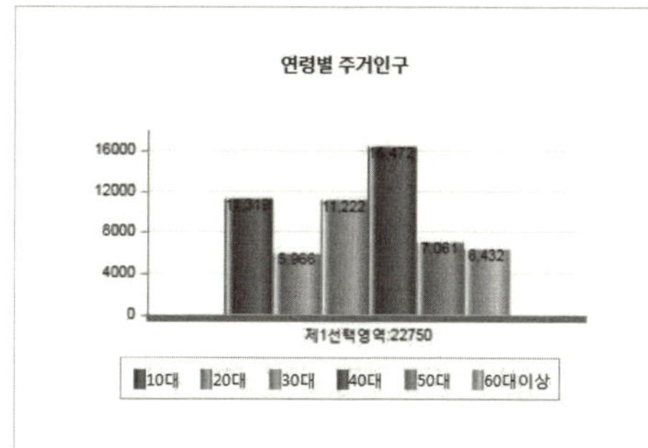

지역	구분	가구수	전체	성별		연령별						
				남성	여성	10대미만	10대	20대	30대	40대	50대	60대이상
제1선택영역	수	22,750	69,255	33,951	35,304	10,783	11,319	5,966	11,222	16,472	7,061	6,432
	비율	100.0%	100.0%	49.0%	51.0%	15.6%	16.3%	8.6%	16.2%	23.8%	10.2%	9.3%

그림 4-16 상권분석 시스템 가구 수 및 전체 거주인구수 분석 결과

2) 거주민 현황

(1) 성별, 연령별 분포도

거주인구의 특성을 살펴보자.

분석 방법

- 소상공인 상권정보시스템 접속
- 상권분석 선택
- 영역선택 : 다각
- 업종선택 : 임의 설정 가능
- 분석하기 클릭 후 분석 결과 페이지로 전환
- [인구분석] - [2. 주거인구] 클릭

다음의 자료는 분석결과를 보기 쉽게 재가공한 것이다.

표 4-4 거주인구의 연령대별 분포

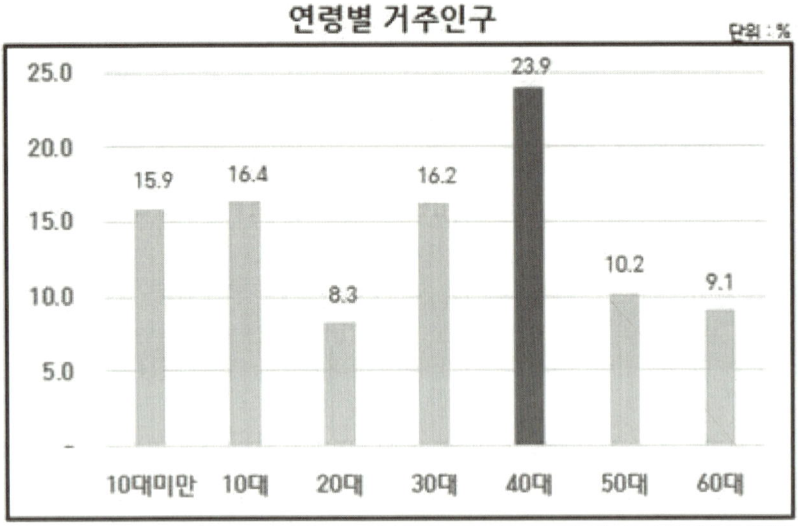

연령	10대 미만	10대	20대	30대	40대	50대	60대
명	9,322	9,616	4,848	9,475	14,015	5,981	5,305

해당상권에서는 40대가 압도적으로 많이 거주하고 있으며 0~19세, 30~49세 인구가 주를 이룬다는 것을 확인할 수 있다. 즉, 이곳은 30~40대 부모가 미취학 아동 혹은 초 · 중 · 고등학생 자녀와 함께 거주한다는 것을 알 수 있다. 이 자료를 통해 가족단위가 선호하는 아이템의 필요성을 우선적으로 감지했다. 경북 예천과 같은 소도시에서 분석을 진행하게 되면 60대 이상 인구가 절반을 차지한다. 이 상권에 오픈을 계획하고 있다면 고기 전문점 아이템은 지양해야 하지 않을까? 나이가 들수록 치아가 약해지고 고기에 대한 선호도가 낮아지기 때문이다.

(2) 학교 밀집도

학교 분포를 통해서도 거주인구의 특성을 분석할 수 있는데 행정동을 기준으로 얼마나 많은 학교가 밀집하고 있는지를 분석한다. 이를 분석하기 위해서는 두 가지 데이터가 필요한데, 행정동의 면적과 학교/학급 수다. 행정동의 면적은 각 지자체 홈페이지에서 제공하는 통계연보를 확인하면 되고 학교/학급 수는 각 지자체에서 제공하는 사업체별 통계자료를 확인하는 방법이 있지만 직접 계수하는 방법이 빠르다.

초 · 중 · 고등학교 리스트를 작성하고 각 학교의 홈페이지에 접속해 학급 수를 조사한다. 이렇게 두 가지 데이터를 추출하면 밀집도 계산을 시작한다. 동백동의 초등학교 밀집도를 분석할 경우 동백동 4.5㎢의 면적에 3개의 초등학교가 위치하고 있고 학급 수 는 140개로 단위면적 1㎢ 당 학교 수는 0.7개, 학급 수는 31.1개다.

이러한 방식으로 타 행정동과 비교를 실시하면 해당 상권의 학교/학급 밀집도의 수준을 파악하게 된다.

실제로 용인시 전체와 예시의 상권인 중동, 동백동의 단위면적당 학급 수의 비율을 비교해보았다.

표 4-5 동백동, 중동 내 학교/학급 밀집순위

<용인시 동별 초등학교 현황>

동	학교수	학급수	면적 (㎢)	학교/면적 (개/㎢)	학급/면적 (개/㎢)
죽전동	9	230	5.5	1.6	41.6
상현동	7	199	5	1.4	39.8
동백동	3	140	4.5	0.7	31.1
풍덕천	6	186	6.8	0.9	27.4
중동	4	141	5.8	0.7	24.3
마북	4	94	5.4	0.7	17.4
구갈동	4	71	4.2	1	16.9
보정동	3	102	6.8	0.4	15
서천동	2	62	4.2	0.5	14.7
신갈동	3	67	4.8	0.6	14
영덕동	4	123	9.6	0.4	12.8
상하동	2	51	5.5	0.4	9.2
언남동	2	60	6.9	0.3	8.7
보라동	2	78	12.2	0.2	6.4
동천동	3	82	16.5	0.2	5
공세동	3	57	11.7	0.3	4.9
역북동	2	55	12.5	0.2	4.4
상갈	2	39	12.2	0.2	3.2
평균	3.6	102.1	7.8	0.6	16.4

<용인시 동별 중학교 현황>

동	학교수	학급수	면적 (㎢)	학교/면적 (개/㎢)	학급/면적 (개/㎢)
동백동	4	107	4.5	0.9	23.8
풍덕천동	3	94	6.8	0.4	13.8
죽전동	4	72	5.5	0.7	13
신갈동	4	53	4.8	0.8	11
상현동	2	53	5	0.4	10.6
성복동	2	44	5	0.4	8.8
중동	2	49	5.8	0.3	8.4
보정동	2	43	6.8	0.3	6.3
마북	1	34	5.4	0.2	6.3
보라동	3	71	12.2	0.3	5.8
신봉동	2	36	6.7	0.3	5.4
구갈동	1	22	4.2	0.2	5.2
서천동	1	21	4.2	0.2	5
영덕동	1	33	9.6	0.1	3.4
상하동	1	15	5.5	0.2	2.7
언남동	1	15	6.9	0.1	2.2
동천동	2	30	16.5	0.1	1.8
상갈동	1	15	12.2	0.1	1.2
평균	2.1	40.4	7.1	0.3	6.3

<용인시 동별 고등학교 현황>

동	학교수	학급수	면적 (㎢)	학교/면적 (개/㎢)	학급/면적 (개/㎢)
동백동	4	114	4.5	0.9	25.3
죽전동	3	89	5.5	0.5	16.1
상현동	2	66	5	0.4	13.2
풍덕천	2	89	6.8	0.3	13.1
신봉동	2	65	6.7	0.3	9.7
구갈동	1	36	4.2	0.2	8.6
성복동	1	35	5	0.2	7
서천동	1	29	4.2	0.2	6.9
신갈동	1	30	4.8	0.2	6.3
마북	1	31	5.4	0.2	5.8
중동	1	30	5.8	0.2	5.2
보정동	1	32	6.8	0.2	4.7
역북동	1	41	12.5	0.1	3.3
영덕동	1	26	9.6	0.1	2.7
보라동	1	24	12.2	0.1	2
평균	1.5	49.1	6.6	0.2	6.8

동백동과 중동의 경우 거주하고 있는 면적에 비해 학급이 용인시 전체 대비 상위권에 머물러 있는 것을 알 수 있다. 즉 다른 지역 대비 이곳에 초 · 중 · 고등학생 밀집도가 높다는 것을 알 수 있다. 단순히 밀집도가 높은 것뿐만 그만큼 학생 수도 많기 때문에 자연적으로 자식을 향한 높은 교육열도 추측할 수 있겠다. 따라서 보수적인 성향을 띨

수 있는 여지가 있고, 아이템을 선정하는데도 있어서도 유흥업소나 주점 아이템은 지양해야만 할 것이다.

3) 아파트 현황

(1) 세대 수

아파트의 경우 네이버 부동산을 이용하면 아파트마다의 세대 수를 정확히 알 수 있다. 상권 내 아파트 목록을 작성하고 네이버 부동산 홈페이지에 접속해보자.

분석방법

- 네이버 부동산 홈페이지 접속 https://land.naver.com/
- [매물] 탭 선택
- 행정구역 '동' 단위까지 설정
- 아파트 아이콘 선택
- 단지정보 확인

좀 더 자세히 분석하려면 [단지보기]를 클릭해 평면도, 학군정보 등을 확인할 수 있다.

그림 4-16 네이버 부동산 단지정보 화면

(2) 평형별 분포

표 4-6 상권 내 아파트 현황

아피트 명	규모(세대/동/층)	공급면적(m²)	매물가(만 원)
신영지웰	590세대/10개동/27층	127~196(38~59)	36,250~57,500
백현코아루	414세대/6개동/23층	113~153(34~46)	32,500~41,000
월드메르디앙	286세대/6개동/15층	111~118(33~36)	30,500~34,250
서해그랑블	564세대/10개동/24층	152~154(46)	40,000~42,000
동일 하이빌	743세대/14개동/23층	112~144(34~44)	30,500~35,000

또한 아파트의 공급면적을 살펴보면 공급면적이 38~59평, 전용면적은 거의 25~40평 내외로 3~4인 가족이 거주한다는 것을 예상할 수 있다.

(3) 아파트 시세

아파트 혹은 부동산 시세를 조사함으로서 소득, 소비수준을 파악할 수 있다.

분석 방법

- 네이버 부동산 홈페이지 접속 https://land.naver.com/
- 행정구역 '동' 단위까지 설정
- 아파트 선택
- 시세/실거래가 클릭
- 시세변동 추이(1, 3, 5, 7년 설정 가능)

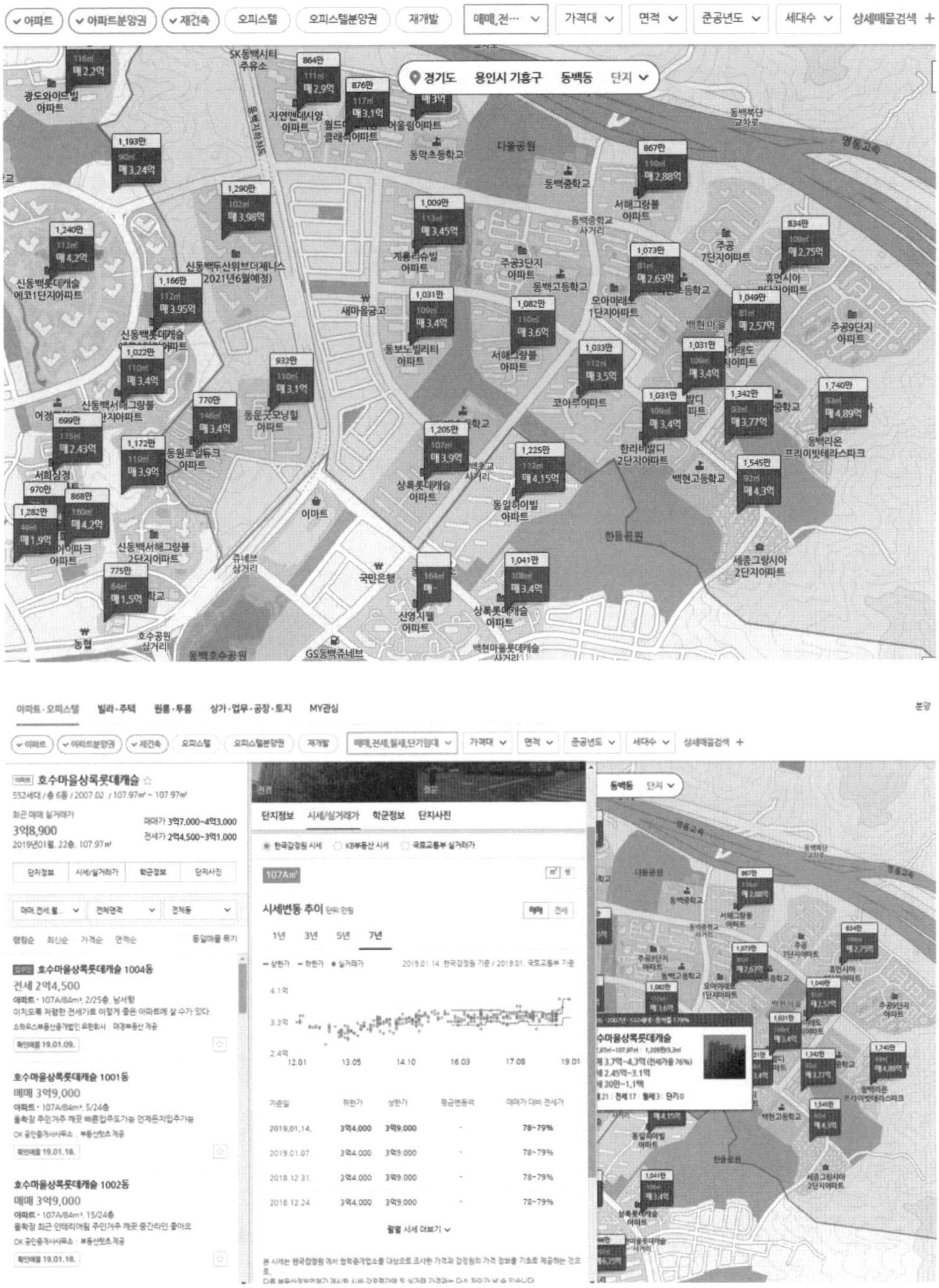

그림 4-17 네이버 부동산 시세 분석방법

시세변동 추이 단위:만원

매매 | 전세

1년 3년 5년 7년

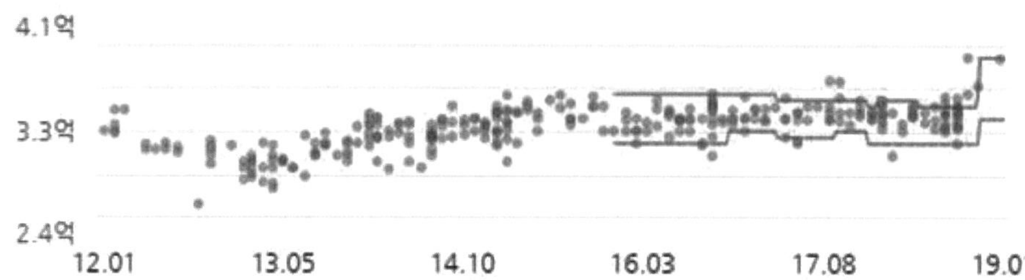

기준일	하한가	상한가	평균변동액	매매가 대비 전세가
2019.01.14.	**3억4,000**	**3억9,000**	-	**78~79%**
2019.01.07.	3억4,000	3억9,000	-	78~79%
2018.12.31.	3억4,000	3억9,000	-	78~79%
2018.12.24.	3억4,000	3억9,000	-	78~79%

월별 시세 더보기 ∨

그림 4-18 A매장 주변 L아파트 7년간 시세변동 추이

A매장에 가장 인접한 L아파트의 최근 시세는 32평형을 기준으로 3억 4천~3억 9천만 원 수준으로 확인되었다. 비교해보고 싶은 상권 내 아파트도 이러한 방식으로 매매가를 조사하고 비교해보면 어느 상권이 소비력, 소득이 높은 지 가늠할 수 있을 것이다.

또다른 방법은 시내에 있는 전체 행정동과 분석하는 방법이다.

분석 방법

- 네이버 부동산 홈페이지 접속 https://land.naver.com/
- 검색창 행정구역 입력 후 검색
- 그래프 상단 [아파트 시세] 클릭

네이버 부동산 홈페이지 검색창에 분석하고자 하는 행정구역을 입력하고 그래프 상단에 있는 '아파트시세' 를 클릭하면 전체 시세를 나타낸 그래프를 확인할 수 있다.

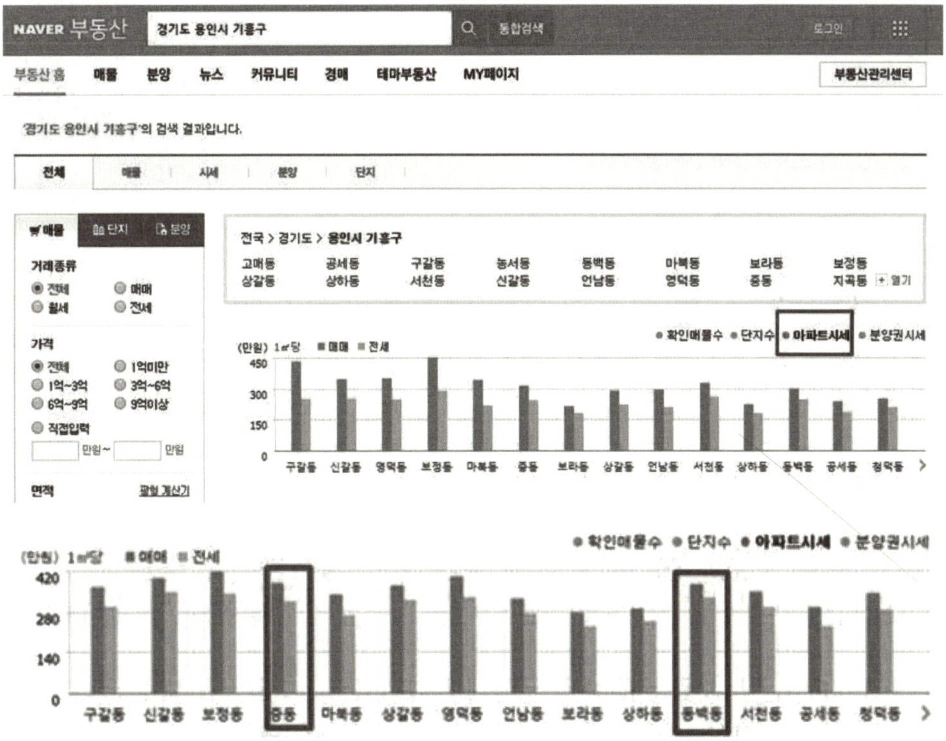

그림 4-19 네이버 부동산 용인시 행정동별 아파트 시세

용인시의 주요 행정동과 부동산 시세를 비교한 결과다. 동백동은 주변 행정동에 비해 중상위의 시세를 기록하고 있는 만큼 거주민들의 평균 이상을 상회하는 소비력을 추정해볼 수 있다.

그림 4-20 아파트 브랜드 가치 순위 및 시세차

(4) 브랜드

아파트 브랜드 순위로도 소득수준을 파악할 수 있다. 위 그림은 브랜드가치 평가사 '브랜드 스탁'이 발표한 2018년 아파트 브랜드 순위이다. 실제로 상위에 랭크된 아파트일수록 평당 시세도 높은 편이다. 우측 그림을 보자. 약 300m밖에 떨어지지 않은 두 아파트 단지가 평당 300만 원 시세차가 발생하는 것을 볼 수 있다. 이를 통해 상위 브랜드 아파트일수록 높은 소득과 소비력을 예상할 수 있겠다. 또한 거주단지 내 상위 브랜드가 대부분이라면 거주민의 고급화 제품에 대한 선호도 또한 높다고 유추해볼 수 있다.

동백동의 경우 32개 단지 중 세 곳만이 브랜드 가치 순위 중 상위권에 랭크되어 있었다. 동백동은 중형 브랜드 아파트와 대한주택공사에서 시공한 주공아파트, 휴먼시아 아파트 단지가 대부분인 것으로 나타났다. 서두에 언급한 것처럼 임대아파트와 민영아파트가 혼재한 곳이라면 임대아파트 거주민이 민영아파트의 소비를 따라가기 위해 소득수준 이상의 차량을 구입하는 등의 상향평준화가 이루어져 '보여지는 것'에 치중하는 다소 허영된 소비가 일어날 수 있음을 짐작할 수 있었다. 이를 통해 상위브랜드 거주민을 기준으로 높은 객단가의 아이템을 선정해도 충분히 소비가 가능함을 타진했다.

4) 소득 및 소비

그렇다면 거주인구의 소비력은 어떠한지, 어느 정도의 소득, 소비수준을 갖추고 있는지 알아보자.

(1) 소득

❶ 소상공인 상권정보 시스템

분석방법

- 소상공인 상권정보 시스템 접속
- 상권분석 선택
- 지역선택 : 지도를 드래그 해 분석할 지역으로 이동
- 영역선택 : 반경 – 사용자 지정 – 1500m 설정
- 업종선택 : 임의 설정 가능
- 분석하기 클릭 후 분석 결과 페이지로 전환
- [소득 · 소비] – · 주변 행정동별 소득현황 확인

· 주변 행정동별 소득현황 (단위 : 인당 평균 월 소득액, 만원/월)

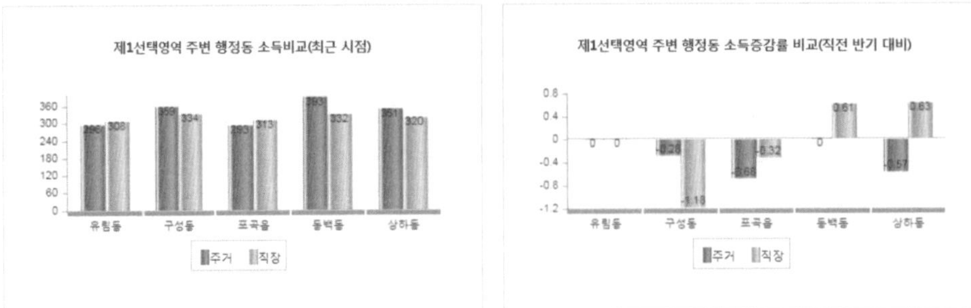

그림 4-21 상권정보 시스템 행정동별 소득비교(근거리)

동백동의 경우 거주인구의 소득수준은 평균 393만 원으로 동백동에 직장을 가지고 있는 사람들보다 평균 61만 원이 많았다. 상권 내 거주인구는 직장인구보다 소득수준이 높은 것으로 나타났고 이 소득 차이는 주변 행정동에 비해 높은 수준으로 나타났다. 또한 동백동의 주거인구 소득은 주변 행정동과 비교했을 때 최저 40만 원 최대 100만 원이 많은 것으로 분석되어 주변 행정동에 비해 높은 소득수준을 유지함을 알 수 있었다.

하지만 이 자료는 동백동과 이웃하고 있는 행정동에 한해서만 분석된 자료이며 용인시 전체 혹은 동백동과 비슷한 상권의 소득수준과 비교하기 위해서는 [상권분석]-[지역선택]에서 분석하고자 하는 지역을 선정해 비교해보면 된다.

· 주변 행정동별 소득현황 (단위 : 인당 평균 월 소득액, 만원/월)

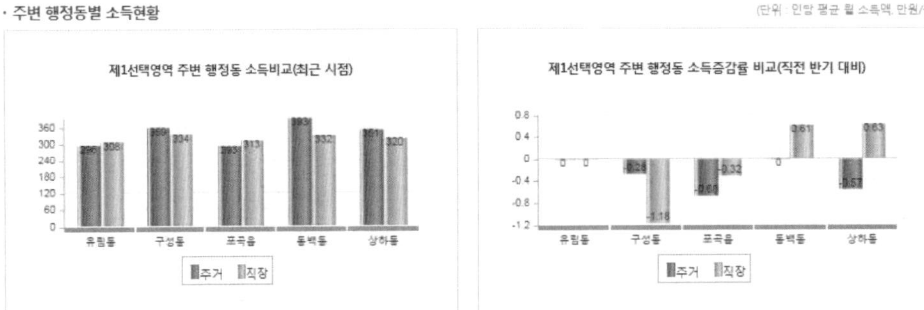

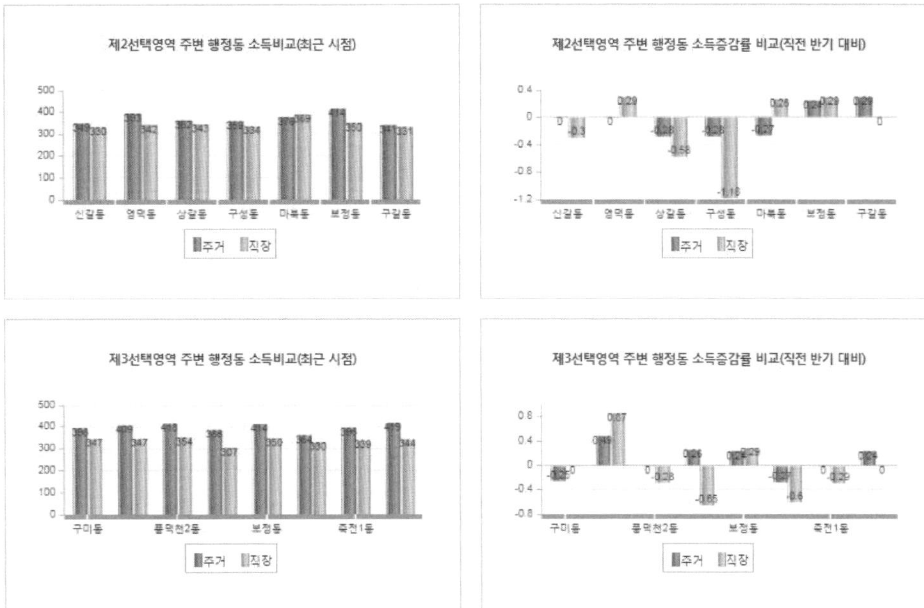

그림 4-22 상권정보 시스템 행정동별 소득비교(원거리)

주거인구의 소득이 동백동 수준으로 높은 곳은 영덕동, 구미동, 죽전1동으로 나타났다. 위의 소득금액은 전체 인구의 평균을 나타낸 것이고 성별, 연령대별로도 나타낸 그래프도 있으니 참고하자 가장 눈여겨볼 자료는 '금액 구간별 소득분포' 그래프이다.

· 금액구간별 소득분포

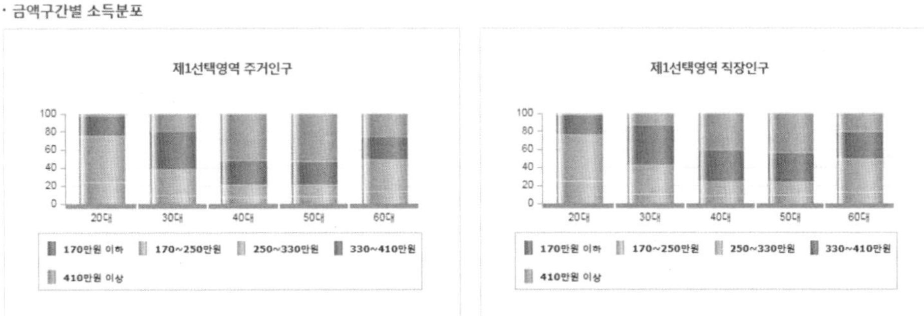

지역	금액구간	주거인구 소득(연령대별 금액구간 비율)					직장인구 소득(연령대별 금액구간 비율)				
		20대	30대	40대	50대	60대	20대	30대	40대	50대	60대
제1 선택 영역	월 170만 원 이하	0.0%	0.0%	0.0%	0.0%	0.0%	0.0%	0.0%	0.0%	0.0%	0.0%
	월 170~250만 원	23.7%	9.5%	7.4%	8.4%	13.2%	24.7%	10.4%	8.8%	9.2%	12.7%
	월 250~330만 원	51.9%	28.5%	13.3%	12.2%	35.6%	51.5%	32.0%	15.6%	14.7%	36.5%
	월 330~410만 원	22.3%	42.9%	27.6%	26.3%	26.1%	22.4%	44.9%	34.8%	32.2%	30.4%
	월 410만 원 이상	2.1%	19.1%	51.7%	53.0%	25.1%	1.5%	12.7%	40.8%	43.9%	20.4%

그림 4-23 **상권정보 시스템 연령대별 소득분포도**

연령대별로 소득 수준을 분포정도에 따라 나타낸 그래프와 표다. 동백동의 경우 4050대 주거인구 중 410만 원 이상 소득을 올리는 가구의 비중이 다른 연령대에 비해 약 3.5배가량 높은 것으로 미루어보아 주거인구 중 40~50대 소비자가 높은 소비력을 갖추고 있음을 짐작할 수 있다.

❷ X-RAY MAP

㈜비즈지아이에스에서 제공하는 'X-RAY Map' 에서도 소득수준을 확인할 수 있다.

분석방법

- [http://www.biz-gis.com/XRayMap/ 접속
- 지도를 드래그해 분석할 지역으로 이동
- 지도 좌측 상단 다각형/원(반경) 중 선택
- 분석 지역 선택(다각형일 경우 직접 그린다)
- 분석결과 형성
- [핀모양(#1)] 클릭

- [해당영역 상세분석] 클릭
- [소득분위] 탭 클릭

위의 과정을 거치면 아래와 같은 그래프를 확인할 수 있다.

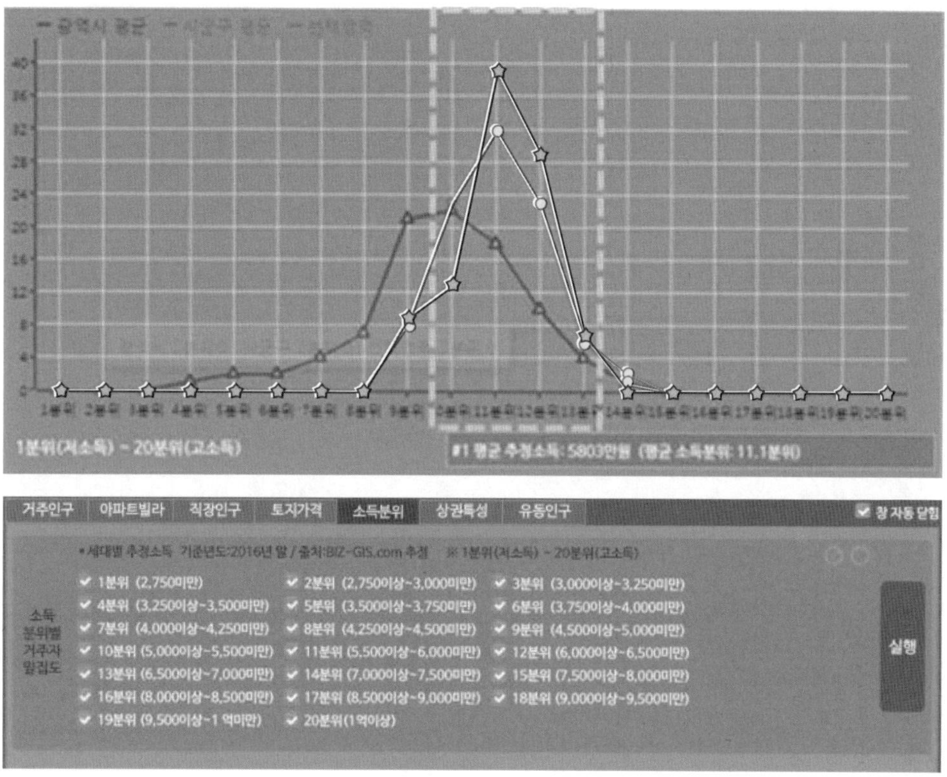

그림 4-24 비즈지아이에스의 소득분위별 분포도

검은색 선이 상권이 속한 광역시(혹은 도)의 평균 소득수준, 연한 갈색 선이 상권이 속한 시군구, 진한 갈색색 선이 상권 내 거주민의 소득수준이다. 1분위일수록 저소득 20분위일수록 고소득이다.

위의 그래프는 A매장을 기준으로 분석한 자료다. 다시 해석해보자면 용인시(검은

선)는 9~11분위의 집중도가 높은 편이고 기흥구(연한 갈색 선)는 최고점이 11분위로 옮겨오면서 10~12분위가 가장 많은 비중을 차지하고 있다. 우리가 선택한 상권은 11분위의 집중도가 기흥구보다 더 높았다. 즉 동백동은 기흥구, 용인시 전체 평균에 비해서도 높은 소득수준을 보이고 있다. 해당 방법으로 상권의 소득수준이 평균 이상인지, 이하인지 기준점을 찾을 수 있다. 만약 동백동 사례와 반대로 평균 이하를 기록하는 상권이라면 낮은 소비력이 예상되기 때문에 저렴한 아이템을 박리다매 방식으로 판매하는 전략을 구상할 수 있다.

(2) 소비

분석 방법

- 소상공인 상권정보 시스템 접속
- 상권분석 선택
- 지역선택 : 지도를 드래그 해 분석할 지역으로 이동
- 영역선택 : 반경 – 사용자 지정 – 1500m 설정
- 업종선택 : 임의 설정 가능
- 분석하기 클릭 후 분석 결과 페이지로 전환
- [소득 · 소비] – · 주변 행정동별 소비현황 확인

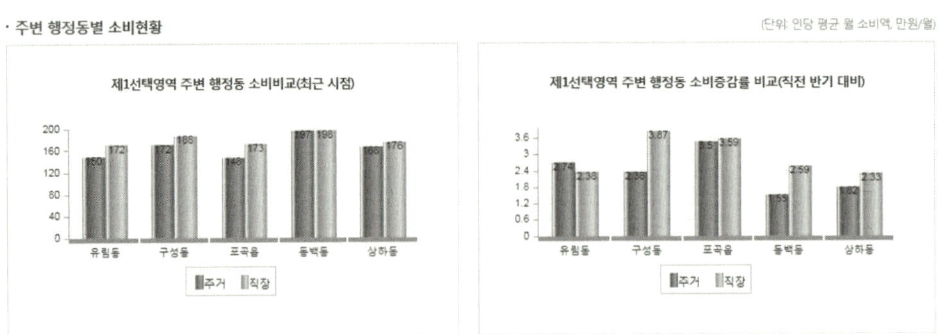

그림 4-25 상권정보 시스템 행정동별 소비비교(근거리)

동백동 거주인구는 타 행정동에 비해 최소 25만 원 최대 49만 원을 더 소비하는 것으로 나타나 높은 소비력을 인접한 지역에 비해 높은 소비력을 갖추고 있음을 알 수 있었다.

앞서 소득분석에서도 언급했다시피, 해당 자료는 동백동과 이웃하고 있는 행정동에 한해서만 분석된 자료이기 때문에 용인시 전체 혹은 동백동과 비슷한 상권의 소득수준과 비교하기 위해서는 [상권분석]-[지역선택] 에서 분석하고자 하는 지역을 선정해 비교해보면 된다.

소득현황과 마찬가지로 소비현황도 금액구간별로 살펴보자.

· 금액구간별 소비현황

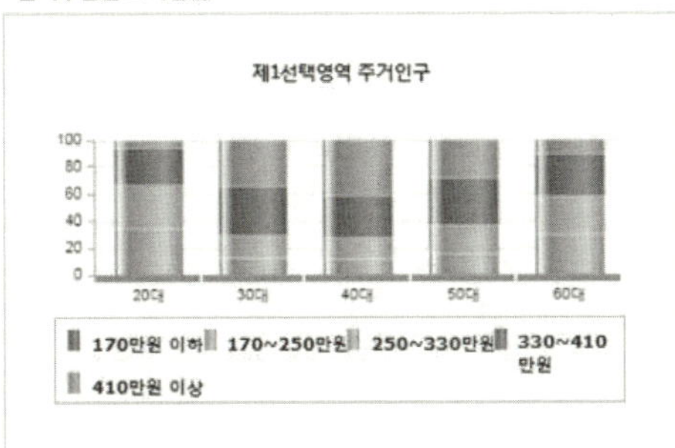

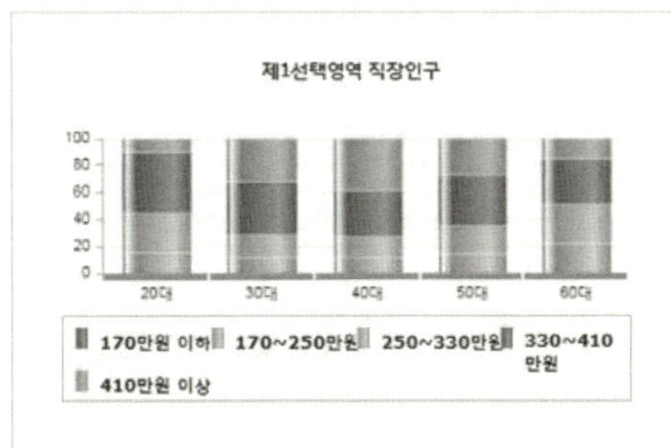

지역	금액구간	주거인구 소득(연령대별 금액구간 비율)					직장인구 소득(연령대별 금액구간 비율)				
		20대	30대	40대	50대	60대	20대	30대	40대	50대	60대
제1 선택 영역	월 170만 원 이하	0.0%	0.0%	0.0%	0.0%	0.0%	0.0%	0.0%	0.0%	0.0%	0.0%
	월 170~ 250만 원	34.5%	12.5%	11.7%	15.9%	29.6%	15.7%	11.5%	10.9%	14.2%	22.1%
	월 250~ 330만 원	32.3%	17.0%	16.0%	20.6%	28.7%	29.2%	16.8%	16.1%	21.1%	29.3%
	월 330~ 410만 원	27.7%	36.4%	31.3%	35.2%	31.1%	45.6%	39.5%	34.6%	37.5%	33.7%
	월 410만 원 이상	5.4%	34.2%	41.1%	28.3%	10.7%	9.6%	32.1%	38.4%	27.1%	14.9%

그림 4-26 **상권정보 시스템 연령대별 소비분포도**

앞서 소득현황에서는 동백동의 경우 40~50대 소비자가 410만 원 이상의 소득 분포가 가장 많아 높은 소비력을 갖추고 있는 것으로 나타났다. 하지만 실제로 소비 분포도를 살펴보니 30~40대의 소비가 많은 것으로 나타났다. 오히려 50대는 330~410만 원대의 소비 분포가 많았다. 즉 30대는 소득에 비해 소비가 많고 40대는 소득과 소비가 둘 다 많고 50대는 소득은 많으나 소비는 적은 연령층으로 보여 진다. 즉 소득수준을 통해 40~50대가 소비력이 있을 것이라고 예측한 것에 반해 실제 소비는 30~40대 위주로 나타난다고 확인할 수 있다.

대체적으로 연령대별 소득과 소비를 분석해보면 40~50대가 소득이 가장 많고 30~40대가 소비가 많다. 예상했겠지만 40~50대에는 직장생활 중 고위직에서 일하는 시기이다. 그만큼 고액 연봉을 받기 때문에 소득이 높고, 60대에는 대부분이 퇴직하기 때문에 소득이 크게 감소한다.

30~40대가 소비가 많은 이유는 부양할 가족이 많기 때문이다. 50대는 대체적으로 20~30대 자녀를 가지고 있고 대부분이 독립하기 때문에 부양할 가족이 적고 그만큼 소비액수가 적어진다.

소득과 소비액을 분석하는 이유는 단순하게 소비가 많은 연령대의 확인을 위한 것이 아니라, 메인 타깃의 소득 수준을 확인하자는 것이다. 만약 20대가 메인타깃으로 설정되게 된다면 해당 상권의 20대가 벌어들이는 소득과 소비 수준을 파악해야 한다. A상권과 B상권을 각각 20대 소득, 소비를 비교했을 때, A상권은 300만 원을 벌고 100만 원을 소비하며 B상권은 200만 원을 벌고 150만 원을 소비한다고 가정해보자.

A상권의 20대는 쓰는 돈 보다 모으는 돈이 많기 때문에 미래를 위한 투자 의향이 클 것이고 B상권의 20대는 현재에 집중하는 소비가 이루어질 것이다.

A상권의 소비자는 구매요인 중 '실용성' 을 중점적으로, B상권의 소비자는 구매요인 중 '쾌락성' 을 추구할 것이다.

소비자 조사는 단순히 숫자를 확인하는 것이 아니라 숫자가 가지고 있는 의미를 해석함으로서 소비자의 소비행동을 파악할 수 있으며 이는 소비자를 분석하는 가장 큰 목적이라고 볼 수 있다.

메인 타깃이 설정된 이후 소득, 소비 자료를 다시 한 번 검토하길 바란다.

(3) 자동차 보유

추가적으로 소비수준을 알고 싶다면 차량(차종, 배기량)을 조사해보는 것도 방법일 수 있다. 일반적으로 보험개발원에서 발표하는 국산차 모델등급에 따라서 구분한다.

표 4-7 국산차 모델등급 조정 상세

차종	배기량	제조회사	차량모델명	2017 등급	2018 등급	변동현황
소형 A	~1,000	기아	모닝	18	19	1개선
			비스토	16	16	유지
			올뉴모닝	17	18	1개선
			RAY	16	17	1개선
			올뉴모닝(2017)	15	13	2악화
		대우	뉴마타즈	16	15	1악화
			마타즈	15	15	유지
			마타즈Ⅱ	16	18	2개선
			티코	15	15	유지
			마티즈 크리에이티브	14	16	2개선
			스파크	14	13	1악화
			더 넥스트 스파크	17	15	2악화
		현대	아토스	13	13	유지
			블루온	17	17	유지
		CT&T	e-Zone	12	12	유지
		AC모터스	Change	25	25	유지

표 4-8 배기량 별 차종

차종	배기량(CC)	모델명(대표적인 예)
소형 A	~1000	모닝, 마티즈
소형 B	1001~1600	K3, 쏘울
중형	1601~2000	K5, 소나타
대형	2001~3000	그렌저,제네시스
대형 2	3001~	무쏘, 에쿠스
다인승	3001~	카니발, 코란도

~1600cc 내외는 서민층 2000~2500cc는 중산층 3000cc 이상은 고소득자로 구분하는 것이 일반적이다. 아파트 단지 내 주차된 차량 조사를 통해서도 소비력을 판단해 보자.

5) 인식조사

(1) 사회조사

거주민들에 대한 정보를 좀 더 알고 싶다면 각 지자체가 매년마다 실시하는 '사회조사 보고서'를 참고해보자. 용인시 사회조사보고서 기준으로 사회조사 보고서 내 조사항목이다. 필요한 부분을 확인해 참고하면 된다(지자체별로 항목이 상이하나 대체적으로는 동일함).

표 4-9 사회조사보고서 조사 항목

조사부문	조사항목	조사부문	조사항목
일반	주택형태	가족 가구	부모 생존 여부
	점유형태		부모 동거 여부
	성별		결혼에 대한 견해
	생년월일		외국인과의 결혼에 대한 견해
	가구주와의 관계		이혼에 대한 견해
	교육정도		재혼에 대한 견해
	혼인상태		맞벌이부부 여부
	가구의 주된 소득원		맞벌이부부의 경제활동 상태
	가구의 월평균 소득		향후 5년 이내 출산계획
	평소 경제활동 여부		저출산의 원인
	취업자의 종사산업		이상적인 자녀수
	취업자의 종사직업		가족관계 만족도
	취업자의 종사상지위		미취학자녀 유무
	임금근로자의 근로여건 만족도		미취학자녀 보육방법
교육	초.중.고 자녀 유무		반려동물 유무
	사교육 여부	특성 항목	1인가구 여부
	월평균 사교육비		거주지역의 만족분야
	사교육을 받는 주된 이유		태교도시 조성을 위해 필요한 사업
	사교육을 받지 않는 주된 이유		
	학교교육의 효과		

아래는 용인시민의 통근 혹은 통학에 대한 소요 시간 및 직장 장소를 기록한 자료다. 동백동, 중동은 기흥구에 속하기 때문에 기흥구의 수치를 살펴보면 되겠다.

표 4-10 용인시 사회조사 보고서 통근, 통학 시간 및 직장 위치

구 분		통근 통학 한다	통근·통학 평균 소요 시간 (편도 기준)	직장 또는 학교 장소				
				거주 시군 내	경기도내 다른 시군	서울	인천	기타
2017		64.2	43.2	48.8	27.7	19.9	0.5	3.2
생활권별	처인구	64.5	34.0	72.3	18.8	6.0	0.0	2.8
	기흥구	64.6	44.5	44.3	31.8	20.2	0.7	3.1
	수지구	63.5	47.9	37.7	28.9	29.2	0.7	3.5
주택 형태별	단독주택	63.6	31.0	65.9	25.7	5.3	0.0	3.1
	아파트	77.4	47.4	35.0	33.8	27.1	0.8	3.3
	연립·다세대	75.5	29.8	65.2	27.0	5.8	0.0	2.0
	기타	64.1	41.2	0.0	100.0	0.0	0.0	0.0
가구 월평균 수준별	100만원 미만	19.1	38.1	69.4	19.0	7.8	0.0	3.7
	100~200만원미만	56.1	32.3	69.5	23.1	5.4	0.0	2.0
	200~300만원미만	73.6	39.8	53.1	28.5	14.3	0.7	3.4
	300~400만원미만	82.0	42.4	43.3	30.5	24.0	0.6	1.5
	400~500만원미만	87.4	46.8	34.6	33.7	28.2	0.7	2.8
	500~600만원미만	89.5	47.6	34.9	37.5	22.0	0.0	5.6
	600~700만원미만	87.5	53.8	20.7	42.4	32.3	2.3	2.3
	700만원이상	91.0	49.1	23.8	36.2	35.1	0.6	4.3

구 분		통근 통학 한다	통근·통학 평균 소요 시간 (편도 기준)	직장 또는 학교 장소				
				거주 시군 내	경기도내 다른 시군	서울	인천	기타
2017		64.2	43.2	48.8	27.7	19.9	0.5	3.2
성별	남자	78.8	45.2	42.3	30.6	22.5	0.7	4.0
	여자	49.9	40.0	58.7	23.2	15.9	0.3	1.9
연령별	15 - 19세	93.1	30.9	80.7	11.8	5.3	0.0	2.1
	20 - 29세	78.4	57.5	35.8	33.1	24.1	0.7	6.3
	30 - 39세	69.2	43.4	40.5	32.7	25.1	0.2	1.5
	40 - 49세	73.8	42.3	41.8	32.9	22.4	0.7	2.3
	50 - 59세	67.3	41.4	51.8	25.3	17.6	0.7	4.5
	60세이상	21.7	40.6	60.9	16.6	20.0	0.5	1.9
교육 정도별	초졸이하	40.6	22.3	91.8	5.2	3.0	0.0	0.0
	중졸	69.3	23.9	89.8	7.9	2.3	0.0	0.0
	고졸	63.0	46.4	53.8	25.7	14.8	0.7	5.0
	대학교졸업	64.9	46.0	35.7	34.5	26.8	0.5	2.6
	대학원졸업	76.8	48.9	34.3	31.0	28.6	0.9	5.1
가구원 수별	1인가구	52.3	30.2	64.4	27.0	7.5	0.0	1.0
	2인가구	45.9	42.0	50.0	25.6	20.1	0.8	3.6
	3인가구	66.5	44.0	45.8	29.4	21.7	0.4	2.8
	4인가구	75.3	44.4	48.5	27.4	20.5	0.3	3.2
	5인가구이상	69.4	43.7	50.0	26.9	17.6	1.3	4.1

기흥구민들은 직장(학교)까지 약 45분 정도 걸려서 이동을 한다. 주택 형태별로 살펴보면 아파트에 사는 거주민들 61%가 용인시가 아닌 다른 경기도 시 혹은 서울에 직장(학교)가 있다고 답했다. 또한 남성일수록 통근 비율이 높았으며 20~40대가 용인시가 아닌 곳에서 근무한다고 답변했다.

비록 조사범위가 '동' 단위가 아닌 '구' 단위고 또 용인시 전체 아파트 주민을 대상으로 한 조사이기 때문에 해당 자료를 통해 무조건 상권 내 거주자들도 45분 걸려 용인시 아닌 곳으로 통근한다고 속단할 수 없으나, 이러한 자료를 통해 대략적인 조류를 확인할 수 있다.

위의 자료를 통해 우리 상권은 베드타운(BedTown, 직역하면 잠만 자는 곳. 대도시에 직장을 두고 교통이 편리한 위성도시에서 거주하는 것을 뜻함)의 성격을 띠는 것을 확인했다.

6) 개발 계획

(1) 신도시 및 재건축 개발계획

그림 4-27 용인 도시개발 계획 및 보도자료

지자체 홈페이지에서 중장기 전략 혹은 도시 개발 계획 등의 자료를 통해서 시장의 성장성을 예측해볼 수 도 있다. 각 지자체 홈페이지 검색창에 '도시계획, 시정계획'을 검색하면 보고서를 다운받을 수 있다.

또한 각종 매체를 통해서도 아파트 입주계획, 지하철 착공 등 각종 계획들을 확인할 수 있으며 실사 조사를 진행할 때 공사 현장 앞의 안내문 확인을 통해서도 가능하겠다.

A매장 기준, 남쪽으로는 용인 연세의료 복합도시 첨단산업단지가 개발되고, 서쪽으로는 메가브랜드 아파트가 입주예정이며 연면적 2800평, 4층 규모의 쇼핑몰이 입점 예정으로 앞으로의 성장가능성이 높은 지역임을 알 수 있다.

7) 거주인구 결론

이제 이 모든 자료를 토대로 상권 내 거주인구의 결론을 내려 보자.

❶ 거주단지는 행정구역을 기준으로 동백동, 중동 내 아파트 단지로 설정할 수 있다.

❷ 거주단지 중심으로 상업지구가 형성되어 있고 상업지구 내 대형마트, 병원, 은행 등이 위치하고 있어 동백동, 중동 주민은 타 지역으로 이탈되기보다는 동백동 내에서 모든 생활을 해결할 수 있는 '생활권'이 형성되어 있다.

❸ 상업단지는 크게 5곳으로 나눠져 전체 거주인구가 유입되지 않을 수 있으나 실사 결과 A매장이 위치한 상권이 가장 규모가 크고 주요 생활시설이 집중되어 있어 원거리의 거주인구까지도 유입 가능성이 높음을 확인했다.

❹ 동백동은 대부분이 아파트 단지로 이루어져 있으며 32개의 아파트 단지에 69,000명이 거주 중이다.

❺ 평균적으로 한 가구당 3.02명이 거주 중으로 10대 자녀를 가진 30~40대로 보인다.

❻ 용인시 전체와 비교했을 때 단위면적당 학급 수, 학생 수가 상위를 기록해 타 행정동에 비해 10대 비중이 높다.

❼ 아파트는 중형브랜드의 30~40평대 아파트로 중산층 3~4인 가족단위가 거주할 것으로 예상된다.

❽ 소득 분위는 용인시, 기흥구 전체 평균에 비해 높은 수준이며 부동산 가격 기준 중상위를 기록하고 있다.

⑨ 거주민의 평균 월평균 소득액은 393만 원으로 직장인구보다는 높고 인접한 주변 행정동의 거주민보다도 높다.

⑩ 40~50대의 소득이 높지만 소비는 30~40대 위주로 이루어진다.

⑪ 남성 거주민 대부분이 용인시가 아닌 서울, 경기도의 다른 시에서 근무하기 때문에 출근, 저녁 시간에 가장 유동이 활발한 베드타운의 성격을 띤다.

거주인구를 이렇게 세세히 분석하는 것은 주변 거주인구가 우리 매장으로 유입될 가능성이 높은 경우에 실시한다. 만약 운영매장이 도시 외곽에 위치하거나 강남역처럼 거주인구 유입이 적은 번화가 유형이라면 거주인구 분석의 중요도는 낮아진다. 세세히 분석하기보다는 대략적인 거주단지의 규모, 거주인구의 연령대 정도를 분석하면 되겠다.

2. 직장인구

상권 내에서 직장을 가지고 있는 소비자에 대해 분석해보자. 주요 이용 고객이라 할 수 있는 오피스 인력의 외식 속성 파악이 중요하다. 예를 들면 직장인이 점심식사 시 구내식당을 주로 이용하는가, 주변 외식업소를 이용하는가를 파악해야 하며 식사 시 가격 민감도(주 이용 외식업소의 점심 식사 가격) 또한 측정해야 한다.

또한 저녁의 경우 근처 외식업소에서 회식을 하는지 저녁식사만 이뤄지는지 저녁 수요가 없이 이탈하는지, 회식을 할 경우 음식과 주류를 함께 이용하는지? 외부유출 비율은 어느 정도인지 등을 파악을 하여야 한다.

결론은 단순히 직장인이 많고 적음을 떠나 이들 직장인을 얼마나 흡입할 수 있는가? 그 가능성을 타진해야 한다.

표 4-11 직장인구 조사표 예시

건물명	데시앙	국민건강보험공단	한국전력	동서빌딩	신원빌딩	삼창 프라자	성우빌딩	일진빌딩
건물 특성	주상복합	공단 단일건물	한전 단일건물	동서식품 단일건물	신원 단일건물	60여 개 소형 오피스	10여 개 소형 오피스	20여 개 소형 오피스
상주 직원 수	150명	2,000명	350명	200명	500명	1,500명	200명	400명
직원성비 (남:여)	5:5	3:7	6:4	7:3	5:5	7:3	8:2	7:3
직원 주 연령층	남:30대 여:20~30대	남:30~40대 여:20~30대	남:30~40대 여:20대	남:30~40대 여:30대	남:30대 여:20~30대	남:30~50대 여:30대	남:30~40대	남:30~40대
구내식당 유무	2층 식당가 형성	유	유	유	유	지하 식당가	지하 식당가	지하 식당가
비고	학원 비율이 높음	콜센터 운영, 20대 여성비율 높음	남성의 경우 외근비율이 높음	구내식당 및 외부 업소 이용비율 6:4	구내식당 및 외부 업소 이용비율 7:3	지하 식당가 시설 낙후로 건물 외 이용 비율 높음	음식문화거리 유입률 높음	음식문화거리 유입률 높음

우선 거시적으로 직장인구를 분석해보자. 각 지자체에서는 매년마다 사업체에 대한 통계를 발표한다. 본격적인 분석에 앞서 간단한 개념정리가 필요하다.

우리나라는 산업을 대분류 〉 중분류 〉 소분류 〉 세분류 〉 세세분류로 구분한다.

표 4-12 업종 분류표

대분류		중분류	소분류	세분류	세세분류
0	농업, 임업 및 어업 생산물	4	19	84	216
1	광석, 광물, 전기 가스 및 수도	7	17	39	48
2	식료품, 음료 및 담배, 직물, 의류 및 가죽제품	9	45	153	325
3	기타 운송 가능한 제품(금소제품, 기계 및 장비 제외)	9	60	259	468
4	금속제품, 기계류 및 장비	9	52	215	553
5	건설물 및 건설 서비스업	2	9	48	95
6	도소매, 숙박업서비스, 음식점서비스, 운송 및 관련서비스, 전기, 가스 및 수도 서비스	9	27	121	540

	대분류	중분류	소분류	세분류	세세분류
7	금융 및 관련서비스, 부동산서비스, 임대서비스	3	12	48	95
8	전문 기술 및 사업지원 서비스, 통신 방송 및 정보 서비스	9	48	164	388
9	공공, 사회 및 개인 서비스	9	39	114	193
	합계	70	328	1,245	2,924

대부분의 지자체는 각 읍면동 단위별로 산업 소분류 업종별 종사자 수 기업체 수를 제공하고 있다. 따라서 대략적인 상권 내 직장인구나 직장 특성 등을 예측할 수 있다.

표 4-13 동백동 산업소분류별 사업체 수 및 종사자 수

업종분류(소분류)	사업체 수	종사자 수	사업체당 종사자 수
교육 서비스업(85)	341	2,725	8.0
도매 및 소매업(45~47)	639	2,320	3.6
보건업 및 사회복지 서비스업(86~87)	203	1,793	8.8
숙박 및 음식점업(55~56)	489	1,787	3.7
제조업(10~33)	185	1,304	7.0
전문, 과학 및 기술 서비스업(70~73)	94	987	10.5
부동산업 및 임대업(68~69)	230	938	4.1
건설업(41~42)	70	893	12.8
협회 및 단체,수리 및 기타 개인 서비스업(94~96)	299	873	2.9
사업시설관리 및 사업지원 서비스업 (74~75)	19	630	33.2

위의 표는 용인시청에서 조사한 산업 소분류 업종별 - 읍면동별 사업체 수 및 종사자수 표를 동백동, 중동 수치만 추출하여 가장 종사자 수가 많은 순서대로 상위 10개 업종에 대해서만 재배열한 표다. 동백동 내에서는 교육 서비스업 〉 도매 및 소매업 〉 보건업 및 사회복지 서비스업 순으로 종사자 수가 많다. 종사자 수에 사업체 수를 나누면

한 사업체당 종사자 수가 산출되는데 대부분 10명 내외의 소규모 업체로 추정된다. 가장 종사자 수가 많은 교육 서비스업종에 대해서 세분류까지 분석해보면 아래와 같다.

표 4-14 동백동 교육업종 세분류 별 사업체 수 및 종사자 수

업종분류(세분류)	사업체 수	종사자 수
교육 서비스업(TOTAL)	341	2,725
초등 교육기관	22	978
중등 교육기관	7	504
고등 교육기관	1	75
특수학교, 외국인학교 및 대안학교	-	-
일반 교습 학원	164	817
기타 교육기관	144	347
교육지원 서비스업	3	4

동백동은 초등 교육기관(유치원, 초등학교) 종사자가 가장 많으며 일반교습학원(교과과목, 영어 학원, 온라인 강의 등) 종사자가 그 다음 순이었다. 대략적으로 교육시설이 많은 비중을 차지하고 있다는 것을 염두하며 실사를 시작했다.

앞서 언급했지만 직장인 조사를 하면서 가장 주안점을 두어야 하는 것은 점심과 저녁 시간대 직장 인구의 이동이다. 직장인들은 짧은 시간 내에 점심을 해결해야 하기 때문에 도보 10분 이내의 범위 내에서 식당을 찾을 것이다. 또한 저녁의 경우 '회식 수요'와 저녁까지 운영하는 업종의 경우 '종업원의 저녁식사를 해결하는 수요'를 예상할 수 있다.

1) 점심수요 직장인

우선 점심수요를 분석해보자. A매장에서 도보로 10분 이내로 접근 가능한 범위를 지정했다. 해당 범위 내 직장 인구는 상업 지구에서 근무하는 상가 입주자가 전부라고 할 수 있다.

그림 4-28 직장인 추출 상권범위, 소상공인정보시스템

표 4-15 주변 상가 입점 업체 리스트, 핌코리아 시장조사 보고서

<주변 상가 입점 업체>

지스타	훼미리 프라자	더엠프라자	동백 벤포스타	월드프라자	레이크시티	베스트빌	명진프라자
만화카페	젠텍	엠플러스병원	동백 재활요양병원	채플린 노래방	참언의료기	노래연습장	일마레(파스타)
베이커리카페	하바텍 코리아	엠플러스병원	신경외과	원룸텔	파파존스	바리스타 학원	에이스타미술학원
단란주점	더블케이짐	신용보증기금	재활의학과	블루오션 bar	더한점	설빙	사랑요양원
노래방	스크린 골프	독학관리학원	내과	동백당구장	민이네시골밥상	촌딱포차	티엔티엔중국어
피시방	수학학원	애니미술	운동,작업,통증치료실	s노래바	sk텔레콤	43도 바	smt수학학원
마사지	어학원	동부화재	접수실,상담실,원무과	행운마트	약국	부엉이돈까스	눈높이
노래방	지에스티산업	스마트러닝센터	동백 재활요양병원	분양사무실	어반블루 라이브클럽	브라운아이즈안경	케이스타일짐
동백명가부대찌개	디와이엘씨드	동부화재	동백 재활요양병원	이찌방	작명	피자알볼로	진격의 수학학원
이바돔감자탕	미술학원	연세이튼치과	동백 재활요양병원	한참치	법무사	리안헤어	버거킹
단란주점	오주유리건설	서로나눔 한의원	오휘화장품	코스트코스트	청호나이스	부흥떡볶이	엽기떡볶이
당구장	h&s영어학원	밝은 연세안과	동백두레교회	b2	스핀만화대학	라애비뉴	gs25
피부관리	볼케이노	비블스터디카페	동백기원		골프비전		신소대(매운갈비)
황소곱창	동백내과의원	쉬어테라피	리얼탁구교실		간판		명동공인중개사
구울래질래	용인송동교회	와이즈리더 영어도소관	마실쑥훈증방		수이비인후과		놀부부대찌개
철스노라기	쇼미더vr	정신건강의학과	명성종합유통		라이브		갓블레스유 카페
용구비어	아이펠어학원	엉터리 생고기	더담 메이드		24시 전주 콩나물 국밥		에듀플렉스
신마포갈매기	m&m 병원	농협	준포토스튜디오		엔젤공인중개사 사무소		
윤선생닭갈비	참메디칼약국	맘스터치	해적실내낚시카페		왕돌판구이		
목포홍탁	동백쥬니어치과	애비뉴엘 타마시(미용실)	한국산업은행		바비브래드		

입지 주변으로는 9개의 상가가 위치하고 있고 대부분 10층 정도의 규모였다. 빌딩마다 1층에 가면 실제로 어떤 업체가 입점 중인지를 확인할 수 있는데 모두 나열해보니 약 500개의 업체가 입점 중이었다. 이 업체들을 다시 세 분류로 나눌 수 있었다. 그 기준은 시간대별 수요로 나뉘게 된다.

첫째, 점심수요가 발생하는 업종. 영업시간이 오후에 종료되어 점심시간에 수요가 발생하는 업종으로 대표적으로 금융, 보험, 병원, 약국 등이 여기에 속한다.

둘째, 점심~저녁에 수요가 발생하는 업종. 오전부터 밤까지 영업이 이어지는 업종으로 생활편의 시설들이 여기에 속하며 대표적으로 미용실, 안경점, 헬스클럽, 네일아트, 화장품 대리점 등이 있다.

셋째, 점심~심야에 수요가 발생하는 업종. 오후부터 자정 혹은 24시간 운영되는 업종으로 편의점, 학원, 독서실 등이 여기에 속한다.

표 4-16 점심수요 업체 리스트, 핌코리아 시장조사 보고서

금융, 보험, 병원, 약국 (점심수요)				
경기신용보증재단	우리은행	동백사랑약국	㈜ 토반	농협
대선건설	힐텍 코퍼레이션	민이비인후과	루헨스 정수기	큰사랑약국
웅진씽크빅	누리	마디마디한의원	젠텍	영보당
동백미즈산부인과	kga 에셋	동백우리요양병원	하바텍 코리아	최동준 공인중개사
플러스테라	제이엠피	우리은행	지에스티산업	정관장 홍삼
케이티알 기술	프리머스 어드바이저	프라자부동산	디와이엘씨드	스피드 텔레컴
좋은 사진관	한화생명 용인지역단	용인시 의사회	오주유리건설	동백 재활요양병원
랜드 비전	연세문 소아 청소년과	조은교회	볼케이노	신경외과
해비치 한의원	KB 손해보험	국민은행	m&m 병원	재활의학과
고려외과내과	한화손해보험	화니스킨	참메디칼약국	접수실,상담실,원무과
신한은행	우리요양병원	해창산업	동백쥬니어치과	동백 재활요양병원
신한은행	동백우리요양병원	시너지이펙트	두요감정평가법인	동백 재활요양병원
건국부동산	코웨이	한샘코스메틱	스튜디오라이프	동백두레교회
에스브이내셔널	서울 웰치과	옵티마 소정약국	중소기업은행	준포토스튜디오
제이에스컴퍼니	한화손해보험	성모프라임내과	동백동물병원	내과
진토담	우리 라이프	씨앤비디	엠플러스병원	운동,작업,통증치료실
한돌세무법인	베스톤 피부 비뇨기과	세무법인 위더스	신용보증기금	동백 재활요양병원
동그라미 산후조리원	건강 소망약국	아쿠아 아울렛	동부화재	동백기원
동진원	섬기는 한의원	인카금융서비스	연세이튼치과	한국산업은행
웰봄 소아과	뉴연세 치과	㈜세움 유럽형 귀농귀촌	서로나눔 한의원	분양사무실
정다운 약국	동백사랑약국	루헨스 정수기	밝은 연세안과	참언의료기
김앤박 정형외과	민이비인후과	에띠임 동백 센터	쉬어테라피	법무사
웰봄 소아과	마디마디한의원	국민은행	정신건강의학과	청호나이스

상가 내에 사업체 수를 비율로 따져보면 다음 그래프와 같다.

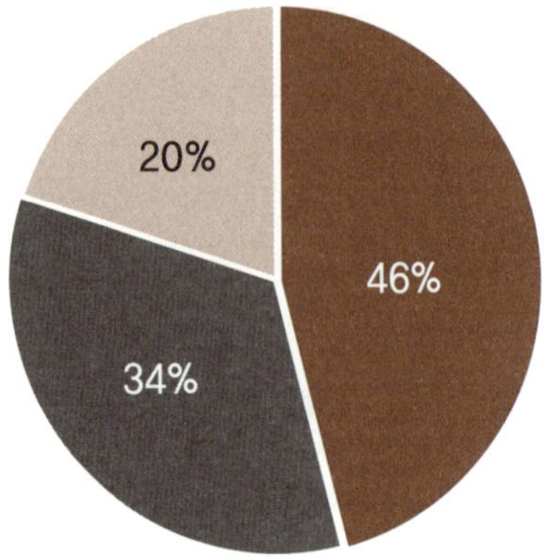

그림 4-29 시간대별-수요별 업체 분포그래프

점심수요가 발생하는 사무직군의 비율이 가장 높았다. 그렇다면 해당 직장인들은 점심을 어떻게 해결할까? 이 부분은 직접 조사를 통해 분석을 진행한다. 우선 사업체 내 구내식당이 존재하는지 알아본다. (표 4-11을 참고해 작성해보자)

그림 4-30 공공기관 및 기업 내 구내식당

조사결과, 점심수요가 발생하는 직장인들은 상권 내 구내식당이 없기 때문에 대부분 상권 내 식당에서 식사를 하거나 편의점의 도시락을 구매해 점심을 해결했고, 방문한

식당은 돈가스, 냉면, 김치찌개, 돼지국밥을 판매하는 곳이었다. 해당 메뉴들은 6,000원~8,000원 가격대로 구성되었다.

2) 저녁수요 직장인

(1) 원거리 직장인

다음은 저녁수요를 살펴보자. 회식을 진행할 경우 이동범위가 넓어지기 때문에 매장을 중심으로 반경을 넓게 설정해 유입될 수 있는 직장인 여부를 따져보았다. 상권분석 이론상으로 차량으로 최대 2km를 유입될 수 있다고 정의하기 때문에 반경 2km를 기준으로 유입될 수 있는 직장 인구를 분석해보기로 한다.

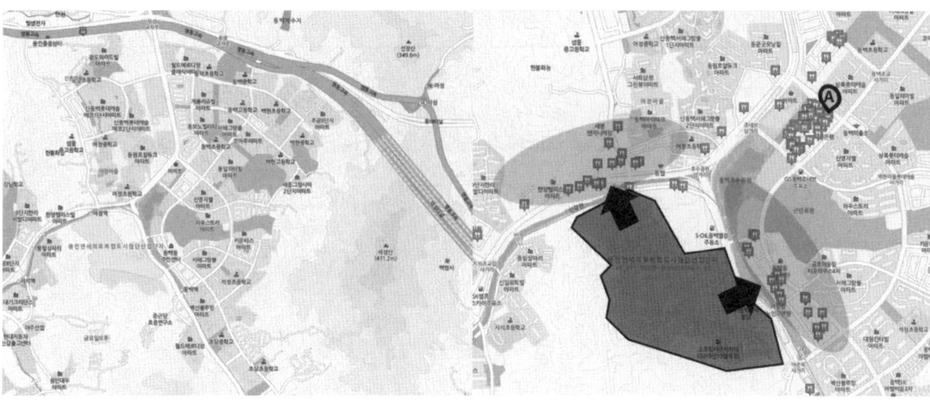

그림 4-31 동백동 주변 지도

지도에서 확인할 수 있듯이 범위 내에는 거주단지 위주고 별도의 산업단지가 존재하지 않는다. 따라서 직장인구가 발생할 곳은 별도로 없다. 2020년을 기준으로 의료산업단지가 구축되나 동선, 접근성을 분석했을 때 동백역과 어정역 주변으로 유입될 가능성이 높아 보인다.

(2) 관공서 직장인

그렇다면 상가 단지 내 직장인구 외에 어떤 직장인구가 있을까? 바로 관공서 직원이다. 동백동, 중동 내 위치한 학교, 주민센터, 도서관 등에서 근무하는 관공서 직장인의 수요도 고민해봐야 한다. 학교를 기준으로 분석해보자.

표 4-17 동백동 교육업종 세분류별 사업체 수 및 종사자 수

업종분류(소분류)	사업체 수	종사자 수	사업체당 종사자 수
교육 서비스업	341	2,725	8.0
초등 교육기관	22	978	44.5
중등 교육기관	7	504	72.0
고등 교육기관	1	75	75.0
특수학교, 외국인학교 및 대안학교	-	-	-
일반 교습 학원	164	817	5.0
기타 교육기관	144	347	2.4
교육지원 서비스업	3	4	1.3

앞서 분석한 교육 서비스업 분석표다. 초등교육기관이 유치원, 초등학교를 뜻하고 중등교육기관이 중학교, 고등교육기관이 고등학교를 뜻한다. 교육기관 종사자는 총 1,557명이며 한 학교당 평균적으로 65명가량이 근무하는 것으로 나타났다.

표 4-18 동백동 공공행정업종 세분류별 사업체 수 및 종사자 수

업종분류(소분류)	사업체 수	종사자 수	사업체당 종사자 수
공공행정, 국방 및 사회보장 행정	3	76	25.3
입법 및 일반 정부 행정	1	24	24.0
사회 및 산업정책 행정	-	-	-
외무 및 국방 행정	-	-	-
사법 및 공공질서 행정	2	52	26.0
사회보장 행정	-	-	-

학교를 제외한 관공서는 통계표에서 공공행정, 국방 및 사회보장 행정부분을 확인하면 된다. 동백동 내 공공기관은 3곳 총 종사자 수 76명이다. 관공서로부터는 높은 수요

를 기대하긴 힘들다. 공공기관은 점심을 대부분 학교 급식, 구내식당에서 해결하고 각 기관과 A매장의 거리가 도보 기준 10분 이내로 접근이 어렵기 때문에 높은 점심수요를 기대할 수 없다. 그렇다면 저녁 회식 여부를 예상해보자. A매장은 동백동 거주민이 집중되는 상권 내에 위치하고 있다. 교직원이 이곳에서 회식을 한다면, 학부모 혹은 학생들과 마주칠 확률이 높을 것이다. 이곳을 회식 장소로 정할 확률이 얼마나 될까? 이처럼 단순히 숫자를 통해서 수요를 예측하는 것이 아니라 소비자의 소비행동을 예측하는 것 또한 중요하다. 상가단지 내 직장인 외에는 저녁 수요가 낮다고 볼 수 있다.

(3) 근거리 직장인

다시 상가 단지 내 직장인 분석으로 돌아와 앞서 분석한 그래프를 살펴보자.

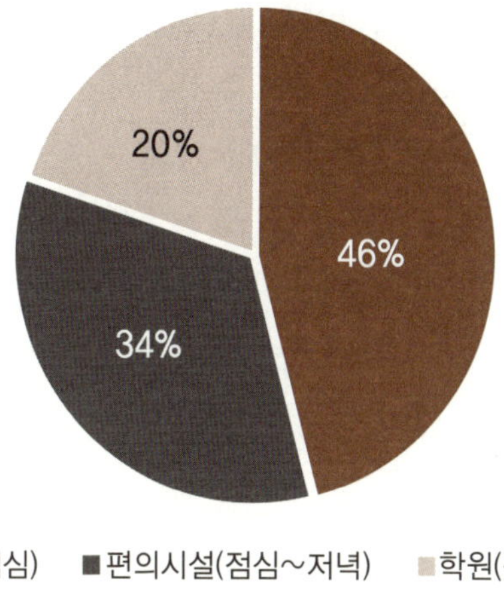

그림 4-32 **시간대별-수요별 업종 분포그래프**

저녁회식이 발생할 수 있는 업종의 46%는 전문직이다. 이들은 금융, 보험, 의료업 종사자로 구성되어 있다. 또한 1곳의 중형병원, 4곳의 금융기관을 제외하고 5~10인 내외의 종업원이 근무하는 소규모 업체로 회식을 할 때에도 5~10인 정도의 소규모 회식이 이뤄질 것으로 예상되었다. 저녁까지 운영하는 업체의 경우 전술했듯이 저녁식사를 해결하기 위한 수요가 있을 것이다. 이에 해당하는 업체들은 대부분 학원과 편의시설(미용, 애완, 유통)로 보인다.

여기서 선택과 집중 전략이 필요하다. 저녁회식 소비자를 겨냥할 것인가 저녁식사 해결하려는 소비자를 겨냥할 것인가를 판단해야 한다. 당연히 답은 '저녁 회식' 이다. 저녁 회식은 객단가가 최소 3만 원선으로 설정되는데 저녁 식사는 최대 1만 원을 소비하기 때문에 저녁 직장 인구는 회식수요에만 집중하도록 한다.

그렇다면 상가 단지 내 직장인구의 인구특성을 알아보자. 이 자료 또한 소상공인 상권정보 시스템에서 확인할 수 있다.

분석방법

- 소상공인 상권정보 시스템 접속
- 상권분석 선택
- 지역선택 : 지도를 드래그해 분석할 지역으로 이동
- 영역선택 : 직장인구 발생 지역 반경 설정
- 업종선택 : 임의 설정 가능
- 분석하기 클릭 후 분석 결과 페이지로 전환
- [인구분석] - [3. 직장인구] 클릭

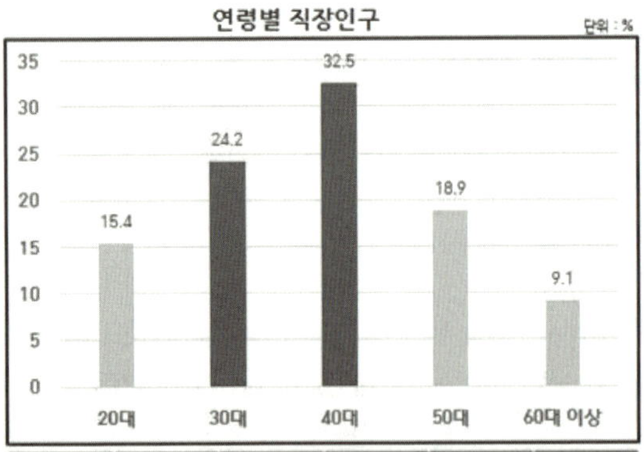

연령	20대	30대	40대	50대	60대
명	367	579	776	451	218

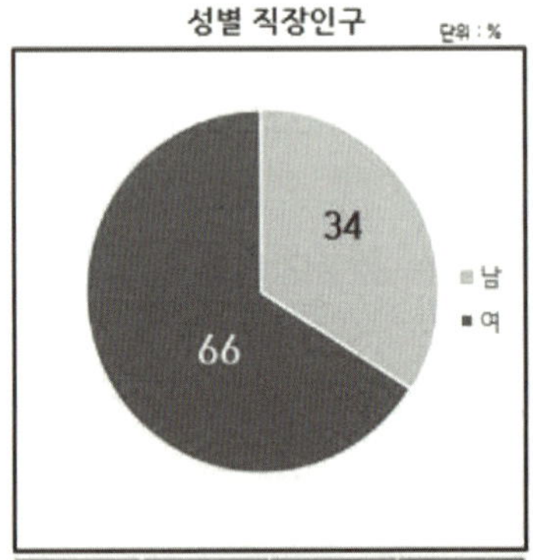

성별	총	남	여
명	2,391	812	1,579

그림 4-33 직장인구 인구 특성별 분포

상권 내 직장 인구는 약 2,400명 정도이며 여성이 남성의 두 배를 차지하고, 30~40대가 주를 이룬다.

TIP 숫자는 한계가 있다

영등포구에 위치한 모 카페 컨설팅 당시, 500명이 근무하는 기업체가 한 빌딩에 입주해 있음에도 불구하고 점심시간에 유동이 미미하다는 것을 확인했다. 알고 보니 빌딩 지하에는 한 번에 약 180명을 수용할 수 있는 구내식당이 운영 중이었다. 또한 카페도 함께 운영하고 있었기 때문에 유동인구가 전무했다. 또한, 해당 기업은 환경보호 캠페인을 시행해 테이크아웃 컵 반입을 금지하고 있었기 때문에 만약 테이크아웃 전문점 카페로 운영했다면, 폐업을 면치 못했을 것이다. 물론 전체 직장인 수라든지 성비 등 숫자로 파악 가능한 데이터를 수집하는 것도 중요하지만 이렇게 직접 발로 뛰어서 실사를 통한 조사 또한 반드시 필요하다는 것을 위의 사례를 통해 알 수 있다.

3) 산업단지 분석

그림 4-34 산업입지정보시스템 홈페이지

상권 주변에 산업단지가 위치해 있을 경우 산업단지에 대한 분석을 진행한다. 국토교통부에서는 전국에 있는 산업단지, 농공단지에 대한 정보를 제공하고 있다(https://www.industryland.or.kr/).

어떤 기업체가 입주해 있고, 어떤 아이템을 판매하는지, 종사자는 몇 명인지, 심지어 구내 식당 운영 여부까지도 공시하기 때문에 산업단지에 대한 정보가 필요하다면 반드시 이 홈페이지를 방문하는 것이 좋다.

분석 방법

- https://www.industryland.or.kr/ 접속
- [산업단지] 클릭
- [단지찾기] 클릭
- 찾고자 하는 단지 선택
- [보고서] 혹은 [입주기업] 확인

산업단지의 직장인구 특성을 알고 싶다면, 소상공인정보제공시스템에서 [상권분석] 탭에서 산업단지를 분석 지역으로 설정한 뒤 분석을 진행해 직장인구 분석 데이터를 확인하면 된다.

4) 소득 및 소비

다음은 직장인구의 소득 및 소비 수준을 알아보자. (거주인구 소득분석 방법과 동일)

· 주변 행정동별 소득현황

(단위 : 인당 평균 월 소득액, 만원/월)

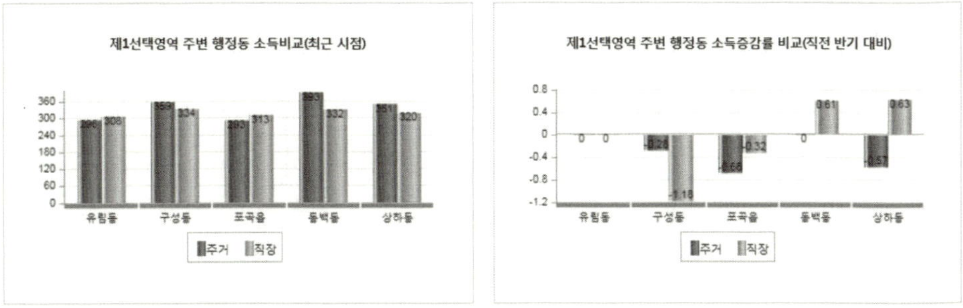

그림 4-35 동백동 직장인구 소득

동백동의 직장인구 월평균 소득액은 332만 원으로 거주인구에 비해 60만 원이 낮다. 주변 행정동에 비해서는 20만 원 정도 높은 편이다.

· 금액구간별 소득분포

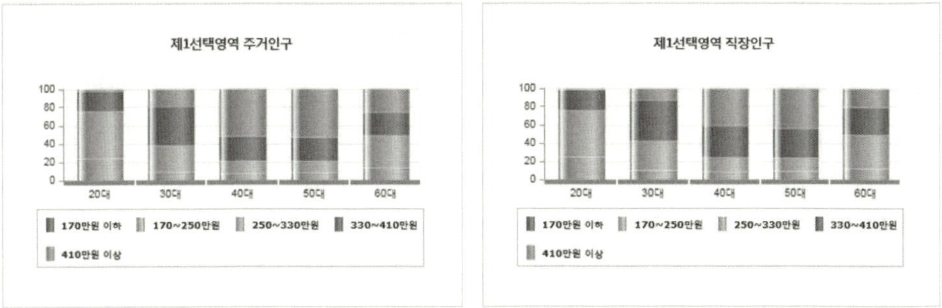

지역	금액구간	주거인구 소득(연령대별 금액구간 비율)					직장인구 소득(연령대별 금액구간 비율)				
		20대	30대	40대	50대	60대	20대	30대	40대	50대	60대
제1 선택 영역	월 170만 원 이하	0.0%	0.0%	0.0%	0.0%	0.0%	0.0%	0.0%	0.0%	0.0%	0.0%
	월 170~250만 원	23.7%	9.5%	7.4%	8.4%	13.2%	24.7%	10.4%	8.8%	9.2%	12.7%
	월 250~330만 원	51.9%	28.5%	13.3%	12.2%	35.6%	51.5%	32.0%	15.6%	14.7%	36.5%
	월 330~410만 원	22.3%	42.9%	27.6%	26.3%	26.1%	22.4%	44.9 %	34.8%	32.2%	30.4%
	월 410만 원 이상	2.1%	19.1%	51.7%	53.0%	25.1%	1.5%	12.7%	40.8 %	43.9 %	20.4%

그림 4-36 동백동 연령대별 소득 분포현황

· 주변 행정동별 소비현황 (단위: 인당 평균 월 소비액, 만원/월)

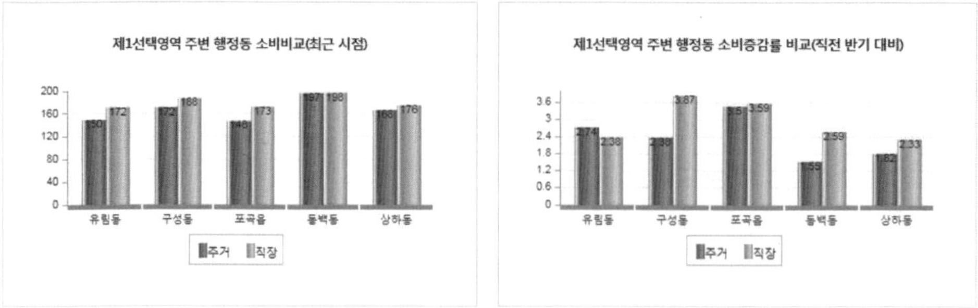

그림 4-37 동백동 직장인구 소비현황

월간 소비액은 198만 원을 소비하고 있다. 거주인구보다 1만 원을 더 소비한 것으로 나타났는데, 앞서 분석한 거주인구와의 소득-소비 수치와 비교해보자.

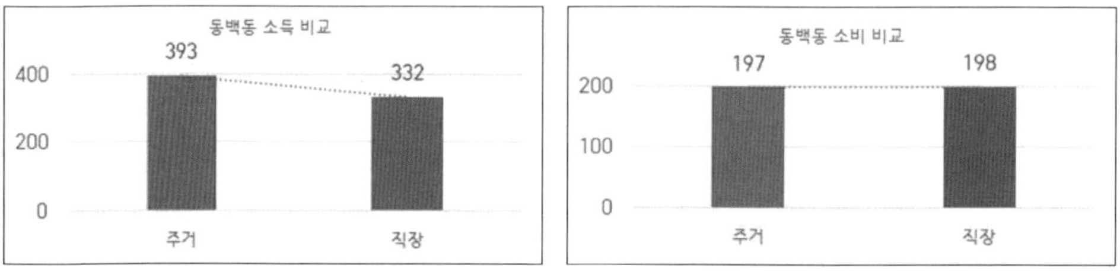

그림 4-38 동백동 거주/직장인구 소득/소비 비교

동백동 거주인구는 월 393만 원의 소득을 올리는 것에 비해 약 50%를 소비하고 직장인구는 약 60%가량을 소비하는 것으로 나타났다. 즉 직장인구의 소득에 비해 소비가 많다는 것을 알 수 있다.

다음은 연령대별 소비 분포현황을 살펴보자.

· 금액구간별 소비현황

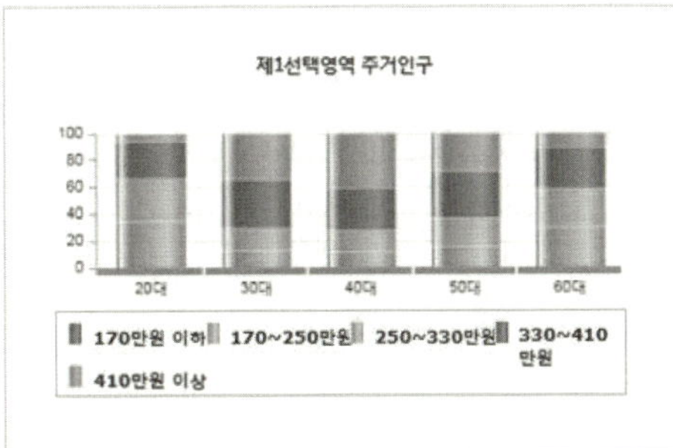

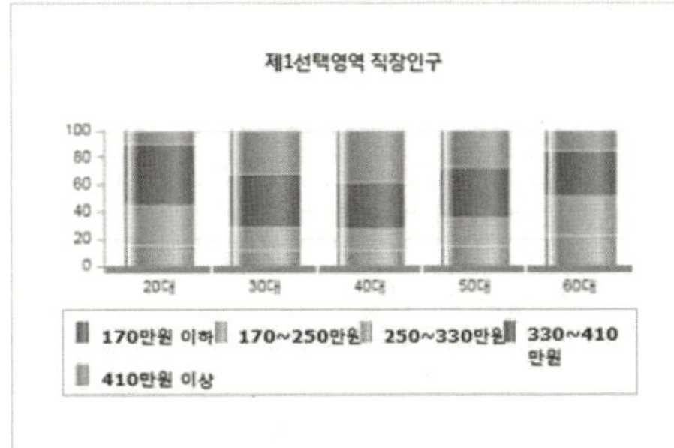

지역	금액구간	주거인구 소득(연령대별 금액구간 비율)					직장인구 소득(연령대별 금액구간 비율)				
		20대	30대	40대	50대	60대	20대	30대	40대	50대	60대
제1 선택 영역	월 170만 원 이하	0.0%	0.0%	0.0%	0.0%	0.0%	0.0%	0.0%	0.0%	0.0%	0.0%
	월 170~250만 원	34.5%	12.5%	11.7%	15.9%	29.6%	15.7%	11.5%	10.9%	14.2%	22.1%
	월 250~330만 원	32.3%	17.0%	16.0%	20.6%	28.7%	29.2%	16.8%	16.1%	21.1%	29.3%
	월 330~410만 원	27.7%	36.4%	31.3%	35.2%	31.1%	45.6%	39.5%	34.6%	37.5%	33.7%
	월 410만 원 이상	5.4%	34.2%	41.1%	28.3%	10.7%	9.6%	32.1 %	38.4 %	27.1%	14.9%

그림 4-39 동백동 연령대별 소비 분포현황

30~40대가 월 410만 원 이상 소비하는 비율이 높은 것으로 나타나 거주인구와 동일하게 40~50대는 소득이 많고, 30~40대는 소비가 많다는 것을 알 수 있었다.

5) 직장인구 결론

거주인구분석과 마찬가지로 직장인구의 결론을 내려 보자.

❶ 동백동은 교육업〉유통업〉보건업 순으로 종사자가 많은 것으로 나타났다.

❷ 상가단지 직장인을 시간대별 수요로 구분하니 점심수요가 높을 것으로 예상되는 전문직(금융 · 보험 · 의료)업종이 46%, 점심~저녁 수요가 활발할 것으로 예상되는 편

의시설(미용, 유통)업종이 34%, 저녁~심야 수요가 활발할 것으로 예상되는 교육업종(학원)이 20%를 차지했다.

❸ 점심수요는 금융, 보험, 의료업 종사자가 주된 수요로 예상된다.

❹ 점심은 돈가스, 냉면, 김치찌개, 국밥 메뉴를 선호하며 6,000~8,000원으로 가격대가 형성되어 있다.

❺ 저녁 회식 수요는 상가단지 내 직장인 이외 추가 수요가 없다.

❻ 저녁 회식 수요는 저녁에 운영하지 않는 업종인 전문직에서 발생하며 대부분 소규모의 업체로 5~10인 내외 소규모 회식이 예상된다.

❼ 직장 인구는 30~50대 여성의 비중이 높다. 특히 40대가 월등히 높은 비중을 차지한다.

❽ 상권 내 직장 인구는 거주인구에 비해 소득은 낮으나 소득에 비해 소비 비중이 높은 것으로 미루어보아 높은 소비력을 예상한다.

❾ 40~50대 소득이 높으며 소비가 많은 연령대는 30~40대이다.

3. 유동인구

유동인구는 말 그대로 "우리식당 주변을 돌아다니는 사람들"에 대한 분석이다. 앞서 데이터로 분석한 소비자들이 실제로 유입되고 있는지, 또 그 숫자는 얼마나 되는지, 상권 내에서 어떤 소비행동을 보이는지를 유동인구 분석에서 조사한다고 보면 된다. 유동인구 분석은 다음의 네 가지만 기억하면 된다.

- **상권 범위 설정** 실제 현장조사를 통해 유동인구의 성격과 발생하는 상권의 규모를 설정
- **유동발생 지점** 유동인구가 발생하는 집객시설이 있는지
- **유동 흐름 방향** 유동인구가 어느 방향으로 이동하는지
- **유동인구 특성** 낮, 밤 / 평일, 주말 유동인구의 특성 조사

유동인구도 마찬가지로 A매장의 사례를 통해 분석해보겠다.

1) 상권 범위 설정

우선 현장조사를 통해 어떤 유동인구를 분석해야 하는지 설정해야 한다. 유동인구는 차량 혹은 사람으로 나뉜다.

그림 4-40 유동인구 성격

상권 내 유동인구가 대체로 도보로 이동하고 있다면 유동인구 조사를 '사람'으로 설정하고 상권이 도보 접근이 불가한 곳이라면 차량으로 설정한다. 상권별로 조사할 유동인구 성격을 정리해보자면 다음과 같다.

표 4-19 상권별 유동인구 성격

유동인구 성격	상 권			
사람	• 거주단지	• 오피스타운	• 학원가	• 번화가
차량	• 가든형	• 관광지		
기타	• 복합형			

설정한 유동인구를 조사하는 방법은 (4)유동인구 특성 파트에서 자세히 서술할 것이다. 다음은 유동인구를 조사할 상권의 범위를 설정해보자.

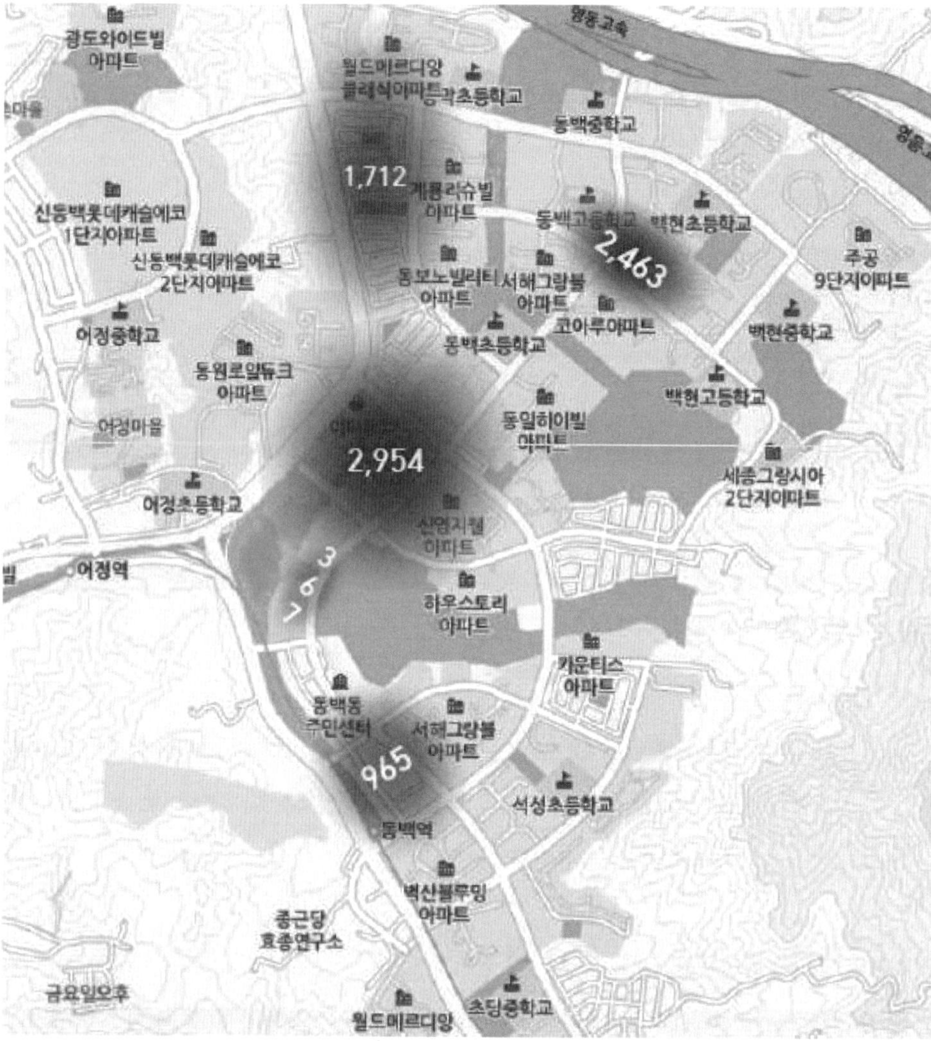

그림 4-41 유동인구 밀집도

위의 그림은 유동인구 밀집도를 나타낸 것이다(진한 색 부분 중앙 숫자는 일평균 최대 유동인구수를 나타냄). 이는 소상공인 상권정보시스템 홈페이지에서 확인할 수 있다.

그림 4-42 유동인구 밀도 확인 화면

상권분석 탭을 누르면 우측에 지도가 있다. 지도의 우측에 '스카이뷰, 로드뷰, 밀도' 아이콘이 있다. [밀도] 아이콘을 클릭하고, 유동인구 밀도를 클릭해보자. (확대범위가 '동' 단위를 벗어나면 분석이 불가하다.) 위의 그림처럼 밀집 정도와 해당 범위에 최대/최소 인구까지도 알려준다. 하지만 SKT 통신사 고객 데이터 기준으로 산출된 숫자이므로 추이 정도만 예상할 수 있지, 해당 인구수가 유동인구수라고 단정짓기는 어렵다. 이러한 방식으로 우리는 동백동, 중동 상권 내에서 어느 쪽에 유동인구가 가장 밀집되어있는지를 먼저 분석했다. 다른 상권의 밀집도가 높다면, 고객을 그 상권으로 뺏길 수 있는 여지가 있기 때문이다.

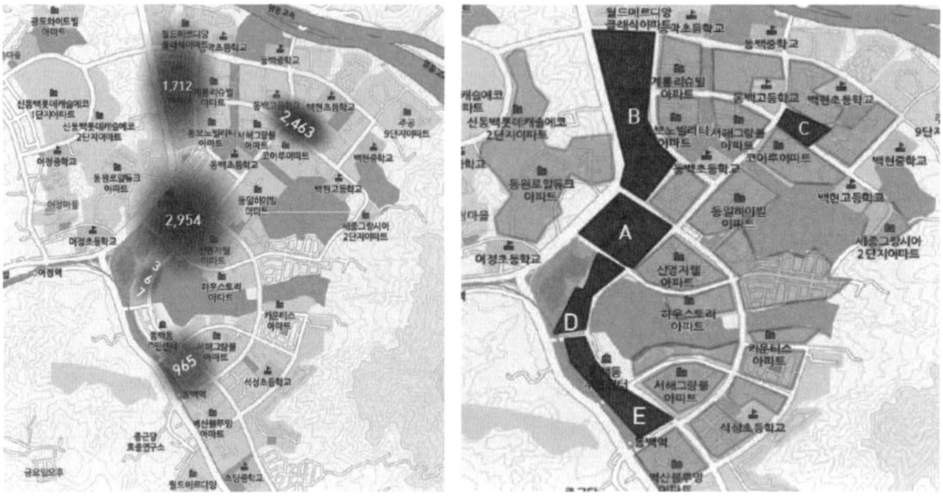

그림 4-43 유동인구 밀집도

분석결과 상업지역에서 높은 유동인구 밀집도를 확인할 수 있었고, 앞서 거주인구에서 설정된 '상업지구'에서 높은 유동인구 밀집현상을 보였다. 앞선 분석과 마찬가지로 이를 구역마다 A~E까지 구분했다. 확인해보니 자사가 위치한 A상권과 C상권의 밀집도가 가장 높았다. 하지만 C상권의 경우 거주인구 분석에서 전술했듯이, 학원, 마트 등 기초적인 생활을 해결할 수 있는 업종들이 분포하고 있으며, 식당가가 별도로 없기 때문에 거주민과 유동인구가 식당이 대거 위치한 A상권으로 유입 가능성이 높다는 것을 확신했다. 위처럼 거시적으로 상권을 분석하면 우리 식당의 이점 혹은 약점을 대략적으로 파악하게 된다. 또한 유동인구를 분석하는 상권의 범위도 A상권만으로 축소해 분석하면 된다.

위의 경우는 유동인구가 정확히 밀집되어 있는 경우에 대해서만 분석했다. 그렇지 않은 경우도 있다. 가든형 상권이 대표적인 예이다. 유동인구가 일정하지 않는 상권에서는 상권의 규모를 어떻게 설정할 것인가? 주변 식당이 운영 중이라면 그 상권 전체를 범위로 정하면 되고 주변에 어떤 식당도 없다면 범위를 정할 필요는 없다. 뒤이어 나오는 유동이 발생하는 지점과 흐름, 유동인구 조사를 실시하면 된다.

2) 유동발생 지점

유동인구가 발생하는 집객시설, 거주시설을 파악한다. 이를 통해 '(3)유동인구의 흐름' 을 예측할 수 있고, '(4)유동인구 특성조사' 에 필요한 조사지점 등을 확정지을 수 있다.

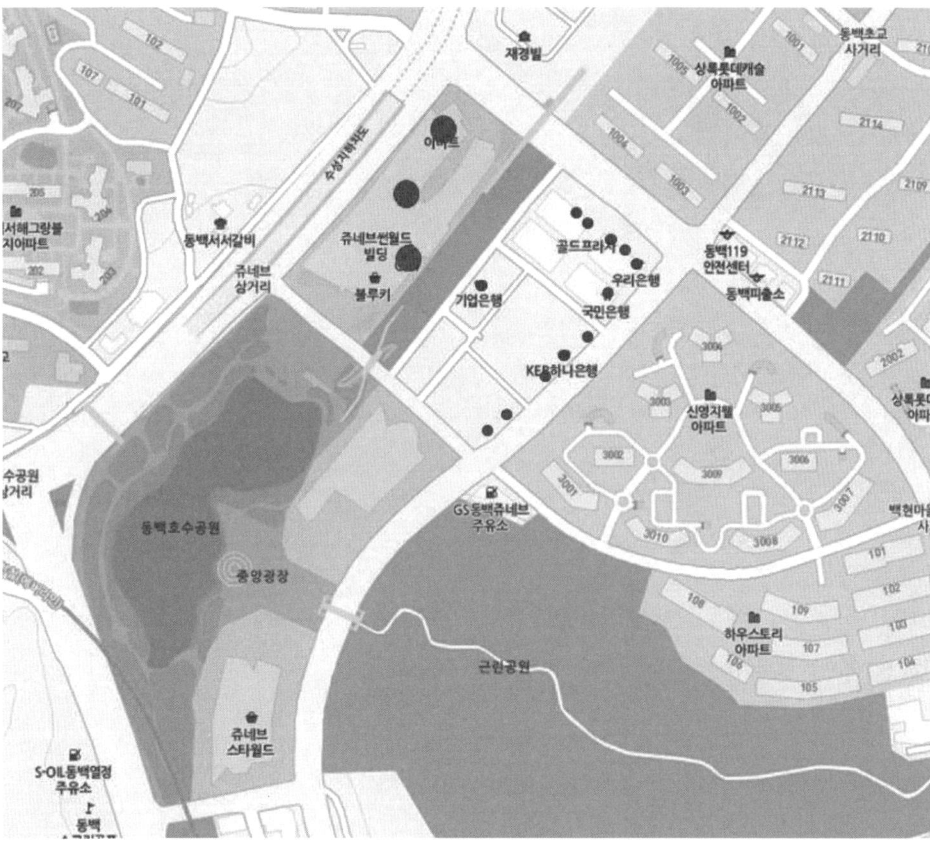

그림 4-44 집객시설 분포도

큰 점은 유동인구를 대량으로 발생시키는 대형마트, 영화관을 나타낸 것이고 작은 점은 유동인구를 일정수준으로 발생시키는 은행, 학원, 병원의 분포를 나타낸 것이다.

주로 유동인구를 발생시키는 요인은 생활시설 외에도 교통시설이 있다. 버스 및 지하철 이용이 활발한 상권이라면 교통시설을 집객시설로 설정할 수 있다.

3) 유동흐름 방향

앞서 나타낸 집객시설의 주출입구와 주 통행로(횡단보도, 육교 등)의 파악으로 유동의 흐름을 알 수 있다.

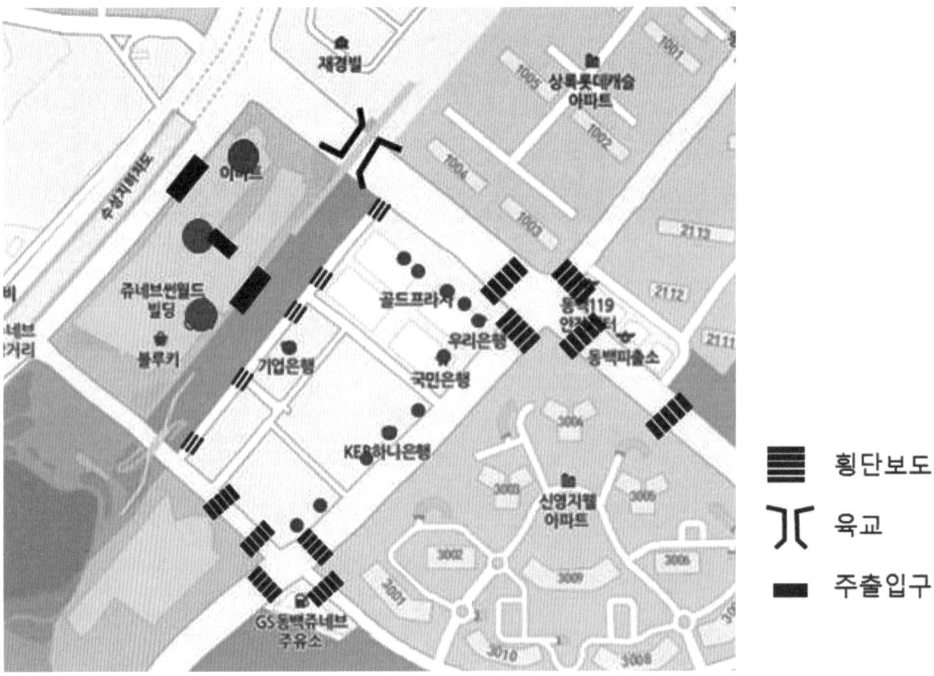

그림 4-45 통행로 표시

주출입구와 통행로까지 표시한 지도이다.

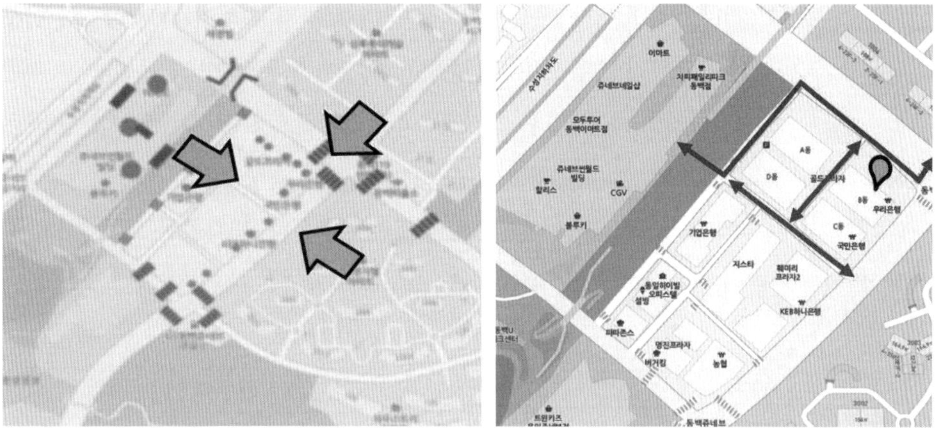

그림 4-46 유동인구 흐름

화살표로 표시한 경로가 유동인구의 주요 흐름으로 예상되었고 실제로도 가장 활발한 유동을 보이고 있었다. 또한 골목의 특성을 분석함으로써도 유동의 흐름을 예측할 수 있다. 모든 골목은 골목만의 성격을 띠고 있다. 이는 누가 일부러 만든 것도 아니고 도시계획에 "이 골목에는 특정 업종만 입주해야 한다."고 지시한 것도 아니다. 장기간 소비자들이 이 상권을 유동하며 위치별로 선호하는 업종이 있었을 것이고 그것이 차츰 쌓여 골목의 성격을 만들었다고 볼 수 있다. 즉, 골목의 성격은 상권을 유동하는 사람들이 만든 것이라고 해도 과언이 아니다. 그렇다면 도대체 골목의 성격을 왜 파악해야 하는지, 그것이 얼마나 중요한 것인지는 다음의 사례를 통해 알 수 있다.

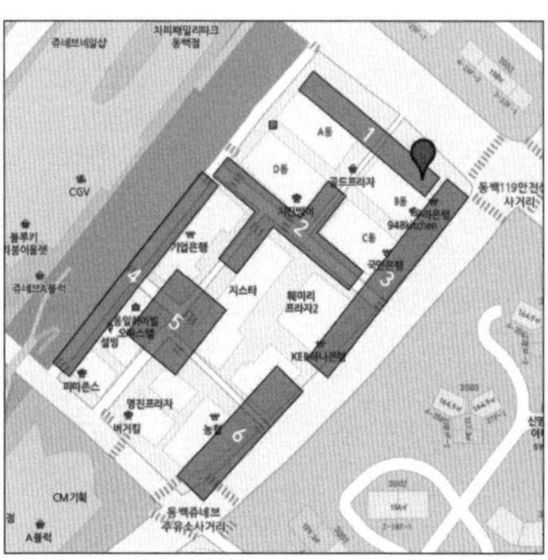

구분	기능
1번 골목 (자사 위치)	부동산, 건설업, 보험사 (오피스타운) 학원가 (34개)
2번 골목	먹자골목
3번 골목	은행, 생활편의시설 밀집 (국민, 우리, 하나, 농협)
4번 골목	메가브랜드 (올리브영, 롯데리아)
5번 골목	유흥시설 (노래방, 주점)
6번 골목	병원 (엠플러스, 동백 재활병원)

그림 4-47 상권 내 골목별 특성 요약

'핀 표시'가 식당의 위치이다. 골목별로 성격을 분석하기 위해서 해당 골목의 업종들을 모두 나열해서 공통적인 특성을 분석한다. A매장이 위치한 1번 골목의 경우 부동산, 보험사, 학원가가 위치하고 있다. 2번 골목이 먹자골목으로 식당 분포가 가장 많은 지역이다. 이를 통해 내린 결론은 첫째, 우리는 1번 골목의 특성인 전문직(부동산, 건설업, 보험사) 종사자 고객들을 유입시킬 수 있는 전략이며 둘째, 먹자골목 소비자를 유치할 수 있는 전략이 필요하다는 것이다.

4) 유동인구의 특성

(1) 유동인구 : 사람

분석방법

- 소상공인 상권정보 시스템 접속
- 상권분석 선택
- 지역선택 : 지도를 드래그해 분석할 지역으로 이동
- 영역선택 : 유동인구는 한정적인 곳에서만 발생하므로 반경을 130m 정도로 축소해 분석한다(반경 설정은 1500m 이내에서는 자유롭게 설정 가능하다).
- 업종선택 : 임의 설정 가능
- 분석하기 클릭 후 분석 결과 페이지로 전환
- [인구분석] – [유동인구] 클릭

유동인구의 주요 경로를 파악했다면, 이제 유동인구의 특성을 분석해보자.

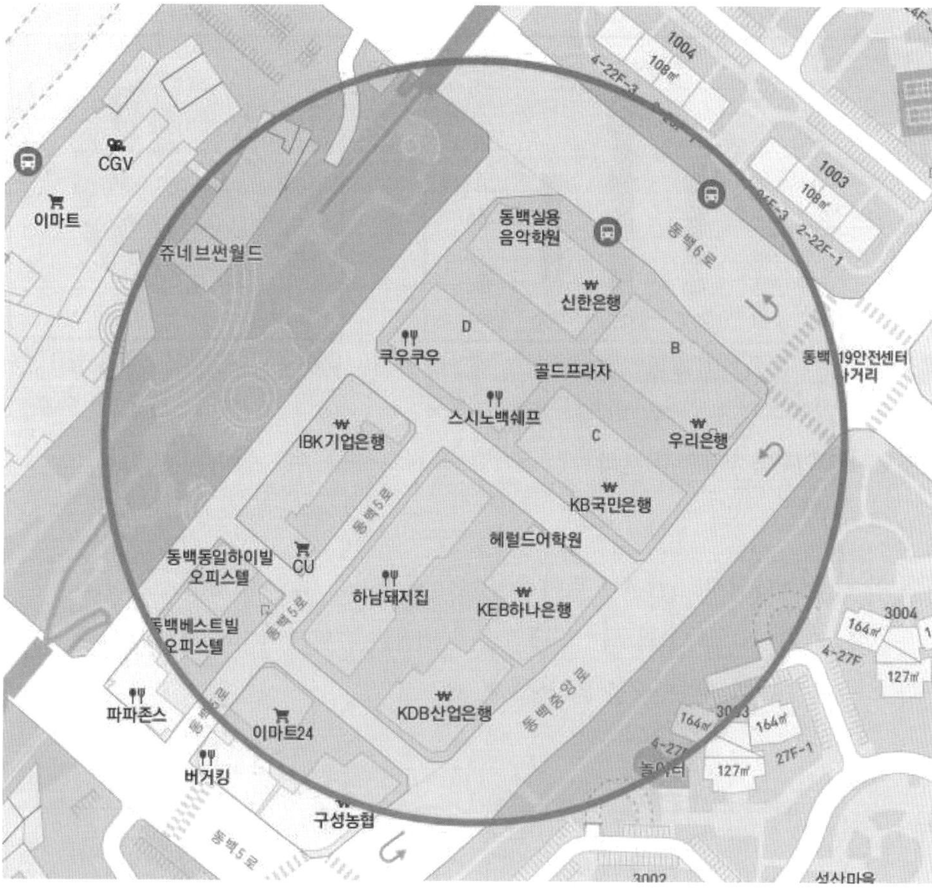

그림 4-48 유동인구 분석 상권 설정

아래는 유동인구 특성을 나타낸 그래프다. 유동인구 숫자는 SKT 통신사 사용자 기준이며, 일주일치의 수치를 종합한 수치이기 때문에 대략적인 추이를 확인할 수 있다는 것을 염두에 두자.

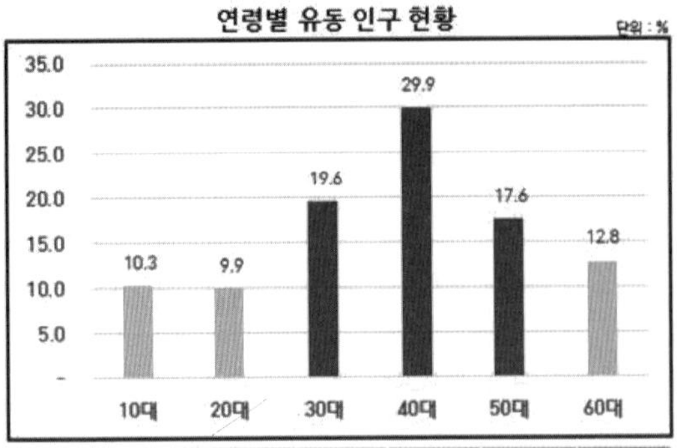

연령	10대	20대	30대	40대	50대	60대
명	5,618	5,400	10,690	16,309	9,600	6,982

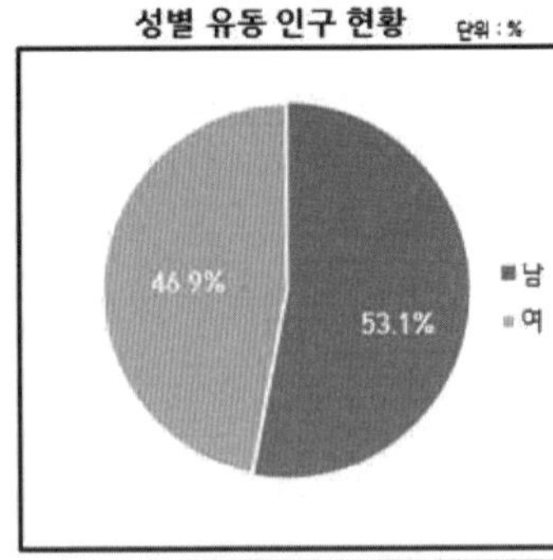

성별	총	남	여
명	54,543	28,969	25,574

그림 4-49 인구별 유동인구 분석

이 상권 내에서 약 5만 4천 명이 일주일간 유동하고 있으며, 일평균 약 7,700명이 유동하고 있다. 인구특성별로는 40대의 높은 비율과 남성이 다소 우세한 것을 알 수 있다. 다음은 시기별 유동인구를 분석해보자.

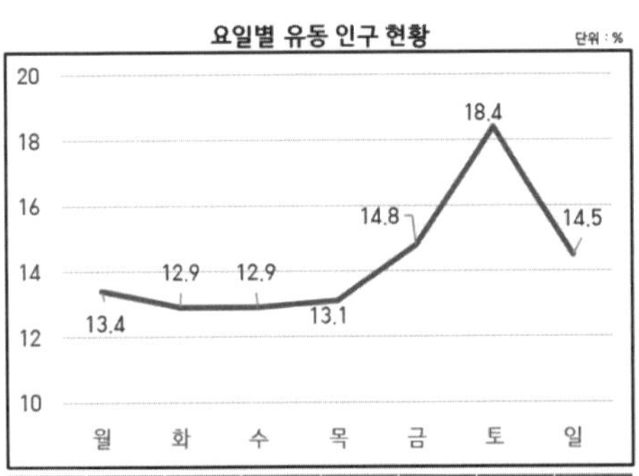

연령	월	화	수	목	금	토	일
명	7,309	7,036	7,036	7,145	8,072	10,036	7,909

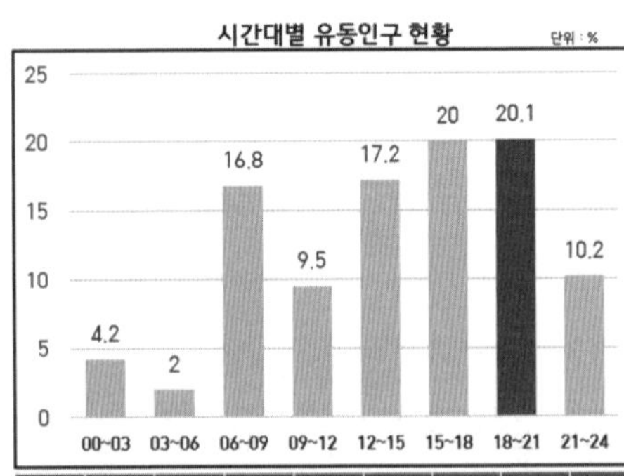

시간	00~03	03~06	06~09	09~12	12~15	15~18	18~21	21~24
명	2,029	1,353	8,607	5,738	9,381	10,909	10,963	5,563

그림 4-50 시기별 유동인구 분석

요일별 유동인구 추이를 살펴보면 토요일이 가장 높고 금,토,일요일이 평일보다 유동인구가 많다. 최대 3천명, 최소 9백명 차이가 나는 것으로 주말과 평일의 구분이 확연한 상권임을 알 수 있다. 시간대별 유동인구 추이는 점심시간대인 12~15시보다 저녁

시간대인 18~21시의 인구가 다소 높은 편이다. 심야시간(21~00시)에는 번화가임에도 불구하고 유동인구가 절반으로 급격히 감소한다. 이는 거주민 대부분이 10대 자녀를 둔 가족으로 구성되어 심야시간대까지 유동하지 않을 것이라고 예측했다.

산업단지 근처의 식당가라면 유동인구는 월~금요일 낮 시간에만 집중되어있을 것이다. 해당 상권의 매장은 점심메뉴 아이템만을 판매하고 저녁에는 운영하지 않는 것이 효율적일 것이다.

앞서 서술했듯이, 이는 SKT 사용자, 분석 시점으로부터 최근 일주일치 데이터를 합산했다. 따라서 시기별로 (시간/요일별) 유동인구 특성파악이 불가능하기 때문에 직접 '실사'가 필요하다.

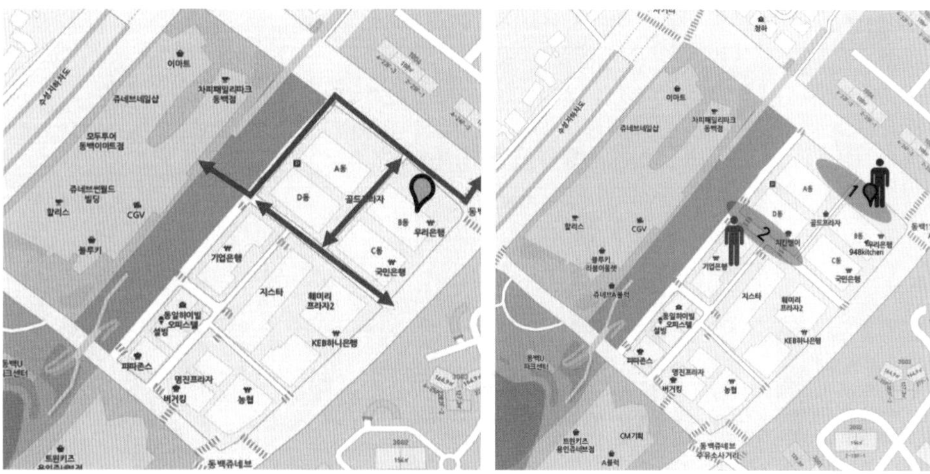

그림 4-51 유동인구 조사 지점

앞서 유동의 흐름을 파악한 곳을 토대로 두 지점에서 유동인구 분석을 진행했다. 1지점은 A매장 앞, 2지점은 주로 유동이 발생하는 지점이다. 다음의 양식을 참고해 유동인구를 조사해보자.

표 4-20 유동인구 조사표

[유동인구 조사표]

조사 일자 : ____________ 조사 지점 : ____________ 시작 시간 : ____________

시간(10분)	10대		20대		30대		40대		50대		60대		시간대별 합계	유동인구 합계
	남	여	남	여	남	여	남	여	남	여	남	여		
합계														

평일 | 점심(12~13시) | 자사 앞

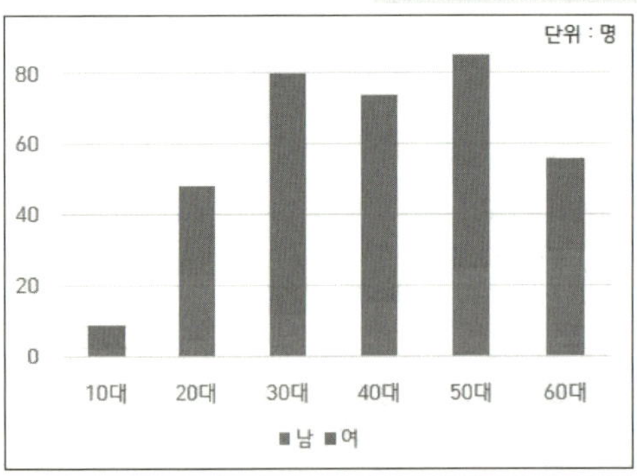

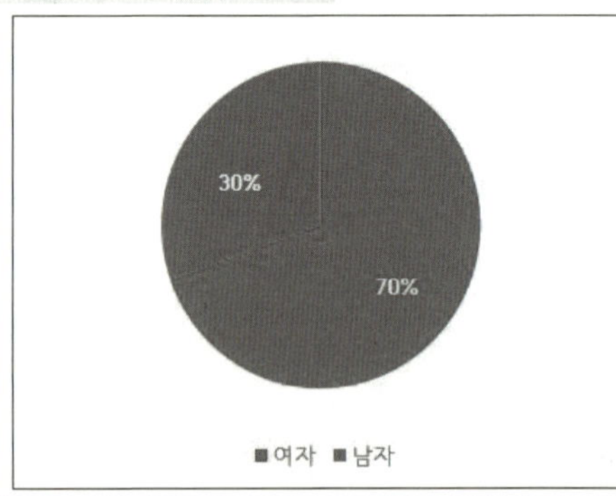

6/7(목) 점심 자사 앞	10대		20대		30대		40대		50대		60대		시간대별 합계	
	남	여	남	여	남	여	남	여	남	여	남	여		
12:00	0	0	2	3	0	9	4	15	5	18	3	3	62	유동인구 합계
12:10	0	2	8	3	0	12	3	8	5	4	10	9	64	
12:20	0	0	6	6	6	11	3	12	5	8	13	2	72	
12:30	0	2	0	1	1	15	2	7	1	4	1	2	36	
12:40	0	1	7	9	3	10	2	6	3	12	0	5	58	
12:50	2	2	0	3	2	11	1	11	6	14	3	5	60	
합 계	2	7	23	25	12	68	15	59	25	60	30	26	352	352

그림 4-52 유동인구 조사 결과

주의할 점은 조사 시 단순히 숫자를 세는 것보다 사람의 옷차림, 대화 주제, 동반자와의 관계 등을 유심히 관찰해 인구 특성을 알아내는 것이 중요하다.

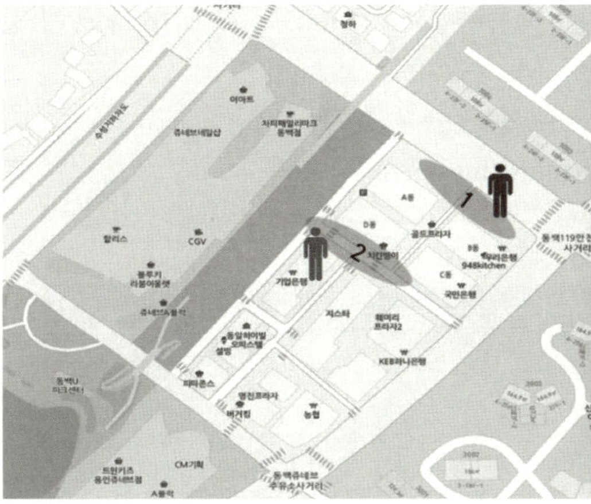

구분		평일		주말	
1번 (자사)	점심	352	3050대 여성 직장인 주부모임	714	10대 학원 등하원
	저녁	652	10대 학원 등하원	508	10대 학원 등하원 30대 먹자골목이동
2번 (비교)	점심	320	4050대 주부모임	501	40대 여성
	저녁	920	10대 학원 등하원 20대	577	20대 40대

그림 4-53 유동인구 조사 결과표

위는 각 지점에서 분석한 유동인구 결과표다. 우선 평일은 점심보다 저녁 시간대에 유동인구가 2~3배 높은 것으로 나타났다. 자사 앞은 30~50대 여성 직장인과 주부 모임으로 인해 평일 점심 유동이 주로 발생했다. 특히 옷차림 등을 관찰했을 때 비즈니스 캐주얼 복장으로 상가 단지 내 금융, 보건업 종사자 여성으로 추정되었다. 평일 저녁의 경우 1, 2번 지점 모두 10대가 공통적으로 많았는데 이는 학원으로 등 · 하원하는 학생들로 보였다.

주말의 경우 자사 앞인 1번 지점과 2번 지점의 극명한 차이를 보였다. 주말에도 학원으로 등, 하원 하는 10대가 자사 앞을 유동하고 있었다. 반면 2번 지점은 40대가 높은 유동을 보이고 있었다. 또 한 가지 특이점은 주말 저녁 자사 앞을 지나는 30대의 경우 자사를 거쳐 2번 지점(먹자골목)으로 넘어가는 유동인구가 대부분이었다. 즉 유동인구 수는 비슷하나 결국 자사에서 2번 지점으로 유입되는 유동인구임을 알 수 있었다. 앞서 설명한 골목의 특성 분석 결과처럼, 2번 지점(먹자골목)의 유동인구를 A매장으로 유입해야한다는 것을 확신할 수 있었다.

(2) 유동인구 : 차량

A매장의 경우 도보 위주의 상권이기 때문에 '사람'을 유동인구로 선정해 조사했다면 가든형, 도시외곽형, 관광지의 경우 '차량'의 유동량을 체크해야 한다.

차량분석은 국토교통부에서 제공하는 '교통량정보제공시스템' 홈페이지를 통해 진행할 수 있다.

- **접속방법** http://www.road.re.kr/main/main.asp – [전자지도]

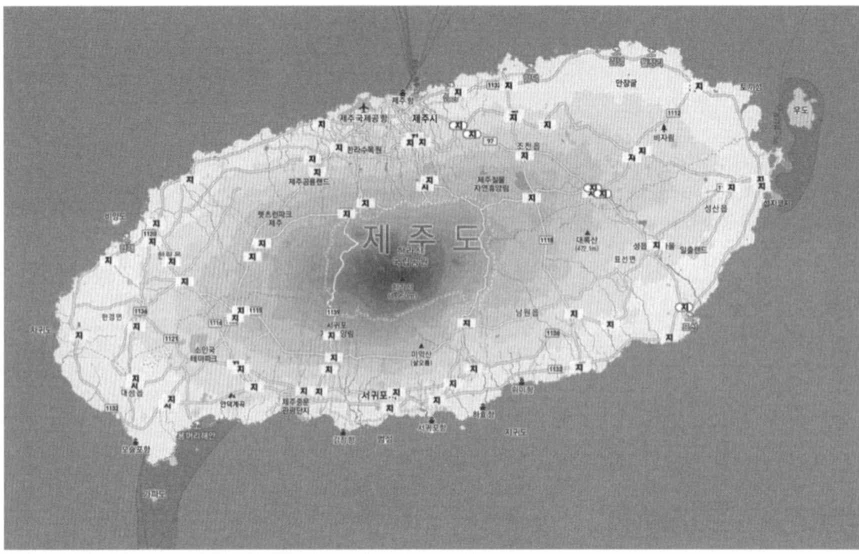

그림 4-54 **제주특별자치도 지도**

팝업창에서 지도를 확대하면 교통량을 확인할 수 있는 아이콘이 형성된다. 아이콘이 형성된 지점에서 교통량을 측정하는 것이다. 고속도로, 일반국도, 지방도, 국가지원지방도의 교통량만 제공하고, 도로에 따라 어느 한 시점에서만 조사를 실시한다. (아래 표 참고)

표 4-21 **도로교통량 조사 요령**

도로구분	기호	조사 시점	조사 시간	데이터
고속도로	 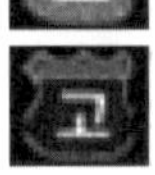	10월 셋째 주 목요일	금일 07시~ 익일 07시 (24시간)	월평균 일교통량 요일평균 일교통량 주말/평일 평균 일교통량 시간대별 평균 교통량 시간대별 – 차종별 교통량

도로구분	기호	조사 시점	조사 시간	데이터
일반국도	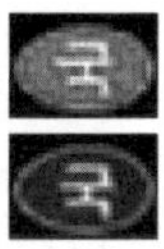	3~11월 사이 평일 (화, 수, 목)	24시간 이상	월평균 일교통량 요일평균 일교통량 주말/평일 평균 일교통량 시간대별 평균 교통량 일별 - 시간대별 교통량 일별 - 차종별 교통량 시간대별 - 차종별 교통량
지방도		10월 셋째 주 목요일	금일 07시~ 익일 07시(24시간)	시간대별 - 차종별 교통량
국가지원 지방도		10월 셋째 주 목요일	금일 07시~ 익일 07시(24시간)	시간대별 - 차종별 교통량

해당 도로의 아이콘을 클릭하면 다음과 같은 창이 형성된다. 도로에 따라 일별 시간대별 교통량, 일별 차종별 교통량 혹은 시간대별 차종별 교통량 버튼을 확인할 수 있다. 이 버튼을 클릭하면 엑셀파일을 다운받아 데이터를 확인할 수 있다.

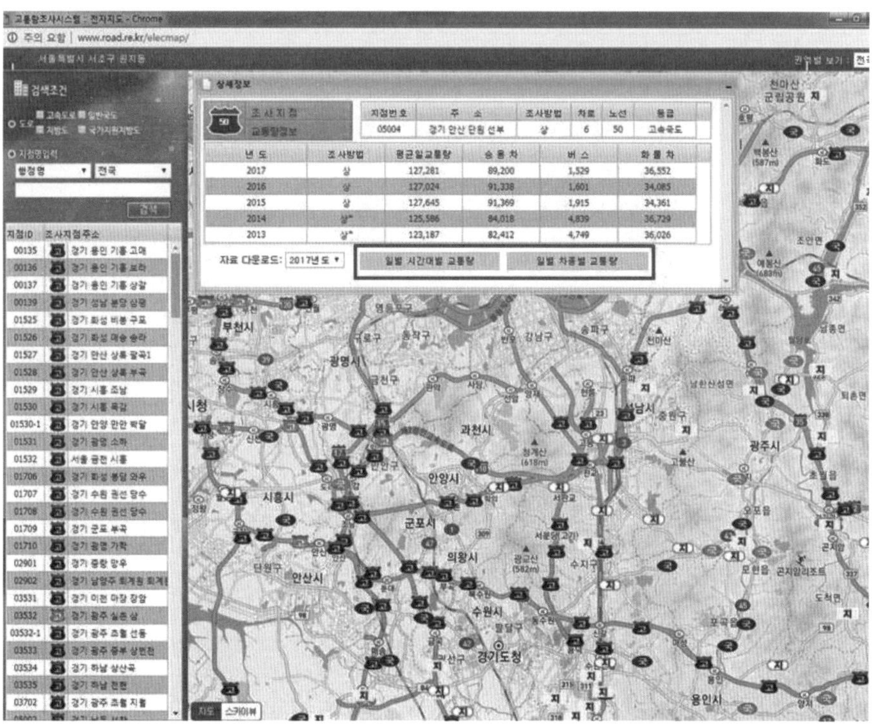

그림 4-55 교통량 조사시스템 전자지도 화면

예시를 통해 분석방법을 소개하겠다. 아래의 표는 교통량정보제공 시스템에 따라 도로별 교통량이 가장 많은 곳을 순서대로 나타낸 것이다.

표 4-22 제주도 전체 도로의 교통량 추출 결과

순위	관측지점	지점번호	유동량	순위	관측지점	지점번호	유동량	순위	관측지점	지점번호	유동량	순위	관측지점	지점번호	유동량
1	노형	1136-02	47,419	18	신촌	1132-02	15,339	35	신양	1132-07	7,885	52	회수	1139-02	3,353
2	아라2	1131-05	44,484	19	평대	1132-05	14,324	36	동명	1116-01	7,418	53	성읍	1136-16	3,313
3	광령	1135-01	40,215	20	삼양	1132-01	13,514	37	광령	1136-03	7,350	54	해안	1139-05	3,259
4	외도2	1132-20	39,053	21	색달	1136-09	13,459	38	안성	1135-05	6,665	55	평대	1112-01	2,973
5	어음	1135-02	35,388	22	대천(표선)	97_06	11,686	39	표선	1132-09	6,594	56	아라	1117-01	2,949
6	대기고앞	97_10	34,680	23	아라	1136-01	11,595	40	금악	1116-03	6,271	57	송당	1136-18	2,233
7	봉개	97_02	33,407	24	표선	97_09	11,161	41	월령	1132-18	6,088	58	노형	1117-02	1,913
8	동홀	1132-21	31,610	25	월평	1136-22	10,891	42	상효	1136-12	5,844	59	납읍목장	1117-03	1,881
9	동광	1135-03	24,221	26	보성	1132-15	10,234	43	교래	1112-06	5,790	60	와산	1136-20	1,837
10	동광	1116-05	23,422	27	고성	1119-02	10,051	44	상창	1136-08	4,901	61	신흥	1136-14	1,769
11	법환	1132-12	22,750	28	수망	1118-02	9,892	45	수산	1119-01	4,841	62	대흘(조천)	1118-04	1,697
12	아라1	1131-04	17,957	29	수악	1131-02	9,635	46	송당	1112-03	4,235	63	법전	1139-03	1,625
13	상효	1131-01	17,693	30	대천	1112-05	9,299	47	탐라대	1115-02	4,179	64	고산	1132-17	1,514
14	호근	1136-11	17,630	31	남원	1132-10	9,241	48	명월	1120-02	4,092	65	무릉	1120-01	1,415
15	금성	1132-19	17,365	32	남원	1118-01	8,976	49	와흘	1136-21	3,844	66	산양	1120-03	1,347
16	대천(제주)	97_05	15,695	33	대흘(남원)	1118-03	8,484	50	명월	1136-05	3,814	67	신평	1136-07	1,320
17	상예	1132-13	15,593	34	광평	1115-01	7,902	51	중문	1139-01	3,444				

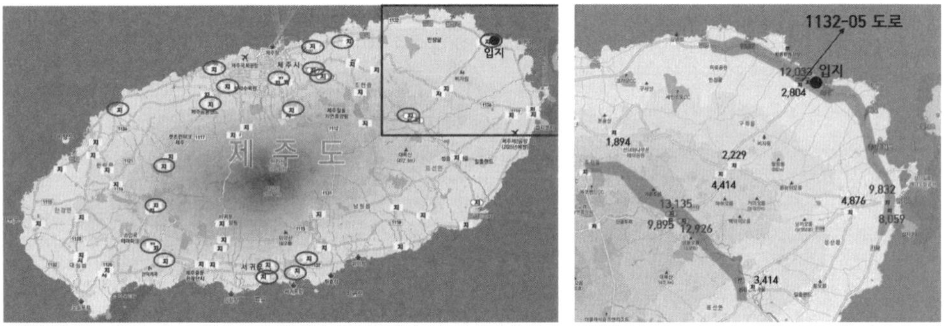

그림 4-56 도로교통량 조사

입지를 위에 표시한 곳이라고 가정했을 때, 가장 가까운 도로는 1132-05번 도로로 1일 14,324대가 이동하는 도로이며, 19위를 차지한다. 이 자료를 통해 해당 도로는 제주 동부 여행 시 주로 이용되는 도로임을 알 수 있다.

이 도로의 시간대별 차량 유동량을 분석한 자료를 보자. 엑셀파일을 다운받으면 상행, 하행이 시간대별로 구분되어 있는 것을 확인할 수 있다. 조사지점을 기준으로 상행이 성산일출봉에서 입지 방향으로 이동하는 것이고 하행이 입지에서 성산일출봉으로 이동하는 것이다.

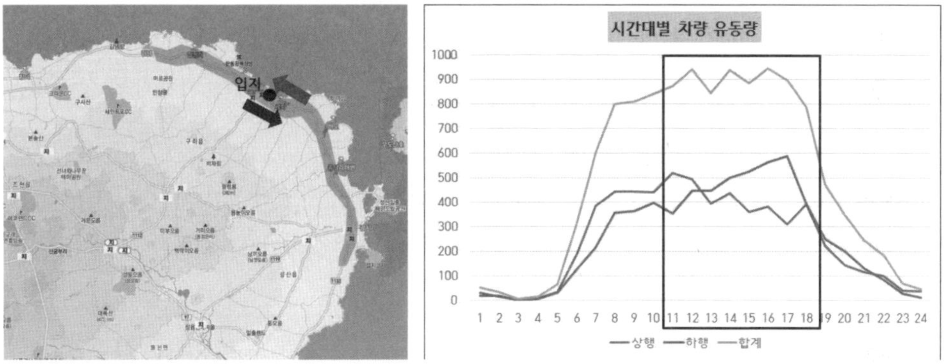

그림 4-57 시간대별 차량 유동량

하행 도로의 시간대별 유동량을 분석했을 때, 18시까지 서서히 급증하다가 급감하기 때문에 성산일출봉 주변 숙박시설에서 대부분 관광객이 머물 것으로 추정했다. 또한, 상/하행 모두 8시에 교통량이 급증해 18시에 급감하는 것을 볼 수 있다. 이를 통해 입지가 위치한 상권은 관광객이 오래 머무는 숙박시설이 군집한 곳이라기보다는 이동을 위한 경유지로서의 역할을 한다는 것을 알 수 있었고, 우리는 주류가 동반되는 저녁 메뉴보다는 점심 메뉴 위주의 아이템을 선정하는 것이 알맞다는 결론을 내렸다. 또한 인구조사와 마찬가지로 한 지점에서 차량을 직접 조사하는 방법이 있다. 차종 분석, 배기량, 동승자 분석을 통해 유동인구의 소비력, 동반자, 연령대 등을 유추할 수 있겠다.

지하철, 버스 등 승하차 인구를 이용해서도 유동인구를 분석할 수 있다. 지하철 승하차 인구는 각 도시 철도공사에서 통계자료로 제공하고 있다. 서울시의 경우 월별, 요일별, 일별, 시간대별 승하차 인원까지도 제공하기 때문에 어떤 시간대에 가장 유동인구가 많이 발생하는지도 알 수 있다. 버스 승하차 인구에 대해서는 제공하지 않기 때문에 유동인구가 다량 발생하는 버스정류장에서 승하차 인구를 시간대-요일별로 직접 집계해야 한다.

5) 유동인구 결론

유동인구 내용을 종합해보자.

❶ A매장이 위치한 상권은 타 상업지구에 비해 유동인구 밀집도가 가장 높은 곳이다.

❷ 유동인구의 특성은 40~50대가 집중되어 있으며 남성이 다소 우세했다.

❸ 금~일요일과 저녁 시간대에 유동이 가장 활발한 모습을 보였다.

❹ 하지만 A매장은 골목 특성상 인구 유동이 가장 집중되어 있는 먹자골목 상권과는 다소 벗어나 있다.

❺ A매장이 위치한 골목은 오피스타운과 학원가의 특성을 가지고 있다.

❻ 그렇기 때문에 점심시간대에는 40~50대 여성이, 저녁 시간대에는 10대 유동이 두드러지게 나타났다.

❼ 실사 조사 결과 평일 저녁 유동인구가 우세했고, 주말은 종일 유동이 많았다.

❽ 평일 저녁은 A매장, 비교지점 모두 10대 유동이 대부분이다.

❾ 주말을 기준으로 먹자골목과 비교했을 때 A매장은 10대 유동이 대부분이었고 먹자골목은 2040대가 대부분이다.

❿ 그렇다면 유동인구의 주 소비자를 10대로 봐야 할까? 10대는 소비력이 약하기 때문에 주소비자에서 제외한다. 10대를 제외한 유동인구를 주 소비자층으로 설정한다.

⓫ A매장은 먹자골목을 가기 위해 거쳐 가는 경유지의 성격을 띠고 있다.

동백동의 사례로 보자면, "유동인구가 거주인구 아닌가?"라는 의문이 들 수 있다. 하지만 강남역으로 위치를 바꿔서 유동인구를 예상해보자. 강남역 한복판의 유동인구는 강남역 빌딩숲의 직장인이 될 수도 있고, 친구들과 만나기 위해 경기도에서 올라온 사람일수도, 강남스타일에 심취한 외국인일 수도 있다.

유동인구는 거주인구가 될 수도 직장인구가 될 수도 관광지라면 관광객이 유동인구가 될 수 있다. 앞에서도 말했지만 유동인구는 실제 조사를 토대로 거주인구, 직장인구, 외부유입인구의 실제로 유입되는지 확인하는 과정이며, 이렇게 교차분석을 통해서 소비자를 도출해내는 과정이라고 할 수 있다.

■롯데리아와 버거킹의 차이

식생활이 서구화되면서 가장 접하기 쉬운 음식이 패스트푸드이다. 신세대의 문화로 상징될 만큼 햄버거와 피자, 치킨은 이제 실생활에서 없어서는 안 될 필수품이 되어 버렸다.

10대의 경우에는 1주일에 2~3번 이상을 패스트푸드점에 방문하는 편이며, 대학생을 비롯하여 20~30대 직장인과 40대 이후의 중년층도 점차 패스트푸드를 이용하는 기회가 늘어나고 있다는 점은 부인할 수 없는 사실이다.

97년 이후, 명예퇴직자들을 중심으로 자금여력이 있는 가맹희망자들의 1순위가 바로 패스트푸드점이라는 사실은 이와 같은 시대적 조류에서부터 출발한다. 사실 그 당시만 해도 패스트푸드점을 개업하면 큰돈을 벌 수 있다는 속설이 있기도 했지만 그 결과는 천태만상이다. 일부의 경우에는 대박을 터뜨리기도 했지만 상당수는 수억에 이르는 손실을 입고 포기하는 경우도 많았다는 점을 상기할 필요가 있다.

이처럼 가장 잘나간다는 패스트푸드점일 지라도 성공과 실패가 있기 마련이고 그 원인은 분명히 있을 터이기에 상권분석 측면에서 들여다 볼 필요가 있다. 이해의 편의상 롯데리아와 버거킹을 들기로 하자. 어찌 보면 동일한 뉘앙스를 느낄 수 있지만 거의 모든 측면에서 상당히 다르다는 점을 쉽게 확인할 수 있다.

먼저 롯데리아는 국내 토종브랜드로서 시작 단계에서부터 10대를 겨냥한 상품이 대부분이었다. 맛에 있어서도 맛이 강해서 즉흥적인 반응을 보이는 10대의 폭발적인 인기를 끌어왔고 지금도 그러하다. 최근에는 10대 이하로 연령층이 낮아지고 있다.

이에 반해 버거킹은 맥도널드나 KFC에 비해 가장 미국적인 맛을 유지한 것으로 평가되는데, 타 브랜드에 비해 부피도 크고 맛도 서구화된 입맛에 맞추어져 있다.

따라서 10대보다는 20대 이후 성인층에게 인기가 높다. 목동역에 가면 목동오거리에 버거킹이 있고 목동사거리에 롯데리아가 있다. 대부분 패스트푸드점은 인접하기 마련인데, 비교적 먼거리에 위치해 있다. 거리가 멀 수록 흡인력이 떨어져 불리하다는 것이 업계의 공론인데, 멀리 떨어져 있어서 모두 잘 되는 편이다. 그 이유는 바로 자사브랜드의 상품특성과 고객특성이 일치했기 때문이다.

목동오거리는 주로 20~30대 층이 대부분이고 목동사거리는 10대가 중심이기 때문이다. 목동사거리에 버거킹이 입점했다면 십중팔구 실패를 경험했을 것이다.

비슷한 사례도 있다. 대학로에 가장 높은 매출을 보이고 있는 브랜드는 단연 버거킹이다. 광화문사거리 역시 버거킹이 실적이 좋다. 반대로 학군이나 거주형 상권으로 가면 정반대의 결과가 나타난다. 롯데리아나 맥도날드의 실적이 가장 높고, 버거킹은 입점 자체를 꺼려한다. 롯데리아에 가면 반바지차림의 가족이 많고 버거킹에 가면 연인이 많다는 점도 간과해서는 안될 중요한 메시지이다. 바로 상권과 업종 그리고 상품의 궁합이 얼마나 중요한지를 한눈에 보여주는 사례라 하겠다.

〈출처 : 프랜차이즈 입지 및 상권분석 연구, (사)한국프랜차이즈협회, 2005〉

4. 기타 인구

기타 인구는 상권 내 거주인구, 직장인구, 유동인구를 제외한 소비자로 대표적으로 관광객 소비자와 상권 외에서 유입되는 소비자가 있겠다. 특히 외부 유입 소비자는 자사의 상황, 상권의 특성과 맞물려 분석을 진행한다. 자신이 운영할 식당의 규모가 대형매장일 경우 상권 내 고객뿐만 아니라 외부에서도 소비자를 유입시켜야 하기 때문에 상권의 범위를 확장시키고 소비자의 접근성과 상권 내 경쟁 업체 유무를 따져 외부 유입 소비자를 설정할 수 있다.

1) 관광객 소비자

우리의 상권이 관광지 주변에 있거나, 관광객 유입이 충분히 가능한 입지라고 판단된다면, 관광객에 대한 분석을 실시한다. 우선 기관에서 제공하는 데이터를 통해서 분석할 수 있다.

문화체육관광부에서 제공하는 '관광지식정보시스템'(https://www.tour.go.kr/)에 가면 관광과 관련한 많은 정보를 확인할 수 있다. 가장 많이 활용되는 자료는 '주요관광지점 입장객 통계'와 '국민여행 실태조사' 두 가지다.

(1) 주요관광지점 입장객 통계

분석방법

- https://www.tour.go.kr/ 접속
- [통계] 클릭
- [관광객 통계] 중 [주요관광지점 입장객 통계] 클릭
- [주요 관광지점 입장객(2004. 07 이후)] 클릭

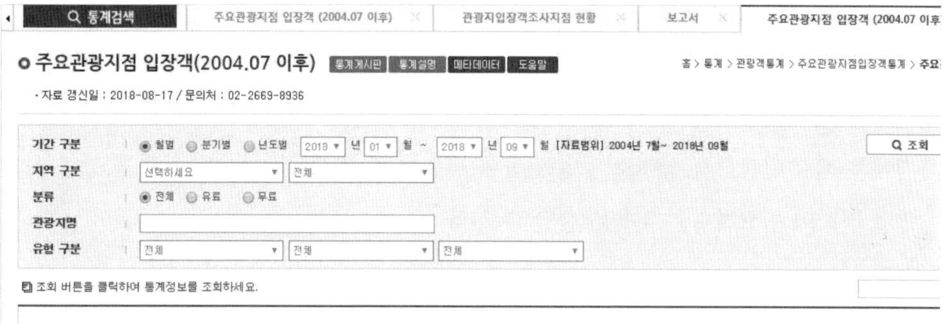

그림 4-58 주요관광지점 입장객 통계 화면

위와 같은 화면이 나오면, 지역과 관광지를 선택하면 입장객 통계를 확인할 수 있다. 월별, 분기별, 연도별로도 확인할 수 있다. 대표적인 관광도시인 제주도의 관광 통계를 살펴보자.

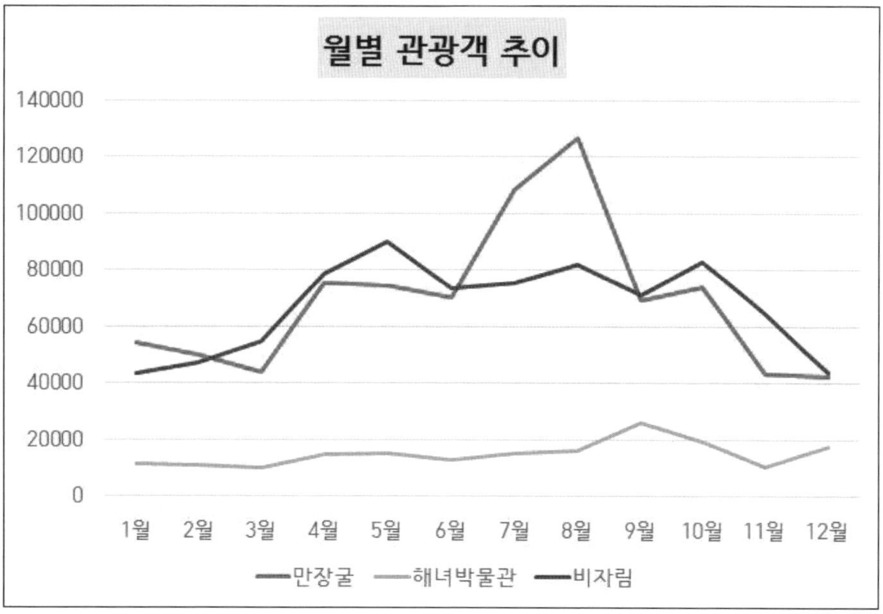

그림 4-59 제주도 대표 관광지의 월별 관광객 추이

제주도 유명 관광지 중 비자림, 해녀박물관, 만장굴의 월별 관광객 추이다. 대체적으로 4월부터 10월까지가 관광객 수가 많고 11월~3월까지는 절반 가까이 감소되어 성수기 비수기 구분이 뚜렷한 것을 확인할 수 있었다. 우리는 이러한 데이터들을 통해 성수기에는 제주 관광객을 상대로 영업 전략이 필요하고, 비수기에는 제주도민을 상대로 한 영업 전략이 필요하다는 것을 도출할 수 있다.

(2) 국민여행 실태조사

분석방법

- https://www.tour.go.kr/ 접속
- [통계] 클릭
- [조사통계] 클릭
- [국민여행 실태조사] 클릭
- [보고서] 다운로드

5. 여행 시기

(복수응답, 단위 : %)

구분	2017년			2016년			2015년		
	국내여행	관광여행	기타여행	국내여행	관광여행	기타여행	국내여행	관광여행	기타여행
주중	44.7	49.0	41.0	43.2	47.4	39.2	55.6	55.8	55.4
주말	52.6	59.3	46.8	55.3	60.2	50.7	62.4	64.5	60.5
휴가/방학	4.4	5.4	3.5	3.8	5.9	1.8	1.8	2.6	0.9
설날/추석	11.8	3.2	19.2	10.8	1.7	19.3	11.8	2.0	21.0
공휴일	11.3	10.5	11.9	12.1	14.9	9.3	8.9	11.3	6.5

6. 여행 목적

(단위 : %)

구분	2017년			2016년			2015년		
	국내여행	숙박여행	당일여행	국내여행	숙박여행	당일여행	국내여행	숙박여행	당일여행
여가/위락/휴가	43.6	47.0	41.3	45.6	48.9	43.1	45.6	48.4	43.7
건강/치료	1.3	0.9	1.5	1.9	0.8	2.7	1.7	0.9	2.2
종교/성지순례	1.1	0.6	1.4	1.2	0.8	1.5	1.1	0.9	1.3
가족/친척/친구방문	41.2	47.2	37.2	41.5	45.5	38.7	41.6	45.8	38.5
교육·훈련·연수	2.6	2.0	3.0	2.2	2.0	2.3	2.4	2.2	2.5
쇼핑	4.1	0.1	6.7	3.5	0.2	6.0	3.3	0.1	5.6
사업 및 전문활동/업무상 목적	4.1	1.9	5.5	2.3	1.3	3.0	2.6	1.4	3.5
기타	2.1	0.4	3.3	1.7	0.6	2.6	1.8	0.4	2.8

국내 여행 목적

(단위 : %)

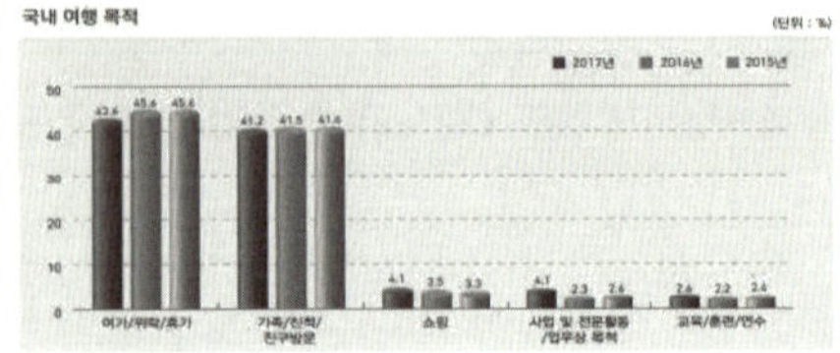

그림 4-60 2017 국민여행실태조사

국민여행실태조사 자료에서 확인할 수 있는 주요 데이터는 다음과 같다.

표 4-23 **데이터 목록표**

주요 데이터	
국민여행총량	여행 방문지 선택이유
여행 횟수	예약 서비스 이용
여행 일수	여행상품 구매
여행을 하지 않는 이유	이동수단
여행 시기	숙박시설
여행 목적	여행지 주요 활동
여행 선택 시 정보원	여행 지출액
여행 동반자	여행 평가
여행 방문지	항목별 만족도

해당 데이터들이 연령별, 성별, 학력, 직업별로도 상세하게 구분되어 있어 필요한 자료를 찾아 소비자를 선정하는데 참고하도록 하자.

예를 들어 50대 부부 단위가 단체 관광으로 관광지를 방문했다면 보수적인 아이템과 대형버스가 들어올 수 있는 공간이 별도로 필요할 것이다. 30~40대를 주축으로 한 가족단위가 개별여행으로 관광지를 방문한다면 어린이 메뉴가 필수적일 것이다.

(3) 기타 자료

위의 자료 이외에도 지방자치단체에서 관광지에 대한 통계를 조사해 발표하는 경우도 있다. 제주도처럼 관광이 특화된 지역의 경우 매년 '제주 특별자치도 방문관광객 실태조사'와 같은 지역 관광 현황들을 발표하기도 한다. 이러한 자료를 통해 관광지를 방문하는 관광객의 연령대나 성별 혹은 동반객 수 등을 파악할 수 있다. 특히 제주도의 경우 시간대 별로 관광객 군집도까지도 분석한 자료도 있어 보다 심도 있는 분석이 가능하다.

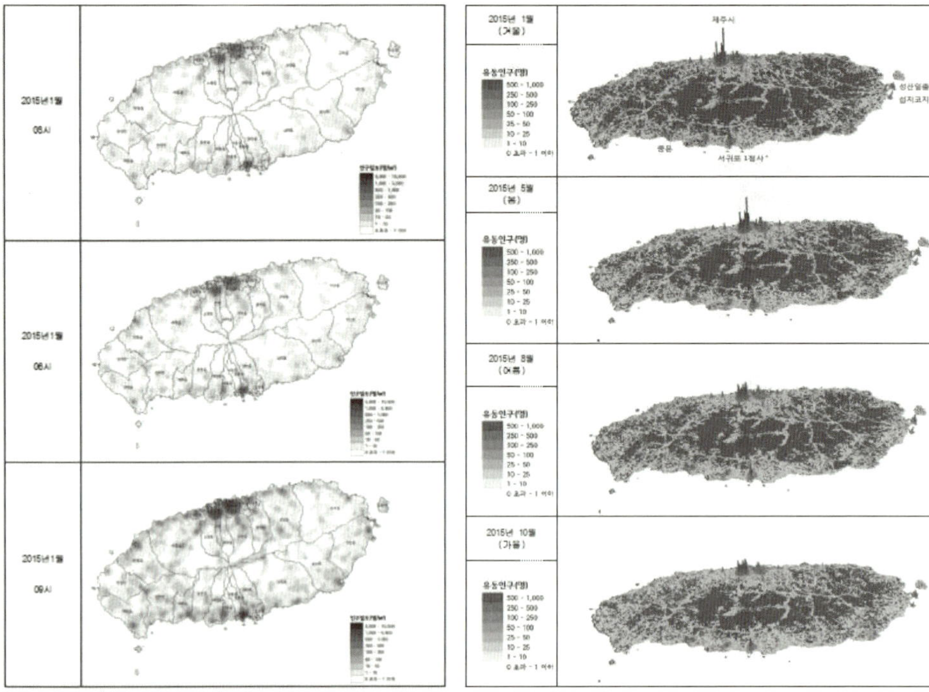

그림 4-61 제주도 관광데이터 분석 논문

2) 상권 외 유입 소비자

경기도에서도 찾아오는 강남역과 같은 '번화가 상권' 혹은 '가든형 상권'에 위치하거나 "한우"처럼 목적성이 뚜렷한, 고객이 의도를 가지고 방문하는 아이템의 경우 '상권 외 유입 소비자'를 분석해봐야 한다. 상권의 범위를 '시, 군, 구'까지 넓혀서 조사를 진행하거나 아이템 소비자에 대한 분석을 진행할 수 있겠다. 만약 '냉면' 아이템이라면 냉면과 관련된 논문, 기사 등을 통해 선호소비자와 그들의 니즈를 도출해낸다. 이 결과가 메인타깃의 결과와 일치하는지, 메인타깃의 니즈를 충족시킬 수 있는 아이템인지를 검증해보자.

기타 인구 분석 방법을 A매장의 사례로 대입해서 분석해보자.

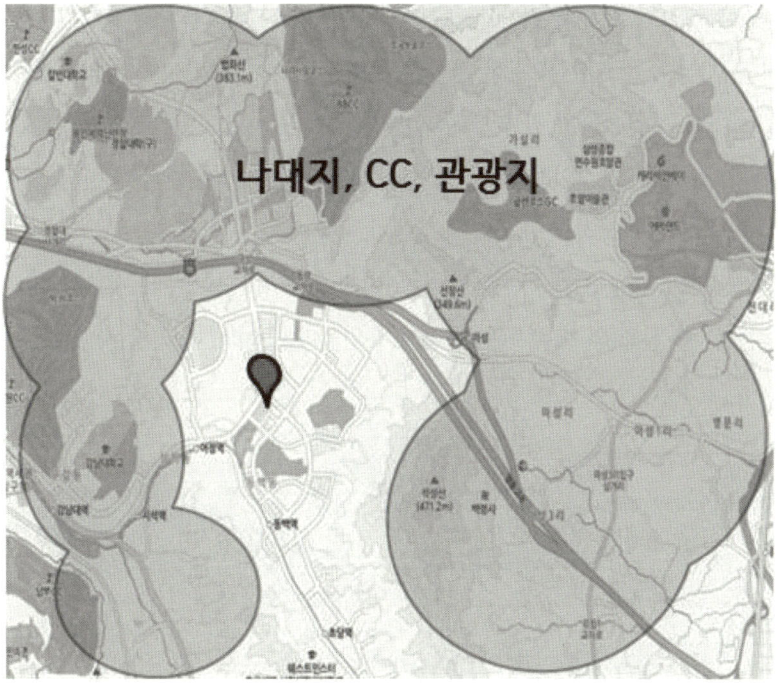

그림 4-62 A매장의 외부 유입 가능 요소

앞서 설명했듯이, A매장의 경우 주변에 7개의 골프클럽과 국내 관광객 입장 수 1위를 차지하는 에버랜드, 한국 민속촌이 위치하고 있다. 아래의 표는 관광지식정보시스템에서 제공하는 용인시 내 주요 관광지의 입장객 수를 순위별로 나타낸 표다.

표 4-24 용인시 내 주요 관광지 연간 입장객 수

순위	관광지 명	관광객(명)	순위	관광지 명	관광객(명)
1	에버랜드	6,965,311	17	수원컨트리클럽	125,916
2	한국민속촌	1,491,287	18	한성컨트리클럽	108,506
3	캐리비안베이(워터파크)	1,429,035	19	지산컨트리클럽	97,170
4	경기도 어린이 박물관	523,681	20	한택식물원	88,630
5	양지파인리조트(스키밸리)	340,451	21	은화삼컨트리클럽	73,162
6	레이크사이드컨트리클럽	218,879	22	용인 대장금 파크	72,917
7	용인 자연휴양림	212,194	23	용인컨트리클럽	63,860
8	호암미술관	207,625	24	글렌로스 골프클럽	63,543
9	용인농촌테마파크	205,895	25	한터조랑말농장	44,837
10	태광컨트리클럽	191,907	26	청계목장	41,202
11	골드컨트리클럽	187,823	27	남부컨트리클럽	39,605
12	국가보훈처 88골프장	171,151	28	한국등잔박물관	31,592
13	한화호텔앤드리조트(플라자CC)	157,610	29	용인문화유적전시관	30,778
14	백남준 아트센터	154,399	30	농도원목장	29,999
15	코리아컨트리클럽	132,430	31	호박등불마을	13,508
16	아시아나컨트리클럽	127,455	32	이영미술관	4,796

상위권에 랭크된 관광지 위치를 표시하고 A매장까지의 거리를 나타냈다. 차량 기준으로 평균 20분이 소요된다. 또한 관광지 주변으로 이미 상권이 형성되어 있어 관광객 유입이 높지 않을 것이라고 결론 낼 수 있다.

앞서 기타인구는 자사와 상권의 특성과 맞물려 분석해야 한다고 설명했다. 자사의 경우 10평 규모의 굉장히 소규모의 매장이기 때문에 충분히 상권 내 소비자로만으로도 운영이 가능하며 상권 또한 거주단지 내 위치한 상업지구이기 때문에 번화가의 성격은 띠지 않는다. 즉 상권 외 소비자(원거리)가 유입될 확률이 낮다고 볼 수 있다.

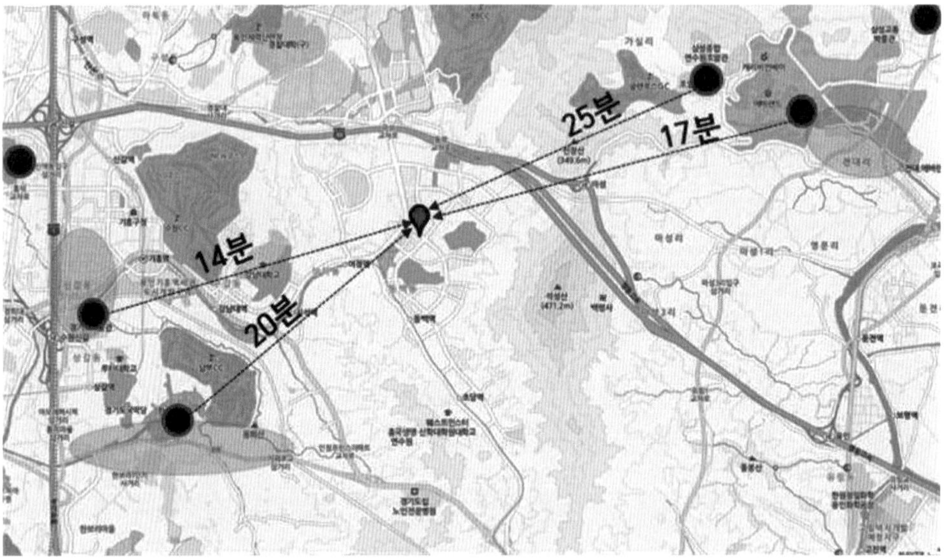

그림 4-63 **각 관광지로부터의 차량 소요시간 및 발달 상권**

3) 기타인구 결론

A매장의 사례로 기타인구를 요약하자면 관광객 입장 순위 1위를 기록하는 관광지와 용인시 대표 관광지가 A매장 주변으로 대거 포진하고 있으나, 관광지로부터 차량기준 평균 20분이 소요되고 이미 관광지 주변으로 식당상권이 형성되어 있기 때문에 관광객 혹은 외부 인구가 유입될 가능성은 낮아 보인다.

5. 메인타깃 도출

이제 모든 소비자 데이터를 종합해서 메인타깃을 도출할 차례다. 각 소비자를 연령, 성별, 소득 및 소비, 시간대, 거리별, 기타 특징 등으로 데이터를 정리해보자.

표 4-25 **메인타깃 요약**

<table>
<tr><th>구분</th><th>거주인구</th><th>직장인구</th><th>기타인구</th><th>유동인구</th></tr>
<tr><td>연령대</td><td>• 0~19세 자녀를 둔 30~40대</td><td>• 30~40대</td><td rowspan="6">분석
필요성
낮음</td><td>• 30~40대/10대</td></tr>
<tr><td>성별</td><td>• 남성 다소 우세</td><td>• 여성 우세</td><td>• 남성 다소 우세</td></tr>
<tr><td>소득 및 소비</td><td>• 용인시 내 중상위층
• 메가브랜드 아파트와 임대아파트가 혼재(상향평준화적 소비)
• 30~40대 우세
• 직장인구보다 높은 소비력을 갖춤</td><td>• 40~50대 소득 高
• 30~40대 소비 高
• 주거인구에 비해 소비 비중이 높다.</td><td>• 10대 자사 앞 유동이 많으나 소비력이 낮음.</td></tr>
<tr><td>시간대</td><td>• 저녁시간대 우세(베드타운)</td><td>• 12~14시 점심식사
• 18~21시 저녁회식</td><td>• 평일 저녁 우세
• 주말 종일 유동</td></tr>
<tr><td>거리별</td><td>• 동백, 중동 전체</td><td>• 상가단지 내 직장인(금융, 의료직종)</td><td>• 먹자골목 : 20~40대
• 자사 : 10대 우세</td></tr>
<tr><td>기타 특징</td><td>• 베드타운
• 3인 가정
• 학교 밀집도 高</td><td>• 점심 : 전문직종 간단한 점심식사
• 저녁 : 전문직종 소규모 회식</td><td>• A매장 앞 30~40대 부족 먹자골목 인구유치 필요</td></tr>
</table>

데이터들을 교차분석하면 다음과 같이 메인타깃이 설정된다. 일반적으로 평일과 주말을 구분하고 또 각각을 낮과 저녁으로 구분해 메인타깃을 설정한다. 그렇지 않은 경우도 있다. 경기도 성남의 남한산성처럼 당일치기 여행이 가능한 곳은 낮에만 붐비기 때문에 시기별 구분을 성수기/비수기를 기준으로 나눌 수도 있다.

• **평일 낮** 30~40대 거주인구 중 주부모임과 금융, 30~40대 의료직의 직장인 여성

- **평일 저녁** 용인 외 지역에서 근무를 마치고 돌아온 베드타운에 거주하는 30~40대 직장인 남성과 금융, 의료직에 종사하는 직장인구의 소규모 회식
- **주말** 낮과 저녁 구분 없이 종일 10대 자녀를 동반한 30~40대 가족단위가 메인 타깃으로 설정된다.

서브타깃이란 메인타깃 이외에 부수적인 소비자를 뜻하며 부가적인 매출을 올릴 수 있는 소비자를 뜻한다. 거주단지가 많아 높은 배달 수요와 테이크아웃이 이뤄질 수 있고, 쇼핑몰에서 자사 쪽 유입인구가 많은 것으로 확인되어 쇼핑몰 고객을 부수적인 소비자로 설정하였다.

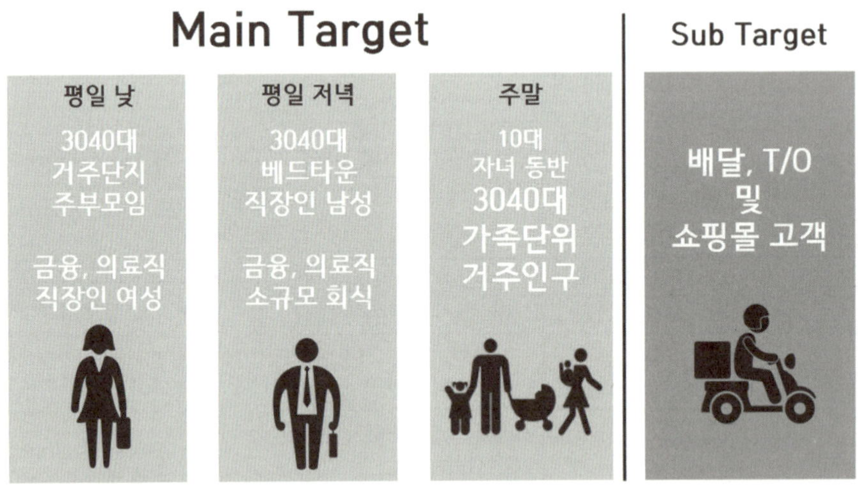

그림 4-64 메인타깃 도출결과 도식화

V

경쟁사 분석

V

경쟁사 분석

지피지기면 백전불패, 적을 알고 나를 알면 위태롭지 않다. 지금부터는 우리의 적, 경쟁사에 대해서 분석할 것이다. 경쟁사는 크게 두 가지로 구분하면 된다.

1. 우리 매장과 같은 아이템을 판매하는 번성 음식점
2. 우리 상권 안에 소비자가 많이 찾는 번성 음식점

1번의 경우 우리 상권 내에 존재할 수도 있고, 혹은 전국에 해당 아이템으로 유명한 매장이 있을 수 있다. 만약 전무후무한 어디에도 없는 새로운 아이템이거나 혹은 현재 판매중인 아이템을 변경한다면 1번 과정을 생략할 수 있겠다.

경쟁사 조사 프로세스는 사전조사 → 경쟁사 조사 → 경쟁사 벤치마킹 포인트 도출 과정으로 진행된다. 이러한 과정을 통해 자사(식당)는 시장 진입 전에 경쟁우위요소를 갖추게 되고, 이후 상권 내에서 외식 시장을 주도하는 매장으로 진입하는 것이 경쟁사 분석의 목표라 할 수 있겠다.

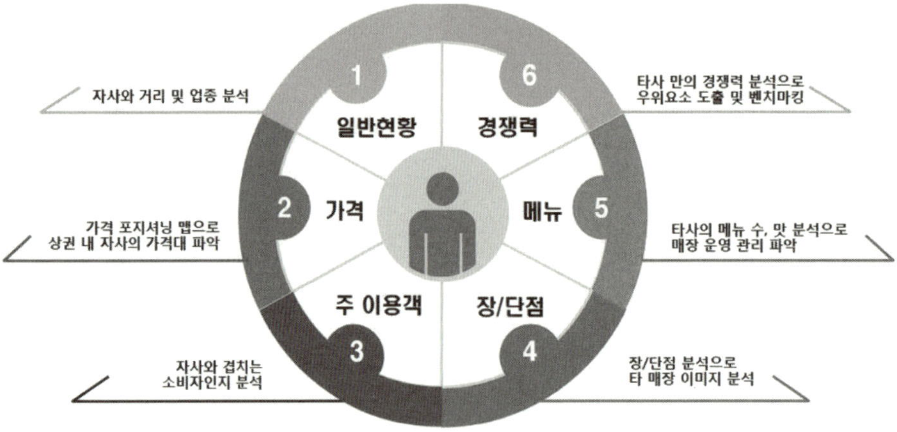

경쟁사 현황 및 키워드 도출을 위해 교차 분석

자사가 경쟁 우위요소를 갖춘 후 상권 내 외식 시장 주도 매장으로 진입 목표

그림 5-1 경쟁사 분석 개요

1. 사전조사

1) 온라인 사전조사

방문할 경쟁사를 선정하기 위해선 우선 온라인 조사를 실시한다. 온라인 조사방법은 크게 4가지로 나눌 수 있다.

표 5-1 경쟁사 온라인 사전조사 방법

온라인 조사방법	특 징
블로그 포스팅	최근 광고 작업들이 많이 이루어지면서 사실적인 평가가 이뤄지지 않는 경향이 있다. 하지만 광고가 아닌 포스팅이 있을 수 있으므로 참고하도록 한다.
TV출연	실력이 뛰어난 식당은 TV출연이 먼저 제의되지만, 그렇지 않은 식당은 일정 금액을 지불하고 홍보하는 방식으로 TV출연을 활용하기에 이 부분도 참고사항으로만 적용한다.

온라인 조사방법	특　징
빅데이터를 활용한 맛집 추천사이트	'다이닝코드', '망고플레이트'가 있다. 이러한 사이트는 빅데이터를 활용해 광고성 포스팅을 제외하고 식당을 추천하기 때문에 다소 공신력이 높다.
상권 내 빅데이터	지역 맘카페, 지역민 커뮤니티 등이 있다. 이 곳의 게시판에 올라온 식당 추천글 혹은 문의글의 댓글 등을 확인해 실제 거주민들이 선호하는 식당들을 파악할 수 있다.

2) 현장 사전조사

온라인 조사를 통해 대략적인 경쟁사를 추렸다면, 이제 현장으로 나가보자. 유념해야 할 점은 점심/저녁, 평일/주말을 구분해서 방문해야 한다. 바로 조사한 경쟁사를 방문하는 것이 아니라 피크타임(점심시간 12~14시, 저녁시간 18~20시이지만 아이템에 따라서 변할 수 있다)에 상권을 둘러보며 어느 식당이 가장 붐비는지, 사전에 온라인 상으로 조사한 내역과 일치하는지도 보면 좋다. 그리고 상권을 둘러보면서 지역민이나 상권 내 상인들과 인터뷰를 통해 경쟁사를 추천받는 방법 또한 적절하다.

2. 경쟁사 조사

어느 정도 경쟁사 사전파악이 끝났다면 실제로 경쟁업체를 방문해보자. 경쟁업체를 방문할 때는 최대한 많은 사람들과 함께 방문하는 것이 좋다. 음식이나 서비스 식당의 콘셉트 등을 평가할 때에는 아무래도 주관적인 의견이 반영되기 때문에 많은 사람들과 방문해 의견을 교류해보며 소비자의 반응을 예상해볼 수 있고 혼자 방문할 때보다 객관적인 평가를 할 수 있다.

다음은 본 회사에서 실제로 경쟁사를 방문할 때 활용하는 경쟁사 분석 테이블이다.

표 5-2 **경쟁사 조사표**

가게명					
기본 정보	오픈일		화장실	바닥 물기	
	영업요일			휴지통 상태	
	주중 영업시간			노후화 정도	
	주말 영업시간			화장실 청결도	
	물리적 시설유형		주차장	진입 용이성	
	주소/전화번호			안내표지판 여부	
	자사와의 거리		메뉴	메뉴의 종류 (스타메뉴 유무)	
홍보	주력 마케팅			음식의 맛	
	온라인 포스팅 수			음식의 양	
견해	점포에 관한 주변 상인 견해 인터뷰			음식의 외형 및 플레이팅	
	점포에 관한 이용고객의 견해			합리적인 가격	
	점포에 관한 점포관리자의 견해			기물의 청결 여부	
	상품 및 서비스의 장점			밑반찬 상태	
	상품 및 서비스의 단점			메뉴 제공 시간	
매장 외관	매장 콘셉트		서비스	인사 시 친절 표정관리	
	건물의 노후화 정도			테이블 배치 상태 및 안락함	
	매장 외관 청소			직원 용모	
	출입구 부자재 및 식음료 적재			직원의 접객 능력	
	점포 외관의 매력도			점주의 친절도	
	가시성			혼잡 시 대응도	
매장 내부	테이블 상태		매출	주당 입장 고객 수	
	고객 이동동선 (화장실, 계산대)			매장평수/좌석 수	
	내부 노후화 정도			회전율	
	매장 소음도			좌석점유율	
	환기 여부			직원 수	
				메뉴 및 가격 (핵심상품 및 보완상품)	

1) 기본정보

(1) 상호명

상호명을 기입하는 란으로 상호명이 고객에게 직관적으로 어떠한 아이템을 판매하는지 알려주거나 혹은 전체적인 식당의 콘셉트를 내포하고 있는지 여부를 판단할 수 있다.

(2) 오픈일

영업기간을 조사하는 것으로 업력이 어느 정도 되었는지 조사하는 항목. 경쟁사 종업원이나 사장에게 구두조사를 통해 알아낼 수 있다. 업력이 길다면 소비자의 오랜 사랑을 받을 수 있었던 경쟁력을 조사할 수 있고, 업력이 짧다면 속된말로 '오픈빨'의 영향이 있을 수 있으니 이를 감안하고 조사를 진행하자.

(3) 영업요일

휴무일을 조사하는 것으로 이는 가게정문에 기입되어 있거나, 요즘에는 네이버에서 상호명을 검색만 해도 휴무일을 조사할 수 있다. 휴무일을 조사하는 이유는 상권 내 유동인구를 가늠할 수 있기 때문이다. 오피스타운의 휴무일을 조사하면 주말에 영업하는 식당의 수는 손에 꼽을 정도다.

(4) 주중/주말 영업시간

영업시간은 영업요일과 조사하는 방법이 동일하다. 조사하는 목적 또한 동일하다. 예를 들어 경쟁사 대부분이 저녁~새벽 시간대에만 운영하고 있다면 '유흥상권'의 특성을 띠고 있음을 예상할 수 있다.

(5) 물리적 시설 유형

몰(Mall), 쇼핑센터, 상가 내 입지인지, 도로변 중간 혹은 독립된 입지인지, 모서리 입지인지 등을 파악해 경쟁업체의 입점 현황을 파악한다.

(6) 자사와의 거리

매장과 경쟁업체와의 거리를 기입한다.

2) 홍보 및 견해

(1) 홍보

블로그 체험단 운영 여부, 리플렛, SNS운영 여부 등을 조사 해 인지도 및 고객 반응을 확인하고, 효과가 뛰어난 홍보 방법을 조사해 자사 홍보 방안에 참고하도록 한다.

(2) 견해

❶ 점포에 관한 주변상인 견해

주변상인으로부터 업체에 대한 평판, 장/단점을 알 수 있다. 주관적인 평가를 내릴 수 있으므로 유의한다.

❷ 점포에 관한 이용고객의 견해

경쟁업체의 직접적인 경쟁력을 조사할 수 있다. 하지만 개인차가 있을 수 있다. 직접 인터뷰를 하는 방법도 있지만 블로그 포스팅이나 지역민 커뮤니티를 통해서도 정보를 수집할 수 있다.

❸ 점포에 관한 점포 관리자의 견해

직접적인 견해를 묻기보다는 자연스럽게 식사를 하면서 주변상권에 대한 정보나 예약률이나 음식에 대한 이야기를 나눠보며 정보와 동시에 고객응대 자세 등을 파악할 수 있다.

❹ 상품 및 서비스의 장점/단점

조사자가 주관적으로 느끼는 상품, 서비스의 장단점을 분석해보자.

3) 소비자

방문 시 식당 내에서 식사를 하는 주요 소비자를 조사하는 방법과 네이버 데이터랩을 사용하는 방법이 있다. 데이터랩은 검색창에 식당 상호명을 검색하면 화면 하단이나 우측에 데이터랩을 확인할 수 있다.

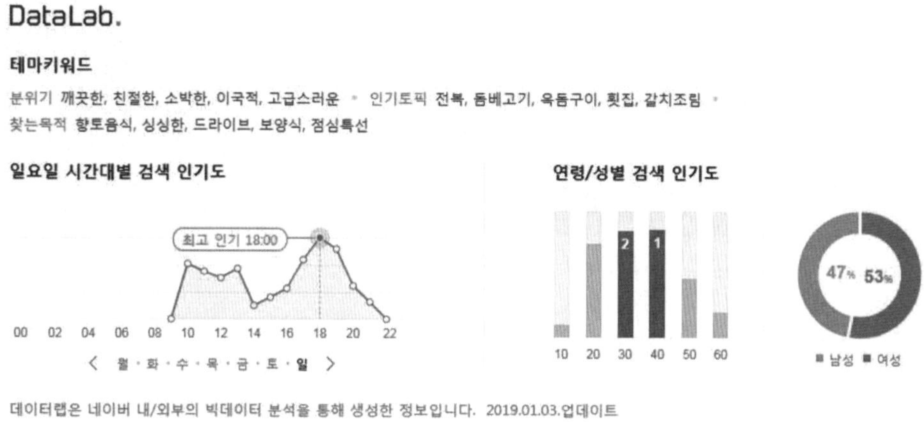

그림 5-2 네이버 데이터랩

4) 매장 및 기타 시설

(1) 외관

매장외관은 고객의 첫인상을 결정한다. 건물의 노후화 정도나 매장 입구에 식재 등이 적재되어 청결도는 헤치지 않는지 등을 판단한다. 또한 간판의 역할도 중요하다. 주변 업체에 비해 눈에 띄거나 매력적인 간판은 고객의 시선을 끈다.

매장 콘셉트 전체적인 인테리어 콘셉트를 조사해보며 소비자들이 고급스러운 분위기를 선호하는지 가볍고 대중적인 분위기를 선호하는지 등을 조사하며 상권 내 소비자가 가치를 느끼는 요소에 대해 파악한다.

(2) 매장 내부

테이블의 노후화나 전체적인 콘셉트가 고객에게 매력적으로 느껴지는지 혹은 콘셉트의 통일성이 유지되고 있는 지를 살펴본다.

그림 5-3 경쟁사 중식당 실내 사진

좌측은 방문했던 경쟁사 중 모던 중식당의 콘셉트를 내세운 식당의 내부의 모습이다. 아이템을 강조하기 위해선 우측의 콘셉트가 고객에게 소구하는 점이 많지 않을까?

❶ 고객 이동동선

매장 내부설계 과정에서 고객과 서비스 동선이 고려되지 않고 설계될 경우 고객이 화장실이나 계산대로 이동할 때 다른 고객과의 충돌이나 점원의 동선을 방해해 서비스가 원활하지 않는 경우가 생긴다. 효율성뿐만 아니라, 고객의 상해 및 사고까지도 초래될 수 있는 중요한 요인이다.

❷ 매장소음도

최근 유행하는 인테리어 스타일 중 '인더스트리얼'■ 이라는 스타일이 있다. 천장, 바닥을 콘크리트 형태 그대로 노출시켜 빈티지한 느낌을 강조하는 콘셉트이다. 벽지나 바

■ 인더스트리얼 : 공업디자인. 공업제품의 형태, 색체, 표면처리 등의 미적 · 조형적인 면과 촉감, 사용, 용도, 표면처리 등을 콘셉트화한 디자인

그림 5-4 인더스트리얼 콘셉트의 카페

닥재를 별도로 설비하지 않기 때문에 소음이 흡수되기가 어렵다. 이 경우 고객의 말소리가 울리게 되고 소음을 유발해 고객 불만족으로 이어지기도 한다.

❸ 환기여부

음식 조리 시 발생하는 일산화탄소를 배출하는 후드의 용량이 부족해 영업공간까지 연기가 자욱한 업장들을 종종 볼 수 있다.

(3) 화장실

식당의 관리수준은 화장실의 청결도를 보면 예상할 수 있다. 매장 내부는 깨끗이 청소하는 반면에 화장실은 비위생적으로 방치되는 경우가 많다. 내부를 신경 쓰느라 화장실 관리는 놓치는 경우가 많기 때문에 경쟁사의 관리능력, 시스템의 유무를 엿볼 수 있는 좋은 요소다. 핌코리아에서도 경쟁사 조사 시 제일 먼저 확인하는 것이 화장실 청결도다. 특히나 외식업은 위생이 반드시 최우선으로 되어야 한다. 상상해보자. 비위생적인 화장실에서 고객이 종업원을 만났다. 고객은 무슨 생각을 할까? 그리고 식당을 어떻게 평가할까?

(4) 주차장

주차장에는 수용 가능한 차량의 대수와 차량으로 진입 시 불편함은 없는지 안내표시판을 설치했는지 등을 확인한다(단독매장일 경우 테이블 수 이상의 주차공간을 확보).

5) 메뉴 및 서비스

(1) 메뉴

❶ 메뉴의 종류

메뉴의 종류는 많은 게 좋을까? 고객의 다양한 입맛을 충족하기 위해서는 많은 것이 좋을 수 있다. 하지만 너무 많은 메뉴는 고객 입장에서 메뉴를 선택하는데 큰 피로도를 느끼고 운영 측면에서도 손해다. 조리방법을 일일이 숙지해야 하고 피크타임에는 주문이 대량으로 들어오면 메뉴의 퀄리티도 낮아지게 된다. 또한 음식마다 식재료를 준비해야 하기 때문에 대형매장이 아니라면 적재 장소가 부족해 운영 측면에서 손해라는 것이다. 따라서 적절한 수의 메뉴가 구성되어 있는지, 특히 매장을 대표하는 "스타메뉴"가 존재하는지 등을 파악한다.

❷ 음식의 외형 및 플레이팅

현대는 '사진' 으로 소통하는 시대다. 음식도 맛있어 보이고 예뻐야 고객의 마음을 끌 수 있다. 음식 심미성의 중요성이 지속적으로 대두되고 있다. 경쟁업체를 분석할 때도 기물의 스타일, 음식 담음새, 창의적인 플레이팅 등을 조사해 벤치마킹 포인트로 활용할 수 있다.

그림 5-5 경쟁사 메뉴 플레이팅 사진

❸ 밑반찬 상태

퀄리티, 담음새 등을 평가한다.

❹ 메뉴 제공시간

다른 메뉴를 시켜도 동시에 메뉴가 제공되는지, 15분 내로 음식이 제공되는지 등을 평가한다(외식업계에서는 소비자가 최대로 대기할 수 있는 시각을 15분 내외로 본다).

❺ 합리적인 가격

메뉴의 가격을 조사하면서 단순히 가격을 조사하는 것이 아니라 이 공식을 중점적으로 기억하고 조사하자 'V > P > C' 각각 Value(가치), Price(가격), Cost(원가)를 뜻한다. 다시 해석해보자면, 고객은 자신이 느끼는 메뉴의 '가치'가 '가격'보다 높다고 느낄 때 구매를 한다. 12,000원의 파스타를 먹어도 12,000원 이상의 가치가 느껴진다면 주저하지 않고 구매를 한다는 것이다. 그만큼 메뉴 이외에 '서비스, 분위기, 매장의 콘셉트' 등이 가치를 느끼게 하는데 영향을 미친다는 것이다. 다음은 P와 C를 살펴보자. 식당을 유지하기 위해선 메뉴 '가격'보다 식재료 '원가'가 낮아야 식당운영을 이어갈 수 있을 것이다. 이 공식에서 벗어나지 않는 가격대인지를 살펴보자.

❻ 음식의 맛/양

주관적인 평가가 따를 수밖에 없으므로 최대한 많은 조사자와 함께 의견을 공유하고, 강력한 경쟁자라면 주기적으로 방문해 퀄리티의 변화가 있는지 등을 조사한다.

(2) 서비스

인사 시 친절 표정관리, 직원의 접객능력, 점주의 친절도 등을 체크한다. 특히 혼잡 시 대응도는 경쟁사의 시스템 유무를 파악할 수 있는 중요한 요인이다. 고객의 불만을 줄이고 빠르게 혼잡도를 해결하면 내부에 서비스 교육시스템이 존재한다고 볼 수 있다. 유니폼 착용 여부를 살펴보는 것, 유니폼을 입는 것만으로도 매장 콘셉트의 유지와 전문성을 높일 수 있다.

3. 경쟁사 매출분석

"입장 고객 수, 좌석 수, 회전율, 좌석점유율, 직원 수, 객단가"는 '경쟁사의 매출'을 분석할 수 있는 가장 중요한 요소다.

1) 매출분석 목적

매출액을 추정하는 것은 나의 사업타당성 분석을 위한 기초자료이다. 우리가 상권과 입지분석을 하는 중요한 이유도 매출액을 추정하기 위한 사전 작업이다. 창업자가 상권과 입지를 조사하고 분석하는 최종목표는 매출액, 지출 총 비용, 이익을 추정하고, 이를 분석함으로써 투자금액과 예비 운영비용의 계획을 설정할 수 있게 되는 것이다.

매출을 추정하기 위해서는 우선적으로 매출을 증가시키는 요인과 매출을 감소시키는 요인 파악이 중요하다. 매출을 증가시키는 요인으로는 상권과 입지가 있고, 하락시키는 요인은 외부요인과 내부요인으로 나눌 수 있다. 매출 하락요인 중 외부요인은 환경적인 요건, 메르스 등 사태, 경쟁점포의 출현이 있을 수 있고, 내부요인으로는 제품 및 서비스의 품질 저하, 상품경쟁력 부족, 인력부족, 관리부실 등 여러 가지 요인이 있다. 경쟁자와 경쟁점포의 출현이 내 점포의 매출 하락 원인으로 크게 작용하므로 창업 전에 경쟁사를 면밀히 분석하고 매출을 추정하여 시행착오를 줄여야 할 것이다.

2) 매출 계산법

(1) 회전율

매장에 있는 좌석이 몇 번 회전하는 지를 뜻한다. 만약 20석(4인 테이블 5개)의 좌석을 갖춘 매장에 점심시간 동안 40명이 방문한다면 회전율은 2다. 회전율을 알 수 있는 방법은 두 가지다.

❶ 식사 시간

일반적으로 '분식' 아이템은 조리부터 식사가 완료될 때까지 평균 20분 내외로 식사 시간이 소요된다. 12~14시까지 운영한다면, 이곳의 회전율은 6이라고 볼 수 있다. 하지만 이는 빈 테이블 없이 손님이 가득 찬 상태로 2시간 동안 운영했을 때를 가정한다.

❷ 영수증

모든 영수증이 그렇지는 않지만 대부분 영수증은 주문번호가 출력되서 나온다. 만약 10개 테이블의 식당에 2시쯤 방문해 영수증에 주문번호 20번이라고 적혀 있다면 회전율은 2라고 할 수 있다.

점심시간 끝날 때 즈음 방문하게 되면 더욱 회전율을 예상하기가 수월하다.

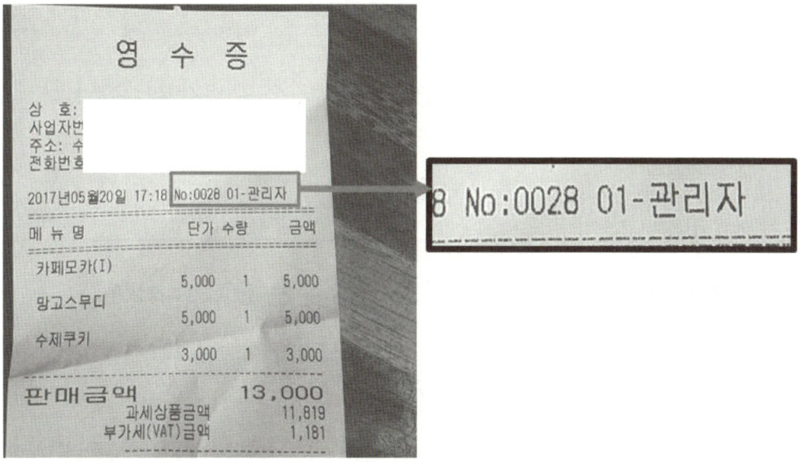

그림 5-6 매장 영수증 사진

(2) 좌석(테이블) 수와 좌석 점유율

좌석 점유율은 한 테이블을 몇 명이 채우는 지를 뜻한다. 4인 테이블에 4명이 식사하면 이를 1로 본다. 2명이 식사를 하면 좌석 점유율은 0.5다. 경쟁업체 방문 시 몇 명 단위로 식당을 방문하는지 살펴보자. 라멘집이라면 점유율이 0.25(1인 고객)일수도,

갈비집이라면 가족들과 방문한 고객이 많기 때문에 점유율이 0.75(3인 고객)가 될 수 있다.

(3) 고객 수

식당의 좌석 수, 회전율과 좌석 점유율을 활용해 경쟁 업체의 고객 수를 계산할 수 있다. 4인석을 기준으로 10개의 테이블을 가진 경쟁업체에서 점심식사 이후 20번의 주문번호를 확인했고, 한 테이블당 대부분 2명 단위 고객이 방문하고 있다면 점심시간 내 방문 고객 수는 얼마일까?

고객 수 = 40석 × 0.5(회전율) × 0.5(점유율) = 10명

(4) 객단가

한 고객당 지불하는 가격을 뜻하며 월 방문 고객 수에 객단가를 곱하면 월 매출을 산출할 수 있다.

예시) 4인 테이블 15개인 매장의 좌석 수는 60석(=4×15)

4인 테이블 동석하는 고객의 평균 수가 점심 3인, 저녁 2인이라면, 점심 좌석 점유율 3/4=0.75, 저녁 좌석 점유율 2/4=0.5다.
점심시간 15개 테이블이 2회전, 저녁시간에는 15개 테이블이 1.5회전한다.
객단가는 점심시간에는 8,000원, 저녁시간에는 23,000원이다. 월 영업일 수는 주 1회 휴무라고 가정해서 월 평균 25일 영업한다.
위 조건을 기초로 한 월 추정 매출액

월 점심 매출액 = 60 × 0.75 × 2 × 8,000 × 25 = 18,000,000원
월 저녁 매출액 = 60 × 0.5 × 1.5 × 23,000 × 25 = 25,875,000원
월 매출액 합계 = 18,000,000 + 25,875,000 = 43,875,000원

(5) 직원 수

직원 수를 통해서도 매출액을 예상할 수 있다. 안정적으로 운영되는 식당들의 손익계산서를 살펴보면 인건비 비중이 약 20% 내외다. 직원 수만큼 인건비를 곱하고 이 값의 5배를 곱하면 예상 매출액이라고 볼 수 있다.

4. 경쟁사 키워드 도출

앞에서와 같이 경쟁업체별로 세세하게 조사를 하다보면 경쟁사만이 가지고 있는 경쟁력과 우리 식당에서도 적용시킬 수 있는 벤치마킹 포인트를 추출할 수 있다. 이를 키워드로 정리하게 되는데, 대략적으로는 주요 소비자 층, 서비스 수준, 인/익스테리어 콘셉트, 메뉴의 특징 등으로 도출되는 편이다.

그림 5-7 경쟁사 키워드 도출 도식화

위 그림은 냉면전문점 창업 프로젝트에서 도출한 키워드다. 서울, 경기 내 12곳의 냉면 전문점은 30~50대 소비자가 주로 방문하며 공통적으로 한옥 인테리어를 갖추고 있었으며 방짜유기, 자가제면 등으로 고객가치를 극대화하는 동시에 고가전략으로 판매한다. 냉면 육수는 동치미 국물과 소고기 육수 중 소고기 육수 비율을 높여 대중성을 갖추는데 주력하고 있었으며 뛰어난 맛의 이북식 만두 등으로 보완메뉴를 구성해 추가 매출을 올리는 것이 공통점으로 도출되었다. 이러한 방식으로 벤치마킹 포인트들을 도출하고 자사(식당)의 경쟁력을 갖추도록 한다.

5. 경쟁사 실제 조사 사례 및 결론

아래의 그림은 실제로 조사한 내용을 토대로 외식경영컨설팅 (주)핌코리아에서 보고서를 작성한 것이다.

1 | 일반 현황

Exterior / 간판

Interior

구분	내용
주소	제주특별자치도 0000000000
전화번호	064-000-0000
영업시간	매일 10:00 - 22:00브레이크타임 15:00~17:00
익스테리어	파인다이닝을 연상시키는 고급스럽고 모던한 외관 외관, 매장 입구 등 상권 내에서 가장 관리가 잘 이루어진 매장 전문성이 돋보이는 외관이지만, 내부에서는 답답함이 느껴질 수 있다. (창이 매우 작다.)
인테리어	모던한 인테리어가 돋보인다. 간이 미닫이 문을 설치하여 private한 공간 연출

그림 5-8 경쟁사 실사 방문 보고서

A매장 프로젝트의 경우 25곳의 번성업체를 선정할 수 있었고, 각 업체에 대한 조사를 진행해보니 업체별 특징을 도출할 수 있었다. 그리고 그 중에서도 경쟁력이 있는 (입지가 나쁨에도 고객이 많고, 업력이 강한, 우리의 소비자 타깃과 동일한 업체 등) 번성업체는 총 8곳이었다. 경쟁업체 8곳을 위처럼 분석을 진행했다.

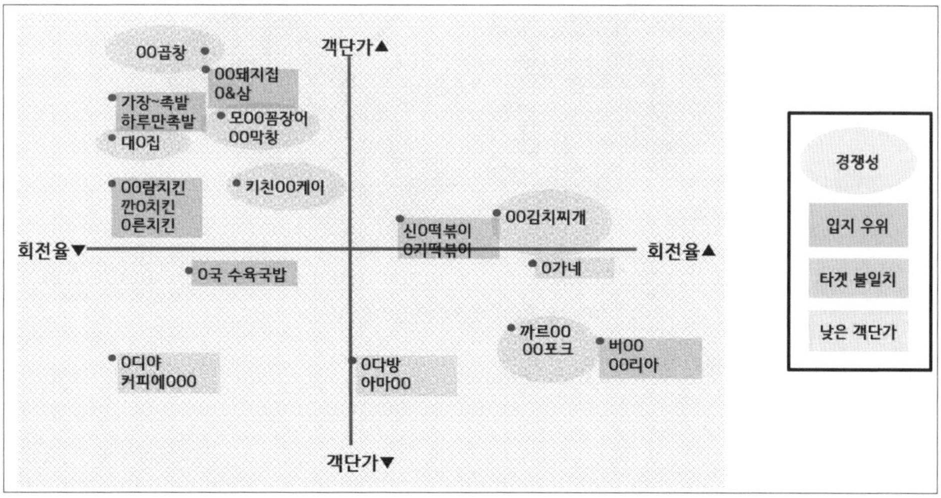

그림 5-9 A매장의 경쟁사 포지셔닝

1 경쟁사 분석 요약 - 방문 매장

구분	매장위치	메뉴	경쟁 우위 요소
00포크	경기 용인시 기흥구 동백중앙로 000	• 달콤/매콤/매운/무진장 매운 돈가스 8,000 • 돈냉면 (비빔/물) 7,000 • 칡 물/비빔/불물/불비빔 냉면 6,000	• 중독성 높은 맛 • 상권 내 유일 메뉴, 점심 메뉴 • 웨이팅으로 집객효과, 홍보효과가 높다. • 메뉴의 선택과 집중으로 원가 및 노동 효율성 높다.
00 김치찌개	경기 용인시 기흥구 동백중앙로 000	• 1인분 7,000 / 보통 (2~3인) 14,000 • 중간 (3~4인) 20,000 / 곱빼기 (4~5인) 26,000 • 달걀 말이/햄 구이 6,000 / 대접 밥 1,000	• 서버의 높은 친절도 • 메뉴의 선택과 집중 : 원가, 노동 효율성 향상 • 고객 흥미 유발 요인, 정체성이 강한 컨셉
00보네	경기 용인시 기흥구 동백중앙로 000	• 토마토 스파게티 4,000원 / 짬뽕골레 7,500원 • 해산물스파게티6,900원 / 미트소스스파게티 4,700원 • 달콤피자 6,500원 / 숟가락 피자 5,500원 • 스위트 포테이토 피자 7,500원	• 상권 내 파스타 전문점 1위 • 양식의 경우 식재 수급(면, 소스)이 일정해 가격 안정성이 높다. • 직장인 선호 소비가격 내 메뉴 • 높은 회전율
키친 00케이	경기 용인시 기흥구 동백중앙로 000	• 성인 15,900 (점심) 16,900 (저녁, 공휴일) • 콜드푸드 : 11개 / 핫푸드 : 6개 • 샤브. 월남쌈 : 10개 / 디저트 : 5개	• 주 고객 3040여성, 소비자 층 알맞은 아이템 • 넓은 업장, 단체 고객 수용 가능 • 목적성 높은 아이템
00집	경기 용인시 기흥구 동백중앙로 000	• 골뱅이 낙지무침 & 수육 25,000원 • 찹쌀 순대 볶음 15,000원 • 매콤 돈곱창 볶음 / 매운 철판 닭발 볶음 16,000원	• 전 연령대 수용 가능한 메뉴 구성, 분위기 • 입지 가장자리에 위치함에도 불구, 뛰어난 맛으로 단골 유치 • 명확한 컨셉 (7080 향수)
00곱창	경기 용인시 기흥구 동백중앙로 000	• 양,대창 구이 20,000원 / 소곱창,막창구이 15,000원 • 소 모듬 구이 30,000원 / 곱창전골 30,000원 • 간,천엽 10,000원 / 갈비살 13,000원	• 오랜 업력 / 높은 객단가 • 웨이팅으로 인한 집객 효과 • 고객이 직접 조리하는 아이템으로 노동력 절감 및 서브시간 단축
000 꼼장어	경기 용인시 기흥구 동백중앙로 000	• 꼼장어 양념 15,000원 / 소금 13,000원 • 불닭발 무뼈 13,000원 / 통발 10,000원	• 높은 객단가 / 상권 내 유일메뉴 • 입지 우위 / 식재 관리 능력
00 막창	경기 용인시 기흥구 동백중앙로 000	• 막창 11,000원 / 불막창 12,000원 • 통오겹살, 항정살, 소갈비살 13,000~14,000원 • 돼지껍데기, 두루치기, 김치찌개, 묵사발	• 높은 객단가 • 고객이 직접 조리하는 아이템으로 노동력 절감 및 서브시간 단축 가능

그림 5-10 경쟁사 실사 방문결과 요약

경쟁우위 요소를 종합했고 여기서 각 업체의 공통점을 도출할 수 있었다.

그림 5-11 A매장 경쟁사 주요 키워드 도출

❶ A매장의 경쟁업체들은 평일의 경우 30~50대 남성 직장인을 중심으로 저녁 시간대에 운영 중이였으며 주말의 경우 가족단위를 상대로 종일 운영하는 것을 확인했다.

❷ 1인당 4~5만 원 수준의 높은 객단가의 아이템으로

❸ 족발, 곱창, 삼겹살과 같은 보수적인 아이템에 높은 선호도를 보였다.

❹ 인테리어 콘셉트는 고급스럽지도 저렴하지도 않은 대중적인 콘셉트를 갖추고 있으며

❺ 대부분 한 가지 메뉴를 필두로 스타메뉴를 내세우고 있었다.

❻ 또한 대부분 업장의 규모가 20평 내외로 주방의 크기가 협소했고

❼ 그로 인해 메뉴가 고객이 직접 굽거나 조리해먹는 단순화된 메뉴 즉 주방 활용이 최소화된 메뉴들이 구성되었다.

앞서 말했듯이, 경쟁사를 구분하는 방법은 아래의 2가지로 정리할 수 있다.

1. 우리 식당과 같은 아이템을 판매하는 번성 음식점
2. 우리 상권 안에 소비자가 많이 찾는 번성 음식점

현재까지는 2번 과정을 분석한 것이고 추가적으로 1번 과정에 대해서 설명해보면 현재 판매하고 있는 아이템을 변경 없이 유지하거나 혹은 판매할 아이템이 정해진 상태라면 1번 과정을 거쳐야 한다. 우리 식당과 동일한 아이템을 판매하는 번성 음식점을 분석하는 방법도 2번 과정과 동일하게 이루어진다. 별도로 필요한 것은 우리 상권 내 동일한 아이템을 판매하는 음식점이 많다면, 포지셔닝을 진행해 우리가 나아갈 방향을 설정해야 한다는 것이다.

포지셔닝이란 사전적으로는 소비자의 마음 또는 인식에서 경쟁 브랜드에 비해 특정 브랜드가 차지하고 있는 위치를 강화하거나 변화시키는 전략이다. 경쟁사와 공존하는 시장 내에서 정확한 나의 위치를 파악하는 과정이라고 볼 수 있다. 경쟁사와 대비해 내가 어떤 강점이 있고 약점이 있는지 도식화하는 것이다.

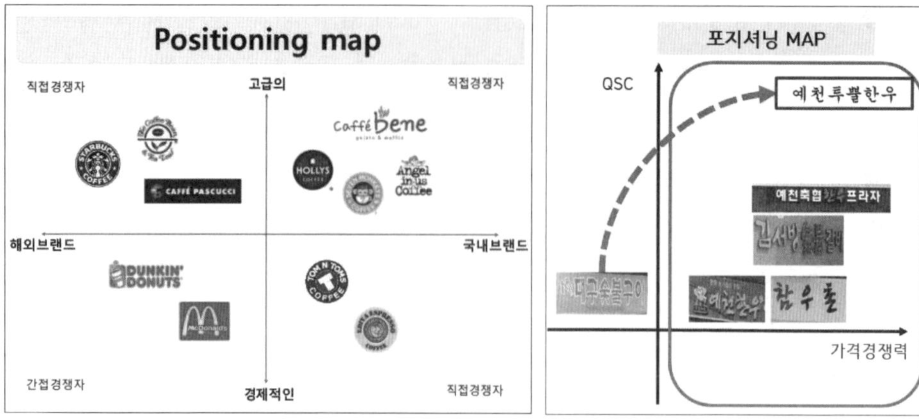

그림 5-12 브랜드 포지셔닝 맵

동일 아이템의 경쟁사들을 분석하다 보면 키워드 도출과 마찬가지로 경쟁업체들의 공통점과 고객이 가치를 느끼는 경쟁요소들을 파악할 수 있다. 이것이 각 X축, Y축에 설정되게 된다. 우측에 있는 포지셔닝 맵을 보자. 실제로 한우전문점 컨설팅을 진행했던 내용이다. 경북 예천군에 위치한 000숯불구이는 예천군 내에서 총 4곳의 한우 전문점과 경쟁구도를 오랜 기간 이어오고 있었다. 경쟁업체와 000숯불구이를 조사한 결과 공통적으로 QSC와 가격경쟁력을 기준으로 구분됨을 알 수 있었다.

QSC란 레스토랑에서 반드시 지켜져야 하는 요소로 Quality, Service, Cleanliness를 뜻하며 각각 메뉴의 퀄리티, 점포의 서비스, 위생관리를 뜻한다. 기본적인 QSC의 수준이 중, 하 수준으로 유지되고 있었고 그만큼 가격도 합리성을 내세워 일반적인 한우전문점보다 저렴한 가격으로 판매되는 것을 분석할 수 있었다. 따라서 000숯불구이는 레드오션인 저가 시장에서 벗어나 수준 높은 서비스와 콘셉트를 필두로 하는 "고급 시장"인 블루오션에 진입하는 것이 적절하다고 결론지었다.

VI

자사(입지) 분석

VI

자사(입지) 분석

지피지기면 백전불패, 앞의 경쟁사 분석에서는 적을 분석했고 지금부터는 '나', 스스로를 분석해볼 순서다. 자사분석은 크게 사업자의 상황에 따라 두 가지 방식으로 나뉜다. 첫번째 상황, 식당을 운영 중인 상황, 두번째 상황, 점포는 가지고 있으나 창업 전 단계인 상황, 전자는 자사분석을, 후자는 입지분석을 하면 된다.

표 6-1 자사분석 프로세스

분석항목	상세내용	
	자사분석	입지분석
1. 매장 기본정보	(1) 상호명 (2) 면적 및 영업 공간 면적	(1) 연면적, 전용면적
2. 매장입지 및 시계성, 접근성 분석	(1) 시계성 (2) 접근성	(1) 시계성 (2) 접근성
3. 내/외부 매장 현황	(1) 익스테리어 (2) 인테리어	(1) 디자인 활용 요소 분석 (2) 주변 환경 분석
4. 인력	(1) 인력현황 및 업무환경 (2) 경영자 조사	(1) 창업자 SWOT분석
5. QSC	(1) 메뉴 (2) 서비스 (3) 위생	
6. 메뉴현황	(1) 관리적 측면 (2) 기호적 측면 (3) 운영적 측면	

분석항목	상세내용	
	자사분석	입지분석
7. 매출현황	(1) 시기별 매출현황 (2) 손익분석	
8. 마케팅 현황분석	온/오프라인 마케팅	
9. 자사 분석 결론		

1. 매장 기본정보

1) 상호명

상호명은 고객으로 하여금 무엇을 판매하는지, 혹은 매장이 추구하고자 하는 콘셉트를 반드시 직시할 수 있도록 구성되어야 한다. 만약 식당의 슬로건이 있다면 슬로건 또한 분석해보자. 슬로건이란 우리말로 '구호 혹은 강령'이라고 볼 수 있다. 정확히는 어떤 단체의 주의, 주장 따위를 간결하게 나타낸 짧은 어구를 뜻한다.

외식경영컨설팅 (주)펌코리아에서 컨설팅한 장유해신탕의 슬로건은 '대청계곡에서 즐기는 보약 한 첩'이다. 해당 매장은 여름마다 관광객으로 붐비는 대청계곡을 접하고 있었고, 해신탕이라는 보신, 보양을 목적으로 한 아이템을 판매했기 때문에 지리적 요소와 아이템의 강점을 살려 슬로건을 완성했다.

그림 6-1 해신탕 전문점 장유해신탕 브랜드 로고

2) 면적 및 영업공간 면적

매장의 면적을 정확히 인지하는 것은 매우 중요하다. 면적에 따라 아이템이 변경될 수 있는 여지가 있기 때문이다. A매장의 경우 전체규모가 15평, 테이블을 배치할 수 있는 영업공간은 10평 내외로 굉장히 협소했다. 주방규모도 5평 내외로 구성 될 것이기 때문에 주방 내 많은 시설이 배치가 불가능하므로 많은 메뉴보다는 단일 아이템 위주로 운영되어야 한다는 결론을 내릴 수 있었다.

2. 입지 및 시계성, 접근성 분석

1) 시계성

시계성이란 '얼마나 눈에 띠는 지'를 말한다. 크게 도보 시계성, 차량 시계성으로 구분된다. '식당이 맛만 좋으면 되지 왜 눈에 띠는 걸 따지지......' 라고 생각할 수도 있다. 하지만 눈에 띈다는 것은 마케팅의 일종이다. 일각에서는 간판도 마케팅이라는 주장을 할 정도로 매장의 시계성은 반드시 고려해야 할 요소다. 마냥 고객이 알아서 찾아올 때까지 기다리는 것은 어리석다. 따라서 식당이 고객의 눈에 띌 수 있는지 여부를 따져보고 최대한 시선을 끌 수 있는, 즉 시계성을 높일 수 있는 방향으로 외관이 구성되어야 한다. 시계성은 도보 시계성, 차량 시계성으로 구분된다.

(1) 도보 시계성

말 그대로 도보하는 소비자들에게 얼마나 눈에 띠는지를 판단하는 것이다.

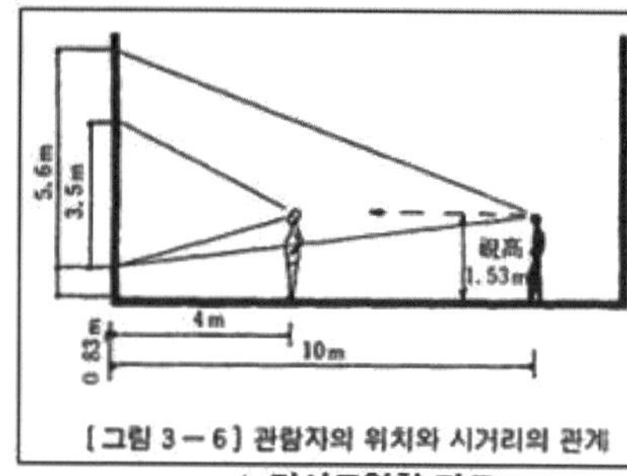

▲ 전시공연학 자료

그림 6-2 점포 간판 및 익스테리어

위의 사진은 실제 A매장의 간판이 설치된 모습이다. 간판이 높게 설치되어 있는데, 실제 간판이 설치된 높이는 5.4m였다. '전시 공연학' 의 '관람자의 위치와 시거리의 관계' 를 분석한 전문자료에 따르면, 신장 153cm 사람을 기준으로 5m의 높이의 전시물을 확인하기 위해서는 10m 이상 거리에 다다라야 인지가 가능하다. 하지만 A매장의 경우 도보 고객과 간판까지와 거리는 3m도 채 되지 않아 간판을 인지하기 위해서는 고개를 들어 올려서 확인해야만 하는 불편함과 간판 노출도가 매우 낮다는 것을 알 수 있다. 고객에게 간판을 인지시키기 위해서는 간판의 높이를 2m 가까이 낮춰야만 한다. 직접 도보로 매장 앞을 이동해보며 고객의 시선에서 우리 매장의 시계성이 어떠한지 평가해보자.

그림 6-3 이웃 점포와의 시계성 평가

더불어 이웃한 점포와의 비교를 통해서도 시계성을 평가할 수 있다. 주변 간판이 모두 무채색이거나 어두운 색으로 통일되어 있다면 시계성을 높이기 위해 밝은 간판을 사용해 고객 시선을 이끄는 것도 하나의 방법일 것이다.

(2) 차량 시계성

차량 시계성은 차량으로 이동하며 시계성이 얼마나 발생하는 지를 판단하는 것으로 만약 상권 내 도보 고객만이 존재한다면 차량 시계성은 분석할 필요가 없다. 차량 시계성에서는 차선 수, 신호, 과속단속 여부, 차의 높이 등을 따져보면 된다.

그림 6-4 제주 1139 지방국도의 시계성

위의 도로는 제주도 한라산과 제주 시청을 잇는 1139번 도로다. 이곳은 왕복 6차선 도로이며 사거리에 신호등이 설치되어 있다. 신호등부터 식당까지의 거리가 210m로 정지 신호 이후 저속으로 출발한다면 시계성이 증가한다. 하지만 내리막길이라 속도가 증가하고 입지 바로 옆에 4층 높이의 대형 건물이 위치하고 있어 차량 시계성이 낮은 것으로 분석되었다. 이를 통해 우리는 시선을 끌 수 있는 밝은 간판 혹은 길가에 세울 수 있는 지주간판이 반드시 필요하다는 것을 알 수 있었다.

2) 접근성

접근성은 고객이 우리 매장까지 방문하는데 어려움은 없는지를 판단하는 것이다. 이는 도보 접근성, 차량 접근성, 대중교통 접근성 세 가지로 구분된다.

(1) 도보 접근성

메인 타깃으로 설정된 우리의 소비자가 도보로 접근이 가능한지, 또 소요시간은 얼마나 되는지, 횡단보도가 없어서 먼 길을 돌아와야 한다든지, 육교를 이용해야 해서 불편함이 있는 지 등을 분석한다.

(2) 차량 접근성

좌회전 혹은 우회전이 불가해 매장으로 접근할 때 먼 길을 이동해 유턴을 해야 하는지 여부 등을 분석한다. 추가적으로 도로의 왕복차선 수, 교통 혼잡도 또한 차량 접근성 분석 시 고려해야 할 요인이다.

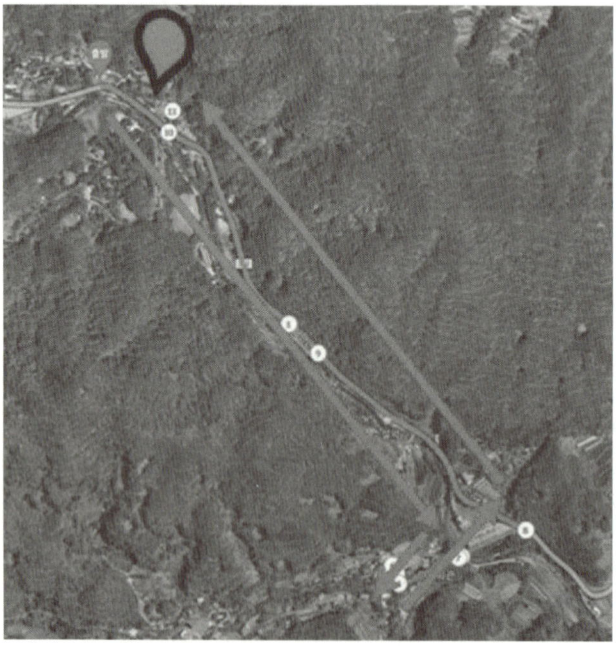

그림 6-5 **차량 접근성 예시**

(3) 대중교통 접근성

매장주변으로 몇 개의 버스정류장 혹은 지하철역이 있는지 확인한 다음 정류장에 평균적으로 몇 대의 버스가 정차하는지, 버스의 배차간격은 어떠한지 분석하면 된다. 뿐만 아니라 버스정류장에서 우리 매장까지의 도보 소요시간도 분석해 대중교통 접근성을 판단할 수 있겠다.

2 대중교통

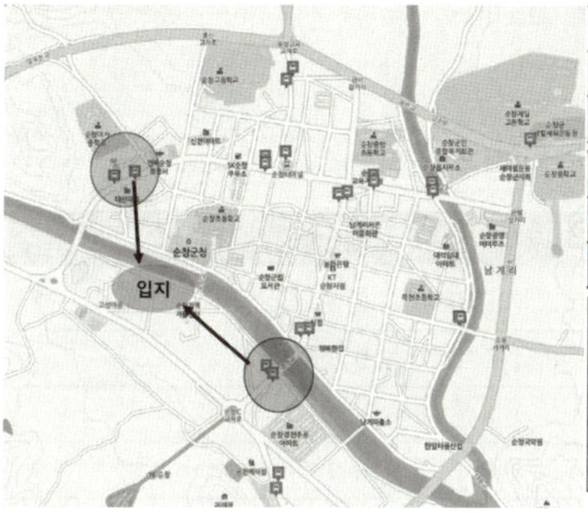

버스 정류장	배차
A	45대
B	19대

버스 정류장	거리	도보소요시간
A	558m	9분
B	568m	9분

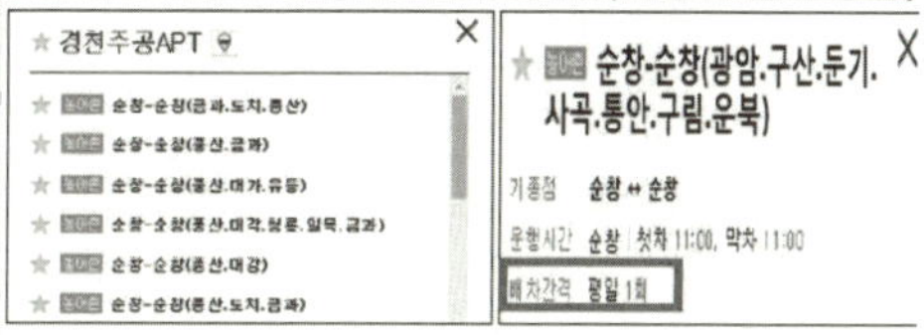

그림 6-6 대중교통 접근성 예시

만약 접근성이 낮은 입지라면, 주 통행로에 안내 표지판이나 현수막 등을 설치해 고객의 인지를 높일 수 있겠다. 또한 차량으로만 접근 가능한 입지라면 대중교통, 도보 접근성을 분석할 필요성은 낮다.

3. 내/외부 매장 현황

1) 익스테리어

익스테리어는 식당의 첫인상인 외관을 분석하는 단계다. 이는 경쟁사 조사와 동일하게 진행하면 된다. 고객에게 우리의 메뉴를 알릴 수 있는 배너가 설치되어 있는지, 매장 앞 식재료를 적재해 지저분한 이미지가 형성되지 않았는지 등을 따져 보면 된다. 아래의 익스테리어 체크리스트를 통해 매장의 문제점을 파악해보자.

표 6-2 **익스테리어 체크리스트**

세부내역	평가	비고
건물의 노후화 정도	1 2 3 4 5 6 7 8 9 10	
매장 외관 청소	1 2 3 4 5 6 7 8 9 10	
입구 앞 식음료 적재	1 2 3 4 5 6 7 8 9 10	
현관 출입문 청결 및 관리	1 2 3 4 5 6 7 8 9 10	
출입구 청결 및 관리	1 2 3 4 5 6 7 8 9 10	
간판 가시성	1 2 3 4 5 6 7 8 9 10	
배너 설치 유무	1 2 3 4 5 6 7 8 9 10	
주차장 진입 용이	1 2 3 4 5 6 7 8 9 10	
안내표시판 여부	1 2 3 4 5 6 7 8 9 10	
주차공간 여유	1 2 3 4 5 6 7 8 9 10	

그림 6-7 A매장 점포 복도방면 실사 사진

지저분하게 붙여져 있는 벽면 시트가 식당의 이미지를 손상시킨다.

2) 인테리어

인테리어는 전체적인 콘셉트가 유지되는지, 우리의 메인 타깃에게 적절한 인테리어 콘셉트인지 등을 분석하면 된다. 아래의 인테리어 체크리스트를 통해 매장의 문제점을 파악해보자.

표 6-3 인테리어 체크리스트

세부내역	평가	비고
바닥, 벽, 천정, 유리, 문, 손잡이 청결	1 2 3 4 5 6 7 8 9 10	
고정장식 및 소모품 청결	1 2 3 4 5 6 7 8 9 10	
가구, 커버, 매트 등 청결	1 2 3 4 5 6 7 8 9 10	
적절한 조도	1 2 3 4 5 6 7 8 9 10	
적절한 내부 온도	1 2 3 4 5 6 7 8 9 10	
매장과 어울리는 BGM	1 2 3 4 5 6 7 8 9 10	
테이블 상태	1 2 3 4 5 6 7 8 9 10	
카운터주변 정리정돈	1 2 3 4 5 6 7 8 9 10	

세부내역	평가	비고
고객이동 동선(화장실, 계산대)	1 2 3 4 5 6 7 8 9 10	
쓰레기, 오물 등 처리 상태	1 2 3 4 5 6 7 8 9 10	
내부 노후화정도	1 2 3 4 5 6 7 8 9 10	
매장소음도	1 2 3 4 5 6 7 8 9 10	
환기여부	1 2 3 4 5 6 7 8 9 10	

4. 인력

1) 인력현황 및 업무환경

인력현황과 업무환경 분석은 채용규칙의 이행, 식당의 비전 전달, 직원의 사기증진 여부 등을 평가를 통해 진행된다.

표 6-4 인력현황 체크리스트

평가항목		여부	
직원 채용관리	인원수급에 대한 주간별, 월별 계획은 마련되어 있는가?	Y	N
	신입직원 면접 평가표는 마련되어 있는가?	Y	N
	직원들의 이직률 감소를 위한 방안은 마련되어 있는가?	Y	N
	직원들에 대한 면담일지는 작성되고 있는가?	Y	N
	직원의 이력에 대한 직원명부가 마련되어 있는가?	Y	N
	직원 포상은 실시하고 있는가?	Y	N
	직원들의 승진, 회사의 비전 등을 어떻게 전달하고 있는가?	Y	N
직원 미팅	직원들과 정기적인 미팅을 실시하고 있는가?	Y	N
	직원들과 일별 조회와 미팅을 진행하고 있는가?	Y	N
	전체직원과 월 1회 전체조회를 진행하고 있는가?	Y	N
	의사전달을 위한 다양한 tool을 활용하고 있는가?	Y	N

평가항목		여부	
직원 평가	직원들 평가에 대한 기준을 마련하고 있는가?	Y	N
	직원들의 업무능력 계발과 교육을 위해 투자하고 있는가?	Y	N
	직원들의 발전을 위한 적절한 직무이동을 실시하고 있는가?	Y	N
	직원들의 복지 관련 업무에 대해 관심을 가지고 있는가?	Y	N

2) 경영자 조사

경영자 조사는 자신이 가지고 있는 장점/단점을 객관적으로 평가하는 것과 동시에 MBTI 검사를 진행한다. MBTI검사는 마이어스-브릭스 유형/(Myers-briggs Type Indicator)의 머리글자를 딴 것이다. 카를 융(C.G.Jung)의 성격유형 이론을 근거로 캐서린 쿡 브릭스(Catharine C. Briggs)부터 3대에 걸쳐 70여 년 동안 개발한 인간이해를 위한 성격유형 검사이다.

1980년대 이후 교육 및 인간관계 훈련전문가들에 의해 인사관리, 인력개발, 조직개발 등 다양한 분야에 활용되고 있다. 특히 특정 영역의 심리나 정신병적 진단을 위한 것이 아니라, 자신의 성격유형을 보다 잘 이해하기 위한 성격검사라는 점에서 긍정적으로 받아들여지고 있다. 개인이 쉽게 응답할 수 있는 자기보고 문항을 통해 각자가 인식하고 판단할 때 선호하는 경향을 찾아낸 뒤, 그 경향들이 행동에 어떤 영향을 끼치는가를 파악하여 실생활에 응용한다.

성격유형은 모두 16가지 유형이며 외향형(E)과 내향형(I), 감각형(S)과 직관형(N), 사고형(T)과 감정형(F), 판단형(J)과 인식형(P) 등 네 가지의 분리된 선호경향으로 구성된다. 선호경향은 교육이나 환경의 영향을 받기 이전에 잠재되어 있는 선천적 심리경향을 말하며, 각 개인은 자신의 기질과 성향에 따라 각각 네 가지의 한쪽 성향을 띠게 된다. 검사는 https://www.16personalities.com/ko/ 에서 진행할 수 있다.

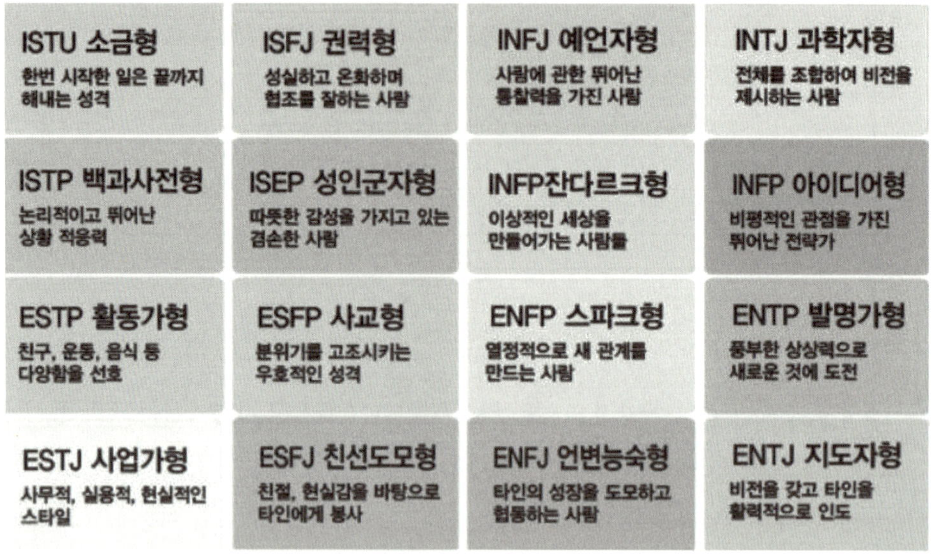

그림 6-8 MBTI 유형

위 홈페이지에서는 성격유형마다 장 · 단점을 포함해 자세한 성격의 특징과 인간관계 형성 시 주의할 점까지도 제공하므로 검사를 통해 자신의 성향을 파악하는데 많은 도움을 준다. 또한 자신뿐만 아니라 함께 근무하는 직원과도 함께 검사를 진행해 각자의 성향을 파악함으로서 항상 팀으로 업무가 이뤄지는 외식업에서 효율성을 제고하는데 많은 도움이 될 것이다.

5. QSC

QSC란 레스토랑에서 반드시 지켜져야 하는 요소로 Quality, Service, Cleanliness를 뜻하며 각각 메뉴의 퀄리티, 점포의 서비스, 위생관리를 뜻한다.

1) Quality : 메뉴 퀄리티

메뉴 퀄리티의 경우 '메뉴퀄리티 체크리스트'와 메뉴별로 '조리 매뉴얼'이 갖춰져 메뉴의 퀄리티가 유지되고 있는지 여부를 따져본다.

표 6-5 메뉴퀄리티 체크리스트

점검항목			배점	점수	기록사항
레시피 기준	1. 직원들은 레시피를 정확하게 숙지하고 있는가?		10		
	2. 직원들은 레시피에 근거하여 조리하고 있는가?		10		
	3. 레시피북은 관리되고 있는가?		5		
	4. 관리자들은 레시피를 숙지하고 있는가?		10		
식자재 관리	1. 식자재는 정확하게 검수되고 있는가?		5		
	2. 식자재는 선입선출에 의거해서 사용하는가?		5		
	3. 과일, 야채 등은 기준에 의거해서 세척, 사용하는가?		5		
	4. 해동/냉각 기준을 준수하여 진행하고 있는가?		5		
	5. 프렙 식자재는 생산량 예측에 근거하여 준비되는가?		5		
스프	온도		2		
	맛		2		
	양		2		
	모양		2		
애피타이저	온도		2		
	맛		2		
	양		2		
	모양		2		
샐러드	온도		2		
	맛		2		
	양		2		
	모양		2		
메인 메뉴	온도		2		
	맛		2		
	양		2		
	모양		2		

점검항목			배점	점수	기록사항
디저트	온도		2		
	맛		2		
	양		2		
	모양		2		
총점			100		

표 6-6 **조리매뉴얼/레시피**

NO. 제품명	스파게티 소스(미트 소스)				
제품특성	이탈리안 스타일의 쇠고기 스파게티 소스임				
구분	식재명	포장형태	단위	보관방법	브랜드
식재 규격기준	올리브오일	병	ml	상온	OTT
	생강	비닐포장	kg	냉장	농산품
	당근	비닐포장	kg	상온	농산품
	양파	비닐포장	kg	상온	농산품
	마늘	비닐포장	kg	상온	농산품
	월계수잎	비닐포장	kg	냉장	OTT
	식용유	병	ml	상온	제일제당
	양송이버섯	박스	kg	상온	농산품
	쇠고기 민찌	비닐포장	kg	냉장	농산품
구분	식재명	형태	수량	중량	비고
준비물 (식재료)	올리브오일	액상		42g	
	생강	찐 상태		60g	
	당근	잘게 다진다.		2kg	
	양파	잘게 다진다.		6kg	
	마늘	찐 상태		11g	
	월계수잎	향신료	3장		
	식용유	액상		100g	
	양송이버섯	얇게 썬다.		1.6kg	
	쇠고기 민찌	갈은 고기		7kg	
집기	프라이팬(大), 칼(49cm), 소스통(50×50cm), 나무주걱(77cm)				

NO. 제품명	스파게티 소스(미트 소스)	
기기	가스렌지, 가스 스토브	
제조방법	1. 식재, 집기, 기기를 준비한다. 2. 소스통에 올리브 오일을 넣은 후 볶는다. 3. 당근, 양파, 양송이를 차례로 넣어 볶는다.	
세팅방법		
제조공정도	생강, 마늘, 당근, 양송이	곱게 다진다.
	올리브오일, 생강, 마늘	소스통에 올리브오일을 넣은 후
	쇠고기 민찌, 샐러드오일	민찌는 식용유로 프라이팬에 볶아서
	케첩, 퓨레, 데미그라스, 후추	소스통에 물을 3L 넣어서 한 시간 끓인다.
예시	 	
격납장소	냉장 또는 냉동	
보존방법	비닐팩에 넣어 급냉	
온도관리	급냉 시 -15℃ 이하, 제공 시 75℃	
인분	50인분	
포인트	신맛이 강할 경우 케첩과 퓨레를 프라이팬에 볶아서 사용	

2) Service : 서비스

'점포 서비스 체크리스트'를 통해 서비스가 유지 · 관리되고 있는지를 확인하고 '응대 매뉴얼'을 갖추고 있거나 혹은 매장만의 서비스 시스템을 갖추고 있다면 매뉴얼에 따라서 잘 지켜지고 있는지를 평가해본다.

표 6-7 서비스 체크리스트

구분	체크포인트	여부	
신입직원관리	신입직원에 대한 서비스 교육(매뉴얼, OJT)은 실시하고 있는가?	Y	N
	신입직원에 대한 매뉴얼은 마련되어 있는가?	Y	N
	신입직원에 대한 평가는 실시하고 있는가?	Y	N
직원교육 및 단계별 교육	직원매뉴얼은 마련되어 있는가?	Y	N
	직원의 직급별 매뉴얼은 마련되어 있는가?	Y	N
	매뉴얼은 점포에 구비되고 관리되고 있는가?	Y	N
	재교육은 실시하고 있는가?	Y	N
정기교육 및 부정기 교육	직원들의 서비스 향상을 위한 정기교육은 마련되어 있는가?	Y	N
	직원들의 서비스 향상을 위한 특별교육은 실시하는가?	Y	N
	직원들의 서비스 체크에 대한 tool은 마련되어 있는가?	Y	N
점포 서비스 체크	점포 서비스 체크를 위한 방법은 마련되어 있는가?	Y	N
	고객 코멘트를 분석하고 있는가?	Y	N
	고객 불평, 칭찬 코멘트를 직원들과 공유하고 있는가?	Y	N
	직원들과의 면담은 실시되고 있는가?	Y	N
	서비스에 따른 직원들의 인센티브에 대한 제도는 있는가?	Y	N

표 6-8 서비스 체크리스트

No	항목	세부 체크 내용	배점	점수
1	전화 응대	전화벨이 4번 이상 울리기 전에 받는가? 그 이후에 받았다면 사과의 응대를 했는가?	2	
2		전화응대 시 매뉴얼대로 응대하였는가? 예) 안녕하세요? ○○점 ○○○입니다.무엇을 도와드릴까요?	2	
3		통화종료 시 마무리 인사를 하였는가? 예) 전화주셔서 감사합니다.	2	
4		고객이 전화를 끊고 난 후 수화기를 내려놓았는가?	2	
5		전반적으로 응대직원은 친절하였는가?	2	
6	예약	예약문의를 했을 때 직원은 친절하게, 성심성의껏 답변하였는가?	2	
7		고객의 요구 조건을 상세하게 질문하였는가?	2	
8		예약이 안 되었을 경우 차선책을 마련해주기 위해 노력하였는가?	2	
9		전반적으로 예약상담직원은 친절하였는가?	2	
10		고객 입장 후 눈을 맞추면서 반갑게 인사를 하였는가?	2	
11	안내	고객의 인원수를 확인하고 인원수에 맞게 좌석으로 안내하였는가?	2	
12		고객과 대화를 나누면서 좌석으로 안내하였는가?	2	
13		점포 이용 정보에 대해서 안내해주었는가?	2	
14		웨이팅이 있을 시 웨이팅 시간에 대해서 정확히 말하였는가?	2	
15		웨이팅이 있을 시 웨이팅 푸드는 준비되어 있는가?	2	
16	테이블 세팅	안내대는 청결하게 잘 정리되어 있었는가?	2	
17		안내직원 전반적으로 친절하였는가?	2	
18		테이블은 깨끗하고 잘 정리되어 있었는가?	2	
19		각종 POP/행사정보 등은 잘 정리되어 있었는가?	2	
20		테이블 기물이 세팅되어 있고, 깨끗했는가?	2	

표 6-8-1 메뉴퀄리티 체크리스트

No	항목	세부 체크 내용	배점	점수
21	주문	주문 요청 시 즉각적으로 응대하였는가?		
22		주문 시 추천판매를 하였고, 행사/메뉴에 대한 정보를 제공하였는가?		
23		직원은 메뉴에 대한 정확한 지식을 가지고 있었는가?		
24		주문 후 주문한 메뉴명, 수량 등에 대해서 정확하게 확인하였는가?		
25		주문 후 메뉴 제공시간, 기타 필요사항 등을 체크하고 알려준 후 마무리 인사를 하였는가?		
26	메뉴 제공 및 서비스	서버는 전반적으로 친절하였는가?		
27		메뉴는 주문한대로 정확하게 제공되었는가?		
28		서버는 메뉴 제공 시 메뉴명, 필요사항에 대해서 언급하였는가?		
29		메뉴는 전반적으로 깔끔하게 제공되었는가?		
30		메뉴 제공 후 맛있게 드시라는 인사를 하였는가?		
31	유니폼 및 청결	식사 중 중간 만족도를 체크하고 필요 시 도움을 주었는가?		
32		직원들의 유니폼은 청결하고, 깔끔하며 잘 다려져 있었는가?		
33		명찰을 착용하고, 규정된 복장으로 입고 있었는가?		
34		손톱, 머리, 립스틱, 귀걸이 등은 단정하게 되어 있었는가?		
35		신발은 잘 닦여 있고, 깔끔하였는가?		
36	계산	계산직원은 계산 시에 눈을 맞췄는가?		
37		식사만족도에 대한 질문을 하였는가? 예) 식사 맛있게 하셨어요?		
38		주문한 메뉴 수량, 금액 등에 대해서 확인하였는가?		
39		할인카드, 행사사항 등에 대해서 체크하고 도움을 주었는가?		
40		카드, 현금을 두손으로 받고 건넸는가? 환송인사를 하였는가?		

3) Cleanliness : 위생관리

체크리스트를 통해 위생관리가 철저히 이뤄지고 있는지 체크해 보자.

표 6-9 **위생관리 체크리스트**

체크 항목	세부 체크 항목	배점	점수	비고
개인 위생 관리	손 전용세제를 사용하고 있으며 손씻기를 잘 시행하고 있는가?	3		
	보건증은 유효기간에 맞게 보관하고 있는가?	3		
	직원들의 유니폼은 청결하며 손, 두발 등 상태는 깔끔한가?	3		
	건강 이상자는 작업에서 배제하고 있는가?	3		
검수 관리	검수일지는 작성하고 있으며 잘 보관되어 있는가?	3		
	검수자는 위생장갑을 착용하고 작업에 임하는가?	3		
	검수 시 이상 품목은 반품하고 있는가?	3		
	검수 장소는 청결하고 깔끔하게 운영되는가?	3		
	식재를 안전하게 정리하는가? (바닥방치 금지, 구분 보관 등)	3		
시설, 기물, 냉장, 냉동고 관리	냉장, 냉동고의 온도는 이상이 없는가?	3		
	모든 보관된 식재는 덮개를 구비하고 있는가?	3		
	모든 설비는 관리 담당자가 지정되어 있는가?	3		
	설비들의 청소상태는 양호한가?	3		
	칼, 도마는 세척하고 구분하여 사용하는가?	3		
	음용수와 식용 얼음은 위생적으로 취급되고 있는가?	3		
	조리용 기물은 재질이 적절하고 청결하게 관리되는가?	3		
	쓰레기통은 밀폐형이고 덮개가 있는가?	3		
	식기세척대는 청결하고 스케일링이 되고 있는가?	3		
	살균소독제를 사용해 조리기물을 소독하고 있는가?	3		
	정기적인 방역을 실시하고 있는가?	3		
식자재 위생 관리	무표시 식재, 변질 식재, 유통기한 경과 식재는 없는가?	3		
	냉동식품을 위생적으로 해동하고 있는가?	3		
	반조리식품을 위생적으로 취급하는가?	3		
	조리된 식품을 위생적으로 취급하는가?	3		
	Prep된 식재는 냉장으로 잘 보관되어 있는가?	3		
	Prep Label이 부착되어 있고, 기간이 경과하지 않았는가?	3		
	원산지 표기가 잘 되어 있는가?	3		
기타 위생 관리	창고는 잘 정리되어 있는가?	3		
	상온식재의 보관이 잘 되어 있으며, 유통기한 경과 제품은 없는가?	3		
	식재가 개봉된 채로 방치되어 있지 않는가?	3		
	주방바닥은 청결하며 배수 상태는 양호한가?	3		
총점		3		

6. 메뉴 현황

메뉴분석은 관리적 측면, 기호적 측면, 운영적 측면으로 구분해 분석을 진행한다. 관리적 측면에서는 주기적인 메뉴계획 및 개발 여부, 판매량 분석 여부, 생산 및 품질 관리 진행여부를 분석하고 기호적 측면에서는 맛을 비롯해 오감을 활용한 평가, 운영적 측면에서는 메뉴의 가격, 구성, 수익성을 분석한다.

1) 관리적 측면

메뉴관리도 체크리스트를 통해 점검해보자.

표 6-10 **메뉴관리 체크리스트**

구분	체크포인트	여부	
메뉴 계획	메뉴 구성에 대한 고객 만족도 분석하고 있는가?	Y	N
	적절한 계절메뉴를 개발할 계획이 있는가?	Y	N
	판매된 메뉴에 대한 주별, 월별 분석은 시행하는가?	Y	N
	신메뉴에 대한 고객반응을 분석하는가?	Y	N
	메뉴에 대한 프로모션을 실시하는가?	Y	N
메뉴 가격	신메뉴를 시기별로 출시하는가?	Y	N
	신메뉴에 대한 가격결정방법을 가지고 있는가?	Y	N
	식자재 가격변화 시 조리 매뉴얼을 조정하고 있는가?	Y	N
	기존 메뉴의 원가가 적정한지 분석하고 있는가?	Y	N
메뉴 생산	키친매니저는 주별로 생산량 예측을 수행하는가?	Y	N
	직원들이 생산량 예측에 따라 prep을 실시하는가?	Y	N
	조리매뉴얼에 따라 직원들이 조리를 수행하는가?	Y	N
	직원들이 조리 시 조리의 편리를 위해 계량도구를 사용하는가?	Y	N
메뉴 품질	식재료의 검수는 검수일지를 가지고 정확하게 수행하는가?	Y	N
	수시로 시식을 통해 맛을 점검하는가?	Y	N
	식자재에 대한 점검을 하고 있는가?	Y	N
	맛을 점검할 수 있는 점검표를 사용하는가?	Y	N
	음식 맛에 대한 고객 불평은 관리되고 있는가?	Y	N
	주기적으로 메뉴의 품질향상을 위한 활동을 하고 있는가?	Y	N

표 6-11 **메뉴퀄리티 체크리스트**

성공요인	상대적 가중치	점수										가중 평균
		10	20	30	40	50	60	70	80	90	100	
1. 맛의 좋고 나쁨	0.5											
2. 표적시장과의 적합성	0.1											
3. 주방인력기술과의 적합성	0.1											
4. 분위기와의 적합성	0.1											
5. 조리시간의 길고 짧음	0.05											
6. 식자재가격의 변동폭	0.05											
7. 영업시간의 적합성	0.05											
8. 건강과의 적합성	0.05											
총계												

2) 기호적 측면

기호적 측면은 맛, 향, 심미성 등 주관적인 지표로 분석되기 때문에 많은 사람들에게 시식을 진행하고 평가를 요청하는 것이 알맞다.

표 6-12 **기호 평가 설문조사표**

음식의 맛을 평가하는 데 협조하여 주시면 감사하겠습니다.

메뉴명 : ____________________

	안좋음 → 좋음
모양	① ② ③ ④ ⑤ ⑥ ⑦ ⑧ ⑨ ⑩
색깔	① ② ③ ④ ⑤ ⑥ ⑦ ⑧ ⑨ ⑩
질감	① ② ③ ④ ⑤ ⑥ ⑦ ⑧ ⑨ ⑩
전반적인 느낌	① ② ③ ④ ⑤ ⑥ ⑦ ⑧ ⑨ ⑩

평하실 말씀이 있으면 아래에 기입하여 주십시오.

____

3) 운영적 측면

운영적 측면은 메뉴 가격, 구성, 수익성 평가로 진행된다.

(1) 메뉴가격

일반적으로 세 가지 방법으로 결정된다. 세 가지 방법대로 가격을 정해본 뒤 현재 판매하는 아이템 가격과 비슷한지 맞춰보면 된다. 가격결정법이라는 이론이 별도로 존재하지만 간단히 설명하자면 다음과 같다.

❶ **원가기반** 일반식당을 기준으로 원가가 메뉴 가격의 30% 수준을 유지하면 적절하다고 판단된다.

❷ **경쟁사기반** 경쟁업체와의 가격비교를 통해 가격의 적정 여부를 판단할 수 있겠다.

❸ **고객기반** 고객의 설문을 통해 적정 가격대를 알아내는 방법이 있다.

앞서 경쟁사분석에서도 언급했지만 메뉴의 가격을 조사하면서 단순히 가격을 조사하는 것이 아니라 이 공식을 중점적으로 기억하고 조사하자 'V 〉 P 〉 C' 각각 Value(가치), Price(가격), Cost(원가)를 뜻한다. 이 공식에서 벗어나지 않는 가격대인지를 살펴보자.

(2) 메뉴 구성

경쟁사분석에서 언급했듯이, 메뉴의 집중도가 있는지를 따지는 것이다. '드류(Drew)'는 메뉴 아이템의 단순화를 역설하는 대표적인 학자이다. 그는 아이템의 수를 적정수준까지 제한할 때 얻을 수 있는 장점을 다음과 같이 설명했다.

❶ 고객이 메뉴를 선택하는 시간이 줄어들어 회전율 상승

❷ 식재료의 재고를 줄여 신선도를 유지하고 비용절감효과 발생

❸ 레스토랑의 전문성 부각

❹ 생산과 서빙 소요시간의 단축과 비용절감

❺ 표준화를 통한 음식의 질 유지

❻ 생산에 소요되는 공간과 식재료 최소화

⑦ 메뉴선택에 대한 예측성이 높아짐에 따른 준비단계의 작업 효율성

⑧ 주문과 통제체제를 단순화함으로써 관리와 감독의 용이성

⑨ 메뉴의 개발용이

이러한 장점으로 메뉴가 단순화되는 것을 강조하였으나 한편 메뉴의 내용이 너무 단순화되는 것을 경계해야 한다고도 주장했다.

메뉴구성을 평가하기 위해 현재 판매하고 있는 매장의 메뉴를 외식학계에서 이론적으로 규정하고 있는 '고정메뉴, 순환메뉴, 변동메뉴'로 구분해보자. 메뉴군마다 매장 내에서 제 기능을 하고 있는지를 점검해봐야 한다. 이는 각 메뉴의 장단점을 알아보며 점검해보도록 하자.

표 6-13 고정, 순환, 변동 메뉴의 장단점

고정메뉴	연중 지속적으로 제공되는 정기메뉴, 변화되지 않는 메뉴
장점	• 원가절감 및 생산성 제고가 가능 하다. • 재고감소 효과가 있다. • 메뉴 통제나 조절이 용이하다. • 교육훈련이 적다. • 신속한 생산과 서비스로 좌석회전율을 알 수 있다.
단점	• 원가관리가 힘들다. • 계절별 메뉴 조정이 잘 안 된다. • 시장이 제한적이다. • 메뉴에 싫증을 느낀다. • 음식 패턴의 변화에 유연성 있게 대처할 수 없다.

순환메뉴	특별기간이나 특정주기로 하여 몇 가지 메뉴를 순환시킨다. (급식, 카페테리아, 계절메뉴)	
장점	• 메뉴에 대한 싫증이 제거된다. • 새로운 메뉴의 아이디어를 상품화할 수 있다. • 계절별, 월별, 매일 메뉴의 변화가 가능하다.	
단점	• 식자재 재고가 증가한다. • 통제력이 저하된다.	• 숙련된 인력이 필요하다. • 노동비가 증가한다.

변동메뉴	영업 상황 또는 식자재 가격의 변동을 감안해 불규칙적으로 품목이 바뀌는 메뉴 형태(특선메뉴, 오늘의 메뉴 등)
장점	• 고객에게 변화된 느낌을 줄 수 있다. • 계절적으로 메뉴조정이 가능하다.
단점	• 메뉴가 너무 자주 순환되면 메뉴에 대한 싫증을 느낀다. • 식자재 재고가 남을 수 있다. • 아주 숙련된 조리사가 필요하다.

(3) 수익성 분석

메뉴의 수익성을 점검하는 방법은 여러 가지가 있지만 두 가지 방법을 가장 많이 사용한다.

❶ ABC분석

ABC분석은 고객이 선호하는 메뉴의 대부분은 극히 일부분이라는 것을 증명해내는 분석법이다. 선호가 높은 메뉴를 알아내 상위 메뉴에 대해 선택과 집중 전략을 구상하고 하위메뉴는 삭제하거나 개선하는 방향으로 의사결정을 할 수 있는 방법이다. 외식경영컨설팅 ㈜핌코리아 홈페이지 http://www.fimkorea.co.kr/에 방문하면 직접 분석할 수 있는 엑셀파일이 업로드되어 있다. 파일을 다운받아 아래의 분석방법으로 ABC 분석을 진행할 수 있다.

분석방법

ABC 분석방법

❶ 1개월간의 판매된 메뉴 수와 금액을 합계한다.
❷ 매출액이 많은 순서로 나열한다. 이때 하나도 판매되지 않은 메뉴도 기재한다.
❸ 총합계를 낸다.
❹ 각각의 메뉴 금액을 총합계로 나누어 전체에서 차지하는 %를 낸다.
❺ %의 누계를 낸다.

⑥ 누계수치를 70%까지 A부문, 90%까지 B부문, 나머지 100%까지 C부문으로 한다.

A부문이 선호도가 높은 메뉴, C로 갈수록 선호도가 낮은 메뉴이며 C 부문의 메뉴는 삭제 혹은 판매량을 높일 수 있는 전략을 고민해본다.

표 6-14 ABC분석 예시

NO	1	2	3	4	5	6	7	8	9	10	합계
메뉴명	한정식	한방토종닭백숙	닭도리탕	간장게장정식	한방오리백숙	닭도가니	해물파전	도토리묵	감자전	산성손두부	
판매수량	14,664	4,191	3,017	4,217	1,471	1,022	2,488	1,753	1,314	716	34,853
판매가	25,000	60,000	60,000	30,000	65,000	65,000	15,000	15,000	15,000	15,000	-
매출액	366,600,000	251,460,000	181,020,000	126,510,000	95,615,000	66,430,000	37,320,000	26,295,000	19,710,000	10,740,000	1,181,700,000
판매비(%)	31.0%	21.3%	15.3%	10.7%	8.1%	5.6%	3.2%	2.2%	1.7%	0.9%	100.0%
누계비%	31.0%	52.3%	67.6%	78.3%	86.4%	92.0%	95.2%	97.4%	99.1%	100.0%	100.0%
식자재원가	9,700	25,500	24,240	11,670	27,170	21,125	4,695	2,775	1,680	5,340	133,895
원가율(%)	38.8%	42.5%	40.4%	38.9%	41.8%	32.5%	31.3%	18.5%	11.2%	35.6%	33.2%
총원가	142,240,800	106,870,500	73,132,080	49,212,390	39,967,070	21,589,750	11,681,160	4,864,575	2,207,520	3,823,440	455,589,285
공헌이익	15,300	34,500	35,760	18,330	37,830	43,875	10,305	12,225	13,320	9,660	-
총공헌이익	224,359,200	144,589,500	107,887,920	77,297,610	55,647,930	44,840,250	25,638,840	21,430,425	17,502,480	6,916,560	609,782,160
판정	A	A	A	B	B	C	C	C	C	C	

❷ 메뉴엔지니어링

메뉴 엔지니어링은 메뉴 선호도(판매량)와 수익성(공헌이익=판매가-변동비)을 평가하여 메뉴에 관한 의사결정을 지원하는 체계화된 메뉴 분석 프로그램이다.

외식경영컨설팅 ㈜핌코리아 홈페이지 http://www.fimkorea.co.kr/에 방문하면 직접 분석할 수 있는 엑셀파일이 업로드되어 있다. 파일을 다운받아 아래의 분석방법으로 메뉴엔지니어링을 진행할 수 있다.

메뉴엔지니어링 방법

❶ 분석할 메뉴를 (1)에 기록한다.
❷ 일정 기간 판매된 메뉴 수량을 (2)에 기록한다.
❸ 점포 총판매 메뉴 수량에서 각각의 아이템이 차지하는 비율을 (3)에 기록한다.
❹ 각 메뉴의 식자재 원가를 (4)에 기록한다.
❺ 각 메뉴의 판매가를 (5)에 기록한다.
❻ 품목 공헌이익을 (6)에 기록한다. [(5)–(4)] (공헌이익 = 판매가 – 원가)
❼ 품목 총식자재 원가를 (7)에 기록한다. [(4)×(2)]
❽ 품목 총매출을 (8)에 기록한다. [(5)×(2)]
❾ 총 공헌이익을 (9)에 기록한다. [(6)×(2)]
❿ 품목 식자재 원가를 합하여 품목 총원가를 (14)에 기록한다.
⓫ 총식자재 원가비율을 (15)에 기록한다.
⓬ 품목 총매출을 합하여 총매출을 (16)에 기록한다.
⓭ 분석하고자 하는 총판매량을 합하여 (13)에 기록한다.
⓮ 평균 공헌이익을 계산하여 (17)에 기록한다. 이는 공헌이익의 분류에서 기준점으로 사용된다. [(18)/(13)]
⓯ 판매비 중 분류 기준점을 산출한다. [(100/분석하고자 하는 메뉴 가짓수)×70%]
이는 판매비중의 기준점으로 사용된다. 70%는 연구자 경험에 의한 것이니 임의로 변경이 가능하다(대다수의 연구에 따르면 70% 이상이면 좋은 메뉴로 판정한다).

이 과정을 마치면 메뉴별로 (10), (11), (12)의 판정이 난다.

(10) 공헌이익 분류

고 : 품목 공헌이익(6) 〉 평균 공헌이익 (17)

저 : 품목 공헌이익(6) 〈 평균 공헌이익 (17)

(11) 판매비중 분류

고 : 판매비중(3) 〉 판매비중 분류기준점(18)

저 : 판매비중(3) 〈 판매비중 분류기준점(18)

(12) 메뉴 품목 판정

메뉴별로 공헌이익과 판매비중에 대한 판정이 끝나면 (12)에서 또다시 4가지 범주로 판정된다.

표 6-15 메뉴엔지니어링 판정 결과

판정	공헌이익(수익성)	판매비중(주문량)
STAR	고	고
PUZZLE	저	고
HORSE	고	저
DOG	저	저

공헌이익은 판매가에서 원가를 제외한 값이므로 '수익성' 이라고 볼 수 있고, 판매비중은 '주문량' 을 의미한다. 따라서 각 범주를 다시 해석하면 다음과 같다.

표 6-16 메뉴엔지니어링 판정 및 특징

- STAR 수익성이 높고 주문량도 높은 메뉴
- PUZZLE 수익성이 낮지만 주문량이 높은 메뉴
- HORSE 수익성은 높지만 주문량이 낮은 메뉴
- DOG 수익성이 낮고 주문량도 낮은 메뉴

각각의 범주로 판정된 메뉴들은 다음과 같은 솔루션이 필요하다.

STAR

❶ 현재 가격수준을 엄격히 지킨다.
❷ 가격변화에 고객이 민감한 반응을 보이지 않을 것으로 예상되며 가격인상을 시도해볼 수 있다.
❸ 메뉴판 최상의 위치에 배열한다.

HORSE

❶ 고객의 저항이 없을 정도의 수준에서 1인 분량을 약간 줄인다.
❷ 판매가를 약간 상향조정한다.
❸ 인기가 많아 판매량이 높기 때문에 메뉴판 내 아이템의 배열을 재고한다(시선이 다소 덜 머무는 곳으로 배치).
❹ 식자재의 원가가 높은 아이템과 조화를 통해 전체적인 원가를 줄여 판매가를 그대로 유지하면서 공헌이익을 높일 수 있는 방법을 강구한다.

PUZZLE

❶ 메뉴에서 삭제한다.
❷ 메뉴판의 좋은 위치에서 배치하여 판매량을 늘린다.
❸ 메뉴명을 바꿔 고객이 선택률을 높이도록 한다.
❹ 판매촉진을 통해 선호도를 높인다.
❺ 원가율이 좋기 때문에 다른 메뉴와 합쳐 세트메뉴를 구성한다.
❻ 판매가의 인하를 통해 선호도를 높인다.
❼ 이 그룹군에 속하는 아이템의 수를 최소화한다.

DOG

❶ 메뉴에서 삭제하는 방법

❷ 판매가를 인상해 '퍼즐' 군의 아이템을 만든다.

❸ 삭제할 수 없는 점포의 중요 상징성 있는 메뉴라면 그대로 두는 것도 방법이다. 다만 재고의 누적을 방지하기 위해 식자재의 흐름에 관심을 기울인다.

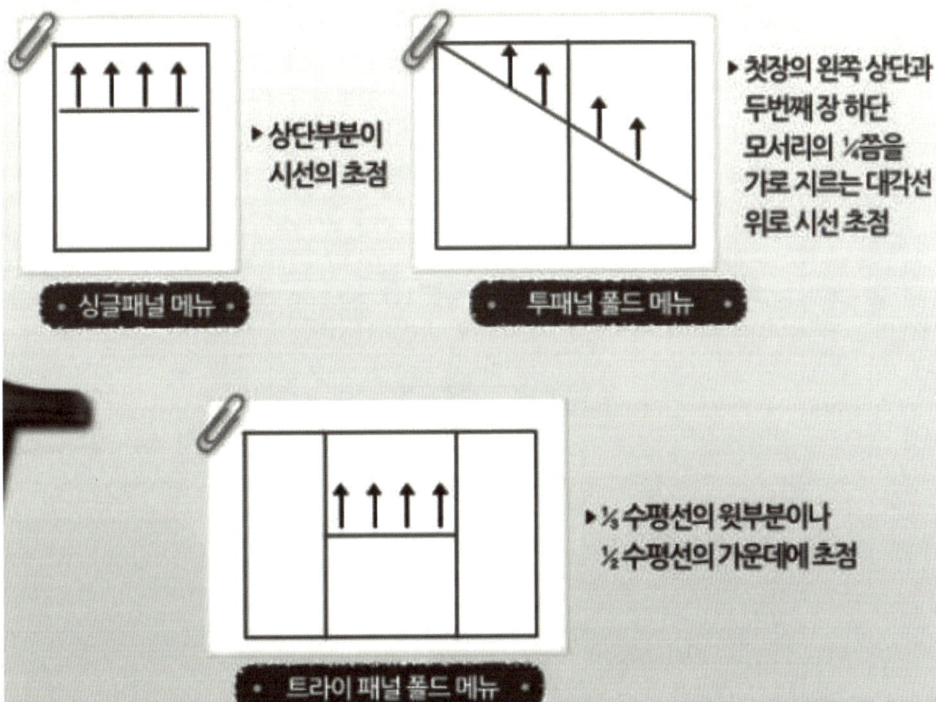

그림 6-9 **메뉴북 디자인에 따른 시선의 이동**

7. 매출현황

1) 시기별 매출현황

매출현황은 연간, 분기별, 월별, 주별, 일별, 시간별 순서대로 세세히 분석한다. A매장의 사례로 시간별 매출현황만 살펴보자.

표 6-17 메뉴엔지니어링 예시

(1)	(2)	(3)	(4)	(5)	(6)	(7)	(8)	(9)	(10)	(11)	(12)
품목	판매량	판매비중 (2)/(13)	품목원가	판매가	공헌이익 (5)-(4)	품목총원가 (4)X(2)	품목총매출 (5)X(2)	총공헌이익 (6)X(2)	공헌이익분류	판매비중분류	메뉴판정
설렁탕	3,400	44.4%	2,000	7,000	5,000	6,800,000	23,800,000	17,000,000	저	고	HORSE
떡만두국	824	10.8%	2,500	8,000	5,500	2,060,000	6,592,000	4,532,000	저	저	DOG
특설렁탕	333	4.3%	3,000	10,000	7,000	999,000	3,330,000	2,331,000	고	저	PUZZLE
곰탕	1,500	19.6%	3,000	7,500	4,500	4,500,000	11,250,000	6,750,000	저	고	HORSE
양지탕	600	7.8%	3,300	9,000	5,700	1,980,000	5,400,000	3,420,000	고	저	PUZZLE
도가니탕	1,000	13.1%	5,400	15,000	9,600	5,400,000	15,000,000	9,600,000	고	고	STAR
합계	(13)					(14)	(16)	(18)			
	총판매량					총원가	총매출	총공헌이익			
	7,657					21,739,000	65,372,000	43,633,000			
						(15)	(17)	(18)			
						총식자재 원가비율	평균 공헌이익	판매비중 분류기준점			
						0.333	5,698	11.7%			

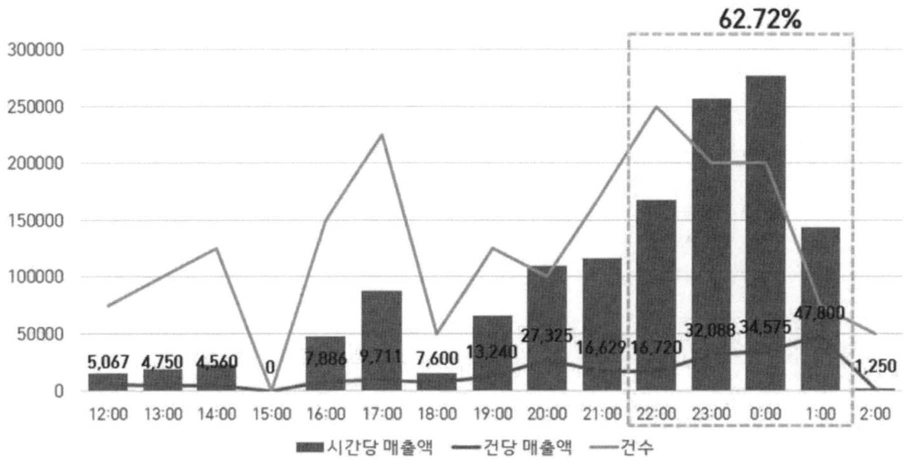

그림 6-10 A매장 시간당 매출액 그래프

시간대별 매출 분석 결과 22시~01시 하루 매출의 62.72%가 집중되어 있다. 앞서 소비자 분석 중 유동인구 분석에서 확인했다시피, 유동인구는 21시 이후 큰 폭으로 감소했다. 소비자들은 저녁 9시 즈음해서 소비가 끝남에도 불구하고 A매장의 아이템은 밤 10시부터 수요가 늘어나기 때문에 소비자와 아이템이 불일치한다는 결론을 낼 수 있다.

또한 건당 매출액을 보자. 낮 시간에는 매출건수도 낮고 건당 매출액도 낮다. 심야시간대 건당 매출액과 비교하면 약 10배 차이를 기록한다. 해당 아이템으로 낮에 운영하는 것은 적자에 보탬이 되는 길이다. 매출보다 인건비, 기타 비용들이 소모되기 때문이다.

2) 손익분석

다음은 손익분석(P&L)이다.

표 6-18 자사 손익계산서(P&L)

계정과목	2018년 04월 손익계산서(P&L)		
	금액(원)	구성비	비고
매출액	23,268,250	100.00%	
매출원가 (직원 식사 및 주류 포함)	8,038,615	34.55%	식자재, 주류 포함
매출총이익	15,229,635	65.45%	판매관리 비 제외 이익
판매관리비	18,953,572	81.46%	판매 관리비 합계
임대료	3,630,000	15.60%	월 임대료
인건비	9,818,129	42.20%	정직원 + 파트타임 / 대표 인건비 포함
복리 후생비 + 4대 보험	785,450	3.38%	인건비 * 8%
부가가치세 예수금	1,522,964	6.55%	매출 10% – 지출대금계산서
카드매출 수수료 (0.8%)	186,146	0.80%	연간 매출 3억원 이하 영세 가맹점 0.8%
수도광열비 및 제세공과금	500,000	2.15%	전기 + 수도 + 가스+관리비
기타 공과잡비	802,550	3.45%	각종 비품
기회 비용	100,000	0.43%	보증금 * 연 이자 3.0%% / 12개월 분할
감가상각비 (60개월 정액 상각)	1,608,333	6.91%	5년 (약 1,900만원 60개월 정액 상각)
매장 영업이익 (회계처리 기준)	-3,723,937	-16.00%	

① 매출액 : 매출액 기입
② 매출원가 : 투입된 식자재, 주류, 직원 식사비용
③ 매출총이익 : 매출액-매출원가(판매관리비를 제외한 이익)
④ 판매관리비 : 매출원가를 제외한 기타 투입되는 비용
⑤ 임대료 : 월 임대료 기입
⑥ 인건비 : 근무자 전체 인건비와 추가로 자신의 인건비까지 포함한다.
⑦ 복리 후생비 + 4대보험 : 인건비의 8%
⑧ 부가가치세 예수금 : 매출 10% – 지출대금계산서
⑨ 카드매출 수수료 : 매출액 규모에 따라 차등을 둔다.
⑩ 수도광열비 : 전기, 수도, 가스, 관리비
⑪ 기타 공과잡비 : 위의 비용 외에 추가적으로 사용된 비용
⑫ 기회 비용 : (매장 보증금 × 예대금리 3.0%) / 12개월
⑬ 감가상각비 : 시설 투자비용/60개월(간판, 인테리어, 주방, 집기 등 창업 시 투자된 시설비용을 5년간 정액 상각한다)

표 6-19 신용카드, 체크카드 가맹점 수수료

신용카드			체크카드		
구분	매출액	수수료	구분	매출액	수수료
우대가맹점	~3억	0.8%	우대가맹점	~3억	0.5%
	3~5억	1.3%		3~5억	1.0%
	5~10억	1.4%		5~10억	1.1%
	10~30억	1.6%		10~30억	1.3%
일반가맹점	30~100억	1.9%	일반가맹점	30억 초과	1.45%
	100~500억	1.95%			

표 6-20 판매관리비 항목

계정과목	업무, 적용	내용
급여	임 · 직원 급여	판매나 관리에 종사하는 임 · 직원에 대한 급료나 임금
	임 · 직원 상여	제조활동에 근무하는 임직원은 임금 또는 노무비의 과목으로 하여 제조 원가에 계상되도록 구분 경리함.
	기타 제수당	
퇴직급여	퇴직급여	임 · 직원이 퇴직하는 경우 지급해야 할 근로의 대가
		퇴직금을 미지급금의 성격인 퇴직급여누계액(충당금)으로 계상하는 경우
잡급	임시직일당, 시간급일당	일용 근로자 등에게 지급하는 일당
	아르바이트, 청소부일당	
복리후생비	건강, 고용보험료(회사부담)	회사의 근로환경을 보다 훌륭하게 개선하고 사기진작 차원에서 기업이 부담하는 비용
	식대, 간식대, 회식대	
	직원경조사비, 야유회비	
	직원선물대, 커피 · 음료대	지출에 대한 수혜자가 종업원이 되어야 하며 그 금액은 종업원 개인의 소득을 구성하는 것이 아니라 사내에서 종업원의 복리증진을 위한 것이어야 함
	피복비, 체육활동비	
	건강진단비	
여비교통비	항공료, 대중교통, 출장경비	임 · 직원이 업무를 수행하기 위해 지출되는 여비와 교통비로서, 여비는 장거리의 출장 시 소요되는 경비이고, 교통비는 단기간의 단거리의 업무 수행에 소요되는 경비
	택시, 버스, 지하철 등	
	숙박료, 일당, 식대, 통신비 등	
	자차 및 사차 이용시 통행료, 유류대	회사 업무 진행 시 소요되는 간선도로 및 고속도로 통행료, 차량유류비용
접대비	접대비	사업과 관련하여 특정된 거래처나 이해관계자에게 교제를 위하여 지출한 금액(거래처와의 식사 및 주대, 선물대, 경조비용 등)
통신비	전화, 전보, 텔렉스, 우편, 우표	의사교환을 위하여 지출한 비용 및 그 유지비용을 총괄함
	전용선사용료, 팩스	
교육훈련비	해외연수, 학원비, 위탁교육비	회사의 업무와 관련하여 임 · 직원에 대한 교육, 훈련을 실시하기 위해 지출하는 비용
	워크샵, 연수원 임차, 교육용비품	
수도광열비	가스료, 전기료, 상 · 하수도료	실내의 조명과 냉 · 난방비 및 수도료, 전기료 등을 통틀어서 처리하는 계정
	난방용 유류대	

계정과목	업무, 적용	내용
세금과공과	자동차세, 면허세, 인지세	기업이 부담하는 국세, 지방세 그리고 공공단체의 부과금 및 벌금, 과태료 등을 통칭함.
	재산세, 국민연금회사부담분	
	사업소세, 가산세, 가산금	
	조합비, 협회비	자산을 취득하여 납부하는 취득세, 등록세는 세금과공과금이 아닌 자산의 취득원가에 포함
	상공회비, 벌금, 과태료	
지급임차료	사무실, 전시장, 복사기	유 · 무형의 자산을 임차하여 그 소유자에게 지급하는 비용
	차량렌트료, 창고, 주차장	
	사택, 로얄티사용료	
수선비	사무실 도장공사, 내부수리	유형자산의 물리적 손상을 원상복구하는데 소요되는 비용
	집기비품수리비	자산의 내용 연수를 증가시키거나 그 자산의 경제적 가치를 증가시키는 경우에는 자본적 지출에 해당하여 비용으로 계상할 수 없고 자산으로 처리
보험료	자동차보험, 손해, 화재보험	회사가 불시에 발생할지도 모르는 손실에 대비하여 보험에 가입하는 경우 지급하는 비용
	산재보험, 보증보험료	

표 6-20-1 판매관리비 항목

계정과목	업무, 적용	내용
차량유지비	월정액주차비, 세차비	회사의 업무를 위하여 운행하는 차량의 관리, 유지에 소요되는 비용
	유류대, 수리비, 검사비	비업무용에 해당하는 차량유지 관련 부가세는 매입세액 불공제
	차량운전보조금	
광고선전비	신문, 라디오, TV, 광고물제작	불특정 다수인에게 자사의 제품이나 이미지를 알리기 위해 지출하는 비용
	전시회참가, 달력, 간판대, 본품비용	
	결산공고료, 보매체이용료	
도서인쇄비	신문구독료, 도서구입비	회사의 업무와 관련된 도서의 구입이나 인쇄대금 등을 지출하는 비용
	인쇄비, 명함비, 복사비	
	도장고무인, 사진현상비	
사무용품비	볼펜, 코팅용지, 전표용지	회사의 업무와 관련된 사무처리를 하기 위하여 직접 필요한 소모성 문구류를 구입하기 위해 지출한 비용
	복사용지, 바인더, 문구류	

계정과목	업무, 적용	내용
소모품비	거울, 시계, 청소용구, 액자	사무용품 외의 회사의 소모품 구입을 위해 지출한 비용
	화분, 건전지, 전구, 화장지	
	프린터 잉크	
지급수수료	송금수수료, 수표발행수수료	각종 용역의 제공에 대한 대가로서 정기적으로 지급하는 수수료와 건당 지불하는 수수료로 분리할 수 있음
	신용카드결제수수료	
	변호사자문료	
	회계감사, 세무조정수수료	전자의 경우에는 변호사, 회계사, 세무사 등의 자문수수료, 기장수수료, 도메인등록수수료, 전산유지보수료 등이 있고, 후자에는 감정수수료, 수표발행수수료, 송금수수료 등이 있음
	세무기장수수료	
	컨설팅수수료, 도메인등록	
	전산유지보수료	
	등기부등본, 인감증명 발급수수료	관공서나 공공기관에서 발급에 필요한 행정처리수수료(수입증지대)
	토지대장발급수수료	
감가상각비	건물, 구축물, 기계장치	당기뿐만 아니라 그 수명이 다할 때까지 수익창출에 공헌하는 바, 당기의 수익에 대응되는 비용을 산정할 필요가 있으며 이러한 감가성 자산의 수익창출에 희생된 비용을 측정하여 수익에 대응함
	차량운반구, 공기구, 비품	
무형자산 상각비	특허권, 실용신안권, 의장권	미래의 잠재적인 효익이 있어 회사가 그에 대한 대가는 지불하였으나 실체는 보이지 않는 자산으로 무형자산에 대한 지출은 지불한 해에 전액을 당기 비용으로 처리하지 않고 그 효익이 발생되는 기간에 걸쳐 비용으로 인식하여 수익 비용 대응을 이루고자 함
	영업권, 산업재산권	
	개발비, 기타무형자산	
대손상각비	매출채권(외상매출, 받을어음)	회사의 여러 가지 채권을 못 받게 되는 경우 손실로 처리하는 계정으로서 기업회계기준에서는 채권이 발생한 시점에 그 대손을 추정하여 대손상각비를 미리 계상하도록 하고 있음
	미수금, 선급금, 기타회사채권	

8. 마케팅 현황분석

마케팅 현황은 오프라인, 온라인으로 구분할 수 있다.

표 6-21 **온라인 마케팅**

항목	세부 항목	내용
온라인 마케팅	보도자료	인터넷 뉴스 기사를 통한 홍보
	소셜커머스	쿠팡, 티몬, 위메프 등 소셜커머스를 통한 다수에게 판매가능
	이메일	이메일을 통한 홍보
	모바일	모바일 쿠폰, 모바일 홍보 영상 등을 활용함
	블로그	글, 사진, 영상 등을 자유롭게 등록할 수 있음 이웃들 혹은 방문자들과 끊임 없는 커뮤니케이션 가능
	카페	같은 취미와 성향을 지닌 사람들이 많이 모여 있는 곳은 카페. 그래서 카페의 성향에 맞는 아이템을 홍보한다면 다른 여타의 마케팅 종류보다 홍보 효과가 높을 수 있음
	키워드	불특정 다수에게 광고의 내용을 노출시키는 키워드 검색 광고는 광고주가 원하는 키워드만 활용하여 광고를 할 수 있다.
	SNS	소셜 네트워크(페이스북/인스타그램/카타오스토리/트위터 등)를 활용한 마케팅으로 불특정 고객과 관계를 맺을 수 있으며, 1인 미디어를 통한 1인 커뮤니케이션으로 전달 속도가 빠름
	온라인 체험단	체험단 모집을 통해 실제 음식에 대한 평가와 피드백을 받을 수 있으며, 그에 따른 대가는 온라인 체험단이 각자의 1인 매체를 통해 홍보

표 6-22 **오프라인 마케팅**

항목	세부 항목		내용
오프라인 마케팅	일반	전통매체	TV 광고, 신문, 라디오 등 전통적인 매체를 활용한 마케팅으로 불특정 다수에게 전달되지만 비용이 많이 들기 때문에 대기업 위주의 마케팅으로 분류
		전단지/DM	고객에게 자사를 알리는데 사용하며, 고객 유도 마케팅, 주변 거주민이나 지역 기업들을 대상으로 DM 발송
		쿠폰	고객에게 혜택을 부여함으로 인해 고객의 구매 욕구를 증가
		배너	배너를 통한 매장의 위치, 매장의 행사 내용을 홍보
		오픈행사	경품, 무료 제공 등 다양한 방식으로 고객의 구매 유도를 함

항목	세부 항목		내용
오프라인 마케팅	계절	제철재료	제철 재료를 활용한 구매 욕구 자극, 홍보 전략
		날씨	날씨에 따른 마케팅 전략(비오는 날/첫 눈오는 날 등 아이템별 적절한 마케팅 진행)
	특수	제휴	지역 내 시너지를 낼 수 있는 업체와 공동으로 판촉 진행
		요일	요일별 서로 다른 혜택을 통한 신규, 재구매 고객 유도 전략
		감성	인간의 감각에 호소하는 마케팅, 오감 마케팅
		이벤트성	월별 이벤트 행사 가능한 날에 맞추어 마케팅 진행(발렌타인데이, 화이트데이, 성년의 날, 초복/중복/말복, 크리스마스 등)
		가격	박리다매인 가격인하와 고소득층을 겨냥한 가격 인상이 있음
		포인트	단골 고객 확보를 위한 '포인트' 를 지급함으로 인한 재구매 유도
		타임	아이들(IDLE)타임의 매출을 올리기 위해 그 시간의 방문객을 위한 할인, 무료 해택을 주는 마케팅
		문화	고객에게 문화생활에 관한 혜택을 경품이나, 사은행사로 진행
		선행	자사의 이미지 창출을 위한 지역 봉사, 자선 단체 활동이 있음
		서비스	무료 제공을 함으로 인해 구매 욕구 자극

9. 자사 분석 결론

A매장을 기준으로 자사분석 결론을 살펴보자.

표 6-23 **자사분석 종합**

분석항목	상세내용	
	상세항목	평가내역
1. 기본정보	상호명 및 면적	•상호명 : 판매 아이템을 인지할 수 있는 높은 직시성 •면적 : 총 면적 15평, 최대 영업공간 10평으로 매우 협소. •천장이 높아 1.5층으로 구축 가능하나 법규 위반으로 불가함
2. 매장입지 및 시계성, 접근성	시계성	•도보 : 메인 대로변에 위치하고 있어 매장 자체의 시계성은 높으나 간판이 5m 위에 설치되어 있어 조정이 필요함. •차량 : 매장 앞 가로수로 인해 매장이 가려져 차량 시계성은 매우 낮은 편

분석항목	상세내용	
	상세항목	평가내역
2. 매장입지 및 시계성, 접근성	접근성	• 도보 : 매장 앞 사거리, 횡단보도가 위치해 도보 접근성 높음 • 차량 : 메인 대로변은 주차단속을 실시하나, 20분간 정차 가능 • 대중교통 : 버스정류장 기준 도보 3분 이내 접근가능. 평균 7개 노선 정차
3. 내/외부 매장 현황	익스테리어	• 매장 앞 식재료적재, 외관 청소 불량 → 전체적인 리뉴얼 필요
	인테리어	• 카운터 관리 미흡, 기름때 축적, 콘셉트 통일성 부족 • 테이블 크기 불량, 공사마감 불량, 동선 충돌 → 전체적인 리뉴얼 필요
4. 인력	인력현황 및 업무환경	• 시스템 부재
	경영자 조사	• ESTP 활동가형으로 인맥, 친선을 도모하는 성격 • 식당경험 3회, 조리실력 중간
5. QSC	메뉴	• 시스템 부재, 조리 매뉴얼 부재로 퀄리티 유지 불가
	서비스	• 친절도는 높으나, 시스템 부재로 직원마다 응대방식이 상이
	위생	• 주방 내 전 시설 기름 때 미제거, 식자재 실온 방치 등 • 위생 지식 부족해 별도의 교육 필요
6. 메뉴현황	메뉴관리	• 신메뉴는 꾸준히 개발되나 유지관리 매우 미흡
	기호적 측면	• 조리실력 부족으로 모양, 색깔, 질감, 맛 모두 미흡
6. 메뉴현황	운영적 측면	• 가격대가 매우 저렴해 가격에 방점을 두는 10대의 선호도가 높음 • 원가는 35%대를 유지해 양호한 편
		• 스타메뉴가 별도로 없고 메뉴의 종류가 총 50가지로 고객 피로도 증가 및 주방, 홀 운영 측면에서도 비효율적 • 메뉴 군은 고정메뉴, 순환메뉴로 구분되나 제기능 여부 미지수 • 매장 콘셉트(꼬치전문점)과 벗어난 메뉴 과다 판매(컵밥, 타코와사비 등)
		• ABC분석 : A군 8개 / 메뉴엔지니어링 : STAR군 9개 솔루션이 필요한 메뉴의 수 약 40여 개
7. 매출현황	시기별 매출현황	• 아이템 주 판매시간과 유동인구와의 불일치 • 현 아이템 유지 시 낮 시간 영업 지양 필요
	손익분석	• 월 -3,723,937원 적자 기록 • 현 매출 지속 시 약 4,500만 원의 적자 발생
8. 마케팅 현황분석	온라인 마케팅	• 인스타그램 운영 중이나 메인 타깃층이 사용하는 SNS와 불일치 • 블로그 포스팅 수 동기간 경쟁사 대비 20% 수준
	오프라인 마케팅	• 배너 설치, 할인 이벤트 진행, 업체 제휴 진행 경험 有

Ⅶ

아이템 도출

VII

아이템 도출

1. 아이템 도출의 의의

외식업창업을 준비하는 예비창업자의 고민은 밥집을 할지 술집을 할지 아니면 고기집을 할지 카페를 할지 내가 좋아하는 아이템을 해야 할지 요즘 최고 유행하는 아이템을 해야 할지 정말 창업은 무수히 많은 고민과 선택의 연속이다. 창업 경험이 있는 사람이라면 모를까 대부분 창업이 처음이거나 전에 해보지 않은 도전이기 때문일 것이다.

앞서 많은 조사와 분석을 통해서 우리는 창업에 필요한 크고 작은 내용들을 분석해왔다. 내가 들어가서 싸울 전장에 대한 정보는 이제 어느 정도 파악했기 때문에 이번 장에서는 그 내용을 바탕으로 상권에 적합한 아이템을 도출하는 방법을 정리해보도록 하겠다.

2. 상권별 적합 아이템

각 상권별 특성과 상권에 적합한 아이템에 대하여 다음과 같이 정리해 보았다.

1) 역세권

역세권은 유동인구가 많고 상업시설에 상주하는 직장인구가 고정적으로 상주하고 외식업의 고객이 될 수 있는 유동인구가 충분히 존재하는 상권이다. 유동성이 강하고 활동성이 높은 상권이므로 식사 메뉴를 운영하는 외식업뿐만 아니라 커피전문점, 의류점, 편의점, 액세서리, 휴대폰전문점 등을 운영하기에 적합하다.

단, 유동인구의 수가 활발하고 활성화된 만큼 점포의 임대비용이 높게 형성되어 있으며 그 규모 또한 크지 않은 소형 점포인 경우가 많아 초보자에게는 추천하지 않는 상권이다.

2) 번화가 · 쇼핑몰 상권

유동인구가 타 상권에 비해 3~4배 이상 많은 중심상권으로 남녀노소 다양한 연령층이 유입되며 특히 소비력이 높은 20~30대 여성의 유입률이 높아 이들을 주 타깃으로 고려한 아이템의 선정이 필요하다.

주로 카페, 베이커리전문점, 의류판매점, 퓨전주점, 이자까야, 악세사리 전문점, 귀금속전문점, 파스타전문점, 휴대폰 판매점 등을 권장할 수 있으며 고객의 유입이 꾸준하게 일어나 운영만 잘 하면 높은 매출을 올릴 수 있지만 그만큼 경쟁이 치열해 차별화되지 못해 매출이 낮을 경우 높은 점포 임대비용 등의 고정비 부담으로 실패할 확률도 높은 것이 특징이다.

3) 주택가 상권

주택가 상권은 아파트, 단독주택가 등을 배후로 발달한 상권을 말하는데 대부분 버스 정류장 등의 교통시설을 중심으로 상권이 형성된다. 생활편의업종과 더불어 외식 아이템이 주로 형성되고 발달하며, 낮 시간대에도 주택에 상주하는 주부와 노인 등의 주거 인구의 수요를 충족시킬 수 있으며 대화의 장을 제공할 수 있는 카페, 양식전문점도 괜찮고, 가족외식 메뉴인 삼겹살전문점, 배달전문점(치킨, 족발) 등의 아이템도 추천할만 하다. 상권의 활성도에 따라 차이는 있지만 신도시의 경우 저녁이 지난 심야시간대에는 유동인구의 발길이 일찍 끊어지므로 상권에 맞는 업종을 신중하게 선택할 필요가 있다.

4) 오피스상권

오피스상권은 상권 내 직장인과 그 거래처와 관련된 손님들이 주 고객이다. 따라서 점심시간대 얼마나 고객 회전율을 높일 수 있느냐가 성공의 포인트가 된다. 보통 점심 시간 매출이 하루 70% 정도는 달성해야 매출 목표 달성이 가능하며, 저녁에 회식 유치를 위한 공간과 메뉴를 구비하여야 경쟁력 있는 매장이 될 수 있다. 메뉴의 수가 다양하기 보다는 고유의 장점을 갖고 차별화된 메뉴를 운영하는 것이 도움이 된다.

주 5일 근무제로 인해 평일 외에 주말 유동인구의 수가 급감하는 점을 감안하여 타 상권 대비 영업일수 부족에 대한 고정비 지출 등을 사전에 계획적으로 운영해야 하며, 파트타임 직원을 활용하여 탄력적으로 인건비 운영하는 요령을 준비해야 한다.

추천업종으로는 직장인들의 선호도가 높은 한식전문점, 일식전문점, 분식전문점 등이나 사무용품전문점, 편의점도 추천할만 하겠다.

5) 대학가, 학원가 상권

대학가 상권의 경우 주 고객층은 대학생, 학원생, 젊은 직장인들로 젊은 연령층이 대부분이기 때문에 유행이나 가격에 민감하고, 업종의 순환이 빠른 것이 특징이다. 또한 학교 인근의 경우 여름과 겨울 방학기간 등의 비수기가 있을 수 있으므로 사전에 대책을 준비하여 창업을 준비하여야 한다.

대학교 내에는 저렴한 가격의 구내식당이 운영되기 때문에 분식점 유형의 저가형 음식점, 중국집, 카페, 파스타전문점 등이 안정적이며 기타 문구점, 서점, 보세의류/악세사리, 당구장, PC방 등도 상호 보완적인 업종으로 볼 수 있다.

6) 도로 외곽형 상권

차량으로의 접근이 용이한 도로 외곽형 상권은 대체적으로 넓은 면적의 점포와 넓은 주차장의 확보가 필수다. 도로 조건의 경우 가급적 교통체증이 상습적으로 발생하는 지역은 피해야 하며 주행 속도가 지나치게 빨라서 점포의 위치를 잘 인지하지 못한 지역보다는 점포로 진입이 용이한 입지를 선정하는 것이 중요하다.

도로에서 눈에 잘 띌 수 있는 간판의 설치가 중요하며, 휴식과 힐링의 이미지를 가진 전통적이면서 현대적인 콘셉트의 분위기를 연출할 수 있다면 금상첨화일 것이다. 특별한 이용목적을 갖고 방문하는 경우가 많기에 고객을 단골로 만들 수 있는 전략이 중요하다.

추천 아이템으로는 한식(탕, 구이, 오리 등)전문점이나 돈까스전문점, 수타면중국전문점 등을 권장할 만하다.

3. 아이템 도출배경

1) 아이템 도출 개요

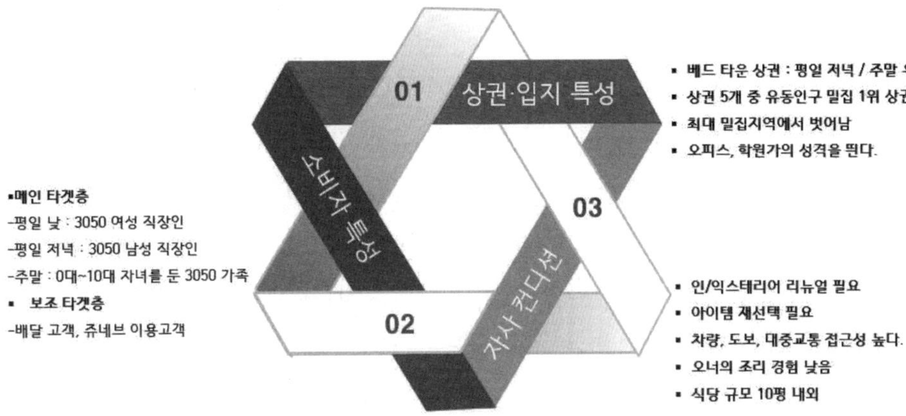

그림 7-1 아이템 제안 개요, 핌코리아 시장조사 보고서

경기도 용인시 처인구 중동(동백동) 상권은 핵심상권 분석과 3C분석을 토대로 위 그림과 같은 내용으로 요약해볼 수 있다.

(1) 상권 · 입지 특성

앞서 조사한 바와 같이 본 상권은 주거인구의 대부분이 지역 외부 근무지로 이동하는 형태의 베드타운 상권으로 점심 시간대보다는 평일 저녁시간대와 주말에 활발한 소비활동이 일어나는 것으로 확인되었고, 인근 5개 상권 중 유동인구의 밀집도가 가장 높은 상권이며 주로 오피스와 학원가의 성격을 띠는 것으로 요약해 볼 수 있다.

(2) 소비자 특성

이 상권에서 주목해야 할 메인 타깃으로는 평일 낮 시간대의 경우 30~50세 연령대의 인근 여성 직장인구, 평일 저녁의 경우 30~50세 연령대의 남성 직장인구로 파악되었고 주말에는 주거인구와 외부인구를 포함한 10대 안팎의 자녀를 둔 30~50세 연령대의 가족단위 소비자를 꼽을 수 있다. 그 외에 본 상권 주변으로 아파트 단지의 수가 많은 점을 감안하여 배달 수요의 고객과 인근 쥬네브 상가를 이용하는 고객층까지 보조타깃으로 고려해볼 수 있다.

(3) 자사 컨디션

현재 매장의 컨디션을 종합적으로 분석해보면 점포 전체의 인 · 익스테리어의 리뉴얼 및 개선이 필요한 것으로 판단되며, 점포의 임대조건(실 면적 10평 내외, 월 임대료 350만 원) 등을 고려해 보았을 때 현재 운영 중인 아이템으로는 매출이 발생하는 시간대(저녁)로 보나 테이블 수(8개)와 회전율로 보나 수익을 내기 어려운 구조에 있는 점, 그리고 아이템의 매장을 운영하는 오너의 컨디션을 고려해보면 전문적인 요리의 경험이 없지만 연령대가 젊어(30대) 장시간 매장에서 근무하여도 무리가 없는 점 등이다.

따라서 전반적인 컨디션을 감안하였을 때 기존 아이템을 버리고 적은 수의 테이블로 운영 가능한 높은 객단가의 새로운 아이템으로 리뉴얼을 해야 하는, 다시 말해 소비자의 니즈(Needs)에 부합하며, 자사의 컨디션에 최적화할 수 있는 아이템으로 변경해야 한다는 결론에 다다르게 되었다.

2) 아이템 방향 키워드

아이템 도출을 하는 과정이 어렵고 복잡하겠지만 그 동안 시장조사를 통해 분석한 내용과 머릿속으로 연상되는 여러 키워드들을 생각나는 대로 늘어놓고 정리해보면 의외로 쉽게 결론을 정리할 수도 있다.

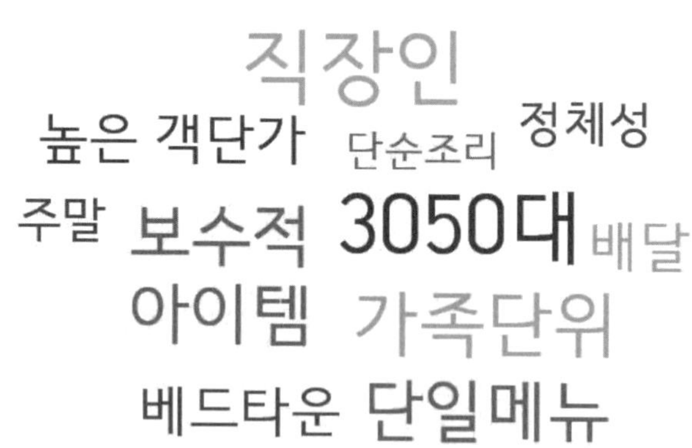

그림 7-2 아이템 방향 키워드, 핌코리아 시장조사 보고서

위 그림의 여러 키워드 들이 그 동안의 시간을 통해 정리된 몇 가지 내용들이다. 각 키워드 별로 내용을 자세하게 풀어보자.

(1) 단순조리

본 매장의 경영자는 전문적인 조리기술을 배워본 경험이 없기 때문에 반조리 제품 또는 원팩 가공된 원재료를 활용하여 항상 동일한 퀄리티의 음식을 만들 수 있는 여건을 만들어주는 것이 중요하다.

(2) 높은 객단가

본 매장은 상권 내 유동인구가 활발한 시간대가 평일 기준 저녁 이후 시간대로 영업 피크타임이 짧은 편이며, 테이블 수가 8개로 제한적인 여건에 있기 때문에 객단가가 높은 아이템을 선정하여야 원하는 수익구조 안에서 운영이 가능하다.

(3) 30~50대 연령대

상권 내 주를 이루는 유동인구의 연령대는 30세~50세 사이의 중장년층으로 분석되었다. 여러 외식 아이템 중 30~50세 연령대가 선호하는 아이템의 선택이 필요하다.

(4) 보수적 아이템

상권 내 여러 외식업소와 그 업력에 대하여 분석해보면 반짝 유행하는 아이템의 수명이 현저히 짧고, 치킨, 삼겹살, 족발, 곱창 등 큰 유행 없이 오랫동안 꾸준히 소비자들에 사랑받는 메뉴의 전문점들이 오랜 기간 영업하고 있는 것을 볼 수 있으며 매출 또한 높게 나타나고 있다. 또한, 가족단위 고객군의 구성비가 높기 때문에 가족단위 모두가 만족할 수 있는 아이템이 필요하다. 따라서 본 상권은 유행에 민감하지 않은 보수적 아이템으로 운영하는 것이 안정적일 수 있다.

(5) 단일메뉴

자사의 경우 꼬치구이전문점으로 시작했다가 매출이 점차 떨어지자 점포의 콘셉트에 맞지 않는 여러 메뉴를 산발적으로 도입하면서 점차 콘셉트와 정체성을 잃고 소비자들에게 외면 받은 매장이다. 흔히들 전문점이라 하면 어떤 메뉴를 전문적으로 하는 매장을 의미한다. 다양한 메뉴를 운영하는 것이 소비자의 선택을 폭을 넓여 다양한 고객층을 흡수할 수 있을 것 같지만 사실 그렇지 못하고 오히려 비효율적인 재고관리 등의 문제로 손실만 늘어가는 결과를 초래하기도 한다. 따라서 전문점의 경우 단일 메뉴를 남보다 경쟁력 있고 효율적으로 운영 관리하는 것이 주방공간을 줄일 수 있는 장점도 있어 경영자 측면에서 보나 소비자 측면에서 보나 더 효과적이다.

(6) 가족단위, 배달

평일저녁, 주말 모두 인근 주거인구와 외부 유입인구의 이용이 두드러지는 항아리 상권을 갖고 있는 만큼 부모와 자식 간 부담스럽지 않게 즐길 수 있는 메뉴의 선정이 필요하며, 인근 배후단지를 고려한 배달도 겸할 수 있다면 부가수익 창출을 통해 운영의 활성화를 기대할 수 있다.

4. 아이템 선정방법

1) 전제조건 도출

시장조사와 분석을 통해 내 상권의 소비자를 이해하고 소비자가 좋아하는 것이 어떤 것인지를 알았다면 이제 범위를 좁혀 아이템을 정리해보면 아래와 같다.

그림 7-3 아이템 전제조건, 핌코리아 시장조사 보고서.2018

위 그림을 보면 상권과 입지(점포) 그리고 자사의 경영자를 고려한 내용으로 추출된 전제조건들이다. 이 전제조건들을 모두 만족할만한 아이템은 어떤 것이 있을까? 추가적으로 조사된 몇 가지 통계자료들을 검색하여 내용을 정리해보자.

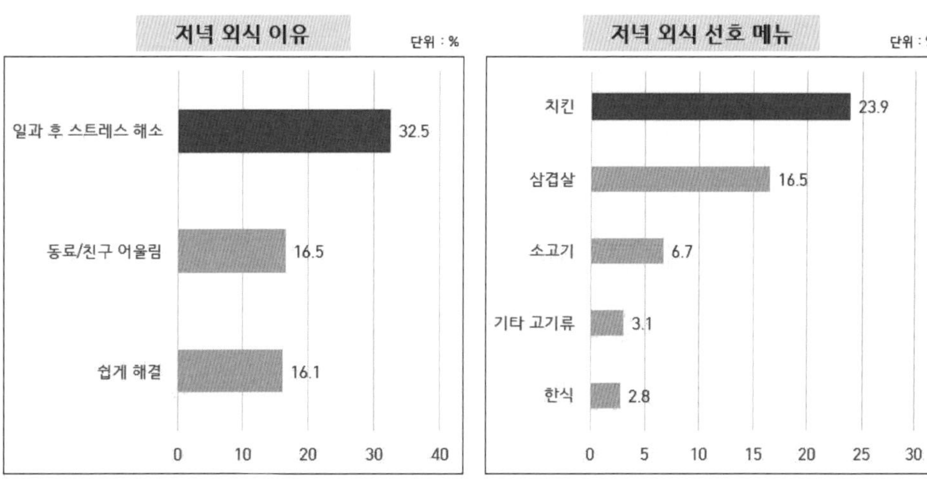

그림 7-4 직장인의 저녁 외식에 관한 통계. 잡코리아.2017

2017년 취업포털사이트 잡코리아에서 조사된 바에 따르면 직장인들이 퇴근 후 저녁 외식을 하는 이유에는 일과 후 스트레스 해소가 목적이라는 의견이 가장 많았고, 저녁 외식 시 선호하는 메뉴에 대해서는 치킨이 1위, 삼겹살이 2위, 이하 모두 육류가 그 순위를 차지했다.

핵심상권 내 번성 음식점

방문 번성음식점	클라이언트 추천
포크포크	도미노피자
백채 김치찌개	하남 돼지집
까르보네	화통삼
키친 지앤케이	가장 맛있는족발
대동집	곱창고
황소 곱창구이	깐부치킨
두루막창	바른치킨
모래내꼼장어	김가네
부엉이 돈까스	본죽
빽다방, 이디야	패스트푸드
곱&삼	할매순대국
아마스빈	포차천국
하루만 족발	이디야
보드람 치킨	진국 수육국밥
미스터 오징어	두루막창

핵심상권 내 번성 음식점의 아이템
1. 곱창/막창 구이
2. 삼겹살
3. 족발
4. 돈까스
5. 치킨

보수적인 아이템이 대부분을 차지

→ 핵심상권 내 소비자 대부분이 트렌디한 메뉴를 경험하기 보다 기대치를 벗어나지 않는 안전한 메뉴를 선택하는 경향

그림 7-5 용인시 처인구 중동/동백동 핵심상권 내 번성음식점 현황. 핌코리아 시장조사보고서. 2018

시장조사를 통해 분석한 결과 자사 매장이 있는 핵심상권은 주로 대중적이고 보수적인 육류 관련 메뉴(곱창, 삼겹살, 족발, 치킨 등)의 음식점들이 성업 중이었음을 확인할 수 있었다.

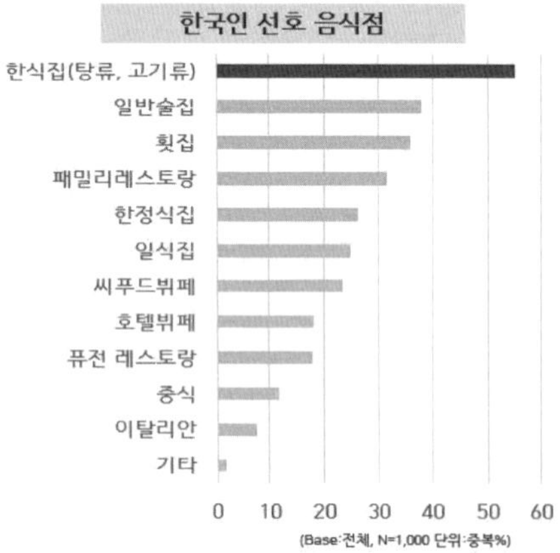

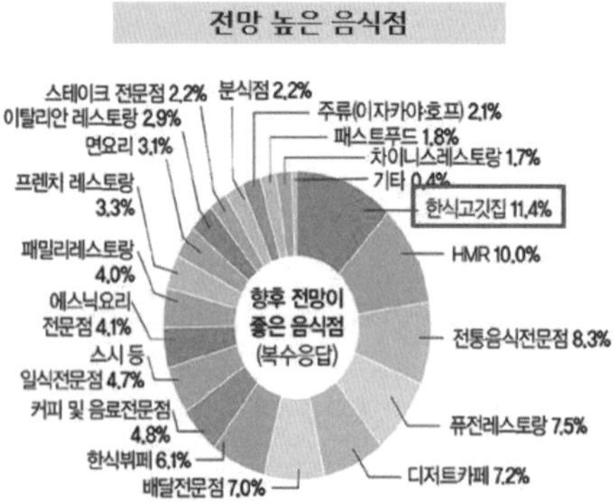

그림 7-6 외식소비자의 외식성향에 관한 설문조사. 월간식당. 2014

본 상권은 가족단위 거주인구의 분포 또한 높은 바 한우 등의 고가의 메뉴보다는 대중적인 돼지고기의 외식 소비 비중이 높은데 한국인이 선호하는 음식점으로 한식 탕류, 고기류 등의 메뉴가 가장 높은 결과를 나타냈다.

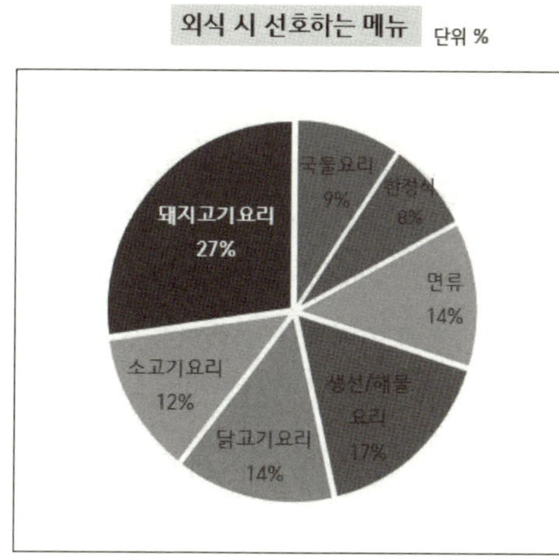

그림 7-7 외식소비자의 외식성향에 관한 설문조사. 월간식당. 2014

또한 외식소비자의 외식성향에 관한 설문조사에 따르면 외식소비자는 돼지고기요리의 선호도가 가장 높고 주로 갈비, 삼겹살을 판매하는 음식점이 가장 인기가 높게 나타났다.

업종	대표 업체명	월평균 매출	건수	건당 매출 (테이블 단가)	고객 특성	비고
피자 (4)	도미노피자	6,628만원	2,680	24,700원	2030	배달
갈비/삼겹살(3)	어바웃 삼삼	12,756만원	2,532	50,400원	3050	입지 우위
족발 (3)	하루만족발	5,859만원	1,448	40,500원	3050	입지 우위
파스타 (3)	까르보네	1,329만원	658	20,197원	1030	낮은 객단가 / 낮은 회전율
곱창 (2)	황소 곱창	12,095만원	2,233	54,100원	3050	높은 객단가
치킨 (7)	깐부치킨	6,937만원	3,134	22,100원	3050	입지 우위
분식 (3)	김가네	2,258만원	2,342	9,641원	1030	가성비
카페 (18)	이디야	986만원	1,481	6,657원	3040	낮은 객단가 / 낮은 회전율
떡볶이 (4)	엽기떡볶이	7,558만원	5,822	12,981원	1020	타겟 불일치
돈가스 (2)	포크포크	6,901만원	3,112	22,175원	1050	낮은 객단가 / 높은 회전율
뷔페 (2)	키친 지앤케이	24,244만원	6,667	36,360원	3040	상권 유일 메뉴
패스트 푸드 (2)	롯데리아	10,546만원	11,249	9,375원	1020	타겟 불일치

※ 괄호 안 숫자는 소상공인 내 등록된 업체 숫자를 뜻함

그림 7-8 핵심상권 내 경쟁사 조사분석. 핌코리아 시장조사보고서.2018

하지만 핵심상권 내에는 이미 삼겹살/갈비 전문점이 3곳, 족발 전문점이 3곳, 곱창 전문점이 2곳이 이미 기반을 잡고 안정적인 영업을 하고 있었던 상황이라 장사 경험이 부족하고 요리에 관한 전문 스킬이 없는 경영자의 컨디션을 고려할 때 상권 내 이미 성업중인 아이템과 같은 업종을 선택하는 것은 좋은 선택이 아니다. 후발주자로서 상권 내 1등을 잡을 수 있는 여건을 갖추지 못했기 때문이다.

2) 아이템의 선정

조리 경험이 부족한 기존 경영자가 잘해낼 수 있어야 하고, 상권의 여러 특성과 여건에 맞는 어떤 아이템을 선택하는 것이 가장 이상적일까에 대하여 고민했던 가장 어려운 시간이었다. 점주의 스킬이 부족한 점은 프랜차이즈를 선택하는 것도 하나의 방법일 수 있겠으나 프랜차이즈를 진행하기에는 재투자 가능한 가용 예산이 턱없이 부족했기 때문에 어려웠다. 그러나 전문가들의 경험으로 답을 찾을 수 있었다.

그림 7-9 **인근 상권 쪽갈비전문점 지도. 네이버 지도**

약간 떨어진 인근 상권에서 성업 중인 외식 아이템을 발견하게 되었는데 돼지고기 등갈비를 양념하여 숯불에 구워먹는 형태의 쪽갈비 전문점이었다. 해당 아이템은 우리의 핵심상권 내에는 없으며, 배달이 가능하고, 1인분(400g)에 약 14,000원 가격대로 대중적이면서도 높은 객단가의 구현이 가능하였다. 거기에 주재료인 쪽갈비를 유통 라인을 통해 받아서 굽기만 하면 되는 시스템으로 운영이 가능하여 주방공간을 효율적으로 줄일 수 있는 점도 조건에 충족되었다.

외식경영 컨설팅 실무매뉴얼

시장조사편

VIII

브랜드 메이킹

VIII

브랜드 메이킹

1. 브랜드의 정의

사전적 의미로 브랜드라 함은 “특정한 매주(賣主)의 제품 및 서비스를 식별하는 데 사용되는 명칭 · 기호 디자인 등의 총칭”이라 한다. 말로써 표현할 수 있는 것을 브랜드명(名), 말로써 표현할 수 없는 기호, 디자인, 레터링 등을 브랜드 마크라고 한다. 또, 브랜드명, 브랜드 마크 가운데에서 그 배타적 사용이 법적으로 보증되어 있는 것을 상표(商標 : 트레이드마크)라고 한다(출처 : 두산백과).

외식업에서의 브랜드는 음식점의 얼굴이자 이름이며 소비자에게 전달되는 음식 메뉴의 의미, 관련 기호 및 디자인 등을 의미한다. 잘 키운 브랜드 하나가 나중에 엄청난 유형적 무형적 가치를 갖게 될 수도 있듯이 명확한 개념과 아이덴티티를 갖고 브랜드를 기획하는 것이 굉장히 중요하다.

UC버클리 하스 비즈니스스쿨(Haas School of Business)의 린 업쇼(Lynn B. Upshaw) 마케팅 교수는 자신의 저서 Building Brand Identity에서 “브랜드 아이덴티티의 핵심적인 요소는 브랜드 포지셔닝과 브랜드 개성이며, 이는 소비자들로 하여금 잠재된 구매력을 높일 수 있다.”라고 언급한 바 있다. 브랜드가 어떤 차별성을 갖고 어떤 소비자들을 타깃으로 하여 그 내용을 전달하는 것에 브랜드의 성공 여부가 달려있다고 해도 과언이 아니다. 따라서 창업하고자 하는 아이템과 메뉴에 대한 명확한 브랜드 아이덴티티를 구축하고 그에 따른 기호, 디자인 등을 순차적으로 만들어 나가는 것에 집중해야 한다.

2. 브랜드와 콘셉트

1) 콘셉트의 정의 및 구성 요소

외식업 창업에 있어 브랜드 콘셉트는 여러 측면에서 고려해볼 때 다양한 의미를 가질 수 있는데 정리해보면 다음과 같다.

- 차별화된 소비자의 욕구를 충족시키기 위한 음식점의 본질
- 음식점의 수익성을 달성함과 동시에 고객을 만족시키기 위한 아이디어의 집합
- 경영적 측면에서는 본질적 특성, 차별적 우위성으로 음식점의 특징적 장점
- 고객이 보고 느끼며, 얻을 수 있는 효익과 같은 요인의 집합체
- 음식의 차별성을 부각시키기 위한 무형적이고 다차원적으로 의도된 설정
- 고객에 대한 점포의 주장으로 점포를 구성하는 유형적 속성과 무형적 속성의 집합체
- 음식점의 상품(음식), 서비스, 경험(엔터테인먼트)은 판매의 대상임과 동시에 콘셉트 요소

콘셉트의 구성요소	
테마	가격
메뉴와 메뉴의 수	브랜드
이용목적	판매방법
목표시장	규모와 좌석
상권과 입지	영업일수와 시간
분위기	특징적 내용
서비스 형태	식사시간과 회전율

출처 : 사례로 배우는 외식 창업론 강의(한양사이버대학교 김영갑 교수. 2011)

소비자의 시각에서 하나의 매장을 발견했을 때 눈에 띠는 브랜드의 외형적 모습으로 1차 판단을 하고 기타 여러 사진, 메뉴 등을 보고 2차 판단을 진행한다. 짧은 시간 안에 소비자에게 브랜드의 아이덴티티를 인지시키고 즉시 끌어들일 수 있는 개성 넘치는 매력 포인트를 갖고 있어야 수많은 브랜드의 경쟁 속에서 살아남을 수 있다.

2) 콘셉트 개발과 프로세스

좋은 콘셉트는 스토리텔링을 만든다. 고객은 매장을 방문하면서 이 가게의 아이템과 콘셉트는 무엇일까, 메뉴구성은 어떻게 되었는가, 맛과 서비스는 어떤가 하는 궁금증을 지니고 방문하게 되는 것이다. 그리고 나서 음식이 자신의 입맛에 맞으면 그 매장이 만들어낸 콘셉트와 이미지를 정확하게 인식하고 단골로 이어진다.

하지만 반대로 콘셉트의 이미지가 약하거나 동떨어지게 되면 이 매장이 무엇을 지향하는지 혼란을 가져오면서 멀어지게 되는 것이다. 다시 말하면, 음식점의 좋은 콘셉트는 입지를 능가할 수 있다는 것이다. 교과서적인 상권과 입지분석 못지않은 것이 점포와 메뉴의 콘셉트인 것이다. 그러므로 콘셉트가 애매하면 고객을 끌어 들일 수 없다.

외식업 창업 시 시장조사를 바탕으로 도출된 객관적이고 정확한 데이터를 가지고 그에 걸맞는 콘셉트를 구상하여 모든 내용을 하나로 어우를 수 있는 스토리를 만들어 브랜드 이미지를 구축해 나가는 것이 중요하다고 할 수 있다.

콘셉트를 개발하는 프로세스와 관하여 정리해보면 아래와 같다.

그림 8-1 콘셉트 개발 프로세스

우선 창업하고자 하는 음식과 메뉴의 유형(한식, 양식, 일식 등)을 선택하고 나서 목표고객을 설정하여야 한다. 음식점을 위한 기본적인 아이디어는 어떤 고객을 타깃으로 하느냐에 따라 변하게 된다. 메뉴의 적정한 가격을 정하는 것뿐 아니라 콘셉트에 따른 잠재시장이 모두 목표고객에 의한 영향을 받게 되기 때문이다.

목표고객이 결정되고 나면 그에 맞게 업태(파인다이닝, 캐쥬얼다이닝, 테이크아웃 등)를 결정한다. 그에 맞게 인테리어, 소품 등을 분위기(미각, 시각, 청각, 후각 등)를 고려하여 전체적인 매장의 콘셉트를 완성해나간다.

3) 콘셉트를 표현하는 로고와 슬로건

로고란 상표 브랜드를 표기할 때 그 이름을 시각 디자인화한 것을 말한다. 노란 알파벳 M을 보면 떠오르는 브랜드, 초록색 원 안에 있는 마녀의 모습을 보면 떠오르는 브랜드는 무엇일까. 전자는 세계적인 패스트푸드 브랜드 맥도날드, 후자는 글로벌 커피 브랜드 스타벅스의 로고이다. 로고는 브랜드를 가장 직접적으로 표현하는 디자인의 결과물인데 로고를 포함한 맥도날드의 브랜드가치는 126조 원으로 삼성전자의 89조 원을 가볍게 제쳤다고 한다. (2018년 9월 12일자 브릿지경제)

그림 8-2 브랜드와 로고디자인

구매 행동을 촉진시킬 목적으로 주장이나 생각 또는 상품의 특성을 장기간 반복하여 사용하는 간결하면서도 힘있는 말 혹은 문장을 슬로건(Slogan)이라 한다. 헤드라인이나 바디카피는 서로 유기적 관계에 의해 목적을 달성하지만, 슬로건은 독자적인 역할인 관계로 전달하고자 하는 내용 전체를 함축한다는 특징이 있다(출처 : 모발학 사전. 류은주. 2003).

슬로건에는 "때의 목소리"라는 뜻이 있듯이, 광고의 경우 보는 사람들이 주의를 끌어 인상을 깊게 하는데 쓰인다. 짧은 문구형이나 댓구형으로 리듬을 주어 기억하기 좋아서 "문장적 상표"로 되풀이하여 사용함으로써 언어적 표시의 역할을 한다(출처 : 매일경제 매경닷컴).

표 8-1 각 외식 브랜드들의 슬로건

로 고	영문 슬로건	내 용
i'm lovin' it	I'm lovin' it	"나는 즐기고 있다"
BURGER KING	Have it your way	"당신이 원하는 대로"
OUTBACK STEAKHOUSE	No Rules, Just right!	"규칙 없이, 다만 옳게" 고객이 원하는대로
SUBWAY eat fresh.	Eat fresh	"신선하게 먹는다"

4) 브랜드 네이밍

브랜드 네이밍이 중요한 이유는 소비자가 제품을 이해하고 판단을 내리는 첫 번째 기준이 브랜드이기 때문이다. 세계적인 마케팅 전략가 잭 트라우트는 "가장 중요한 마케팅 결정은 브랜드 네이밍"이라고 말했다. 성공적인 브랜드 네이밍은 소비자 입에 오르내리면서 경쟁사와 확고한 차별성을 갖게 할 수 있기 때문이다.

브랜드 전문가 데이비드 아커 버클리대 교수는 "이름을 창조하는 일은 몇몇 내부 직원들이 부엌 식탁이나 회사 식당에 앉아 브레인스토밍으로 처리하기에는 너무나 중요한 일이다."면서 브랜드 네이밍은 대단히 치밀한 전략과정이 필요하다고 말한다. 브랜드의 실제 모습이 이름과 일치해야 한다는 '적합성', 소비자의 니즈를 반영할 수 있는지를 나타내주는 '관련성', 경쟁 브랜드 사이에서 이목을 집중시킬 수 있는 '차별성' 등 세 가지를 브랜드 네이밍의 성공으로 꼽았다.

표 8-2 외식 브랜드와 네이밍

로 고	브랜드명	내 용
굽네치킨	굽네치킨	튀기지 않고 오븐에 구워 만든 치킨
Saint AUGUSTIN	생 어거스틴 Saint AUGUSTIN	한국 속 프랑스거리 서래마을에서 시작한 태국음식 전문점
가장 맛있는 족발	가족	가장 맛있는 족발

5) 브랜드 네이밍 방법

정말 좋은 브랜드 네이밍은 오랜 고민 끝에 나오는 경우도 있고 우연찮게 갑자기 떠오르는 경우도 있다. 하지만 조금 더 효과적이고 전략적으로 네이밍을 할 수 있는 몇 가지 방법을 정리해 보았다.

❶ 메뉴와 연관된 주재료 또는 부재료, 조리 도구 등의 단어를 나열해본다.
❷ 메뉴나 아이템을 포함하는 상위 분류의 업종, 업태를 정리해본다.
❸ 메뉴나 아이템의 원산지 또는 상권과 관련된 지역 등을 정리해본다.
❹ 메뉴나 아이템을 주로 소비할 소비층의 시각에서 접근해본다.
❺ 메뉴나 아이템에 관련된 한문, 영어 등의 외국어 등을 검색해본다.

위와 같은 내용을 통해 다각도의 접근 방법으로 주요 키워드를 도출해 보고 다음의 추가적인 몇 가지 조건에 맞게 조합하고 완성시켜 본다.

❶ 단어의 글자 수는 3~6자 내외로 하여 단시간에 떠올릴 수 있도록 한다.
❷ 브랜드 네이밍의 어감은 자연스럽고 긍정적인 성향의 단어가 좋다.
❸ 브랜드의 가치를 지나치게 겸손하게 낮추기보다는 전문성과 가치를 높일 수 있는 느낌의 단어가 좋다.
❹ 부담스럽거나 어렵지 않고 쉽고 친근한 것이 좋다.

앞서 언급한 여러 조건들을 충족시킬 수 있는 만족할 만한 내용의 몇 가지 브랜드 네이밍 후보가 결정이 되었다면 반드시 해봐야 할 다음 절차가 있는데 그것은 바로 상표 등록이다. 브랜드 네임(상호 및 상표)을 꼭 상표 등록을 하지 않아도 사업자를 내고 개업하는 것에는 문제가 되지 않지만, 상표 등록이라는 것은 내가 사용하고 있는 상표(브랜드)의 권리를 법적으로 보장받고 침해당하지 않을 수 있는 최소한의 안전책이기도 하고, 혹여나 내가 사용하고자 하는 상표를 타인이 먼저 등록해 놓았을 경우에는 사용하고 싶어도 사용하지 못할 수가 있기 때문에 반드시 해봐야 하는 절차이다.

그림 8-3 특허정보넷 키프리스 홈페이지(www.kipris.or.kr)

특허정보넷 키프리스(www.kipris.or.kr) 사이트에 접속한 다음 상표나 디자인에 관한 내용으로 사전에 추출한 브랜드 네임을 입력하여 사전에 등록된 동일 상표가 있는지에 대하여 확인해봐야 한다. 검색했을 때 '검색 결과가 없습니다' 라고 나오는 범위 안에서 상표를 결정하는 것이 좋다.

정식 상표등록은 개인이 직접 하기에는 준비 과정이나 서류 등 전문적인 내용이 많고 사전에 직접 상표검색을 통해 등록 여부를 확인했다 하더라도 등록을 준비하는 과정에서 다른 문제로 등록이 거절되는 경우도 있기 때문에 변리사사무실을 통해 확실하게 알아보고 진행하는 것이 좋다.

3. 브랜드와 콘셉트 구축

1) 아이템에 대한 이해

그 동안의 3C분석과 전제조건을 통해 도출한 '쪽갈비' 아이템의 특징을 정리해보면 다음과 같다.

❶ 일반 대중에게 많이 알려지지 않은 아이템이다.
❷ 돼지 등갈비를 개별 갈비뼈로 나누어 주기 때문에 쪽갈비라 부른다.
❸ 초벌구이 한 쪽갈비를 테이블에서 숯불에 완전히 더 익혀먹는다.
❹ 손에 면장갑과 비닐장갑을 낀 손으로 뼈있는 쪽갈비를 들고 뜯어먹는다.
❺ 가족단위, 친구, 회식 등 다양한 소비자층에 어필 가능하다.
❻ 배달메뉴로도 운영이 가능하다.

그림 8-4 쪽갈비 전문점 메뉴 쪽갈비

메뉴의 특성상 높은 가치를 둔 고가의 아이템이 아니라 저렴한 가격대의 돼지고기 아이템이며, 테이블에서 손으로 먹을 수 있는 친근한 운영방식으로 폭 넓은 소비층에 대중적으로 어필할 수 있는 장점이 이 아이템의 특징이다.

하지만 쪽갈비라는 별도의 돼지고기 특수부위가 있는 것이 아니라 조리하는 과정에서 생겨난 제품의 형상으로 붙여진 이름이기 때문에 아직 많은 대중들에게 생소할 수 있는 단점을 보완할 수 있도록 쉽고 편하게 접근하는 것이 도움이 될 것으로 보인다.

2) 브랜드 네이밍 선정

표 8-3 **브랜드 네이밍을 위한 연관 키워드 도출**

주재료	지역명	조리법	먹는 방법	기타
• 돼지고기 • 등갈비 • 쪽갈비 • 립(Rib) • 갈비살 • 뼈	• 프랑스 • 국내산 • 수입산 • 동백 • 행당동	• 초벌구이 • 숯불 • 양념 • 매운	• 손으로 들고 • 뼈 째 • 숯불에 굽는 • 잘라서	• 장갑 • 갈비뼈 • 인생

쪽갈비 아이템으로 연상되는 키워드를 주제별로 나열하고 정리해 보고 여러 경우의 수와 조건들을 고려한 결과 아이템의 인지도가 떨어지는 점을 고려하여 메뉴의 이름을 어필할 수 있는 '쪽갈비'라는 가장 직접적인 키워드와 자연스럽게 조합이 가능한 키워드를 만들어 다음과 같이 몇 가지 브랜드 네이밍 후보군을 추출하였다.

❶ **숯불 쪽갈비** 숯불에 구운 쪽갈비

❷ **인생 쪽갈비** 인생에서 제일 맛있다고 생각되는 쪽갈비

❸ **동백 쪽갈비** 동백에서 시작한, 유명한 쪽갈비

위 브랜드 네이밍 후보 키워드를 특허정보넷 키프리스에 상표등록 검색해보면 ① 숯불 쪽갈비, ③ 동백 쪽갈비는 검색결과가 없어 사용이 가능한 것으로 확인되며, ② 인생 쪽갈비의 경우 완전히 똑같지는 않지만 유사한 이름의 상표가 이미 등록되어 있어

진행 여부가 확실하지 않다. 그 중 ① 숯불 쪽갈비의 경우 너무 일반적인 이름이기 때문에 2순위로 배제하고 ③ 동백 쪽갈비를 최종 브랜드 네임으로 선정해보았다.

3) 브랜드 콘셉트 구축

(1) 슬로건

점포가 위치한 지역의 이름과 메뉴의 특성을 쉽고 직관적으로 설정한 브랜드 네이밍에 조금 더 입체감을 살릴 수 있도록 간결하면서 힘 있는 슬로건을 조합해주면 훨씬 효과적으로 소비자에게 브랜드를 인지시킬 수 있다. 슬로건을 통해 브랜드에 대한 숨은 의미나 추구하고자 하는 가치 등을 엿볼 수 있음과 동시에 슬로건과 브랜드 네임을 같이 홍보함으로써 브랜드의 설명과 전달이 쉽게 이루어지는 장점이 있다.

경기도 용인의 행정동 이름인 동백동과 대표 메뉴의 이름인 쪽갈비를 조합하여 생성한 '동백 쪽갈비' 브랜드를 입체감 있게 만들어줄 몇 가지 슬로건을 브랜드 네이밍 과정과 마찬가지로 나열해 보고 후보군을 좁혀간 다음 가장 적합하다고 판단되는 것으로 결정해보도록 한다.

본서에서는 여러 팀원들의 다양한 의견을 수렴하여 선별 기간을 거쳐 '우리 동네 인생 쪽갈비'라는 친근하면서 재미있는 슬로건으로 최종 결정지었다.

(2) 브랜드 로고(B.I) 디자인

그림 8-5 경기도 용인 동백쪽갈비 전문점 '동백쪽갈비' B.I

슬로건과 브랜드 네임으로 고객에게 브랜드에 대하여 설명할 준비가 되었다면 시각적으로 고객의 눈을 끌어들일 수 있는 브랜드 로고 디자인의 준비가 필요하다. 위의 그림은 메뉴에서 연상되는 갈빗대(뼈)의 형상과 뼈에 붙은 살의 질감, 친근한 이미지가 주는 손글씨 느낌의 캘리그라피 등을 조합하여 만든 브랜드 로고 디자인이다.

브랜드 로고 디자인을 통해 브랜드와 매장이 소비자에게 전달하고자 하는 대부분이 완성되었다고 보아도 과언이 아니다. 브랜드 로고 디자인을 완성하게 되면 점포의 간판, 인쇄물, 사인물, 포장 패키지 등에 다양하게 활용하여 점포 입구부터 실내 인테리어, 소품 등에 반복적으로 노출되면서 소비자에게 자연스럽게 브랜드를 각인시킬 수 있는 효과가 있으며 전체적인 디자인의 통일감을 주어 전문적인 느낌을 전달할 수 있기 때문에 필수적으로 진행해야 하는 과정이다.

이렇게 제작한 로고 또는 상표 디자인 역시 브랜드 네이밍처럼 상표 등록을 통해 사용에 대한 권리를 보호 받을 수 있으니 참고하도록 한다.

(3) 브랜드 컬러

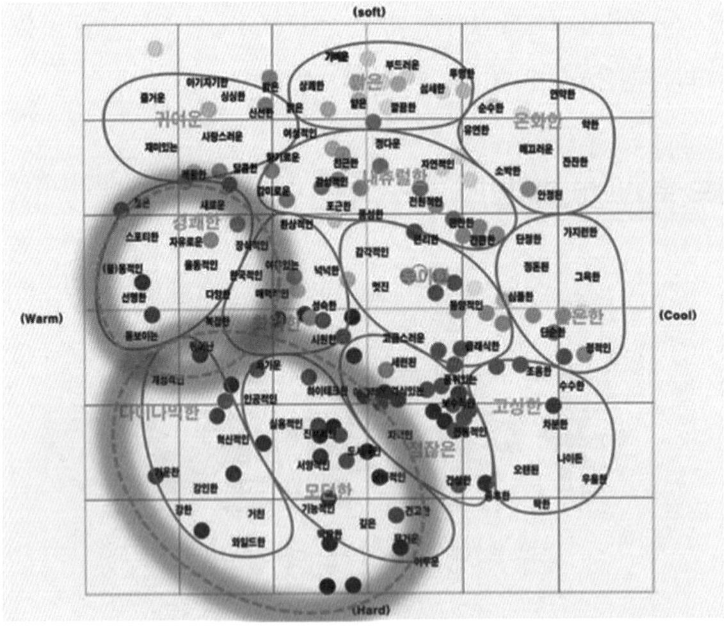

그림 8-6 I.R.I 형용사 Image Scale, 출처:IRI Design Institute Inc.

위 그림은 IRI색채디자인 연구소에서 제공하는 '형용사 Image Scale'이라는 색채 분석도구로서 사용하고자 하는 컬러가 주는 의미의 형용사 키워드의 내용을 확인할 수 있는 분석표다.

우리의 브랜드 로고 디자인에는 3가지의 컬러가 쓰였는데 아래와 같이 정리해 볼 수 있다.

표 8-4. 브랜드 로고와 콘셉트 컬러

브랜드 로고	동백쪽갈비 우리동네 인생 쪽갈비		
색상			
명칭	IVORY	RED	BLACK
의미	**순수한, 투명한, 부드러운** 깨끗하고 깔끔한 컬러로 식당의 청결한 이미지 연상	**정열, 활동, 적극, 선명** 후각, 시각, 청각, 미각 촉각 등 감각신경 자극 식욕을 자극	**깊은, 중후한, 도시적인** 심리적인 편안함, 보호감 안정감, 무게감

브랜드 컬러는 각 컬러가 주는 고유의 이미지를 디자인에 녹이면서 심리적으로 고객에게 느낌을 전달하여 좀 더 브랜드와 콘셉트를 효과적으로 표현하는 하나의 전달 수단으로 활용할 수 있기 때문에 브랜드 로고를 디자인할 때 전체적인 이미지와 어울리는 색감을 구성하는 것이 좋은 방법이다.

4) 메뉴의 구성

'동백 쪽갈비' 브랜드는 철저한 시장조사를 통해 상권을 분석하고 아이템을 운영하게 될 경영자의 전반적인 컨디션을 고려하여 도출된 아이템이다. 전용면적 10평에 테이블 최대 8개, 월 330만 원의 임대료 등의 조건에서 점심 시간대를 과감히 포기하여 저녁과 심야시간을 활용하여 운영하여야 한다는 점, 객단가가 높은 아이템으로 운영시간의 한계를 극복해야 하는 점, 배후세대를 적극 활용할 수 있는 배달까지 고려할 수 있는 아이템이어야 한다는 내용 등이 그 전제조건이었다.

따라서 전문점답게 메뉴의 수는 가급적 적게 가져가고 주 메뉴에 집중하여 운영할 수 있도록 하는 것이 그 목표였다. 주 메뉴와 함께 부가 매출을 창출할 수 있는 사이드 메뉴를 구성하고 주류와 음료를 추가하여 전체적인 효율을 더할 수 있도록 구성하였다.

표 8-5 동백쪽갈비 메뉴 구성

분류	메 뉴 명	판매가격(원)	비 고
쪽갈비	양념 쪽갈비(1인분 400g)	15,000	
	매운 쪽갈비(1인분 400g)	15,000	
사이드 메뉴	최루탄주먹밥(2인분)	9,000	
	날치알주먹밥(2인분)	5,000	
	치즈퐁듀	5,000	
	홍합탕	8,000	
	용궁라면	5,000	
	돼지껍데기(150g)	5,000	
주류/음료	소 주	4,000	
	맥 주	4,000	
	생맥주(500cc)	4,000	
	음료수	2,000	콜라, 사이다

5) 메뉴 운영

좋은 요리는 좋은 식재료에서 나온다는 말이 있지만 그것을 누가 어떻게 만드느냐에 따라서 요리는 또 달라질 수 있다. 좀 더 맛있게, 좀 더 먹음직스럽게 그리고 좀 더 가치 있게 그 방법을 차별화하는 것이 수많은 경쟁에서 살아남을 수 있다.

주 메뉴 쪽갈비는 경영자의 여건을 고려하여 사전에 OEM 가공된 반가공 제품을 공급받아 매장에서 개봉하여 굽기만 하면 되는 시스템으로 준비하였다. 요리 경험이 많지 않은 초보자에게는 항상 동일한 맛과 품질을 내는 것이 여간 어려운 일이 아니기도 하고 주방에 직원을 두고 운영한다 하더라도 이 역시 주방직원의 그날 컨디션에 따라 음식의 맛은 바뀔 수 있기 때문에 퀄리티가 검증되었다는 전제하에 레시피화된 반가공 제품을 사용하여 그 맛을 유지하는 것도 좋은 방법 중 하나다.

표 8-6 동백쪽갈비 메뉴 운영방안

초벌구이	숯불, 석쇠	사이드 메뉴
	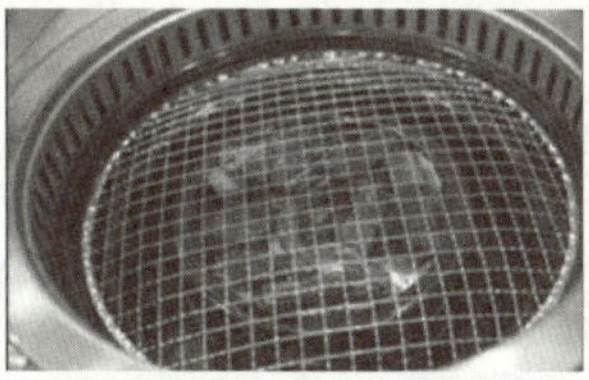	
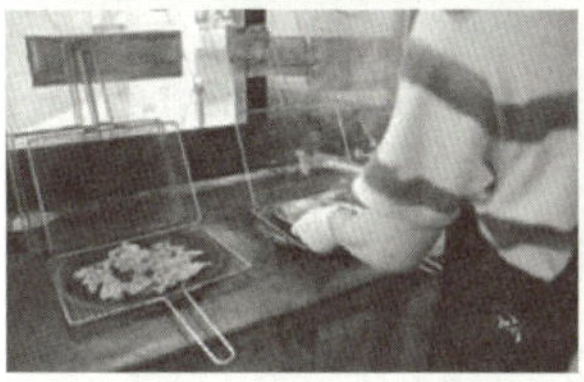		
• 쪽갈비 초벌구이 후 제공(조리시간 단축, 회전율 증가) • 초벌구이실 운영으로 고객 재미와 신뢰(위생) 제공	• 1회용 석쇠, 운영 효율 • 참숯 백탄 사용으로 열효율 증대 및 고급화	• 초벌구이 대기시간을 위한 서비스 홍합탕 제공 • 주메뉴와 어울리는 사이드 메뉴 구성

쪽갈비의 경우 뼈에 고기가 붙은 형태인데 일반 생고기에 비해 뼈에 붙은 고기는 익는 속도가 더디고 양념이 되어 있는 경우 굽는 방법에 따라 금방 탈 수 있기 때문에 숙련된 스킬이 필요하다. 따라서 숙련된 전문가가 조리하는 별도의 초벌구이실을 운영하여 고객에 재미와 신뢰를 더할 수 있는 요소를 제공하고 좀 더 쉽게 좋은 맛을 낼 수 있도록 하는 것이 좋다.

숯은 열효율이 좋고 고급스런 이미지를 줄 수 있는 참숯백탄을 사용하고, 주메뉴와 함께 재미와 포만감을 줄 수 있는 메뉴로 구성하여 객단가를 높일 수 있도록 하는 전략으로 운영방법을 정리해본다.

6) 매장 인 · 익스테리어

창업을 준비하면서 가장 많은 비용이 들어가는 것이 바로 인테리어다. 매장 전체의 분위기를 통해 음식을 맛있게 먹을 수 있는 공간을 만들어가는 것이 인테리어 공사인데 매장의 브랜드, 콘셉트가 바뀌게 되면 메뉴와 함께 그에 맞는 공간이 바뀌는 것이기 때문에 기존의 콘셉트와 인테리어는 변경해주는 것이 좋다. 하지만 그 비용이 만만치 않으므로 가능한한 발품을 많이 팔아 여러 곳에서 견적도 받아보고 합리적인 결정을 하는 것을 권장한다.

표 8-7 **변경 전 매장 인 · 익스테리어 사진**

익스테리어	외부 구조물

표 8-8 **변경 전 매장 인 · 익스테리어 사진**

건물 복도	실내 2층

기존 매장은 예전 파스타 전문점으로 운영되던 매장을 인수하여 시설의 일부를 그대로 활용하면서 부분적으로 인테리어를 보완한 매장이었다. 하지만 한번 부분 보완한 인테리어이기 때문에 이미 아이템과 전체적인 콘셉트가 맞지 않은 상태에서 재오픈을 했다. 그러다 매출이 점점 떨어지자 콘셉트와 관련이 없는 여러 기타 메뉴들이 산발적으로 추가되며 콘셉트 자체가 무너져 버려 종합 분식점도 아니고 꼬치주점도 아닌 결과로 변해버렸고 방치되어 노후된 내부 주방시설의 상태는 두말할 여지도 없는 상태였다.

부족한 예산 안에서 과감하게 기존 시설을 모두 철거하고 새로운 콘셉트로의 변경을 진행하기로 하였다.

그림 8-7 변경 후 매장 익스테리어 사진

그림 8-8 변경 후 매장 인테리어 사진

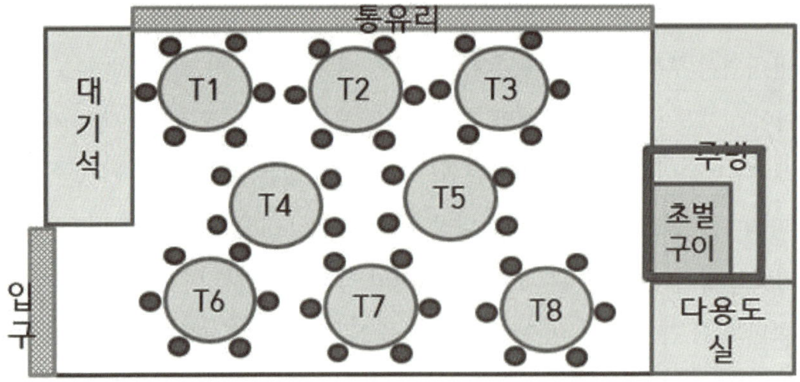

그림 8-9 변경 후 매장 테이블 배치도

인테리어를 시공업체에 의뢰하게 되면 도면을 작성하여 주기도 하지만, 사전에 공간에 대한 계획을 먼저 세워보기 위하여 1층 공간을 가상의 도면으로 그려보고 실제 필요한 공간과 시설, 테이블 등을 얹어보면 테이블 수나 전체적인 동선에 대한 계획을 세워 볼 수 있다.

새 매장의 경우 8개의 테이블 배치가 가능한데 공간의 활용성을 최대한 높이기 위하여 직사각형 테이블이 아닌 원형 테이블로 정하고, 의자도 등받이 없는 드럼통 의자로 결정하였다.

주방 안으로 초벌구이실을 배치하고 별도의 유리를 설치해 숯불에 초벌구이를 할 경우 발생할 수 있는 연기가 홀로 유입되지 않도록 하는 것도 요령이다.

7) 기타

매장 운영에 필요한 냅킨, 물티슈, 일회용 생수, 장갑, 유니폼 등의 소모품의 견적이나 규격에 대하여도 사전에 미리 알아보고, 디자인된 브랜드 로고를 삽입하여 브랜드를 지속적으로 소비자에게 각인시키고 통일감을 주도록 하는 것이 좋다.

이 매장의 경우 배달을 겸하는 방안까지 모색하였으므로 포장용기, 봉투, 포장기계 등도 준비하고 배달 대행업체, 광고업체도 알아보도록 한다.

IX

사업타당성 분석

IX

사업타당성 분석

1. 사업타당성 분석의 의의

창업을 준비하는 사람들을 만나보면 앞으로 창업 아이템이 잘될 것에 대한 고민과 생각은 많이 하는데 어떻게 운영할 것인가에 대해서는 잘 모르는 사람들이 많다. 외식업 창업은 작게는 맛있게 만든 음식을 손님에게 파는 것이지만 넓은 의미에서 보면 음식을 판매하여 발생시킨 매출을 인건비를 비롯한 고정비와 재료비 등을 지출하여 수익을 남기는 것에서 출발한다.

하루에 얼마를 팔고 월 매출에서 나가는 비용에 대한 이해와 분석해 봐야 한다. 직원과 파트타임은 몇 명을 쓸 것인지, 판매가격 대비 재료비는 몇 % 정도로 잡을 것인지, 내 점포의 월 임대료는 얼마인지 등의 여러 지출비용에 대해 알고 있어야 한다.

그렇게 정리된 내용을 월마다의 차이를 보며 천천히 분석해보면 어디에서 불필요한 누수가 발생하는지 쉽게 알 수 있으며 그에 대비한 대책과 계획을 세울 수 있기 때문이다. 심지어 매장을 운영하고 있는데도 불구하고 매월 손익분석조차 하지 않고 통장에 남은 잔고만 보고 있는 경영자도 꽤 많이 보았다.

흔히 "많이 팔아도 남는게 없다"고 말하는 사람들은 아마 이런 분석을 해보지 않은 사람들이 대부분일 것이다.

2. 예상 손익 산출

1) 예상 투자규모 산출

점포가 정해졌다면 창업에 필요한 투자비용을 산출해 보고 적정한 예산을 계획해 본다. 보통 처음 생각했던 것보다는 비용이 추가되는 경우가 많으니 정확한 계획을 위해서 업체별로 직접 견적을 알아보고 작성해보는 것이 오차의 범위를 줄일 수 있다.

표 9-1 **창업 예상 투자비용**

항 목	비 용(원)(예상가)	내 용
간판 및 사인물	5,000,000	전면 간판, 실사출력, 메뉴판 외
인테리어, 가구	15,000,000	철거, 목공, 타일, 전기, 조명, 닥트, 의탁자 외
주방설비 및 기물	7,000,000	냉장냉동고, 씽크대, 작업대, 기물류 외
디자인 패키지	3,000,000	브랜드 로고, 인쇄물, 패키지 디자인 일체
오픈 마케팅	2,000,000	오픈 이벤트, 온라인 마케팅, 홍보물 제작
기타 소모품	1,500,000	유니폼, 포장용기, 냅킨, 물티슈 외
POS 설치	임 대	기간 약정에 따른 무상임대
합 계	33,500,000	

❶ 간판 및 사인물
- 간판 및 사인물 디자인 및 시공 전문업체로 견적 문의하여 비교한다.
- 높이에 따라 사다리차 등 비용이 추가될 수 있다.

❷ 인테리어, 가구
- 인테리어 전문 업체에 견적을 문의하며 공사기간, 일정에 대한 내용을 확인한다.
- 예상 도면을 꼭 확인하고 공사 기간 중간마다 처음 계획된 대로 시공되는지 꼼꼼하게 체크한다.

❸ 주방설비 및 기물
- 황학동, 남대문 등 주방설비 및 기물 상가에서 견적을 받아본다.
- 대부분 배달 및 설치까지 포함해서 견적을 준다.
- 황학동에는 폐업하고 회수한 비교적 깨끗한 중고기기도 있으니 찾아본다.

❹ 디자인 패키지
- 디자인이라는 것이 미리 볼 수 없는 무형의 것이기에 가격이 싸다고 꼭 좋다고 볼 수 없으므로 업체의 업력이나 포트폴리오 등을 참고하여 업체를 선정한다.
- 브랜드 로고부터 홍보물, 소모품 등에 들어갈 어플리케이션까지 모두 확인한다.

❺ 오픈 마케팅

- 요즘엔 오픈 날 음악 크게 틀고 춤추는 행사는 지양하는 추세다.
- 비용이 저렴하면서 파급력이 좋은 온라인(네이버, SNS) 광고를 적극 활용한다.

❻ 기타 소모품

- 오픈 전 매장운영에 필요한 소모품 등을 준비한다.
- 일부 품목은 브랜드 로고를 인쇄할 경우 초기 비용이 많이 발생할 수 있고 재고부담이 크기 때문에 소량 주문 가능한 것으로 부담을 줄인다.

❼ POS 설치

- 매출의 계산과 결제, 영업정보까지 모두 활용가능한 필수 기기
- 본체를 구입할 수도 있고, 일정 기간 약정을 걸고 무상으로 임대도 가능하다.

2) 예상 매출액 산출 방법

수익성 분석이란 점포의 매출액과 지출을 추정하여 손익을 계산하는 것을 의미한다. 아직 일어나지 않은 상황에 대하여 예측하여 매출을 추정해본다는 것이 쉬운 일은 아니기 때문에 여러 정황을 고려하여 가급적 냉정하고 보수적인 관점에서 추정해보고 앞으로의 장기적인 관점도 고려하여 분석해야 한다.

일반적으로 매장이 오픈하면 첫 달은 오픈의 영향으로 처음 생긴 매장에 많은 고객들이 관심을 보이며 매출이 높게 발생한다. 그 후로 오픈 효과가 짧게는 1~2개월, 길게는 3개월까지 이어지는 경우가 많기 때문에 예상 매출액은 오픈 월과 오픈 후 2개월째, 3개월째까지 약 3개월 기간의 예상 매출로 추정해보고 영업이 안정화되는 시점까지도 예상 매출을 추정해 보도록 한다.

월 예상 매출액은 다음의 공식으로 작성한다.

좌석 수 × 객단가 × 좌석회전율 × 월 영업일수 = 월 예상 매출액

❶ **좌석 수** ㅇ인 테이블 × 테이블 수 = 총 좌석 수

❷ **객단가** 테이블 매출액 ÷ 테이블 고객 수 = 객단가

❸ **좌석 회전율** 4인 테이블에 착석하는 고객의 평균 수 / 4 = ㅇㅇ%

예) 4인 테이블에 평균 3명이 착석 = 3(명) / 4(인 기준) = 75%

❹ **월 영업일수** 매달 영업하는 날짜의 수

예) 상시영업일 경우 월 30일, 주 1회 휴업일 경우 25~26일

표 9-2 **월별 추정 매출액(오픈 1개월)**

항 목	평일	주말/공휴일		비 고
	저녁	점심	저녁	
좌석수	32	32	32	
객단가	21,000	23,000	27,000	
좌석 점유율	70%	75%	75%	
좌석 회전율	1.1	1.2	1.7	배달 매출 포함
일 부분매출	517,440	662,400	1,101,600	
영업일 수	22	9	9	
월 부분 매출	11,383,680	5,961,600	9,914,400	
월 총 매출	27,259,680			

표 9-3 **월별 추정 매출액(오픈 2개월)**

항 목	평일	주말/공휴일		비 고
	저녁	점심	저녁	
좌석수	32	32	32	
객단가	22,000	24,000	27,000	
좌석 점유율	75%	75%	80%	
좌석 회전율	1.2	1.3	1.7	배달 매출 포함
일 부분매출	633,600	748,800	1,175,040	
영업일 수	17	13	13	
월 부분 매출	10,771,200	9,734,400	15,275,520	
월 총 매출	27,259,680			

표 9-4 **월별 추정 매출액(오픈 3개월)**

항 목	평일	주말/공휴일		비 고
	저녁	점심	저녁	
좌석수	32	32	32	
객단가	23,000	25,000	30,000	
좌석 점유율	75%	75%	80%	
좌석 회전율	1.4	1.5	1.8	배달 매출 포함
일 부분매출	772,800	900,000	1,382,400	
영업일 수	21	10	10	
월 부분 매출	16,228,800	9,000,000	13,824,000	
월 총 매출	40,580,800			

표 9-5 **월별 추정 매출액(영업활성화 단계)**

항 목	평일	주말/공휴일		비 고
	저녁	점심	저녁	
좌석수	32	32	32	
객단가	24,000	27,000	32,000	
좌석 점유율	75%	75%	80%	
좌석 회전율	1.5	1.6	1.9	배달 매출 포함
일 부분매출	864,000	1,036,800	1,556,480	
영업일 수	21	9	9	
월 부분 매출	18,144,000	9,331,200	14,008,320	
월 총 매출	41,483,520			

매출액 산정 방식

- 도면이 확정된 후 예상 테이블 수와 좌석 수를 산출
- **예상 점유율 기준** 한식 약 80%/카페 50%/양식 70% 내외
- **객 단가** 아이템별 상이
- **매출액 산정 시 변수** 업종, 상권, 주변 유입가능 고객, 24시 매장, 포장/배달 여부

3) 예상 손익분석(P&L)

이제 손익분석을 마무리 짓기 위해서 월별 추정 매출액을 산출했다면 다음은 비용에 대한 추정에 들어가야 한다. 비용을 추정하기 위해서는 매장 운영에 소요되는 비용항목을 손익계산서 기준으로 산출하여야 좀 더 현실적인 접근이 가능하다.

일반적으로 음식점의 주요 비용 항목인 식재료비(매출원가), 인건비, 임대료, 수도광열비, 제세공과금, 기타 공과잡비 등의 항목으로 정리한다.

모든 음식 가격에는 부가세가 포함되어 계산되는데 이 부가세는 수익이 아니라 국가에 다시 납부해야 하는 세금이므로 부가세 예수금 계정을 만들어 지출되는 비용으로 처리해야 좀 더 정확한 손익분석을 할 수 있다.

표 9-6 **예상 손익분석(P&L)**

계정과목	오픈 후 3개월						영업 활성화 단계	
	2018년 08월		2018년 09월		2018년 10월			
	금액(원)	구성비	금액(원)	구성비	금액(원)	구성비	금액(원)	구성비
매출원가	27,259,680	100.00%	35,781,120	100.00%	39,052,800	100.00%	41,483,520	100.00%
매출원가(직원 식사 및 주류 포함)	10,358,678	38.00%	13,239,014	37.00%	14,059,008	36.00%	14,519,232	35.00%
매출총이익	16,901,002	62.00%	22,542,106	63.00%	24,993,792	64.00%	26,964,288	65.00%
판매관리비	13,818,495	50.69%	14,876,849	41.58%	15,311,775	39.21%	15,649,806	37.73%
임대료	3,300,000	12.11%	3,300,000	9.22%	3,300,000	8.45%	3,300,000	7.95%
인건비	6,600,000	24.21%	6,600,000	18.45%	6,600,000	16.90%	6,600,000	15.91%
복리후생비+4대 보험	264,000	0.97%	264,000	0.74%	264,000	0.68%	264,000	0.64%

계정과목	오픈 후 3개월						영업 활성화 단계	
	2018년 08월		2018년 09월		2018년 10월			
	금액(원)	구성비	금액(원)	구성비	금액(원)	구성비	금액(원)	구성비
부가가치세 예수금	1,690,100	6.20%	2,254,211	6.30%	2,499,379	6.40%	2,696,429	6.50%
카드매출 수수료(1.3%)	354,376	1.30%	465,155	1.30%	507,686	1.30%	539,286	1.30%
수도광열비 및 제세공과금	681,492	2.50%	894,528	2.50%	976,320	2.50%	1,037,088	2.50%
기타 공과잡비	545,194	2.00%	715,622	2.00%	781,056	2.00%	829,670	2.00%
기회 비용	100,000	0.37%	100,000	0.28%	100,000	0.26%	100,000	0.24%
감가상각비(60개월 정액 상각)	283,333	1.04%	283,333	0.79%	283,333	0.73%	283,333	0.68%
영업이익	3,082,507	11.31%	7,665,257	21.45%	9,682,017	24.79%	11,314,482	27.27%

P&L 산출 시 참고사항

- **매출원가** 식재료비를 포함한 주류 및 직원 식사비용 포함, 약 38% 내외
- **판매관리비** 임대료, 인건비, 직원 4대보험, 부가세 예수금 등을 포함한 지출비용
- **기회비용** 점포 보증금에 대한 은행 예금 연이율(3%) 고려한 기회비용
- **감가상각비** 투자된 시설비용을 5년(60개월) 동안 정액법에 의해 상각한 비용

예상 손익분석(P&L)을 통해 예상 월 매출액과 소요비용에 대하여 정리해보니 오픈 이후 영업이 안정권에 접어들면 월 평균 약 4천만 원대의 매출을 예상할 수 있으며, 지출되는 비용에 따라 약간의 차이는 있을 수 있지만 약 1천1백만 원 정도의 수익(27.2%)을 예상해 볼 수 있다.

표 9-7 예상 손익분석(P&L) 요약

항 목	내 용
창업 투자규모	33,500,000원
객단가 / 일평균 매출	27,600원 / 1,382,784원
좌석 수 / 좌석 회전 수	32석 / 1.6회전
영업활성화 후 월 매출액	41,483,520원
영업활성화 후 월 영업이익	11,314,482원
영업활성화 후 영업이익율	27.27%
투자비용 대비 월 수익률(ROI)	33.77&
영업활성화 후 창업투자금 회수기간	약 2.9개월

X

영업 활성화 방안

X

영업 활성화 방안

1. 영업 활성화 개요

영업을 활성화하기 위한 활동을 마케팅(Marketing)이라 한다. 판촉(판매촉진)이라는 용어로도 불리는데 고객들에게 자사의 상품을 알리고 고객들이 경쟁사의 상품보다는 자사의 상품을 선택하게 하려는데 그 목적이 있다.

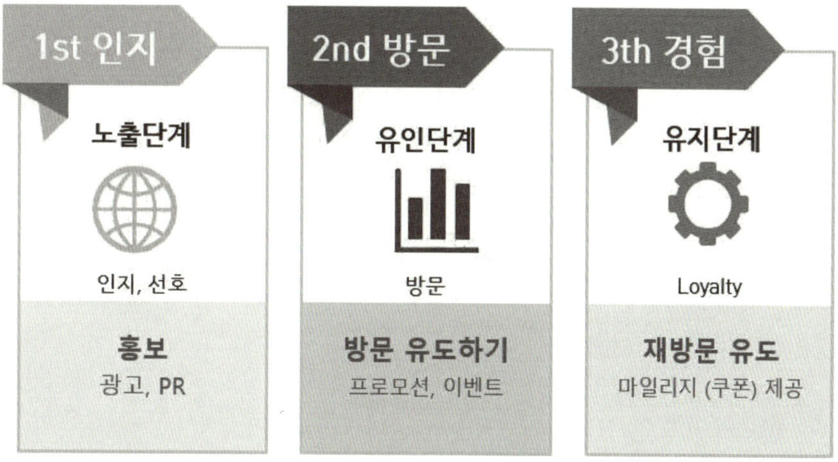

그림 10-1 영업활성화 전략

영업활성화를 위한 마케팅의 주된 프로세스는 광고, PR 등의 홍보를 통해 소비자에게 자사를 노출하여 인지시키고, 그를 통해 소비자의 방문을 유도하는 것이 가장 중요하다. 매장을 방문한 소비자의 만족을 높이고 그 경험을 통해 자연스런 재방문을 유도하거나 지속적인 고객관리로 단골로 만들 수 있다면 그 마케팅은 성공했다고 볼 수 있다. 정리해보면, 마케팅은 많은 사람에게 알리고 다시 방문하게 하는 것이라 요약할 수 있겠다.

2. 영업활성화를 위한 마케팅 전략

2000년대 중후반까지만 하더라도 온라인보다는 오프라인을 통한 홍보 마케팅이 더 활발하게 있었다. 매장을 오픈하면 매장 앞에 풍선장식을 하고 큰 음악과 나레이션 멘트로 떠들썩한 분위기를 연출하며 지나가는 소비자의 발길을 이끌곤 했는데 요즘 같으면 바로 민원이 들어오기 일쑤다. 거기에 전단지 배포나 신문, 버스광고 등에 광고를 하는 시대였다면 요즘은 무조건 온라인 광고가 비용적, 시간적인 면에서 효율적이다. 그 외에 보조적인 마케팅 수단으로 오프라인 마케팅을 병행하기도 한다.

스마트폰과 PC가 대중화된 요즘 온라인마케팅은 단시간에 엄청난 파급력과 전파력으로 대중에게 확산된다. 포털사이트, 개인 블로그, SNS 등의 다양한 매체를 통해 그 방법 또한 다양지만, 오프라인 마케팅에 비해 비용이 저렴한 편이라 많은 사람들이 온라인마케팅일 필수적으로 병행하고 있다. 그러다보니 오히려 온라인마케팅을 하지 않는 업체는 실력이 출중하다 하더라도 도태되는 경우를 많이 본다.

이제 5G 네트워크 시대를 맞는 요즘 선택이 아닌 필수로 자리잡은 온라인 마케팅 방법에 대하여 알아보자.

3. 온라인 마케팅 방안

1) 모바일 홈페이지

그림 10-2 모바일 홈페이지

그림 10-3 대학생 설문조사, 알바몬.2017

2017년 취업사이트 알바몬에서 대학생 1,699명을 대상으로 실시한 설문조사 결과 전체의 79.6%가 PC보다는 스마트폰을 사용하는 것으로 조사된 바 있다. 최근 2018년에는 주식거래를 역시 PC보다는 스마트폰을 더 많이 이용하는 것으로 조사되어 모바일 기기의 활용도는 점점 더 높아지고 있다.

홈페이지의 역할은 브랜드를 손쉽게 설명하고 안내하는데 있다. 조금이라도 소비자가 편하고 쉽게 브랜드를 접하고 이해할 수 있는 모바일 홈페이지의 제작은 이제 필수가 되었다.

2) 포털사이트, SNS 마케팅

포털사이트라고 하였지만 사실 네이버라고 봐도 무방하다. 인터넷은 전 세계와 연결된 세계적인 네트워크이고 굉장히 빠른 전파력을 갖고 있는 것이 장점이다.

네이버를 활용한 검색 키워드광고, 매장을 체험하고 실 소비자의 후기를 작성하게 하여 소비자에 정보를 전달하는 블로그 체험단, 인스타그램, 페이스북 등의 SNS 매체를 통해 매장을 홍보하는 광고 등을 적극 활용하는 것이 필요하다. 최근에는 세계적인 동영상 사이트인 유튜브(Youtube) 마케팅도 주목받는 매체로 떠오르고 있다.

다만, 쉽고 간편하기 때문에 그 만큼 경쟁도 심해서 어떤 마케팅의 경우 높은 비용이 발생하는 것도 있으니 매월 적정한 예산을 책정하여 지속적으로 유지 관리하는 것이 요령이다.

그림 10-4 SNS 마케팅 매체

4. 오프라인 마케팅 방안

1) 옥외광고물

매장 앞을 도보나 차량으로 지나다니는 소비자의 눈에 잘 띌 수 있는 지주간판, 물통 배너 등을 활용하여 메인 간판 외에 소비자의 이목을 집중시킬 수 있도록 보조할 수 있다. 단, 지자체 규정에 따라 불법으로 간주되어 강제 철거되거나 과태료가 부과될 수 있으니 지자체 규정을 확인 후 설치하여야 한다.

그림 10-5 옥외광고물, 배너

2) 쿠폰 · 전단지

주로 오픈 초기에 저렴한 비용으로 광범위한 지역에 배포될 수 있도록 하는 광고물로 전단지나 쿠폰을 들 수 있다. 제작비용이 저렴하고 언론 신문사를 통해 삽지 형태로 배포할 경우 배포되는 범위가 크므로 해볼만한 방법이지만, 소비자에게 전달되는 확률이 낮기 때문에 자주 사용할만한 방법은 아니다. 그리고 단순히 일반적인 내용으로 광고할 경우에는 거의 효과가 미비하고 매장 방문을 유도할 수 있는 무료시식 이벤트나 할인행사 등을 미끼로 일시적인 효과를 볼 수 있다.

3) 마일리지 · 포인트 적립

매장을 이용하는 고객의 이용금액의 일부를 적립하여 일정 조건을 충족했을 때 서비스를 제공하거나 할인을 해줌으로 지속적인 고객의 방문을 유도하는데 그 목적이 있다. 과거에는 카드나 명함규격 인쇄물 등에 도장을 찍어주거나 포인트 적립을 했었다면 최근에는 태블릿PC을 이용하여 번거로움 없이 고객의 연락처를 확보하며 전산으로 고객의 포인트와 정보를 관리할 수 있는 방법도 보편화되고 있다. 이렇게 확보된 고객 DB를 활용한 이벤트나 신메뉴 출시 등의 정기 행사를 손쉽게 전달하고 활용할 수 있는 것이 장점이다.

그림 10-6 **태블릿을 활용한 고객 포인트 적립**

4) 기타 마케팅 방안

❶ **인근 업체 제휴를 통한 관계 마케팅** 상호 보완적인 인근 지역 업체와 상호 이용시 할인혜택 제공

❷ **관광지 마케팅** 유명 관광지의 경우 관광안내소 홍보물이나 렌터카 광고 등에 자사 광고

❸ **FUN 마케팅** 고객과의 친밀도를 높일 수 있는 경매 이벤트, 가위바위보 이벤트, 사다리 타기 이벤트 등

시장조사 및 사업타당성 분석 Process

맺음말

그동안 초보 예비창업자들을 위한, 때로는 프랜차이즈 본부 점포개발 담당자들을 위한, 그리고 음식 실력은 정말 출중하지만 막상 내 가게를 내고자 하니 시작할 엄두가 안나는 전문 요리사들을 위한 필독서를 만들어 달라는 주변의 많은 요청에도 개인적인 핑계로 이제야 출간하게 됨을 송구스럽게 생각한다.

본서에서 외식업 창업의 기초과정 ABC를 배웠다면, 2019년 내에는 시장조사를 마치고 내 아이템을 실제로 창업으로 옮길 때 벌어지는 일련의 내용을 쉽고 자세하게 정리한 '외식경영컨설팅 실무 매뉴얼 – 창업편'과 창업한 매장을 성공적으로 운영할 수 있는 노하우가 담긴 '경영관리편' 서적을 연이어 출간할 예정이다.

올해로 15년을 맞는 외식경영컨설팅 전문기업 ㈜핌코리아와 함께 외식업 창업을 준비하는 많은 분들이 음식을 좋아하는 소비자들의 많은 사랑을 받는 성공적인 식당을 만들어 가는 좋은 열매를 맺기를 바라며 그와 함께 대한민국 외식업 경기도 서둘러 회복될 수 있기를 진심으로 바라본다.

외식경영컨설팅 (주)핌코리아

대표 컨설턴트 한 영 만

참고문헌 요약

[밸런타인데이 레시피] 바쁜 그녀를 위한 초콜릿 카페, 미라보쇼콜라 · 조영혜, 에포크타임스, 2016.

[임장&현장] 인구 8만 명 돌파한 용인 동백, 대단지 특화설계 아파트 통할까, 김하나, 한국경제, 2018.

10차 개정한국표준업종분류, 통계청, 2018.

2035년 용인도시 기본계획, 용인시 도시정책과, 2018.

강남 아파트 3.3㎡당 '1억 시대'… 중개업소 "부동산 천장 뚫린 느낌", 민경진 · 윤아영, 한국경제, 2018.

관람자의 위치와 시거리의 관계, 광고정보센터.

국민여행실태조사, 문화체육관광부, 2017.

국토의 계획 및 이용에 관한 법률 2조(정의) 17호, 국토교통부.

국토의 계획 및 이용에 관한 법률 시행령 2절 제30조, 국토교통부.

국토의 계획 및 이용에 관한 법률 시행령 2절 제30조, 국토교통부.

그들이 '이름'을 불러줬을 때 매출이 쑥쑥 올랐다, 김진, 조선일보, 2013.

'김영란법 첫 날' 북적이는 광주시청 구내식당, 뉴시스, 2016.

네이밍, 요즘 대세는 쉬운 놈, 친절한 놈, 재밌는 놈, 박인혜, 매일경제, 2013.

네이버 데이터랩.

도서관투어/전북군산시 군산시립도서관, 헤아의 정원 네이버 블로그, 2017.

모발학 사전, 류은주, 2003

보험개발원, 2018년 차량모델등급 조정… 내차 보험료는?, 오토뷰 뉴스팀, 오토뷰, 2017.

브랜드 아파트에 열광하는 이유는?, 직방 데이터랩, 2018.

빅데이터를 활용한 제주지역 관광객의 활동패턴 분석, 이진 · 백경훈, 2016.

사례로 배우는 외식 창업론 강의, 김영갑, 2011.

서울특별시 창업스쿨.

실전 상권분석과 점포개발, 박경환 저, 2006.

아파트 브랜드 가치 순위 3위 'GS건설 자이' 1위는?, 권연수, 디지틀 조선일보 & tong+, 2018.

외식사업창업론, 김기홍 외 3인, 2008.

외식점포 점장매뉴얼, 박진우, 2013.

외식창업론, 강병남 · 김형준 공저, 2005.

용인시 사회조사 보고서, 용인시 정책기획과, 2017.
지난달(08월) 다세대/연립주택 전세 실거래가, 김하나, 아시아경제, 2018.
창업성공을 위한 상권분석, 김영갑, 2013.
카페192센티미터, 소소하게 사는 긍정왕, 티스토리 블로그, 2017
카페포지셔닝맵, 양명수, 2010.
프랜차이즈 입지 및 상권분석 연구, 윤홍근, 한국 프랜차이즈 협회, 2005.
프랜차이즈 입지 및 상권분석 연구, 윤홍근, 한국 프랜차이즈 협회, 2005.
한국경제신문/한경닷컴, 시장조사 경제용어.

Japan live 홈페이지.
MBTI 및 상담심리, 티스토리 블로그.
www.thietkeaz.com
가천린포크 홈페이지(www.gachunpork.co.kr)
매일경제 매경닷컴(www.mk.co.kr)
브릿지경제(www.viva100.com)
인어교주해적단 블로그(www.tpirates.com)
트립어드바이저(www.tripadvisor.co.kr)
홈트리오 홈페이지(hometrio.kr)

외식경영컨설팅 실무 매뉴얼 – 시장조사편

2019년 8월 10일 초판 인쇄
2019년 8월 20일 초판 발행

저 자 한 영 만
발행인 한 인 환
발행처 도서출판 **기 문 사**
등 록 1978. 8. 9. NO. 6-0637
주 소 서울시 동대문구 안암로 50-1(용두동) 홍신빌딩 3층
전 화 02) 2265-7214/922-8662~8663
팩 스 02) 922-8772

homepage : www.kimoonsa.co.kr
e-mail : book@kimoonsa.co.kr

ISBN : 978-89-7723-828-2 93590

저자와의 협의하에 인지생략

정가 : 23,000원